SOUVENIRS

D'UNE

Ancienne Famille

THOQUE PUR VONR

La Maison de Mailly en Artois

BRANCHE

de Mailly-Couronnel

PAR LE COMTE DE MAILLY-COURONNEL

LIMOGES

IMPRIMERIE A HERBIN

1, BOULEVARD MONTMAILLER, 1

SOUVENIRS

D'UNE

Ancienne Famille

25

SOUVENIRS

D'UNE

Ancienne Famille

LA MAISON DE MAILLY-EN-ARTOIS

BRANCHE

de Mailly — Couronnel

PAR LE COMTE DE MAILLY-COURONNEL

LIMOGES

IMPRIMERIE A. HERBIN

1, BOULEVARD MONTMAILLER, 1

1889

A MES ENFANTS

C'est pour vous, mes chers enfants, que je me suis décidé à entreprendre ce travail.

Il a été d'autant plus laborieux que les révolutions, les morts prématurées et les changements de foyer ont dispersé ou détruit les documents, en même temps qu'ils effaçaient les souvenirs.

Puissiez-vous, à une époque où on a tant fait pour anéantir les traditions, conserver celles de votre famille, quelqu'éloignés que vous soyez de son berceau.

Puissiez-vous, en vous inspirant des exemples d'honneur que vous ont laissés les ancêtres, vous montrer dignes d'eux, non seulement par vos vertus, mais encore par les services rendus à la patrie.

La noblesse meurt aussi bien que les personnes, quand les familles ne savent pas l'entretenir ; car, loin d'autoriser l'oisiveté et l'orgueil, sa digne compagne, elle oblige et ne cessera jamais d'obliger.

P. S. — Cette dédicace indique le but de l'ouvrage que l'intérêt historique de certains documents nous a engagé à faire sortir du domaine purement privé.

AVANT-PROPOS

~~~~~~

Nous ne chercherons pas à faire la généalogie entière de la Maison de Mailly. Elle a déjà été faite de nombreuses fois et presque toujours contradictoirement ; l'antiquité de cette race et le nombre de ses rameaux ayant constamment désespéré ceux qui se sont occupés de son histoire.

C'est ainsi qu'en remontant au XIII⁰ siècle, on trouve des Mailly qui ne se rattachent à aucune généalogie reconnue authentique. En 1058, on voit un chevalier du nom de Wédric de Mailly comparaître à la confirmation que fit, à Cambrai, Henri Iᵉʳ des donations de ses prédécesseurs à l'abbaye d'Hasnon. (*) D'autres chevaliers et nobles hommes appelés Raoul,

_____

(*) Cette abbaye de Bénédictins, une des plus anciennes de France, était située à 12 kilomètres de Valenciennes.

Nous avons une charte en latin de l'an 1065, « par laquelle Philippe 1ᵉʳ, roi des « Français, confirme inviolablement au marquis Baudoin et à son fils, ainsi « qu'à Eguinoc son parent, ce que Jean, homme illustre, et sa sœur Eulalie, « personne de sainte mémoire, ont donné de leur plein gré à l'abbaye d'Hasnon, « dédiée et fondée en l'honneur de Pierre, prince des apôtres, par le vénérable

Conon, Roger, Hûgues, etc., bienfaiteurs des abbayes d'Henne-
court, Eaucourt, Mont-Saint-Martin, etc., ne figurent dans
aucune généalogie, bien qu'ils soient qualifiés du nom de Mailly.

Dans l'ouvrage de Bignon, on rencontre un Mathieu auquel
cet auteur donne le nom de Mailly, et qui a été reconnu
comme appartenant à la Maison de Montmorency ; la qualification du généalogiste lui venant sans doute d'une seigneurie.
Au reste, les noms de familles ne commencent à être hérédi-
taires, en France, qu'à la fin du règne de Philippe-Auguste,
c'est-à-dire au commencement du XIIIe siècle. (*)

Les branches de la maison de Mailly encore existantes
au siècle dernier, ne se reconnaissaient plus entre elles, comme

---

« Vindicranus, évêque de Cambray. En confirmation de quoi il a apposé son
« sceau comme témoignage de l'autorité de son assentiment. »

Ont ensuite signé d'importants et nombreux personnages comme Gérard,
archevêque de Reims ; Widon, évêque d'Amiens ; Widon, évêque de Beauvais ;
Foulques, abbé de Corbie ; Baudoin, marquis de Flandres ; Baudoin, son fils,
réparateur du dit lieu ; Guillaume, comte de Soissons ; Thibaud de Montmorency ; Walter, comte d'Hesdin ; Robert, avocat d'Arras ; Jean, avocat. (Ce dernier appartenait à la famille de la Buissière et était advoué ou vidame de
l'abbaye de St-Waast d'Arras, dont sa fille Clémence devint advouresse.) Puis
viennent les signatures de Beaudoin de Gand, Isaac de Valenciennes, Wédric de
Tournay, etc., etc.

« Fait à Corbie dans la basilique du Bienheureux Pierre, apôtre, l'an de
« l'Incarnation du Seigneur 1065, ind III, épacte XI ; le Roi Philippe étant dans
« la sixième année de son règne et l'évêque Lusbert de Cambray dans la XVIIe
« de son épiscopat. »

(*) Dans certains pays du Nord, comme le Danemark et la Norwège, il n'y a guère
que deux siècles que les noms ont été fixés. Avant on se disait fils d'un tel, d'où
vient la terminaison " **Sen** " si fréquente pour les noms de famille.

L'usage paraît avoir été longtemps le même en Angleterre où l'on trouve très
communément la terminaison " **Son** " (fils) pour les noms propres.

Dans les chartes très authentiques qui nous viennent de la famille de la
Buissière et qui remontent à l'an 1036, nous ne voyons ni les noms de famille,
ni ceux de fils employés pour les signatures. Ainsi, en 1038, 1046, 1065, 1066 et
1067, Jean de la Bussière, qui figura avec les rois de France et les comtes de
Flandre dans les actes les plus importants, ne signe que « Jean advocat. »

Nous ne connaissons le nom de la Buissière que par un acte où sa fille
Clémence, advouresse d'Arras, s'intitule « Dame del Bussière » ; mais elle l'omet
en parlant de son « Segnor et Perre » qu'elle appelle *Jean*, pour sa mère qu'elle
appelle *madame Ermendrude*, et aussi pour son oncle « *Monsegnor Helgot*,
chevalier, frerre de monsegnor Jean. »

le prouvent les difficultés généalogiques qui surgirent, de 1760 à 1763, entre le comte de Mailly-Rubempré et le comte de Mailly-d'Haucourt. (*) Ce dernier ayant fait imprimer une généalogie qui n'était pas d'accord avec celle de la branche de Mailly-Nesle, le comte de Mailly-Rubempré, qui allait en devenir l'unique héritier, le poursuivit en justice, demandant qu'il lui fut fait défense de se dire de sa Maison.

Des arguments judiciaires on en vint à d'autres plus matériels, le comte de Mailly-d'Haucourt ayant été accusé d'avoir fait préparer par son cocher un accident à son adversaire sur la route de Versailles. La voiture du comte de Mailly-Rubempré fut renversée, sans qu'il paraisse en avoir éprouvé grand mal et le roi Louis XV envoya le comte d'Haucourt réfléchir au château de Doullens sur l'excès de zèle attribué à ses gens.

La malencontreuse généalogie ayant été désavouée et des excuses ayant été faites à propos d'un accident mis sur le compte d'une maladresse, le comte de Mailly-d'Haucourt sortit de ce mauvais pas.

Cet exemple ne fut point perdu, sous le règne suivant, pour le marquis de Mailly-Couronnel, lors des difficultés qu'il eut avec une branche de la maison de Mailly qui n'était pas celle de Nesle. Il était alors question du mariage de son fils aîné, capitaine au régiment du roi, avec l'héritière de la branche de Nesle, qui réunissait en sa personne tous les grands titres de

---

(*) Sous l'ancien régime on n'osait pas faire remonter les preuves généalogiques au-delà de 1400. C'était là que s'arrêtaient celles demandées pour la présentation à Versailles.

Les plus anciennes lettres de noblesse connues en France, sont celles obtenues par la famille de Gamache, en 1399.

Les Mailly de toutes les branches ne furent point à l'abri des vicissitudes humaines et leurs papiers s'en ressentirent comme le reste.

En 1470, le château de Mailly, berceau de la famille, fut pris et dévasté par le Comte de Romont qui commandait les troupes bourguignonnes. « Les titres qui « s'y trouvaient furent dispersés ou brûlés et le vieux châtelain emmené prisonnier. »

sa Maison. Outre le marquisat de Nesle, les principautés d'Orange, de l'Isle sous Mont-Réal, etc., elle devait apporter à son époux, s'il était de la maison de Mailly, un majorat considérable. Ce majorat avait été fondé, le 5 juillet 1700, par Louis-Charles marquis de Mailly-Nesle et de Montcavrel etc., et dame Jeanne de Monchy, son épouse.

Le procès intenté par le vicomte de Mailly St-Chamans, qui se disait de la branche aînée, bien que le marquis de Mailly-Nesle ne lui reconnût pas cette qualité, (*) vint arrêter le mariage auquel l'opposant avait grand intérêt à mettre obstacle ; en effet, si l'héritière de Nesle épousait un homme de sa Maison, tous les biens de sa branche arrivaient à ce dernier par substitution ; dans le cas contraire, M. de Mailly St-Chamans pouvait en espérer des épaves.

La révolution ne tarda point à mettre à néant tous ces calculs : non seulement le majorat fut supprimé, avec ce qu'on en pouvait détacher, mais encore les chefs des deux branches appelées à perpétuer jusqu'à nos jours la maison de Mailly, périrent à Arras en 1794.

Le dernier marquis de Nesle dut émigrer ; ses biens furent confisqués et sa fille unique, Anne-Adélaïde-Julie, épousa Louis-Marie, prince d'Aremberg, dont elle eut une fille qui mourut, en 1820, d'une chute de cheval dans la forêt de Bohain (Aisne), après avoir été mariée au prince Pie-Auguste de Bavière. Parmi ses petites-filles, l'une devait être reine de Naples et l'autre impératrice d'Autriche:

(*) Lettre datée de Dieppe le 21 avril 1781 et jointe à la procédure.

CHAPITRE PREMIER

CHAPITRE I

Origine de la Branche de Mailly-Couronnel. —
Son importance en Artois au Moyen-Age.

La branche d'Haucourt, qui, seule avec celle de Couronnel, subsiste encore pour représenter la maison de Mailly, en est séparée depuis tant de siècles que nous n'aurons pas à nous en occuper.

Des généalogistes, comme Lamorlière, la font descendre de la branche de Mailly-d'Hauthuile, qui portait comme signe distinctif trois maillets de sable ; d'autres la font séparer plus tard de celle qui devait illustrer le nom de Nesle. Ce qui est certain, c'est que les terres d'Eschinvillers, Mougival, Sotteville, etc., furent érigées pour elle en comté, sous le nom de Mailly, par lettres patentes du roi Louis XV, en janvier 1744, onze ans après que les Mailly-Couronnel eussent obtenu l'autorisation de porter une couronne de comte.

Ces derniers se sont toujours distingués par la couleur de leurs maillets, de même que par le surnom de Couronnel.

Voici ce que dit, à ce sujet, dom Etienne Lepez, religieux de St-Waast d'Arras, dans un certificat délivré le 24 avril 1704 :

« Pour ce qui est de la noble famille de Mailly-Couronnel, « son ancienne noblesse est justifiée par une sentence donnée par « les élus d'Artois au profit de messire Nicolas Duval, écuyer, « seigneur du Natoy, le 21 mars 1592. (*) Il avait pour femme « demoiselle Isabeau Couronnel, fille de feu Charles (**) etc., « qui descendait en droite ligne des seigneurs de Cognœul dont « les armes étaient d'or à trois maillets de gueules et le cri de « guerre : « Mailly ».

Dom Lepez continue en disant que « cela est très « véritable, puisque les anciens seigneurs de Cognœul « étaient issus en ligne masculine d'Adam de Mailly, seigneur « de Cognœul, fils apparemment de Gilles, seigneur de Mailly « et de Cognœul, ainsi qu'il paraît par titre conservé dans la « famille des Mailly, en date du mois de mai 1233, que le dit « soussigné a vu en original « dont il a tiré lui-même une « copie ». Il ajoute que « le dit Adam paraît avec le nom de « Cognœul, par titre du mois d'avril, l'an 1250, vu aussi en « original chez les dits de Mailly, par le dit soussigné et dont « il a aussi tiré copie; à l'égard des armes des Mailly-Cognœul, « lesquelles sont d'or à trois maillets de gueules, elles ont été

(*) En 1623, ce seigneur étant mayeur d'Arras et député ordinaire des Etats, fut envoyé à Bruxelles, complimenter l'infante Isabelle-Claire-Eugénie au sujet de la mort de son époux, l'archiduc Albert.

En 1577, Nicolas Duval avait déjà été chargé d'une mission importante auprès de Don Juan d'Autriche et des pays Wallons, qui se montraient favorables au Catholicisme, tandis que les provinces du Nord des Pays-Bas, en s'attachant au Prince d'Orange et au Protestantisme, allaient se séparer pour former l'Etat indépendant si connu sous le nom de Hollande.

(**) Il était fils de Robert de Mailly-Couronnel et arrière-petit-fils de Charles, en faveur duquel fut rendue la sentence de 1445. On le voit figurer dans la généalogie comme époux d'Anne d'Assonleville et seigneur du Rieux, de la Tramerie-en-Auchel, etc., etc.

« par eux portées et par les Mailly-Couronnel, aussi comme
« issus d'eux, en suivant l'ordonnance de Gilles, seigneur de
« Mailly, qui, pour empêcher que ses enfants brisassent leurs
« armes, (*) ordonna que l'aîné de ses fils portât d'or à trois
« maillets de sinople, pour la branche aînée ; le second, qui
« devait faire la branche de Rossignol et de Cognœul (**), du
« nom de deux terres tenant ensemble, d'or à trois maillets de
« gueules ; le troisième fils d'or à trois maillets de sable, et le
« quatrième fils d'or à trois maillets d'azur, et quelque cadet
« de Mailly-Cognœul, par brisure, joignit à ses armes un filet
« de sable posé en bande comme le dit la sentence donnée au
« profit du sus-dit Charles Couronnel (***) »

Pierre de Mailly, seigneur de Cognœul, Loges (****) etc.

L'auteur de la branche de Mailly-Couronnel paraît avoir pris
le surnom gardé par ses descendants, pour se distinguer de
parents qui portaient, comme lui, des maillets de gueules.

L'origine du nom de Couronnel est toute simple, quand on
sait que les Mailly ont toujours eu la prétention d'avoir une
couronne de forme particulière, se rapprochant de celle des
rois. Lamorlière, que nous avons déjà cité, dit que : « de toute
« ancienneté le timbre ou cachet de la Maison de Mailly, fut

(*) On appelait brisure les pièces d'armoiries que les cadets avaient coutume
d'ajouter aux armes de leur famille pour se distinguer.

Ces distinctions existaient même dans la famille royale, où la branche d'Orléans
a toujours porté un lambel au-dessus des fleurs de lys. D'autres signes, comme
la bande, l'écartèlement, etc., etc., ont aussi été employés.

(**) Ces fiefs restèrent aux aînés de la branche jusqu'à son extinction, puis passèrent à la Maison de Noyelle.

(***) Voir le texte complet aux pièces justificatives.

(****) Certains actes portent le nom de Coges, au lieu de celui de Loges. Loges
se retrouve encore sur le territoire de la commune de Basseux-les-Loges, canton
de Beaumetz-les-Loges, arrondissement d'Arras (Pas-de-Calais). Loges est à environ 10 kilomètres d'Arras, et à 15 de Cognœul et de Rossignol, dont la terre de
Mailly n'est guère plus rapprochée.

« une couronne ». Faut-il encore voir dans ce nom un souvenir d'importantes fonctions comme celles d'officiers royaux, ou une couronne remportée dans un tournois ?

Ce qui vient confirmer cette opinion, qui ne contredit nullement la première, c'est l'hérédité des charges, même pour les femmes, dans les pays du nord.

Ainsi nous pouvons citer trois chartes extraites soit des archives de l'abbaye du Mont-St-Eloy, de celles de St-Pierre-de-Corbie ou du « Trésor des Chartres du Roi », qui montrent Clémence, fille unique de Jean Ier de La Buissière, héritant de la charge de son père « advoué de l'abbaye de St-Waast-d'Arras » et la faisant passer à son mari.

Voici du reste la plus ancienne qui date de 1072 :

« Jay Clemence, advouezze d'Arras Dame del Bussiere fait
« savoir à tout ceulx ki ces lettres verront que por le remède
« de m'asme es cause..... confirme com droit hoirs une
« aumosne ke monsegnor et pere Jean Aduoucet d'Arras et
« me merre madame Ermendrude donnèrent en lor plaine
« vie à l'Eglise du Mont-St-Eloy....... »

La charte suivante, qui est de 1075, parle ainsi des droits que Clémence apporte à son mari :

« Jay Clémence, advouresse d'Arras, dame de La Bussière
« salus com à son segnor, je vos mande, prie et requier ke
« vos recheviez mon Segnor Robert de Bethune a homme de
« chois dont je fais votre homme, comme celuy ki es mes
« barons et avoués et que jay loyalement esposé (épousé). Ce
« fut fait l'an del Incarnation 1075 et mois de septembre. » (*)

Enfin un « extrait des Chartres du Roy » nous montre Robert de Bethune, devenu par son mariage avoué d'Arras, s'exprimant ainsi au mois d'octobre 1076 :

(*) Cette pièce, qui a été extraite des Chartes de l'Abbaye de St-Pierre-de-Corbie, nous paraît une lettre adressée à son puissant abbé.

« Jay Robert advouez d'Arras sires de Béthune et Clé-
« mence, ma chiere fème advouresse d'Arras dame del
« Bussière faisons savoir à touts chieus ki ces laittres ver-
« ront que com il est consenty entre nos d'une part et Baul-
« duin, mon chier frerre, d'autre part sur les justices et
« eschaances et sur aucunes droittures..... »

La pièce finit en parlant du « chier oncle Helgot, chevalier,
« frère de feu monsegnor Jean l'advoué », ainsi que de Baul-
dry de Colhein, qui nous semble un ancêtre de Baudrain de
Caulers dont nous aurons à parler comme ayant été l'un des
compagnons d'infortune de Clarambault de Mailly-Couronnel,
de son beau-père Martin de Paris, et de Jean de La Buissière.

Les aînés de la branche de Mailly-Cognœul ont conservé, jusqu'à l'extinction de leur descendance masculine
le nom des fiefs d'origine cités par dom Lepez, ainsi que
l'écusson aux trois maillets de gueules sans aucune modification, comme c'était l'usage.

La sentence de 1445 et les enquêtes qui l'ont précédée
montrent les rapports qu'ils conservèrent avec leurs cadets,
jusqu'à ce que l'éloignement de la parenté et les guerres
continuelles qui séparèrent, pendant près de deux siècles,
l'Artois de la Picardie, restée à la France, aient affaibli les
liens de famille. Colard dit Payen, et Mathieu, petits-fils de
Jean, frère aîné de Pierre de Mailly-Couronnel, faisaient
« garde de guerre en la ville de Doullens » avec Hugues, qui,
comme descendant de ce dernier, était leur cousin issu de
germain.

Mathieu de Mailly-Rossignol, que nous venons de citer et
qui servit, en 1409, le dénombrement du fief de Cognœul,
avait un fils nommé Jean, dit Maillet. C'est lui qui épousa
Jeanne de Cresecques, sœur de Robinet, dont la femme
Léonore la Jumelle était cousine germaine d'Isabelle le Viseux,
épouse d'Hugues de Mailly-Couronnel. La sentence de **1445**

rapporte tout au long cette parenté avec l'énumération des droits qui en résultaient.

Nos papiers nous permettent de suivre les fiefs d'origine de la famille, jusqu'à la fin du siècle dernier. Ils nous apprennent qu'un arrêt fut rendu, le 12 avril 1513, au sujet de Rossignol, Bayencourt et Cognœul, entre deux membres de la Maison de Mailly qui paraissent avoir été l'oncle et la nièce. L'oncle, du nom de Jean, invoque une donation faite en 1469 ; la nièce, nommée Marie, en appelle aux droits de son père et tous deux traitent de « ma ville » le fief de Cognœul ou Cognieux.

Le mariage d'Antoinette de Mailly-Rossignol avec Philippe de Noyelle, seigneur de Marle, fit passer dans sa maison ces fiefs avec les titres qui leur appartenaient. Jean, leur fils, les portait en 1579, lorsqu'il reçut, comme grand maître de la maison du prince de Parme, occupé au siège de Maestricht, trois commissaires envoyés par les pays Wallons, dont l'Artois faisait partie. Il en avait servi le dénombrement à messire Hugues Delavalle, en 1563 ; son fils Adrien (*) le servit en 1601 à haut et puissant seigneur messire Jean Delaval, chevalier des ordres du roy, etc. Dans l'acte dressé à cette occasion, il est parlé d'un héritage venant de « demoiselle Jacques de « Bernicourt, à cause de son alliance avec Jean de Longueval, « dit Larcelot ». Les noms portés par ces personnages se retrouveront, à plusieurs reprises, cités dans la suite de ce travail.

Un acte en date du 2 juillet 1687, passé par le « procureur du « marquisalte d'Albert », nous apprend que « damoiselle

---

(*) Nous avons une sentence du Conseil d'Artois, en date du 7 octobre 1540, concernant Adrien de Noyelle, écuyeur, seigneur du Marteur, qui devait être un parent de celui dont il est question. Ce dernier nous paraît avoir été le gouverneur d'Arras plus connu sous le nom de Baron de Rossignol.

En 1681, les Noyelles étaient devenus Marquis de Lisbourg, et c'est sous ce titre qu'on les voit figurer aux Etats d'Artois en même temps que Louis Floris de Mailly-Couronnel, seigneur de Vélu.

« Charlotte de Créqui, baronne d'Estienberg, dame de
« Cognieux et autres lieux, l'a requis d'être reçu au relief de
« droiture, foy et hommage de deux fiefs et noble tenement se
« consistant en la terre et seigneurie de Rossignol et
« Bayencourt » (*). . . . . « Les dites terres et seigneuries,
« continue l'acte, lui appartiennent par acquisition qu'elle a
« faite au baillage de Péronne, le vingt-quatrième moy dernier,
« sur la succession du sieur Denoyelle, marquis de
« Lysbourg ».

Enfin, les terres de Rossignol, Cognieul et Bayencourt
furent encore l'objet d'une « demande à relever et droiturer »
de la part du sieur Antoine de Lachenet, tuteur onéraire « de
« haut et puissant seigneur Hector-Louis, sire de Sailly,
« marquis du dit lieu, et de haute et puissante damoiselle,
« mademoiselle Félicité de Sailly, enfants mineurs ». Cet acte,
qui porte la date du 23 janvier 1726, est le dernier qui nous
soit parvenu sur nos fiefs d'origine.

Un titre, que d'anciens papiers disent reposer aux chartres
d'Artois, porte que Pierre de Mailly-Conronnel se reconnut
débiteur « avec Guillaume de Hebuterne, chevalier seigneur de
« ce lieu, (**) Drier de St-Léger et Wantier de Hebuterne, aussi
« escuiers, d'une somme de 20 livres parisis vers Pierron le
« Jumel le jeune, lors bailly de la ville de Troyes, pour vente
« de bois que celui-ci leur avait faite, ainsi qu'il conste de ce
« titre passé et reçu par les échevins de Foncquevillers au
« mois d'avril 1307 ».

(*) Le Relief ou Rachat était un droit perçu par le seigneur dominant sur le
vassal lorsque le fief tenu de lui passait à des collatéraux ou à des étrangers. Ce
droit était en général d'une année de revenu, fixée d'après les baux et les autres
pièces authentiques.

Dans l'acte qui nous occupe, le droit de relief avait été fixé à « soixante sols
parisis »; ce qui ferait une bien petite somme s'il ne s'agissait que de sous ayant
la valeur de ceux de nos jours.

(**) Hébuterne était situé en Artois entre Mailly et Cognœul.

Nous avons cru devoir citer cet acte, qui ne paraît pas moins intéressant par son ancienneté que par la solennité qu'il donne à une dette, qui, si la livre parisis avait alors la même valeur que plus tard, montait juste à 25 francs. En outre, nous avons confiance en son authenticité, que confirment pleinement les noms connus des contractants. Ainsi, Pierron le Jumel, ou plutôt de Jumel, bien que bailly de la ville de Troyes, devait être de Beauquesne. Les alliances des « Jumellois » avec les Mailly-Couronnel vont nous apprendre la position qu'ils y occupaient.

Foncquevillers, aujourd'hui Fouquevilliers, bourg obscur du département du Pas-de-Calais dont les échevins ont « passé et reçu » l'acte en question, n'est pas loin de Beauquesne et se trouve très près de Rossignol et de Cognœul.

Pierre de Mailly-Couronnel était, en 1322, l'époux de Béatrix de Calonne (*), issue d'une ancienne maison qui tirait son origine d'un village près de Tournay.

C'est d'elle que paraît être descendu Beaudoin de Mailly-Couronnel, qui figurait dans les « actes authentiques de la ville « d'Arras » de l'année 1367, « pour une reconnaissance passée « par luy de devoir à Jean Savary la somme de sept vingt « livres » (240 livres). Nos papiers en font un neveu de Gérard, dont nous suivrons la descendance. Il est probable qu'il était fils d'un frère aîné et que c'est lui qui hérita de ce que pouvait posséder l'auteur commun à Rossignol et à Cognœul. Désormais il ne sera pas plus question de ces fiefs pour la lignée qui nous occupe, que, plus tard, de celui de Mernes, après l'extinction de la branche à laquelle il avait donné son nom.

(*) Les armes de Calonne étaient d'azur, à deux aigles déployées d'or.

Il existe encore une famille de Calonne en Picardie, dont un membre, le Baron A. de Calonne a fait sur la vie municipale au XVe siècle, dans le nord de la France, un ouvrage que nous avons consulté avec profit.

Dans un acte, en date du 13 juillet 1462, qui se trouve dans nos archives, on voit figurer Jacques de Calonne comme témoin, en qualité d'auditeur royal.

D'après un vieux titre, Pierre aurait eu à fême « une fille de Bertangle.» C'est d'elle que nous parait descendre la famille puisque la sentence de 1445 dit que Charles de Mailly-Couronnel, arrière petit-fils de Pierre, « estoit parent et cousin à Ganain seigneur de Bertangle (*).

Quelques généalogistes portent encore Pierre comme époux de Marie-Jeanne de Jumel ou la Jumelle (**), probablement sœur ou proche parente de Pierron, que nous venons de citer. Cette alliance, qui viendrait confirmer l'acte de 1307, parait d'autant plus vraisemblable que les Mailly-Couronnel étaient alors fixés à Beauquesne, tout près de leurs plus anciennes seigneuries.

Beauquesne ou Beaucaisne, comme on l'écrivait autrefois, était, au moyen âge, une des villes les plus importantes de la Picardie. C'était le siège d'une prévôté, qui comprenait, non seulement, les chatellenies de Wignacourt, de Domart et d'Autie en Amiénois ; mais encore celles d'Orville, de Pas et de Saint-Pol dans le comté de ce nom ; celles de Bucquoy, d'Avesne-le-Comte Houdain, Aubigny, Pernes, Lillers, Saint-Venant, Béthune, Lens, Arras, ainsi que la principauté d'Epinoy, et les pays de Lalleu et de Ricquebourg-Saint-Waast en Artois. Dans la Flandre et le Cambraisis, la chatellenie d'Oisy, le temporel de Saint-Amé de Douai, de Saint-Pierre de Lille et de l'abbaye de Marchiennes relevaient de Beauquesne, dont Lille, Douai et Orchies furent détachées dans le courant du moyen âge.

Nous croyons devoir citer ces noms, qui se retrouveront plus d'une fois dans l'histoire de la maison de Mailly-Couronnel, si intimement liée à celle de sa province, alors qu'elle jouissait de

---

(*) La terre de Bertangle, à onze kilomètres d'Amiens, appartient encore à la Maison de Clermont-Tonnerre qui la tient directement, par héritage, des Bertangle.

(**) Les armes de Jumel étaient trois chevrons de gueules sur un champ d'argent. Les Mailly-Couronnel en ont longtemps écartelé leurs armes.

ces libertés, si chères à nos pères et dont le souvenir s'est si promptement effacé.

Ceux qui défendaient nos vieilles libertés provinciales n'étaient pas des rebelles, comme les politiciens de l'ancien régime ont voulu le faire croire. Ce que la suite de ce récit nous fera dire d'Arras et de l'Artois se retrouve partout dans notre pays, ainsi que nous en avons l'exemple au centre même de la France, où les événements qui se sont succédé, depuis moins d'un siècle, ont envoyé les derniers rejetons de la vieille famille artésienne.

Comme on l'a dit plus d'une fois : « La liberté date de loin « en France ; c'est la servitude qui est d'institution moderne. »

Gérard ou Guérard de Mailly-Couronnel, seigneur de Loges, Loiselet, etc.

Il est mentionné sur les généalogies comme époux de Ponthia du Chatel ou du Chastel (*), dame de Loiselet-lez-Faubourg d'Arras, près la prévôté Saint-Michel, qui était fille de Robert dit Hector, seigneur de Guy, dont les aïeux étaient connus dès le XIe siècle.

Cependant l'ancienne pièce dont nous avons déjà parlé s'exprime ainsi : « Guérard-Couronnel, fils de Pierre, eut à fême une

(*) S'agit-il d'une alliance avec les du Chastel Hovardrie, famille considérable et fort ancienne des environs de Tournay, ou avec les du Chastal Blangelval, également distingués dans les environs de Lille ?

Nous pouvons d'autant moins le décider que les écussons des deux familles sont rapportés dans les généalogies.

Pour les du Chastel Blangelval, il est d'azur au chevron d'or accompagné de trois croisettes recroisettées au pied fiché de même.

Pour les du Chastel Hovardrie, l'écusson est de gueules au lion d'or armé, lampassé et couronne d'azur.

« fille des Frévillers (*), sœur de Guilbert, seigneur du dit lieu,
« père de Bodin et fille d'une à surnom de Saint-Amand. »

La sentence de 1445, en rappelant la parenté du petit-fils de
Gérard, parle des Frévillers et des Saint-Amand (**), sans
mentionner les du Chastel. Néanmoins le fief de Loiselet se retrouve parmi ceux de la famille, et Philippe de Mailly-Couronnel, dernier de la branche aînée dite de Mernes, écrivait, le 3
juillet 1672, que, dans les papiers qu'il envoie à son cousin
Louis Floris, est la « certification de l'alliance de Gérard-Cou-
« ronnel avec Damoiselle Pontia du Chastel, qui fut fille de feu
« messire Robert dit Hector, chevalier seigneur de Buy. » Malheureusement cette pièce a été perdue avec beaucoup d'autres.

Gérard fut, d'après les anciens titres, enterré dans la cité
d'Arras au cimetière Saint-Nicaize, où on vit longtemps son
épitaphe (A droite en entrant.) Elle portait qu'il « estoit
natif de Beaucaisne », et qu'il « trespassa le 22e jour de juillet
1381. »

C'est le premier de sa maison qui paraisse avoir habité Arras.

Fut-il appelé en Artois par l'importance de ses fiefs que venait d'augmenter son mariage ? Fut-il appelé par le duc de
Bourgogne qui, allant hériter des comtés de Flandre et d'Artois (***), voulait amoindrir Beaucaisne au profit d'Arras, en y at-

---

(*) Les armes des Frévillers étaient d'argent à trois croissants de sable. Elles
sont semblables aux armes des St-Amand avec qui nous verrons Charles, 2e du
nom, contracter une alliance environ deux siècles plus tard. Cela vient encore
confirmer l'exactitude et l'authenticité de la sentence de 1445.

(**) « Icelluy Charles, d'un aultre costé de par son dit père, estoit parent et
cousin à....... Baudin seigneur de Frévillers et ses frères, à Galoiz de St-Amand.
seigneur des Anteulx, ayeux (aïeux) de St-Amand et Lebesque de St-Amand
frères, d'icelluy costé de Frévillers..... »

(***) C'était alors Philippe-le-Hardi, qui avait épousé la fille de Louis de Males.
comte de Flandre et d'Artois. Il mourut en 1404, l'année même où sa femme
Marguerite venait de recueillir cette belle succession. Cette dernière le suivit
au tombeau l'année suivante. laissant pour héritier leur fils Jean-sans-Peur.

tirant les principales familles de cette prévôté ? La politique des ducs de Bourgogne ne rend pas cette hypothèse moins plausible que la première. Dès la minorité de Charles VI, le duc Philippe-le-Hardi paraît avoir rêvé une indépendance que devait réaliser son petit-fils Philippe-le-Bon. Il importait donc que les provinces qui leur appartenaient cessassent de relever d'une autre autorité que la leur ; c'est pourquoi ils s'efforcèrent de détacher de la prévôté de Beauquesne la plupart de leurs possessions, bien avant que l'ordonnance de Charles VII vînt leur en confirmer le droit.

« Beauquesne est une ville campestre », dit cette ordonnance qui fait partie des concessions de la paix d'Arras. Il est vrai que cette pauvre ville ne devait pas être une place bien forte, puisqu'elle venait d'être sans cesse ravagée pendant la guerre, et qu'elle ne devait pas être plus épargnée au siècle suivant. C'est maintenant un obscur village de l'arrondissement de Doullens (*).

(*) La ville et le château de Beauquesne furent complètement brûlés en 1553 par le duc de Savoie, Emmanuel-Philibert, général des armées de Charles-Quint : ce qui leur enleva toute importance et détruisit en même temps les plus anciens papiers de famille.

FIN DU PREMIER CHAPITRE

CHAPITRE II

CHAPITRE II

**Hugues et Charles de Mailly-Couronnel. Manière de vivre
de la noblesse d'Artois à la fin du moyen-âge.**

**Hugues ou Huc, comme l'appelle la sentence de 1445,
seigneur de Loiselet, Rantigny, Loges, etc., etc.**

On le voit figurer dans un acte avec la comtesse d'Artois à
laquelle il « vendit vingt mencauds (*) bledz qui luy aparte-
« noient chaque ans sur la grange de Loges. »

(*) Mencaud ou mancaud est un terme presque oublié maintenant. Il servait
autrefois à désigner une mesure de capacité pour les grains, qui était d'environ
85 litres. Elle s'employait comme on le voit pour le paiement des fermages et ne
se payait pas les années de jachère.

Mencaud vient de mencaudée, vieille mesure agraire, encore employée en
Artois et qui, de tout temps, a différé suivant les localités. Ainsi la mesure
cambrésienne se trouve souvent mêlée suivant les villages à celle d'Artois, à
laquelle on avait, comme pour augmenter la confusion, ajouté encore une
autre mesure appelée Aragonaise, dont l'origine espagnole se reconnaît facilement.

Vélu et Baratre, que nous aurons souvent l'occasion de citer parmi les
fiefs de la famille, quoique se touchant et faisant partie de la même seigneurie,
avait l'un la mencaudée de 42 ares 91 centiares, et l'autre celle de 53 ares 54.

Nous n'avons malheureusement pu retrouver la pièce concernant cette vente ; mais une autre plus ancienne, dont la teneur doit être analogue, nous est parvenue.

C'est un accord entre « Mahault comtesse d'Arthois et de « Bourgonne » et Thierry d'Yrechon, prévôt de l'Eglise de St-Pierre-d'Aire, depuis évêque d'Arras. Il date du 20 décembre 1320 et concerne la donation faite par ce dernier « à « icelle dame et ses héritiers du chasteau de Gonnay avecq « toutes les appartenences et appendances sauf son usufruit et « cens livres parisis de rente à petits tournois que la dite « dame lui a consenty et amorty pour en disposer à son plaisir « et volunté..... »

Cet acte est en forme de lettre donnée à Paris sous le grand et petit sceau de la comtesse d'Artois.

Une autre lettre en date du 1er janvier 1380 « sous le seau « en lac (lacet) de soie et cire verte » de la même dame vient confirmer la précédente après la mort de l'évêque Thierry d'Yrechon.

La première de ces pièces contient en outre des donations rappelant l'antique usage des amendes judiciaires.

Ainsi on y parle de « 71 meucaudées, trois havot de terre « quy furent à Robert d'Aulchy, séant audit terroir d'Aul- « chy vers La Bassée (*), laquelle terre est advenue à la ditte « dame pour la pacification de la mort de Pierre de Same qui « a esté occis en estimation de cinquante livres. Item qua- « rante-six meucaudées et demy de terre ou environ qui sont « advenu à la ditte dame de la forfaicture de Guérard de « Marquettes, dont les ving-huict meucaudées sont en une « friche séant entre Courcelle et Oby et les autres dix-huict « mesures, au lieu que on dit Fromentin à l'issu d'Oby par où

(*) La Bassée est un chef-lieu de canton du département du Nord sur la limite de celui du Pas-de-Calais à 22 kilomètres de Lille.

« on va à Flers en estimation de trente livres treize solz diz
« deniers parisis qui vaillent deux cens livres seize solz dix
« deniers à petits tournois de rente annuelle. »

Les actes, de la même époque, faits entre particuliers avaient
une teneur analogue à ceux d'aujourd'hui, sauf que le salut
n'y était pas donné au nom du souverain ou du peuple ; mais
du « Garde de la Baillie. »

Voici, du reste, l'exemple que fournit un acte du 6 mai 1430,
concernant un manoir, terres et droits de terrage situés au
Val-Huon (*) et tenus en fief, d'un de nos ancêtres, à cause de
sa terre d'Huclier :

« A tous ceulx qui ces présentes lettres verront Pierre de
« Billan escuyer ad présent garde du seel roial de la Baillie
« d'Amiens, estably es prévosté foraine de Beauquesne et
« dedens la ville pour sceller et confermer les contractz et
« obligations qui y sont faicts et reçeues entre parties salut.
« Sachent tous que pardevant Willame de Croix et Jehan
« de Ploich, auditeurs (**) du Roy nostre sire, mis et estably
« par Monseigneur le Bailli d'Amiens au nom du Roy nostre
« Sire ad ce oir, comparurent en leurs personnes............ »

Cette pièce en parlant des « droits de terrage » rappelle les
différents droits alors d'usage en Artois sur cette matière.
Nous n'osons nous hasarder à en faire mention, depuis que

(*) Le Val-Huon, aujourd'hui Valhuon, est un village du canton d'Heuchin,
arrondissement de St-Pol (Pas-de-Calais).

(**) Les auditeurs royaux remplissaient des fonctions analogues à celles des
notaires. Autrefois, comme l'indiquent de nombreux actes que nous avons entre
les mains, les membres des plus anciennes et plus importantes familles ne
dédaignaient pas de les exercer.

Ainsi, en 1430, Jean de Vichery et Jehan Dorémieulx étaient auditeurs royaux
à Beauquesne. En 1458, c'étaient Willame Marchant et Pierre Bonmarquier ;
en 1462, Jacques de Calonne et Enguerrant le Réant ; en 1470, Pierre Bonmarquier et Paul Durant ; en 1492, Grégoire de Lille et Jehan Desprez, etc., etc.

Les prévôts de Beauquesne étaient, en 1430, Nicolas Le Roy ; en 1458, Mahieu
du Mares ; en 1462, Colart Oudart ; en 1470, Garin Courtois ; en 1492, Colart
Courcol dit Payen, etc., etc.

nous avons consulté les livres spéciaux, de crainte de retomber dans les erreurs qui ont entretenu, sous l'ancien régime, de si nombreux procès. C'est à eux, du reste, que nous devons les pièces qui ont permis de joindre si sûrement l'exemple à l'appui de nos dires jusqu'à la fin de ce travail.

Dans l'acte que nous avons, « Jehan Du Pont, bourgeois « d'Arras, et demiselle Benoitte Laguache sa fème », avec « Simon Du Pont leur fils aîné et héritier », vendent des propriétés éparses, grevées de redevances, ou profitant de droits à peu près les mêmes, quoique rappelés sous des termes très différents.

La situation des immeubles, avec leurs aboutissants, est rappelée comme on le fait aujourd'hui : Ainsi, pour cinq mesures ou environ, en deux pièces dépendant du chastel de Houdaing (*), il est dit « qu'elles tiennent aux terres Collard, « Duriez (**), de toutes pars et doivent de rente chacun an « au seigneur du dit chastel huit deniers et disme du cens « trois. » Ailleurs, on parle de plusieurs aultres pièces de « terre appartenans ou mieux tenues en colterie de plusieurs « aultres seigneuries », avec les redevances et les charges qui leur appartiennent comme celle de « devoir terrain commun à Monseigneur de Brabant et « aultres seigneurs. »

Ce mot de colterie montre qu'il s'agit là d'une redevance roturière ; les terres qui en étaient grevées s'appelant « cottières » Les manoirs avaient aussi leurs qualifications, indiquant d'un seul mot s'ils existaient de fait ou de souvenir. Dans la circonstance, le manoir vendu avec les terres, étant « à mas » ou « amasez », avait des bâtiments. S'il eût été « non-amasez » cela pouvait indiquer un enclos avec une habitation n'étant même plus à l'état de ruine.

(*) A dix-huit kilomètres de St-Pol (Pas-de-Calais) se trouve la station de Houdain sur la ligne de Lens, Bully-Grenay à St-Pol.

(**) C'est de la famille Du Rietz, à laquelle appartenait probablement Collard, que sont venues dans la nôtre les seigneuries que cet acte concerne.

En 1498, les mêmes terres et manoir donnèrent lieu, de la part de Jehan Saumont, probablement fils de Tassart, l'acquéreur de Jehan Du Pont, à un nouvel acte où il « s'engage à « paier chacun an à maistre Jehan Donde, curé de St-Jacques- « en-Douay, à ses hoirs ou ayans causes, ou au porteur de ces « lettres, quinze livres monnoie d'Artois. » En 1513, la même obligation fut renouvelée par « Laurent de Saumont « fils de feu Jehan pardevant Jehan Blocquel, demourant en « Cité-les-Arras, garde du seel roïal de l'abbaye d'Amiens esta- « bly es prévosté foraine de Beauquesne. » (*)

En 1532, après que l'Artois eût été arraché à la France, par suite de la funeste bataille de Pavie, ce sont les Echevins qui donnent le salut et remplissent les fonctions d'Auditeurs royaux, comme le montre un acte où on voit figurer « Maistre Extasse « de Vontenay et Antoine Flameng pères et compaignons en « échevinage. . . . . »

Un autre acte, qui fut passé en France l'an 1543, ne parle plus des Auditeurs royaux, mais d'un notaire juré du nom de Michel Duboys.

Hugues de Mailly-Couronnel était conseiller du roi à Beau-quesne en même temps qu'homme d'armes ; ce qui prouve que contrairement à ce qui a été dit depuis, la robe n'empêchait pas de porter l'épée et la qualité de gentilhomme de savoir au moins lire et écrire.

Nous avons vu dans une pièce, datée de 1036, un chevalier du nom d'Helgot se qualifier de son titre « d'advoué de l'abbaye « de St-Waast d'Arras » plutôt que d'aucun autre de ceux qui lui appartenaient. Son frère Jean revêtu du même titre ne se contente pas d'opposer sa signature en cette qualité après celle de Baudoin « par la bonne volonté de Dieu, comte de Flandres

---

(*) On voit, par cet acte, l'abandon déjà presque consommé de Beauquesne. qu'allait consacrer la séparation de l'Artois du reste de la France.

« et marquis » et de la comtesse Adèle son épouse, fille du roi Robert, il le transmet à sa fille qui devient « advoueresse ».

Cette dernière trouve dans Robert, sire de Béthune, un époux tout disposé à faire valoir les droits qu'elle lui apporte en dépit du bagage littéraire qu'ils peuvent imposer. C'est à cette occasion que nous avons vu sa femme écrire à l'abbé de Corbie la lettre déjà citée.

Dans une charte venant de l'abbaye du Mont-St-Eloy « l'hé-
« ritier de Béthune » se qualifiant « *d'advocatus* » de par son épouse Clémence, donne, du consentement de celle-ci et de leur fils Robert, une rente de vingt solz parisis à l'église de la bien-heureuse Marie toujours vierge située près des murs de Béthu-ne. Cette charte, qui est en latin, ainsi qu'une autre où figurent Robert, Guillaume, Baudoin et Conon, fils du sire de Béthune, avocat d'Arras, a été revêtue de la « signature des intéressés de
« leurs hommes, d'amis fidèles et de témoins propres à en
« affirmer la notoriété. » (*)

Que de légendes seraient détruites si on connaissait mieux notre histoire !

Que signifiait, aussi pour nos vieux gentilshommes, la fameuse particule, à laquelle on a attaché tant d'importance depuis qu'on s'est mis à les méconnaître au point de les traiter de barbares ? Hugues se faisait-il appeler de Mailly-Couronnel ou Couronnel tout court ? Cela importe peu pour ses services, comme pour son origine, ainsi qu'on le voit dans la sentence obtenue par son fils Charles (**) en 1445.

(*) En 1217, un seigneur du nom de Daniel se qualifie encore du titre d'avocat d'Arras et de sire de Béthune ; il fait connaître à tous présents et à venir qu'il a concédé et assigné à ses chers en Jésus-Christ le doyen et les insignes chanoines de l'Eglise de la Bienheureuse Marie d'Arras, deux mesures de froment prises sur ses revenus d'après le mesurage de Béthune, et une rente de cent sous parisis à prendre chaque année à Bruay, chez les hommes dont les noms suivent.

(**) Voir aux pièces justificatives.

Il était cousin issu de germain de Collard Mailly ou de Mailly seigneur de Cognœul et capitaine de Belle-Motte-les-Arras (*). Il portait les mêmes armes, poussait le même cri (**) et faisait « garde de guerre » avec lui et son frère, Mathieu Cognœul, en la ville de Doullens.

Une pièce, extraite des procès-verbaux dressés pour établir la sentence dont nous avons déjà parlé, lui donne encore comme parent dom Ansel de la Batterie, religieux de St-Sauveur d'Auchin (***) et prieur de St-Sulpice-lez-Doullens, « lequel ayant été entendu par devant les maire et échevins de « la ville de St-Pol, le cinquième jour de mars quatorze cent « quarante deux, reconnut et certifia que le dit Collart de « Cognœul, escuier seigneur de Cognœul et capitaine du chastel « de Belle-Motte-lez-Arras, et demoiselle Jehenne de Cognœul, « mère d'icelui recognoissant, sœur germaine d'yceluy Colart, « estoient cousins issus de germains de ligne légitime à « Hugues Couronnel du costé du dit lieu de Cognœul . . . . . »

Nos papiers continuent en disant : « Il résulte d'ailleurs que, « sur le fait de filiation et de noblesse, il y eut des enquestes

---

(*) C'était un château situé à environ un kilomètre d'Arras, qui servit long-temps de résidence aux comtes d'Artois et à leurs successeurs.

Leur héritière Marguerite, veuve de Philippe-le-Hardi, y mourut en 1405. Les ducs de Bourgogne continuèrent à l'habiter, et on voit en 1469 Charles-le-Téméraire y faire une apparition brillante avant son entrée dans Arras.

Belle-Motte devint sous la domination française l'abbaye d'Avesne.

(**) Le cri servait en guerre de ralliement et d'encouragement. Les gens d'armes de Colart, de Mathieu et d'Hugues criaient donc « Mailly » ; de même que ceux des Montmorency criaient : « Dieu ayde » et, après les croisades, Aplanos. Ce mot grec, dont la traduction littérale « sans reproches » convient si bien aux militaires est resté la devise de Magnac-Laval.

Depuis, tous ces cris ont été remplacés par celui de « France. »

(***) Nous croyons que Auchin ou Anchin, dont il est question ici, n'était autre qu'Auxy-le-Château, entre St-Pol et Doullens, dont l'importance est fort ancienne. En 1096, on y fit un tournois auquel prirent part, avec les Mailly, les Blondel, les Gonnelieu et les représentants d'autres anciennes familles dont les noms ne sont pas arrivés jusqu'à nous.

Il y a aussi, dans l'arrondissement de St-Pol, un chef-lieu de canton du nom d'Heuchin.

« faites à l'adjonction de Maistre Jean Le Couvreur, licencié en
« droit canon et civil, plusieurs témoins nobles et autres
« notables et anciens dignes de foi qui furent entendus, que
« tous ces devoirs furent produits avec plusieurs lettres scellées
« des sceaux aux causes de la ville de Beauquesne et de
« celle de Saint-Pol, comme aussi des sceaux de plusieurs
« chevaliers et escuiers . . . . . »

Nous ne les rappelons pas ici, vu qu'on les trouve tout au
long dans la sentence, mais nous ne croyons pas sans intérêt
d'avoir montré la manière dont se faisaient ces enquêtes au
moyen-âge.

Une déclaration se rapportant à l'une d'elles nous est parvenue, et en voici le texte :

« Jehan de Mons, dit Regnovaret (*) en son vivant seigneur
« du dit lieu, et Walleran de Mons, en son vivant seigneur de
« Mares frères, venant de maistre Jehan de Mons, chevalier,
« en son vivant seigneur du dit lieu, et du dit Regnovaret, est
« issue la dite personne mère de Jehan de Pronville et du dit
« Adrien, seigneur de Harpenlier. (**)

« Et de Walleran de Mons est issu Jacques de Mons, lequel
« prétend à la retraicte de la dite terre de Mons (***) comme
« cousin issu de germain, et de Adrien de Pronville. »

                                        « Signé : Jacques de Mons. »

Nous voyons, par l'exemple de la famille du Rietz, dont

(*) On trouve dans le canton d'Hesdin, arrondissement de Montreuil, un village du nom de Regnoville où il y avait un ancien château.

(**) Le mot « de » mis avant « Jean de Mons », au commencement de la citation, rendrait la phrase claire ; mais ne l'ayant point trouvé sur le manuscrit,
qui est du temps, nous n'avons pas cru devoir prendre sur nous de l'ajouter.

(***) Cette terre est arrivée plus tard à la famille par son alliance avec Gertrude
Du Rietz, héritière de la maison de Mons.

La « retraicte » dont il est ici parlé nous paraît être ce qu'on appelait dans
l'ancien droit le « retrait lignager ». Il consistait à permettre aux « parents du
« côté et ligne dont est venu au vendeur un héritage vendu, de le retirer des
« mains de l'acquéreur en intentant l'action dans un temps prescrit. »

nous avons de nombreux titres, que les sentences de noblesse se renouvelaient parfois fréquemment; ainsi, pour la durée d'un siècle, nous ne lui en connaissons pas moins de trois : la première date de 1490 ; la deuxième de 1577, et la troisième de 1592. La première commence comme celle des Mailly-Couronnel par la formule : « A tous ceux que ces « présentes lettres verront . . . . . », et les deux dernières de la façon suivante : « les Eleux sur le fait des aydes (*) « ordinaires et extraordinaires accordées es pays et conté « d'Arthoys etc. »

Il paraît que celle de 1445 suffit à la famille, qui ne négligea pas, du reste de « faire confirmer sa noblesse » dans les lettres de chevalerie et les autres titres qu'elle eut l'honneur d'obtenir.

Nous croyons intéressant de citer encore la lettre « émanée « des échevins de Beauquesne le 5 septembre 1442 ». En voici les principaux extraits tels que nous les trouvons dans nos papiers :

Demoiselle Jeanne Blondel (**), dame de Couin, (***) « épouse de Jean de Caumaisnil, escuier, paraît devant ces offi-

---

(*) L'Artois jusqu'à la Révolution a joui d'importants privilèges d'exemption d'impôts. Ainsi nous voyons que ceux de timbre et d'enregistrement n'existaient pas alors et que les Etats de la Province les remplaçaient par un abonnement de près de 2,000,000 sur les eaux-de-vie.

(**) Les Blondel ou de Blondel, qui ont la prétention de descendre du fidèle ami de Richard-Cœur-de-Lion, sont une des plus anciennes et plus illustres familles d'Artois.

C'est par eux que la seigneurie d'Havrincourt est passée aux Cardevacque qui en ont illustré le nom.

Un descendant des Blondel a dernièrement épousé une demoiselle de Contes : « Maison très ancienne en Artois », disent nos vieux papiers. Sa femme est, par sa mère, née du Tertre, petite-fille d'une Couronnel, dont la maison avait déjà eu une alliance avec celle de Contes. On voit, dans le courant du XVII siècle, Marie de Mailly-Couronnel, de la branche de Mernes, mariée à Claude de Contes, escuier, seigneur de Machy ou Marchy, dont elle n'eut pas d'enfants.

(***) Couin, qui est tout près de Rossignol et de Cogneul, possède un château qui appartient encore au comte de Louvencourt. Nous croyons que sa famille le tient des seigneurs dont nous citons ici le témoignage.

« ciers sur l'assignation à elle donnée. . . . Interrogée par eux,
« elle certifie et affirme que Charles Couronnel est son parent
« et cousin du costé des Blondeaux. . . . . Les mêmes juges
« entendent ensuite deux de leurs concitoyens, Mathieu
« Marmot et Marguerite Renarde, sa femme. Celui-là âgé de
« 104 ans et celle-ci de 78 ans, les plus anchiens de la dite
« ville. Ils déposent qu'en leur jeunesse ils y ont vu vivants et
« demeurant, sire Pierre le Jumel et autres portant ce nom,
« tous gentilhommes . . . . , qu'ils ont aussi bien vu en leur
« temps, demoiselle Jehenne le Jumelle l'aye (*) du dit Charles
« Couronnel et demoiselle Isabelle le Viseux sa fille, mère
« d'ycelui ».

Nous ne répèterons pas ici ce qu'on trouvera aux pièces
justificatives et nous terminerons en citant la déposition
même des magistrats de Beauquesne :

« A leur tour, les dits officiers déclarent que sur la même
« réquisition, ils sont allés visiter une notable chappelle
« érigée dans l'église paroissiale de cette ville, que on dist la
« cappelle des Jumellois, qui par eux fust fondée. Ils y
« retrouvèrent des marbres haut élevés, des tombeaux, enfin
« divers monuments avec les armes des dits Jumellois, qui
« sont trois quievrons de gueules sur un camp d'argent (**) »

Enfin on en arrive aux eschevins, qui, comme les personnages les plus importants, déposent les derniers. Ils attestent

---

(*) Aye est ici pour aïeule. On voit, en effet, que Jeanne ou Jehenne de Jumel
ou le Jumel, était la mère d'Isabelle Le Viseux, épouse d'Hugues de Mailly-
Couronnel.

(**) Trois chevrons de gueules sur un champ d'argent.
Ces armes se retrouvent dans celles de la famille où elles figurèrent durant
plus d'un siècle. Voici d'après nos papiers ce que fit à leur sujet Charles de
Mailly-Couronnel, dont il est ici question :
« Lequel Charles fut le premier quy escartella ses armes avec celles de Jumel,
« à cause de Jenne de Jumel, grand'mère maternelle, lesquels armes ont con-
« tinué d'escarteller plus de cent cinquante ans, jusqu'à ce que Philique Cou-
« ronnel en l'an 1600 les a reprises sans escarteller. »
Celui dont il est parlé doit être Philippe, de la branche aînée dite de Mernes.
A son extinction, qui date de la fin du XVIIe siècle, la branche cadette, dite
de Vélu, qui subsistait seule, crut devoir suivre un exemple qu'autorisaient les
usages.

ce qu'on verra plus loin au sujet des honneurs rendus aux Jumellois, et ajoutent « qu'une fois la mère de Charles « Couronnel devait, comme plus prochaine de l'antique institu- « teur, de la fête notable qui se fait en cette ville chaque année, « donner la rose ou le prix ; mais parce qu'il y avait des « mâles d'ycelui lignage elle ne le donna pas. »

Du temps de la sentence, en 1445, par suite probablement de l'extinction de la descendance mâle des Jumellois, c'étaient les seigneurs de Cresecques, alliés à la famille par le mariage de Robinet avec Léonore la Jumelle, qui exerçaient les droits en question.

Hugues avait épousé Isabelle le Viseux (*), dame de Ranti- gny ou Ranteny-lez-Clermont en Beauvoisis (**), qui, « par « sa mère était issue des Jumellois, qui anciennement furent « extraits de Beauquesne. . . . . Elle pouvait et devait donner « la rose (***) à la fête qui se fait au marché de Beauquesne

---

(*) Les armes des Le Viseux étaient d'argent à trois chevrons de gueules.

Dans certains titres, on y voit ajouter une pièce que nous croyons être des fénerons ou petits râteaux d'azur.

(**) Ce fief, qui dut échapper à la famille, par suite des partages que nécessita la nombreuse postérité de Robert de Mailly-Couronnel et de plusieurs de ses descendants, appartenait, dans le courant du siècle dernier, au duc de La Rochefoucauld, comme dépendant de son duché de Liancourt.

(***) Cet usage a existé en France, dans différentes provinces. C'était toujours une personne distinguée par sa naissance, son rang et sa vertu qui présentait la rose.

Les ducs et pairs étaient tenus de porter tous les ans des roses au Parlement ; le Roi payait aussi un droit de rose au Parlement et à toutes les cours de Paris.

« Les pairs présentaient eux-mêmes des roses en avril, mai et juin, lorsqu'on « appelait leurs rôles ». (Histoire du diocèse de Paris).

Sous l'ancien régime, les ducs seuls portaient le titre de Pairs, devenu complètement honorifique. Les fonctions en étaient passées aux légistes qui, sous le nom de Conseillers, avaient remplacé au Parlement les seigneurs de premier ordre. Au moyen-âge, il y avait eu, en France comme en Angleterre, des barons, pour siéger aux assemblées ou assises de la nation ; mais l'autorité royale les avait systématiquement écartés au profit d'un Tiers-Etat plus souple.

De cette alliance était né un régime qui avait peu à peu absorbé les libertés des provinces et laissé seul, en face du pouvoir royal, un Parlement, sans force contre lui, comme sans appui dans le peuple.

C'est à la maison de Bourgogne, moins absolue que celle de France, que la petite province d'Artois a dû de conserver, jusqu'à la fin de l'ancien régime, avec ses Etats, des libertés, il est vrai, souvent attaquées.

« après la pentecôte. Mêmement qu'au jour qu'on célébrait
« en l'église d'icelle ville les obits (*) des dits Jumellois,
« les échevins de Beauquesne lui faisaient présenter, par un
« de leurs sergents, quand elle était présente, deux lots de
« vins et deux pains qu'elle offrait à la messe ainsi que font
« encore les dits échevins ». (**)

On voit dans une généalogie, un Couronnel désigné comme
otage de la (***)Ste-Ampoule de Reims, en 1397. Ce devait être
Hugues, qui vivait encore, ainsi que sa femme, le 7 août 1426,
comme cela est constaté par un acte. Il « trespassa le jour
« du St-Vendredy à heure de nonne second jour du mois d'apvril
« de l'an 1427 » et fut inhumé auprès de son père. Sa femme,
Isabelle le Viseux, décédée le 7 octobre 1452, fut mise dans le
même tombeau, sur lequel on voyait trois personnages, deux
hommes et une femme avec trois écussons tenus chacun par un
ange.

Quoiqu'il ait porté le titre de conseiller du roi à Beauquesne,
il ne paraît pas avoir fait sa résidence ordinaire de cette ville,
qu'occupaient tour à tour les gens de guerre. Les partisans
de Charles VII y laissèrent leurs traces de son vivant, et peu
après sa mort. En 1423 et 1435, « ils y prinrent, disent les
« chroniques, foison de prisonniers, s'y repeurent et refres-
« chirent ».

Les registres de l'échevinage d'Arras nous apprennent
qu'Hugues avait un frère nommé Jean que nous voyons figurer
sur certaines généalogies comme issu d'une autre mère ; ce
qui explique les deux alliances que nous avons indiquées.

(*) Prière des morts, alors ainsi désignées.

(**) Extrait de la sentence de 1445.

(***) Dans les occasions solennelles où on faisait sortir la Ste-Ampoule de
l'Église St-Rémy de Reims, on désignait, comme otages, les personnes les
plus importantes pour en garantir la restitution. Les otages devaient rester
enfermés dans l'église jusqu'à ce qu'on eût rapporté la Ste-Ampoule, ainsi que
cela s'est encore passé pour le sacre de Charles X.

Hucgues serait intervenu en sa faveur pour faire « proscrire
« une demande en condamnation de cinquante-une livres sept
« sols six deniers que les adjudicataires du droit de maltote (*)
« sur les vins, avaient formée contre lui ».

Il avait encore un frère du nom de Girardin ou Guérardin
et une sœur appelée Jeanne, qu'on voit figurer au compte de la
ville d'Arras, le 22 septembre 1404, de même qu'en 1408.

Ce fait rappelle une ordonnance rendue par Robert II, dit le
Bon, comte d'Artois, en 1300, qui fixait le revenu de la commune d'Arras, taille comprise, à un maximum de 3000 livres,
ajoutant que « si les dettes communes et charges publiques
« demandaient une plus grande dépense, elle se prendrait sur
« les bourgeois ».

Aussi leurs noms figuraient-ils « aux comptes de la ville »
chaque fois que « le magistrat jugeait à propos de renouveler
« les taxations ».

Nos papiers parlent encore d'un acte, en date du 23 juillet
1393, où les deux frères Hugues et Jean figurèrent ensemble.
Ce dernier aurait alors été l'époux de Jacquette Huquedieu ou
Huedieu. De quoi s'agissait-il ? Nous ne pouvons le dire
aujourd'hui ; mais nos archives en nous apprenant quelle
était, de leur temps, la détresse des ducs de Bourgogne, nous
font supposer qu'il s'agissait encore de quelque vexation
fiscale.

Les embarras de Jean-sans-Peur l'avait réduit à rendre, le
8 février 1406, des lettres patentes, « à cause des acquêts
« faits depuis l'espace de quarante ans à compter avant la
« publication des dites lettres, dont les aucuns *ont fait devoir*
« et les autres ont *été délayants*. »

(*) « On appelait Maltote une imposition extraordinaire.

« Ce terme vient de *Male Tollere* (mal prendre) ; c'est de là qu'on appelle
« maltotiers ceux qui donnent toutes sortes d'avis pour l'établissement ou
« exaction de nouveaux droits à charge au peuple... » (Dictionnaire de droit de
Ferrière).

Ces mesures ne concernaient pas seulement les particuliers, mais encore les établissements charitables comme les hôpitaux et les maladreries, qu'on voit figurer pour la même cause sur le compte de Jean Roubaut, receveur des baillages d'Arras, Avesnes et Aubigny. Ce compte, qui va du 15 juillet 1407 au 17 février de l'année suivante, fut, paraît-il, « oy et cloz à Lille « le Vᵉ jour de mars mil CCCCVIII (*), présens *Pacy*, David « et moi Quérin ».

Il ne nous a point paru sans intérêt, de relever le nom de Pacy ou Pachy porté par le haut fonctionnaire, dont le témoignage est ici invoqué, et qui nous paraît avoir été Jean de Pacy, dont la fille allait épouser le neveu de Jean de Mailly-Couronnel.

Au folio 62, du compte de Jean Roubaud, on voyait figurer comme « *délayant* (**) », Jean Couronnel, en fort bonne compagnie du reste, puisqu'il était avec Jacquemart de Coupigny, Simon Caulier, Mathieu du Castel, Jean le Pelé, procureur du duc de Bourgogne, Pierre de Rubempré, Jean de Lannoy, etc. Il était là, à cause d'un fief « tenu du chasteau d'Aubigny à « trente deux sols le relief et pour vingt-deux meucaudées de « terre au terroir de Rullecourt ». (***)

Paya-t-il le droit de nouvel acquêt, dont les nobles étaient généralement dispensés, en raison de leurs services et des dépenses que leur imposait la qualité « d'hommes d'armes ? » Nos papiers disent qu'il fut « ajourné », ce qui semble indiquer que le fisc aux abois ne voulut pas paraître avoir plus d'oreilles

---

(*) Ces lettres semblent indiquer la date de 1408, et nous voyons dans une pièce plus moderne et plus claire celle de 1508, portée pour le même acte. Nous croyons, pour le dernier cas, à une erreur de copiste.

(**) Profitant ou abusant des délais.

(***) Ce fief pourrait bien avoir été réuni à celui de Bally ou Basly en Camblignœul, dont Charles, fils de Hugues, fit l'acquisition, sans doute après avoir hérité de Rullecourt ou Rullencourt.

pour lui que pour les « aultres délayants ». S'il ne paya pas, il n'en fut pas moins « appointé » par le terrible Roubaud, c'est-à-dire compris dans les rôles de cet agent fiscal ; et c'est peut-être à cela que nous devons la sentence de 1445, ainsi que les intéressantes enquêtes que nous avons citées.

Charles, premier du nom, chevalier, seigneur du Sart, de Loiselet, Rantigny, Basly, Mernes, etc., etc.

Il suivit dans sa jeunesse la carrière des armes et se distingua dans la bataille de Mons-en-Vimeux (*), où il fut fait chevalier. (**)

La lutte fut longue et acharnée, quoiqu'il n'y fut engagé que 7.000 hommes. Le duc de Bourgogne et « environ 500 « combattants qui étaient demeurés avec lui des plus nobles et « experts en armes, se combattirent moult aprement, dit la « chronique, et tant firent qu'en conclusion obtinrent la « victoire et demeurèrent maîtres de la place. »

Philippe le Bon, qui faisait ses premières armes en cette journée, s'était fait armer chevalier, avant la bataille, par Jean de

---

(*) Cette bataille eut lieu en 1421, entre Saigneville et Mons-Boubert (Somme). Les troupes du Dauphin, depuis Charles VII, y furent défaites par celles de Philippe-le-Bon.

(**) On voit, dans les lettres d'érection en marquisat que « Charles de Mailly, « père de Clarambault, premier du nom, était attaché aux ducs de Bourgogne « pour le service desquels il avait entretenu à ses dépens plusieurs hommes « d'armes. »

.Le nom d'hommes d'armes ne se donnait qu'aux nobles qui servaient à leurs frais accompagnés de trois hommes au moins, quelquefois de six ou huit ; le gentilhomme ainsi appelé combattait à cheval armé de toutes pièces.

Voici la description qu'en fait Brantôme, au temps des guerres d'Italie : « Portant l'harquebuse à mesches et un beau fournissement de Milan, monté « sur une belle haquenée de cent escus.... et menant toujours six ou sept « gentilshommes et soldats bien signallés, armés et montés de mesmes, et bien « en poinct sur bons courtaux...»

Ce fut avec les hommes d'armes qu'on forma les anciennes compagnies d'ordonnance.

Luxembourg. « Il avait, après la victoire, donné l'accolade de
« sa main à quelques-uns des écuyers de son armée les plus
« renommés par leur bravoure.

L'époque de Philippe le Bon est la plus brillante de l'histoire
d'Artois. Le duc de Bourgogne, qui était le plus riche et le plus
magnifique des souverains de son temps, aimait le séjour d'Arras, où sa présence était l'occasion de fêtes somptueuses.
Charles Couronnel fut appelé à y figurer en qualité d'homme
d'arme et de magistrat.

Il paraît avoir pris part aux fameuses joutes qui eurent lieu
de 1421 à 1430, le plus souvent sous la présidence du duc
Philippe, tant à Arras que dans les environs. Les noms des
plus rudes jouteurs, comme Jean Caulier, Colart Laustier et
Tristan de Paris, étaient ceux de parents ou d'alliés, qu'on
retrouve dans les papiers de famille.

On y voit que : « le dit Charles Couronnel fust nommé et
« choisit pour estre du nombre des chevaliers-tournois à la feste
« qui s'est fait à Arras, à laquelle ont été convoqués les chevaliers-
« tournois de Bourgogne et de Champagne ». Sa qualité de
bourgeois (*) ne l'empêchait pas d'avoir le droit de porter une
dague d'or et de se la faire rendre après avoir été désarmé,
« comme étant noble de toute antiquité. » (**)

Au reste, de son temps, les bourgeois d'Arras étaient si bons
chevaliers qu'on en voit trois (* * *) qui avaient épousé les

---

(*) Comme il est facile de s'en rendre compte par l'étymologie, le mot bourgeois n'indiquait pas originairement une classe ou une caste, mais une caté-
gorie d'habitants vivant dans un bourg ou ville.

L'habitant du *Burg* ou *Burgus* était appelé bourgeois, comme on appelle
encore citadin l'habitant des villes, et campagnard celui des campagnes.

Avec le temps, cette habitation donna lieu à des droits, comme le « domicile »
en donne encore et il fallut être reçu « bourgeois » pour les exercer. Le nom
officiel de la classe moyenne considérée comme caste a toujours été « Tiers-Etat. »

(**) Jugement rendu à son sujet par l'échevinage d'Arras.

(***) C'étaient Jean Caulier, Colart, Laustier et Tristan de Paris, que nous
avons cités plus haut.

trois sœurs, obtenir en 1425 de faire annoncer dans les principales villes d'Artois, qu'ils offraient de *jouter et tenir la journée contre tous venants.* (*)

On voit Charles Couronnel figurer à la grande joûte, qui eut lieu en l'honneur de l'entrée solennelle à Arras de Philippe-le-Bon et d'Isabelle de Portugal, qu'il venait d'épouser en troisièmes noces. Voici à ce sujet quelques détails peut-être encore inédits :

La nouvelle duchesse avait été reçue, à la fin de janvier 1430, par le gouverneur et les échevins d'Arras. Sur son passage, toutes les rues jusqu'à la Cour-le-Comte, où elle devait loger, étaient jonchées de verdure et les maisons couvertes de tapisseries (**). On fit descendre, à son arrivée, une colombe portant une couronne de violettes qu'elle se mit sur la tête au grand contentement des assistants.

Le 17 février, cinq gentilshommes, sujets du duc de Bourgogne, soutinrent la lutte contre cinq autres, attachés au roi de France Charles VII. Les noms de quatre champions de ce dernier sont venus jusqu'à nous; c'étaient « Messires de Bohode de Bayard (***)

(*) Peu d'années avant, du temps de Jean-sans-Peur, on avait vu, en 1414, les Français jouter, pendant le siège d'Arras, avec les Bourguignons.

(**) Les tapisseries d'Arras avaient alors la plus grande réputation.

Les entreprises de Charles-le-Téméraire et les proscriptions de Louis XI portèrent un coup funeste à cette belle industrie, que les manufactures de « haute lice », fondées par Henri IV et Sully, en 1603, firent émigrer en France par le moyen de primes offertes aux meilleurs ouvriers.

On voit cependant, par une lettre de Louis de Wignacourt, escuier, sieur de Willerval, adressée aux gouverneurs, Mayeur, Eschevins et Bourgeois de la ville d'Arras, en 1635, que des efforts avaient été faits pour relever cette fabrication. La prise d'Arras et la conquête de l'Artois vinrent mettre fin à toute nouvelle tentative et les manufactures royales héritèrent d'une industrie à laquelle « les impôts et les difficultés religieuses » portèrent le dernier coup dans la province sous ses nouveaux maîtres.

« Mon père, disait Louis de Wignacourt, s'est employé pour remettre en usage « l'ancienne manufacture de drap de laine de ce pays, comme aussi des tapisse-« series qui y ont eu vogue par cy-devant en icelle ville... »

(***) C'était probablement le père du « chevalier sans peur et sans reproche » qui fut si grièvement blessé en combattant pour la France que « oncques depuis ne put sortir de chez lui. »

« originaire de Piedmond, Guillaume du Biez, de Berry, Je-
« hennet de Boussy de Poitou, et Pothon de Saintrailles, de
« Gascogne, celui-ci suivi de six pages d'une parure qui avaient
« chacun une chêne d'argent. »

Ceux qui combattirent pour le duc de Bourgogne, étaient
sans doute trop connus de nos auteurs pour qu'ils aient songé à
en conserver les noms. Charles Couronnel en était peut-être, quoiqu'on ne le trouve cité que pour avoir commandé la 5e des dix
compagnies d'honneur d'hommes d'armes et d'arbalétriers qui
gardaient les lices.

Son mariage et les années paraissent lui avoir fait quitter les
armes pour les emplois civils, qui n'en étaient guère séparés,
surtout pour les nobles, avant les armées permanentes.

Il avait épousé Jacqueline de Pacy ou de Pachy (*), fille de
messire Jean de Pachy et de Jeanne de Champigny, dont le
père, alors conseiller et premier maître de la Chambre des
comptes, à Lille, était de Paris. Après y avoir défendu devant la
Cour (**) Jean-sans-Peur, au sujet de la mort du duc d'Orléans, il l'avait suivi en Flandre.

Jacqueline de Pacy paraît avoir été une riche héritière, avec
laquelle Charles Couronnel fit de nombreux acquêts, notamment ceux des fiefs de Mernes (***) et de Bally, Basly ou
ou Bally-en-Comblignœul. (****)

(*) Les armes de Pacy ou Pachy étaient d'or, à la croix de sinople, cantonnée
de quatre lions rampants de gueules.

(**) Il n'eut pas la chance, comme le cordelier Jean Petit, de trouver Monstrelet pour conserver sa harangue.
Peut-être servit-il encore de conseil à l'évêque d'Arras, Martin Poré, pour sa
réponse à l'illustre Jean Gerson, sur le même sujet, en 1441.

(***) « Le fief de Mernes, dit la sentence de 1445, était séant en la paroisse
« Derquinguehem-sur-le-Lys. » Il est facile à retrouver, dans la commune
d'Erquinguehem-sur-la-Lys, à 3 kilomètres d'Armentières sur la limite du
département du Nord, qui est la même que celle qui séparait jadis l'Artois de
la Flandre.
C'est au sujet de Mernes que Charles Couronnel obtint la sentence qui le
déchargeait du droit de « nouvelle acquêt. »

(****) Comblignœul, actuellement Cambligneul, est une commune du canton

Il acheta encore dans Arras la maison du « Rouge-Chevalier », située rue Saint-Jean, ainsi que « les petites maisons appendantes », et il augmenta sa maison du Sart (*) sur la paroisse Sainte-Croix.

Les fonctions remplies par ses ancêtres à la Cour de Beauquesne, dont dépendait le comté de Saint-Pol, l'avaient mis naturellement en relations avec ceux qui en étaient les souverains. Louis de Luxembourg, si connu par sa puissance et ses malheurs sous le nom de connétable de Saint-Pol, l'avait « consti- « tué le 3 mars 1438 avec son très cher et aimé cousin Simon « de Luxembourg, archidiacre de Brabant, son conseiller-audi- « teur des comptes et revenus de toutes ses terres et seigneu- « ries. »

Cela n'empêchait pas Charles Couronnel d'occuper à Arras les plus hautes fonctions. Il mourut Pair du Castel de cette ville et conseiller du duc de Bourgogne. On le voit déjà qualifié de ce titre en 1445, de même que de celui d'échevin en 1452. Les chroniques de la ville d'Arras portent que « le 23 avril « 1456, Charles Couronnel, qui était échevin, fut reçu greffier « de l'échevinage au lieu de feu Jean Wattepatte. »

Lorsque Philippe-le-Bon, par lettres patentes du 8 octobre 1463, supprima la charge de contrôleur de la ville d'Arras, peut-être à cause de sa trop grande importance, Charles Couronnel fut investi du nouvel emploi qu'il fallut créer à sa place. Voici ce que nous trouvons sur ce sujet : « Il y avait « anciennement à la ville d'Arras un état de contrôleur « qui fut supprimé et aboli par lettres patentes données de Phi- « lippe de Bourgogne, lequel au lieu d'icelui contrôleur institua « quatre commis aux ouvrages d'icelle ville, les gages duquel fu-

---

d'Aubigny, arrondissement de St-Pol, à peu près à égale distance de cette ville et d'Arras.

Charles Couronnel obtint, pour l'acquisition de cette seigneurie, la même décharge que pour Mernes.

(*) Le Sart paraît avoir été un fief situé dans Arras.

« rent appliqués à savoir la moitié aux dits quatre commis, et
« l'autre moitié à leur clerc. »

Nos papiers continuent en disant : « sont ainsi créés quatre
« personnes ou prudhommes immédiatement après le renou-
« vellement de la Loi Echevinale de la dite ville d'Arras, pour
« procurer les réparations des ouvrages d'icelle ville qui sont vul-
« gairement appelés les quatre, étant créés, tant par les offi-
« ciers de la gouvernance d'Arras, que des magistrats et com-
« munauté de la dite ville, à pluralité de voix. »

Charles Couronnel fut donc le premier clerc des quatre de
la ville d'Arras, et, en cette qualité, il eut sous ses ordres les
commis ou prudhommes, dont les noms suivent : Pierre de Soyecourt, chevalier sieur de Torcy, Jacques Bertoul, Antoine
Sacquespée et Jean de Saint-Aubin. Ainsi les nouveaux magistrats avaient été choisis parmi les premières familles de la province.

Leur importance était d'ailleurs considérable, puisqu'ils
avaient, en même temps que la direction des finances, celle de
la défense de la ville, dont les fortifications étaient comprises
parmi les « ouvrages d'icelle. » Leur chef, le Clerc-des-Quatre,
avait sa Chambre particulière à l'Hôtel-de-Ville et il pouvait
siéger à celle du conseil d'Artois, lorsqu'il y était appelé, ou
qu'il demandait audience. En outre, il faisait de droit partie de
toutes les assemblées de bourgeoisie, concourant à tous les
changements ou nominations d'officiers qui étaient à la pension
ou aux gages de la ville.

La suite des successeurs de Charles de Mailly-Couronnel
fait défiler tout le vieux nobiliaire de l'Artois : Florent Mutte,
Pierre Caullier, Simon Couronnel, Gilles de Habarcq, Jean
d'Assonville, Beaudoin Mutte, Pierre de Soyecourt, Antoine
Sacquespée furent, après lui, les premiers contrôleurs ou clercs
des quatre.

Jean Poissant, Robert de Bernemicourt, (*) Martin Baudart,

(*) On écrivait aussi Bernicourt, c'est sous ce nom que figure, dans la généalogie, l'alliance contractée, plus tard, avec cette famille.

Jehan Doffay, Jean de la Vacquerie, Jean Bacot, Eustache de Renty, Jean de Bernemicourt, Adrien de Belvalet, Charles du Mont-Saint-Eloy, Charles de Wignacourt et bien d'autres que nous ne pouvons tous citer, furent, comme lui, conseillers de la ville d'Arras.

Au moyen âge, on traitait de « seigneurs », les magistrats de nos grandes villes, non seulement chez les ducs de Bourgogne, mais encore chez les rois de France, où la vie municipale reprenait chaque fois à l'approche du danger. Les annales de Limoges en fournissent notamment plus d'un exemple, et on voit, en 1597, la ville de Bellac victorieusement défendue par le consul Génébrias.

Il n'y avait d'ailleurs, dans tout l'Artois, que onze villes qui eussent le droit d'avoir un échevinage ou magistrat. Celui d'Arras était à la fois le plus important et le plus ancien de la province, puisqu'il remontait, au moins, au règne de Philippe-Auguste, comme le prouve la charte de 1194, qui est le plus ancien monument écrit de ses libertés. Depuis cette époque, le nombre des échevins resta fixé à 12 qui « ad- « ministraient par honneur, devoir et gratis. » On les nommait tous les ans, et cela s'appelait le « renouvellement de la loi. »

Quatre échevins étaient alors désignés au nom du souverain par le gouverneur de la ville, quatre par le « *magistrat* » ou échevinage sortant, et les quatre derniers par les huit nouveaux élus. Dans ce nombre, quatre devaient être nobles, quatre hommes de loi, avocats ou autres gradués, et quatre rentiers ou gros marchands. L'échevinage avait des pouvoirs illimités, puisqu'il votait les impôts avec leur répartition et qu'il jugeait sans appel en matière civile et criminelle.

Vu l'importance de ses jugements, il s'attachait un conseiller pensionnaire, dont les échevins prenaient avis au point de vue du droit, dans toutes les affaires qui leur étaient soumises. Il était ainsi appelé, parce que la ville lui payait ordinairement pension, et il n'avait sans doute, pour ce motif, que voix consultative.

Avant le retour de l'Artois à la France, c'était le souverain qui le choisissait parmi trois candidats présentés par ce qu'on appelait le « corps de la ville », c'est-à-dire l'ensemble de ses. autorités. Depuis, le roi avait érigé cette charge en office, dont il avait pris la nomination pure et simple. L'importance de la bourgeoisie d'Arras s'évanouissait avec les libertés communales & les nobles en arrivèrent à la négliger autant qu'ils l'avaient naguère recherchée. (*)

Nous avons sur l'organisation municipale de l'Artois la copie certifiée d'une vieille pièce qu'il ne sera peut-être point sans intérêt de citer. Nous ne croyons pas en posséder d'autre, quoique les incendies de la commune aient encore détérioré certains manuscrits au point de les rendre presque indéchiffrables.

Voici la pièce que « Maieur et Echevins de St-Omer », après avoir donné le salut « à tous ceux que ces présentes lettres verront », ont certifiée « conforme à son original » le 8 mai 1709.

« Extrait des ordonnances et statuz touchant le renouvelle-
« ment de la loy et pour le bien publique de la ville de St-Omer
« en datte du 9e de décembre 1447 donnez et décrettez par
« nostre souverain seigneur et prince, par la grâce de Dieu,
« duc de Bourgogne et comte de Flandres, Dartois, etc. »

(*) Dans de savants travaux publiés sur Limoges, notamment par M. Louis Guibert, on retrouve, pour cette ville, une organisation analogue. Au moyen-âge, il y avait de même à sa tête douze magistrats, qui portaient le nom de consuls, et qui étaient, comme les échevins, renouvelables tous les ans.

Les libertés étaient encore plus réduites dans le centre de la France que dans le nord, à la fin de l'ancien régime. La Marche et le Limousin, réunis plus tôt à la couronne, n'avaient pas été autant ménagés que les provinces frontières.

« .... Item que le droit de l'issue (*) de la dite ville se
« baillera doresnavant à ferme au plus offrant et dernier
« enchérisseur et pour le terme de trois ans au cas toutefois
« que l'on treuve qui le veuille mettre à prix raisonnable, et
« si non qu'yl semblast plus utile pour la dite ville de ce faire
« recevoir par aucuns commis pour et au nom d'ycelle que en
« ce cas y soient éleuz (élus) et ordonné deux personnes à ce
« idoines (compétentes) qu'en rendront compte chaque an à la
« dite ville..... »

Comme on le voit, l'organisation proposée pour la ville de St-
Omer, en 1447, ressemble beaucoup à celle établie pour Arras
en 1463 par Philippe-le-Bon. Les deux commis pour le « droit
« d'Issue » doivent être élus comme les « quatre aux ouvrages
« de la ville d'Arras ». Ils ont également une responsabilité
sous le contrôle des magistrats, qui, vu la moindre importance
de la ville, n'ont pas besoin de « clerc » pour diriger leurs
« commis » et former avec eux « Chambre » à part à l'Hôtel de
ville.

En 1469, Charles Couronnel dut encore figurer à des fêtes
non moins brillantes qu'au temps de Phillipe le Bon et telles
qu'Arras n'en devait plus revoir.

Charles-le-Téméraire, qui suivit à l'égard de l'Artois les traditions de son père, autant que le permirent les agitations de
son règne, en alla visiter la capitale après son mariage avec
Marguerite d'York, sœur du roi d'Angleterre Edouard IV.

Il y arriva le 16 mars, accompagné, non seulement de cette
troisième épouse, mais encore de sa fille Marie, qu'il avait eue
de sa seconde femme Isabeau de Bourbon, et qui allait être son
héritière. Suivant l'usage les autorités, à la tête desquelles étaient

---

(*) « On appelait ainsi, dans quelques coutumes, le droit d'entrée que l'on paie
« au seigneur pour la possession d'un héritage que l'on a acquis ; ce droit est
« ordinairement appelé lods et ventes. » (Dictionnaire de droit).

Richard Pinchon, procureur général, et Charles Couronnel (*), allèrent les recevoir à la porte St-Michel. Cette entrée fut signalée par des fêtes, où se déployèrent le luxe et la magnificence d'une province qui est restée une des plus riches de France. On y remarqua surtout des représentations, comme celles de la vie de Ste-Marguerite, patronne de la nouvelle duchesse, et de l'entrée de la reine de Saba chez Salomon.

Ce dernier sujet fut traité, paraît-il, « avec une somptuosité « qui n'aurait point été indigne de Salomon lui-même ».

Il ne semble pas qu'il y ait eu de tournois. Les progrès des armes à feu avaient déjà beaucoup diminué l'importance de l'adresse et de la force corporelles dans les combats. En outre, Charles-le-Téméraire était fier d'une artillerie qui allait enlever aux anciennes joutes leur intérêt militaire.

Charles de Mailly-Couronnel mourut le vendredi 12 décembre 1471, et fut enterré dans l'église St-Jean en Ronville auprès de sa femme, décédée le 19 mars 1470.

(*) On trouve, dans un ouvrage imprimé à Amiens, en 1844, et intitulé « Bibliothèque de la Picardie et de l'Artois », le récit d'une entrée qui paraît être la même. Ce récit est souvent en désaccord avec nos papiers de famille, notamment au sujet du procureur général, qui nous paraît avoir été Ricard Pinchon et non Pierre Caullier.

A Ricard Pinchon succéda Florent Mutte, qui abandonna cette charge à la mort de Charles de Mailly-Couronnel pour prendre la sienne. C'est lui que remplaça Pierre Caullier, en même temps que Simon Couronnel reprenait l'office de Clerc des Quatre, occupé par son père à sa fondation.

(**) Sur son épitaphe, relevée par Leblond en 1642, elle était appelée Jacquemine de Pachy.

D'après lui, leur tombeau se trouvait entre les fonds et la porte par où sort la procession.

FIN DU SECOND CHAPITRE

CHAPITRE III

———

CHAPITRE III

Conquête de l'Artois par Louis XI. — Ambassade envoyée à Marie de Bourgogne. — Supplice de son chef Clarambault de Mailly-Couronnel et de ses principaux collègues. — Cruautés exercées particulièrement contre Arras et ses plus notables habitants.

Charles de Mailly-Couronnel avait laissé trois fils : Simon, Clarambault ou Clérembault qui suit, et Charles.

L'aîné put échapper, par une mort prématurée, aux malheurs qui allaient accabler son pays et sa famille. Quoique jeune encore, il avait été pourvu des plus hautes charges, et c'est au moment où il allait épouser une riche héritière qu'il mourut et fut inhumé à Arras en l'église St-Nicaise.

Voici ce qu'on trouve, à son sujet, dans le registre mémorial de l'Echevinage : « Par la promotion de Pierre Caullier à « l'estat de Procureur général de la ville, fust ellu par les « Bourgeois, Simon Couronnel, fils de Charles et frère de « Clarambault à l'office de Clercq-des-Quatre, et depuis par

« le trespas du dit Simon fust Clercq-des-Quatre Gilles de
« Habarcq. »

Pierre Caullier avait succédé le 12 septembre 1466 à Charles
Couronnel, dont le fils le remplaçait à son tour. Le Procureur général de la ville d'Arras, Florent Mutte, en
cédant sa place à Pierre Caullier, devenait aussi successeur de
Charles dans l'emploi de Clercq de l'Echevinage qu'il avait
occupé jusqu'à sa mort. C'est ainsi que par sa promotion et
celle de Pierre Caullier la place devint libre pour Simon
Couronnel.

On voit Florent-Mutte donner en qualité de Clerc de l'Echevinage son « Seign manuel » avec Sire Anieulx de Clacquedent,
clerc du Chapitre, et Guillaume Raoul, greffier de la cité, au
bas de lettres-patentes datées du 19 août 1478.

C'est au moment où les plus importantes fonctions sem-
blaient se perpétuer dans la famille, que la mort de Charles-
le-Téméraire vint bouleverser l'Artois et changer cette prospérité en épreuves des plus cruelles.

Avant d'arriver à celui dont nous aurons à raconter le
dévouement et les malheurs, nous croyons devoir parler de
Charles, frère puîné de Clarambault, et de ses descendants. Il
devait être jeune et sans alliance, lors de la catastrophe qui
frappa si cruellement tous les siens. Elle lui fit probablement
abandonner l'Artois pour l'Espagne, où l'appelait le service du
Souverain qui régnait sur son pays natal.

Son petit-fils François Couronnel ou Coronel, et son épouse
Catherine d'Arena ou d'Arana, devaient illustrer par leurs
vertus la ville où il s'était peut-être fixé lui-même.

Leur fille, qui en porta le nom, fut la bienheureuse Marie
d'Agreda, la conseillère de Philippe IV, si célèbre et si in-
fluente du fond du cloître où elle s'était retirée dès l'âge de
dix-sept ans.

A son exemple, ses parents devaient tous embrasser l'état religieux. Son père et ses deux frères prirent l'habit de St-François, tandis que sa mère et sa sœur s'enfermèrent avec elle au monastère fondé par leurs libéralités.

L'histoire de Malte parle d'un chevalier du nom de Thomas Couronnel, de la langue d'Aragon, peut-être fils de Charles qui se distingua par ses exploits. (*)

Clarambault, premier du nom, escuier, seigneur du Sart, de Mernes, Bally, Rantigny, Loiselet, Hersin, (**) etc., etc.

« Ledict Clarambault, qui était le second fils de Charles « Couronnel, fust instruit aux lettres, jusqu'à avoir pris « estat de licensier-ès-loix, et depuis fust advocat postulant, « en la cours de Beauquesne. »

Etant devenu le chef de la famille « il épousa Jenne de Paris « laquelle paraissant avoir esté promise à Simon, son frère, « lequel mourut devant ses fianchailles, ledict Clarambault « la prit (***).

Jeanne de Paris était fille de Martin et de Marguerite de Mons, dite de la Motte.

Certains papiers la font « Dame de Loiselet, situé à St-

(*) Voir l'histoire de Malte de Jean Beaudouin et de l'abbé de Vertot.

Il paraît que dans une édition de celle de Beaudouin, publiée à Paris en 1629, il est longuement question du chevalier Thomas Couronnel, folios 524 et 588.

(**) C'est la première fois que nous voyons figurer cette seigneurie parmi celles de la famille. Peut-être venait-elle de la femme de Clarambault, Jeanne de Paris, qui était une très riche héritière.

On trouve le nom d'Hersin, accolé à celui de Coupigny porté par une station de la ligne de Lens à Saint-Pol, à 30 kilomètres de cette dernière ville et à 7 de Lens. Hersin-Coupigny est une commune du canton d'Houdain, arrondissement de Béthune.

(***) Les armes de Paris étaient de gueules à trois têtes de Lion d'Or.

« Lorens-Letz-l'Abbaye d'Avesnes (*) », ce qui semble indiquer que ce fief venait de sa mère, l'Abbaye d'Avesnes portant alors le nom de Belle-Motte.

C'était une très riche héritière, ainsi que le prouve la rançon imposée à son père pour sortir de la prison où Louis XI l'avait fait enfermer après l'exécution de son gendre. La somme était si énorme que « trois mille écus d'or, levés par son « fils Jean de Paris, chez Guillaume Rolland, banquier à « Bruges, et comptés par Jehemin de Teuremonde, clerc de « ce dernier, avait seulement aydé à la payer. »

Quelques papiers donnent à Martin de Paris le nom de Jean et en font le chef des " Parchons " ou premiers magistrats de la ville de Gand (**). Ils en font aussi le fils de Marguerite de Flandre, d'une branche cadette de celle dont avait hérité la maison de Bourgogne.

Parmi les curieux documents qui nous viennent de sa famille, il en est concernant un Paris du nom de Jean. Les généalogistes pourraient bien l'avoir confondu avec Martin, dont il était proche parent, de même que de Tristan dont nous avons relaté les prouesses.

Jean de Paris, par un acte en date du 30 décembre 1458, avait constitué « une rente de quatre-vingts livres de quarante « gros, telle et aussi bonne monnoie (***) que présentement à « Tours » au profit des religieuses d'Estrun (****). Une d'elles, la demoiselle Jacqueline Shuzeres, originaire de Bruges « debvoit

---

(*) Nous avons déjà vu ce nom de Loiselet cité à propos de l'alliance de Gérard avec Ponthia du Chastel, qualifiée de dame de Loiselet-les-Faubourg d'Arras près la Prévôté de Saint-Michel.

(**) Cette magistrature n'était pas moins bien composée que l'échevinage d'Arras. Parmi les Parchons d'alors, on citait le comte de Middelbourg et Villain, de Gand, son frère, le seigneur de Ghistelle, celui de Croy etc., etc.

(***) Les monnaies employées en France à cette époque se frappaient à Tours et à Paris ; d'où leur nom de « Tournois » et « Parisis ».

(****) On trouve dans le canton d'Heuchin, arrondissement de Saint-Pol, un lieu du nom d'Hestrus, qui pourrait bien avoir été autrefois Estrun.

« encore chacun an, recevoir une rente de dix livres monnoie
« que dessus. »

Au verso de la pièce en question est une quittance de la supérieure, datée du 23 septembre 1464 et ainsi conçue : « Nous
« Jacqueline par la permission divine humble abbesse de
« l'Église et abbaye de Ste-Marie-Madaligne d'Estrun, au
« diocesse d'Arras de l'ordre de St-Benoist, confesse avoir eu et
« receu de Martin de Paris demourant Arras...»

Cela montre clairement la parenté entre Jean et Martin ; ce
dernier, bien que n'étant pas son héritier, voulut acquitter sa
dette envers les religieuses qui avaient poursuivi Gérard des
Gardins, gendre de sa tante. Elle avait renoncé à la succession
le 13 juillet 1462, par un acte où on voit que « comparurent en
« leur personne Bauduin de Mons dit de la Motte, et demoi-
« selle Agnès de Paris sa fême tante de feu Jean...... lesquels
« ayant regard et considération à l'ancienneté et importance
« des debtes d'icelui feu Jean et aultres causes à cela les
« mouvants ont renoncié et renonchent absolument à toute
« ladite succession et hoirie.....»

La générosité de Martin de Paris, en contribuant à répandre
la renommée de ses richesses, devait lui être funeste. Dans les
temps de troubles, l'intérêt politique et même le devoir de maintenir l'ordre, servent trop souvent d'abri aux convoitises les
moins légitimes. Ce qui se passa dans Arras après la conquête
de Louis XI en est un des nombreux exemples.

La soumission trop facile de la Bourgogne avait mécontenté
l'entourage du roi qui, comme on le sait, n'était pas toujours
des mieux choisi. Les favoris s'étaient plaints de n'avoir pu la
piller comme de la perte d'une proie promise, et Louis XI avait
fini par consentir au partage de ce qu'on y avait trouvé des
richesses personnelles de Charles le Téméraire, en disant :
« Messieurs, je vous remercie de l'honneur que vous voulez me
« faire de me mettre en butin avec vous. Je veux bien que vous
« ayez la moitié de l'argent, des restes que vous avez trouvés. »

Nous les verrons se dédommager dans la riche province d'Artois, dont quelques-uns de nos papiers permettent de reconnaître quel était alors le développement agricole. Nous avons un bail passé le 27 décembre 1470, entre Martin de Paris et Jean Fastoul, relativement à la terre de Loiselet. Cet acte, qui pourrait encore servir de modèle, commence par désigner les immeubles que le preneur « a retenus et retient à son « prouffit pour de ce joyr et posséder le tempz terme et espace « de six ans continuelz commenchans au jour de Pasques « prochain..... »

En outre du prix de ferme, qui est de 26 livres de 40 gros monnaie de Flandre, que le preneur devra payer aux termes de la St-Jean, St-Remy, Noël et Pâques, il livrera dix fards (ce sont probablement des charretées) de foin au mois de juillet. Les fruits du pourpris ou verger seront partagés, sauf les cerises et les prunes qui restent au bailleur, avec les coupes de bois, moins deux cents fagots qu'il abandonne et « non plus. »

Le bailleur se réserve un « chamgle » ou enclos pour nourrir une vache, et, dans le cas ou il l'abandonnerait, le preneur serait « tenu de païer et livrer chacune sepmaine au jour du « vendredy à l'ostel de Martin de Paris dans Arras ung lot de « let.. (*) »

Le preneur qui est qualifié de « censier », suivant la vieille expression, remplacée de nos jours par celle de « fermier » est, en outre, « tenu de retenir et entretenir « tous ffossés en tel estat qu'il luy sont baillés... » Il est même soumis à des conditions pour l'amendement des terres et l'emploi de la colombine, qui, si elle est retirée par lui, viendra en déduction des « beneaulx de fient » qu'il doit fournir.

Nous avons encore deux autres pièces concernant Martin de Paris et son fief de Loiselet; la première, en date du 7 mai 1475, est une sentence de « frère Godeffroy Dubois, religieux « de l'Église St-Vaast-d'Arras, prévost de St-Miguiel et mem-

_____

(*) Lait.

« bre de la dite église, rendu en la présence des échevins de
« Blangy (*) en la juridiction de la dite prévosté. »

Cet acte, qui commence simplement par cette formule :
« Sachent tous chilz qui sont... » ne contient pas autre chose
qu'une description de lieux suivie d'un bornage, comme on le
ferait aujourd'hui.

L'autre pièce, qui est du 6 septembre 1492, montre Martin
de Paris, qui venait probablement de récouvrer son château de
Loiselet, (**) en faisant opérer la location par son fils Jean « soy
« faisant fors de son dit père ». Les clauses en sont analogues à
celles du bail déjà cité, avec cette condition que « s'il estoit du-
« rant la dicte cense aucun arbre mortifiez et secq iceulx pren-
« deurs les porront prendre et emporter à leur proufit en les
« monstrant au dit de Paris en son convenu et à ce tenir
« payer... »

Les preneurs, qui étaient Jehan de Rue et Michelle Roze, sa
femme, outre qu'ils s'engageaient à jouir de l'immeuble en bon
père de famille, suivant l'expression maintenant usitée, devaient y faire des améliorations comme de mettre 250 plants
de haies (hallos) etc., etc.

La richesse de sa famille et de celle de Jeanne de Paris
n'avaient point servi de prétexte à Clarambault de Mailly
Couronnel pour s'abandonner à l'oisiveté. Fidèle aux traditions de tous les siens, il était déjà « Pair au chastel d'Arras »
et « trésorier des chartres d'Artois », quand les entreprises de
Louis XI vinrent précipiter son pays et sa famille dans un
abime de malheurs.

(*) Ces échevins nous paraissent avoir été ceux de la ville de Blangy, actuellement chef-lieu de canton de l'arrondissement de Neufchâtel (Seine-Inférieure),
dont l'importance est très ancienne et qui a donné son nom à une famille alliée
à la nôtre.

(**) C'était au moment où Charles VIII, après son mariage avec Anne de Bre-
tagne, allait abandonner l'Artois à Maximilien d'Autriche comme restitution de
la dot de sa fille Marguerite.

Charles le Téméraire avait été tué à Nancy, le 5 janvier 1477, et moins de deux mois après, Louis XI s'était emparé de la Bourgogne ainsi que d'une partie de l'Artois. Le gouverneur de cette province, Philippe Desquerdes, que Commines appelle : Monseigneur des Cordes, et qui est plus connu sous le nom de Crèvecœur, s'était mis d'accord avec le roi pour la lui livrer.

Arras en était à la fois la capitale et la place la plus importante. C'est pourquoi on en fit l'objet d'une convention signée à Péronne, à laquelle prirent part : l'Evêque d'Arras et les ministres de Marie de Bourgogne. La politique de Louis XI, dans cette occasion, comme plus tard au sujet de Jean de la Vacquerie et de Clarambault, favorisa autant les uns qu'elle sacrifia les autres. Faut-il attribuer ces faveurs comme ces cruautés à des causes morales, ou seulement à des intérêts politiques ? Nos papiers nous permettront d'affirmer la loyauté comme la fidélité du malheureux Clarambault. Il ne semble pas non plus qu'Hugonnet et d'Humbercourt, qui trouvèrent à Gand la mort, en revenant de Péronne, aient été des traîtres.

La convention portait que la cité d'Arras ouvrirait ses portes dans un délai de treize jours, expirant le 3 avril. C'était le quartier appartenant à l'Evêque et à son chapitre qui, en récompense, obtenaient la confirmation de tous leurs privilèges.

L'autre partie d'Arras, de beaucoup plus importante, qu'on appelait la ville (*), était gouvernée par des magistrats

---

(*) La même division se retrouve à Limoges, et même dans une autre localité de beaucoup moins grande importance de la Basse-Marche, comme Magnac-Laval. Le Prieuré de St-Maximin y conserva longtemps une autorité qui disparut comme ailleurs par une réunion. Celle de la Cité à la ville d'Arras fut accomplie, en 1749 par un édit royal.

La Cité (civitas) était la plus ancienne partie de l'agglomération urbaine que nous ne savons plus désigner autrement que sous le nom de ville. C'était un vestige du municipe gallo-romain, ayant encore à sa tête l'Evêque son ancien « Defensor civitatis ».

La ville, qui avait des allures plus modernes, était souvent séparée de la Cité par des fortifications ainsi qu'on le verra pour Arras.

Elle était généralement mieux en état de défense, ce qui lui faisait parfois donner le nom de « Château » comme à Limoges.

qui s'étaient loyalement tenus en dehors de toutes manœuvres ténébreuses. Ils ne voulaient pas la rendre sans avoir cherché à « faire agréer à la Souveraine le parti où elle se trouvait réduite. »

Commines nous peint bien l'abandon où les avait laissés « Monseigneur des Cordes, qui s'était, dit-il, tiré hors de la ville « et en avait fait saillir les gens de guerre estant avec lui ». Cela n'empêcha point ces énergiques magistrats de ne consentir à traiter que pour obtenir le délai nécessaire à l'arrivée d'une réponse de Marie de Bourgogne, alors à Gand, où se tenait l'Assemblée des Etats de Flandre.

Le roi, sur les instances d'une ambassade composée de Clarambault Couronnel, Antoine Saquespée, Jean le Josne, Louis de Beauffremetz et Guillaume Lefebvre, consentit à accorder un délai de huit jours.

« Bien que, disent les chroniques, lors y eut murailles et « fossés entre la ville et la cité et portes fermans contre la dite « cité, les Arrageois se mirent à implorer le secours du Ciel », comme au temps des plus grandes calamités. Le 12 et le 16 avril furent marqués par des processions générales ; ainsi, tout en reconnaissant le danger qui les menaçait, ils continuaient à faire leur devoir, confiants dans la justice d'une cause qu'ils mettaient sous la protection divine.

Pendant qu'ils agissaient ainsi dans la ville, Louis XI ne restait pas inactif dans la Cité où il s'était établi. Il y faisait une magnifique réception à l'oncle de la duchesse Marie, Antoine, bâtard de Bourgogne. En même temps, il assurait à qui voulait l'entendre qu'il « ne songeait qu'à ménager sa souveraineté « sur l'Artois, sans porter atteinte aux droits de sa bonne fil-« leule Marie de Bourgogne. »

C'est peut-être ce qui détermina les notables d'Arras à consentir, le 16 avril, à une entrevue ménagée par Philippe Desquerdes. Elle eut lieu au faubourg de Meaulens, où se rendirent le chancellier, ainsi que les principaux membres du Conseil du Roi.

Après une longue conférence, tous allèrent dans la Cité trouver Louis XI pour lui porter les clefs de la ville et lui promettre fidélité au nom de ses habitants.

Le roi se montra satisfait de cette nouvelle ambassade qu'il renvoya dans Arras, avec ceux qui l'avait amenée, leur adjoignant le Cardinal de Bourbon, pour faire prêter serment aux principaux habitants ecclésiastiques où laïques. Il y eut grand dîner à l'abbaye de St-Waast, dont les reliques vénérées devaient être prises à témoin, et tout semblait marcher à un accord définitif, quand la populace se porta de ce côté en criant : « Tue, tue, point de quartier ».

Qui l'avait ameutée? N'était-ce pas plutôt ceux que nous avons vus si désappointés de la trop pacifique soumission de la Bourgogne, que les habitants d'Arras qui avaient tout à perdre si on employait la force. Voici du reste les propos que Commines rapporte lui avoir été tenus par Jean de Daillon que Louis XI appelait : « Maître Jean des habiletés, » au moment de son départ pour l'Artois.

« Comment abandonnez-vous le roi à l'heure que vous de-
« vriez faire vos besognes, vu les grandes choses qui lui tom-
« bent entre les mains, dont il peut advantager et enrichir
« ceux qu'il aime ? Au regard de moi, je m'attends d'être gou-
« verneur de Flandre et de m'y faire tout d'or »

Ces paroles montrent bien l'esprit qui animait l'entourage du monarque ; elles montrent aussi que, du temps de celui qui les inscrivit dans ses mémoires, on avait mieux son franc parler que plus tard, où les pauvres Arrageois furent blâmés même par les historiens compatriotes (*) pour « s'être comportés avec « un emportement digne de reproche ». Ce que Harduin appe-

---

(*) Histoire d'Arras par Harduin, imprimée dans cette ville en 1763.

lait des reproches en 1763, alla jusqu'à des cruautés dignes
de servir de modèle à Joseph Le Bon durant la période révolutionnaire.

Quant à l'emportement, ceux qui y trouvaient le plus d'intérêts pourraient bien en avoir été les premiers instigateurs. Le
fait est que, si on cria : « point de quartier », on ne paraît pas
avoir été plus loin que les menaces à l'égard des représentants
de Louis XI, qui s'en retournèrent sains et saufs. L'abatte-
ment qui succéda, dans Arras, à des démonstrations insensées,
ne paraît point avoir gagné le camp royal, où l'on se
réjouissait peut-être à la perspective de l'aubaine que devait
rapporter la vengeance.

La prudence des historiens, comme aussi celle des papiers
qui nous sont parvenus, ne permet pas d'aller plus loin. Il
suffira de faire remarquer avec Commines que « les fossés et
« murailles d'Arras ne valaient guère » et que Monseigneur des
Cordes, au lieu de mettre en défense la capitale de son gouver-
« nement en avait tiré les gens de guerre, laissant chacun s'en
« aller à son plaisir, en prenant tel parti qu'il luy plaisait. »

En outre, il avait conservé dans la place bonne « intelligence »,
ce qui ajoutait la discorde à tous les dangers qu'elle courrait.

C'est alors que « les mayeurs, échevins, bourgeois et com-
« munauté d'Arras vinrent ordonner, prier et requérir Mès-
« sire Clarambault Couronnel de se rendre » vers Marie de
Bourgogne, ainsi que le constatent les lettres rendues, le 2
avril 1480, en faveur de son fils Robert. Ces lettres, signées de
Maximilien d'Autriche et de Marie de Bourgogne, paraissent
avoir été la seule compensation accordée par la faveur souveraine aux désastres que le courage et la loyauté de son chef
avaient attirés sur la famille.

Nos nouvelles révolutions, en donnant à l'arrière-descen-
dant de Clarambault des loisirs forcés, lui permettront du
moins d'ajouter quelques documents à l'histoire de son pays.

Voici ce qu'il a trouvé dans les archives de sa famille : Ayant
« ledit Clarambault, esté marié quatre à cinq ans, la mort de
« Charles le Hardy ducq de Bourgogne, vint à Nancy, quy fut
« cause de plusieurs maux au pays d'Artois, car le roi Louis XI
« dist le dossu, (*) estant adverty de ladite mort, se voulut
« emparer des domaines du dit ducq et en spolier madame Marie
« sa fille unique, pourquoy envoia gens en Bourgogne qu'il
« subjuga et bref depuis en Picardie;là où il s'emparast de
« villes estant sur la Somme, puis vint vers Boullenois et prit
« Boullonne par l'intelligence qu'il avait avec le sieur Desquer-
« des, lors gouverneur de la place pour le ducq de Bourgogne
« et par ce mesme moyen, prist Hesdin et la cité d'Arras, quy
« est séparée de la ville par closture de murailles et en pensait
« faire autant de ladite ville, mais en fust empesché par la
« résistance des bourgeois. Toutefois voyant lesdits bourgeois
« le danger où ils estoyent vinrent à honneste composition
« assavoir qu'ils auroyent quelque tamps comportant pour en-
« voyer à Gand, vers Madame Marie leur comtesse, pour l'ad-
« vertir qu'ils estoyent contraints, s'ils n'estoyent secourus,
« leur rendre au roy de France, et pour telle ambassade fut
« envoié pour chef ledit Clarambault avec autres seize qui
« furent arresté par 50 archiers du roy encore qu'ils allassent
« avecq sa sauvegarde et menez à Hesdin où estoit le dit roy
« où ils eurent tous (sauf trois), par son commandement la
« teste tranchez sans figure de procès et fust exécusté ledit
« Clarambault, le premier comme chef et par ce moyen, eut le
« dit roy, bon marché de ladite ville...»

Nous avons encore un autre texte, que nous croyons également inédit et que la tradition fait émaner d'un religieux de

---

(*) Dans notre manuscrit qui paraît avoir été copié au XVII° siècle, date des
premières années du retour de l'Artois à la France, on a biffé le mot *bossu* pour
le remplacer par *dossu* qui n'a aucune signification.

Il est de tradition que Louis XI, qui mourut détesté des Artésiens, était
appelé par eux « le roi Bossu » et qu'on en faisait, sous ce nom, un épouvantail
pour les enfants.

l'abbaye de St-Waast. Il ne nous semble pas moins intéressant que le premier, qu'il complète avec plus de détails. Anquetil paraît avoir eu connaissance d'un écrit analogue, par la brève citation qu'il fait dans son histoire de France, de la réponse de Louis XI aux députés d'Arras : « Vous êtes sages, leur dit « froidement le roi, c'est à vous à savoir ce que vous devez « faire. »

Voici maintenant la chronique attribuée au religieux de St-Waast :

« Le dix-huit dudit mois d'avril dudit quatorze cent soixan- « te-dix-sept, furent députés en Arras, aucun de plus gens de « bien, tant de Conseil comme bourgeois pour aller en ambas- « sade vers Mademoiselle de Bourgogne à Gand, pour sçavoir « son bon plaisir, si on tiendroit à Arras ou si on la rendroit « au roy. Lesquels vidèrent d'Arras, s'en allèrent en la cité « devers le roy, lui disant qu'ils étoient députés par la ville et « si c'était son bon plaisir qu'ils fissent ledit voyage. Le roy « leur répondit : « *Vous sçavez bien ce que vous avez à faire,* « *je m'en attends à vous,* » et allant ils se partirent peu « après. »

« Quand ils vindrent environ deux lieues loin de la ville, « furent rencontrés des gens du roy, lesquels leur dirent qu'il « fallait qu'ils vinssent à Hesdin parler au chancelier et au « conseil du roy qui estoit là pour lors, dont par le moyen d'un « nommé *Gérardasset,* sergent du roy et qui s'entendoit avec « le roy, conduit la Compagnie à Hesdin ».

« Eux arrivés à Hesdin furent logés en une hôtellerie au « soir et trouvèrent une chambre bien adjustée, table mise et « des biens largement et leur fit-on grande chière. En sou- « pant, on envoïa quérir par un *huissier d'armes* le chef de « l'ambassade nommé Maistre Clarambault, advocat et conseil- « ler, pour venir parler au chancelier (*) qui était logé assez

---

(*) C'était alors le Patriarche « de Jhérusalem.

« près d'iceulx. Incontinent lui venu devant ledict chancelier,
« Luy dict qu'il se disposat et qu'il lui convenoit mourir et que
« le roy le vouloit; et en ce temps qu'il se disposoit, on manda
« cinq autres, et leur dict-on comme dessus et à ces parolles
« on exécutoit l'autre ; et quand la compagnie percheut tels
« mandements et que nuls ne retournoient, commencèrent à
« penser à aulcun mal. Adoncq s'élevèrent de la table et aul-
« cuns percheurent grande assemblée et grande allumerie au
« marchiet et que justice se faisoit. Des XII en mourut VIII. »

Une note jointe au récit que nous venons de reproduire dit
que : « Les citoyens notables de la ville d'Arras qui composè-
« rent la députation dont il s'agit furent au nombre de vingt-
« deux sans y comprendre le messager de la ville : et dix-sept
« furent sacrifiés de la manière qu'on vient de le rapporter,
« sçavoir Clarambault Couronnel, chef de l'ambassade, Jean de
« la Buissière, Baudrain de Caulers, Martin de Tiremande
« Louis Bultot, Jean Hullien, Colard Duruil, Hugues Mouquet,
« Alphonse Cornet, Guillaume Delattre, Jean Pointel, Pierre
« Denis, Jehennet Dehenau, Pierre Gourdin, Beauduin Malfé,
« Jacquemart Leclerc dit Mallemort, et un appelé Borguet
« messager de la ville. »

« Parmi les six autres, les uns n'évitèrent la mort qu'à l'aide
« de recommandation puissante, les autres que par l'espoir de
« tirer d'eux des rançons considérables. Ce fut surtout ce point
« de vue qui sauva la tête de Martin de Paris, beau-père de
« Clarambault Couronnel, allié à dame Jeanne de Paris sa
« fille. »

Nous avons encore un autre récit de ce tragique événement
tiré des lettres patentes octroyées par Maximilien d'Autriche et
Marie de Bourgogne en faveur du fils de la victime; mais comme ces lettres ne font que confirmer, en les abrégeant, les détails cités plus haut, nous remettrons d'en parler jusqu'aux
événements qui les accompagnèrent.

L'intérêt qui s'attache à Clarambault et aux compagnons de

sa noble infortune, nous engage à ne pas les quitter sans dire quelques mots du partage qui fut fait de leurs dépouilles.

Sept jours seulement après avoir ordonné cette sanglante exécution, le roi, par lettres patentes datées de Verdoing, (*) le 25 avril 1477, disposait de l'Office de Garde des Chartres et privilèges de l'Artois en faveur de Jean de la Vacquerie. Ce personnage, qu'on a souvent représenté comme un des zélés défenseurs d'Arras, trouva moyen, par cette charge, de s'introduire à la cour (**) et d'y travailler à une fortune qu'il sut pousser jusqu'à devenir premier président du Parlement de Paris.

Voici comment les lettres royales expliquent le changement opéré en sa faveur : « Cet office que souloit tenir maistre « Clarambault Couronnel estoit vacant à cause que celui cy « *pour aucuns grands cas, crimes délits et maléfices par lui* « *commis et perpétrés, avait esté exécuté par justice,* pour- « quoi ce même office fut donné à tenir et exercer par ledit « maistre Jehan de la Vacquerie (**) »

Si on rapproche ces textes de la réponse faite quelques années après par Philippe Desquerdes à Louis XI, qui lui reprochait ses dilapidations, on peut être édifié sur les hommes et sur les événements : « Sire, disait celui qu'on accusait alors d'avoir « causé la défaite de Guinegate (***) par son avidité : rendez-

(*) Ne serait-ce pas aujourd'hui Verchin, canton de Fruges, arrondissement de Montreuil (Pas-de-Calais).

(**) Cet office, qui fut supprimée en 1769, par l'Edit d'Union de la Cité et de la ville d'Arras, avait alors beaucoup diminué d'importance.
Il était loin d'être resté, comme au temps de Jean de la Vacquerie, un office de cour.

(***) L'auteur du manuscrit, sans doute pour donner une idée de l'importance de l'office et de ceux qui l'exerçaient, a soin d'ajouter que Jean de La Vacquerie portait : « Echiqueté d'argent et d'azur au chef de gueules. »

(****) Outre ses malversations habituelles qui avaient pu nuire à l'armement et à l'approvisionnement de l'armée, il avait laissé à Guinegate piller les bagages et faire de nombreux prisonniers, ce qui avait amené le désordre dans ses troupes et changé en défaite une victoire presque assurée.

« moi mes villes et je vous rendrai votre argent ; car c'est avec
« lui que j'ai conquis : Arras, Boulogne et tant d'autres places »

Commines, dans son récit de la prise d'Arras, confirme
entièrement ces paroles. Après avoir dit que : « Monseigneur
« des Cordes y avait bonne intelligence », il ajoute : « inconti-
« nent que la cité fut rendue au roy, la ville ne luy pouvait
« eschapper. » L'émeute qui servit de prétexte à l'exécution
de Clarambault ne pouvait donc avoir d'autre but que d'exciter
un souverain naturellement cruel, afin d'en obtenir des
confiscations fructueuses.

La résistance même d'Arras, après le massacre de son ambassade, ne pourrait s'expliquer autrement, s'il ne fallait y
ajouter le sentiment d'une juste indignation. Monstrelet qui
traite vraiment les habitants d'Arras avec la désinvolture d'un
fonctionnaire avide d'avancement, dit qu' « il s'en trouva bon
« nombre qui se laissèrent pendre plutôt que de crier : « Vive
« le roi ». Et il ajoute que « de ces viles âmes de bouffons, il
« s'en trouva qui n'ont voulu abandonner leur gaudisserie en
« la mort même. Celui à qui le bourreau donnait le branle,
« s'écriait comme en badinant :

> Et vogue la galère
> Tant qu'elle,
> Tant qu'elle,
> Et vogue la galère
> Tant qu'elle pourra voguer.

« C'est, conclut le chroniqueur, le refrain d'une chanson très
« ancienne. »

Parmi ces victimes presque volontaires, on cite le capitaine
Pierrechon du Chastel, qui devait être parent de Clarambault
dont le bisaïeul Gérard avait épousé Ponthia du Chastel.

Au reste, si Arras avait prolongé jusqu'au 8 mai une résistance aussi honorable qu'inutile, on ne peut l'attribuer à la
force. Peut-être sous la noble apparence d'épargner le sang des
soldats dont Louis XI se montra d'ailleurs toujours avare, vou-

lait-on se ménager un butin qu'une prise d'assaut aurait fortement endommagé ?

Dans la ville, les mêmes gens qui avaient fait échouer la
première négociation, ne se faisaient faute de narguer ceux qui
tenaient le sort d'Arras entre leurs mains. Ils imaginèrent
d'élever, à la vue des assiégeants, des potences chargées d'hommes de paille portant des banderolles avec la croix blanche des
gens du roi.

Aussi, Louis XI, bien qu'il eût accordé à la ville le maintien
de ses privilèges, et aux soldats le droit de se retirer où bon
leur semblerait, ne voulut entrer que par une brèche qu'il fit
faire assez large pour y passer à cheval. Il ne paraît pas non
plus s'être beaucoup inquiété de la capitulation et des ména-
gements promis en son nom. Nous invoquerons encore à ce
sujet le témoignage de Commines : « Laquelle composition,
« dit-il, fut assez mal tenue, dont ledit seigneur du Lude, eut
« partie de la coulpe. Et l'on fit mourir plusieurs bourgeois
« et autres. Et beaucoup de gens de bien présent le dit seigneur
« du Lude et maistre Guillaume du Cerisay, (qui y eurent
« grand profit, car ledit seigneur du Lude m'a dit que par le
« temps, il y avait gagné vingt mille escus, et deux pancs de
« martres); et firent ceux de la ville un prest au roy de soixan-
« te mille escus, qui estoit beaucoup trop pour eux. »

Harduin, que nous avons déjà cité, parle de Jean de Daillon
et de ses « pancs » qu'il appelle « fourrures » en style moderne,
nous apprenant qu'il les dût « à ses exploits dans Arras » !!!

Nous reviendrons encore à nos papiers sur le même sujet, en
commençant par Martin de Paris :

« Ce citoyen jouissait d'une fortune considérable, que
« Louis XI ne crut pas devoir abbandonner, comme il avait fait
« de celles des autres victimes de sa politique, du moins de
« ce qu'elles possédoient à Arras, qu'il donna au titre de
« confiscation tant à Jean de Daillon, chevalier, sieur du Lude,
« gouverneur du Dauphiné, et son lieutenant au dit Arras,

« qu'à maistre Guillaume de Cherisay (*) son conseiller et gref-
« fier au Parlement de Paris. »

« Les veuves et les enfants de ces infortunés citoyens récla-
« mèrent contre ceste confiscation les privilèges de leur
« bourgeoisie; ils formèrent mesme une opposition régulière,
« secondés en cela par Jean de la Vacquerie *amy et bienveil-*
« *lant.* Elle porte le titre de la vefve et des hoirs (*) de feu
« Jehan de la Buissière. »

« Ce titre est un acte passé par le sieur du Lude devant
« Pierre Payen et Pierre de Soissons, auditeurs royaux, le 14
« juillet 1477, sous la grosse de Vincent le Tellier, garde du
« scel du Bailliage d'Amiens, par lequel acte le dit sieur du
« Lude, tant pour lui que pour son co-confiscataire, remit et
« abandonna tous les objets confisqués, moyennant la somme
« de quinze cents livres tournois que sire Jean de Henau l'Aisné,
« bourgeois d'Arras, frère de Jehennet de Henau (**) paya
« à la décharge des héritiers de celui-ci et de ceux des autres
« proscrits. »

Nos papiers continuent en disant : « Ce traité n'empescha pas
« que Jeanne de Paris ne fut congiée et bannie de la ville
« d'Arras et ordonnée d'aller demeurer entre les rivières de
« Somme et d'Oise. » Ainsi la vengeance royale poursuivit
encore la veuve et l'orphelin laissés par Clarambault, qui
restèrent en butte à des rigueurs exceptionnelles.

Son beau-père, Martin de Paris, n'était pas mieux traité.

(*) Commines l'appelle « Guillaume de Cerisay ».

(**) La famille de la Buissière devait s'éteindre dans la nôtre en 1686, par suite
du mariage d'Agnès fille d'Oudart Joseph de La Buissière avec Louis Floris de
Mailly-Couronnel.

Nous possédons encore un livre d'heures manuscrit fort curieux, au commencement duquel se trouve la généalogie de cette famille avec la date des
décès, sans doute pour recommander les défunts aux prières de leurs descendants.

(**) Jennet ou Jehennet de Henau était du nombre de ceux qui périrent avec
Clarambault.

Il n'avait dû qu'à la cupidité d'avoir la vie sauve, et « maistre Olivier le Barbier » comme l'appellent les lettres rendues par Charles VIII, le 23 février 1484, comptait se faire payer cher un acte d'humanité si contraire aux usages des Conseillers de Louis XI. Ces lettres nous apprennent qu'il « fist mener » le malheureux Martin de Paris « à « Meuleng-sur-Seine (*) et illec le fist enferrer à un car- « quan qui avoit une longue chaîne d'acier et une grosse boule « de cuivre au bout pesant soixante-quinze livres et ille fut « ténu et traictié par ledit maistre Olivier et par ung nommé « Loys Vyon, son lieutenant, très inhumainement. »

Le mobile qui les faisait agir, va nous être indiqué par les lignes suivantes: « Pour ce que nostre Seigneur et père em- « prunta lors d'aucuns, marchans et aultres gens de la ville « d'Arras certaine somme, il dist au suppliant (Martin de « Paris) qu'il luy prestat tous ses escuz et qu'il les luy rendroit « ce que fist le suppliant libérallement. Et fit délivrer à ung « nomé Jehan Lelièvre, marchant de nostre ville de Paris, « trois mille escus d'or pour prester et bailler à nostre feu « Seigneur et père. Lequel Lelièvre les bailla à Mesmin « Boilame et audit Maistre Olivier ; mais il est vraisemblable « que nostre dit feu seigneur et père n'en eust rien, car tous « les emprunts faiz en la dite ville et des habitants ont été « renduz. Toutefois ledit suppliant n'en a point esté rem- « boursé. »

Ces lettres, qui précédèrent de peu le supplice d'Olivier Ledain, ou le Diable, montrent dans quelle disgrâce était tombé cet indigne ministre, moins de six mois après la mort de son maître. Elles continuent, en décrivant les moyens mis par lui en usage pour extorquer l'argent des malheureux qui tom- baient sous sa main. Voici ce qu'il fit avec Martin de Paris: « Aucuns temps après que ledict suppliant a fait fournir la- « dicte somme de trois mille escus d'or, ledict Maistre Olivier « ou ledict Loys Vyon, lieutenant du susdit, vint au suppliant

---

(*) Meulan-sur-Seine, chef-lieu de canton de l'arrondissement de Versailles.

« es dicte prison et luy dist qu'il estoit besoing qu'il quittast à
« Hue de Montmorency, chevalier seigneur de Bours (*) vingt-
« cinq lions d'or de rente (**) annuelle et perpétuelle que ledit
« suppliant l'an mil quatre cent soixante-seize avoit acquis
« sur icelluy Hue..... Ce que ledict suppliant luy refusa, au
« contempt duquel reffuz ledict Loys Vyon fist prendre ledict
« suppliant le fist mectre en une basse prison qui est audict
« Meulong en laquelle le dict maistre Olivier avait accoustume
« mectre les chiens qui estoient malades de rage, en laquelle
« prison qui est obscure et ténébreuse, ledict Vyon fist tenir
« ledict suppliant, l'espace de 36 heures sans boire ne manger
« et quand ledict suppliant cogneut que ledict Vyon tendoit à
« l'affamer es dicte prison s'il ne renonceoit à la dicte rente
« fist en présence de gens illec prisonniers comme lui protesta-
« tion que quelque renonciation qu'il fist de son droit de rente,
« ce estoit par force et contrainte luy estant prisonnier et détenu
« comme dit est l'espace de 36 heures, sans boire ne manger et
« malgré luy et à force contre son gré volonté et pour sauver
« sa vie et de faict renonsa comme dict est devant un tabellion
« qui fut amené audit lieu à ladite rente et es arrérages qui
« luy estoient duez... »

Les lettres finissent en parlant d'un procès, issu de cette
fausse renonciation et pendant alors devant le gouverneur de
Lille : « Pourquoi, Nous, poursuit le roy, ces choses considé-
« rées voulans subvenir à noz subjectz selon l'exigence des cas
« ce, mandons et commectons par ces présentes que on faces
« exprès commandement de par nous aux susdits gens du
« Conseil de la chambre de Flandres devant lesquelz ladite
« cause est pendante, que nonobstant icelle renonciation ainsi
« faicte que dit est par ledict suppliant, l'en avons relevé et

(*) Bours est une commune du canton d'Heuchin, arrondissement de Saint-
Pol (Pas-de-Calais).

(**) Le lion d'Or ou « Denier d'or fin du lion » valait 26 francs 13 centimes ;
donc 25 lions faisaient 623 francs 25 centimes.

« relevons de grace espéciale par ces présentes, pourvu qu'il
« soyt dispensé de son prélat ou d'autres ayant povoir à ce
« usage.... Mandons et commandons à tous nos justiciers,
« officiers et subjects, que moy en ce faisant soit obey. »

« Donné à Tours le 23ᵉ jour de Février, l'an de grâce mil
« CCCC quatre vingt et quatre (1484) et de nostre règne le
« premier. » .

« Par le Roy à la relacion du Conseil. »

Signé : W. Rissert.

(Et plus loin à droite,)   Gouet.

———————

Pour faire suite à ces lettres, nous avons le certificat des
otages de Cambray, dont Martin de Paris avait invoqué le
témoignage dans sa prison ; de même que la dispense de
l'evèque de Cambray, dont il dépendait comme ayant été reçu
bourgeois d'Anvers.

La première de ces pièces, qui est datée du 19 avril 1484,
commence par la formule suivante : « In nomine Domini.
« Amen. » Puis, sans parler comme d'ordinaire du souverain
et de ses délégués, c'était une manière de se soustraire à
l'autorité royale. On y constate que c'est la 13ᵉ année du
« couronnement de Notre Très Saint Père en Dieu et seigneur
« Monseigneur Sixte, par la divine Providence, pape Quarte
« de ce nom. » Ce document ajoute quelques nouveaux détails sur la scène émouvante que nous avons reproduite d'après
les lettres royales. Elle se passa au mois de mai 1479, devant
les « ostagiers de Cambray, lesquels estoient pour lors prison-
« niers en ladicte forteresse de Meulan en une chambre
« desseure ledit Martin. »

Ces témoins, après avoir rapporté l'assez long discours
qu'il leur aurait tenu pour constater les violences qui lui
étaient faites, affirment « par le foy et serment par eulx fais,
« que bien leur souvient que jadis ung jour quy passa, en leur
« présence vint et comparut le dict Martin de Paris. C'était

« alors un prisonnier à longue barbe ayant un querquant-
« chaîne et au boult une grosse boule de cuivre. »

Le notaire et tabellion public, Paul Auclou, qui a rédigé
l'acte, nous a transmis ce témoignage sur les anciens ostagiers
de Cambray, « qu'ils estoient seigneurs vénérables et circons-
« pects. » On avait choisi pour cette mission aussi dangereuse qu'honorable, « seigneurs et discrètes personnes,
« Messeigneurs, Messires Baude Le Gay, doyen d'Arras ;
« Bertholomen Malaguin, chanoine de Cambray ; Charles
« Riquié, canomié de Ste-Croix en Cambray, prêtres, et Jac-
« ques de Tournay dit Longuet, citoyen de Cambray. »

Ils avouaient qu'en voyant ainsi apparaître Martin de Paris,
ils « furent mal tourblés et en grand paor que pareil ne leur
« en fust, et esmerveillant coment le dit Martin, avoit
« obtenu la grâce de venir parler à eulx. »

Paul Auclou, qui avait pour armes un moulin à vent portant au centre un grand P, finit en disant : « Ces coses furent
« dictes, passées et terminées en la cité de Cambray devant le
« portal de la grande église vers l'orloge.... présens ad che
« discrètes personnes, Messeigneurs Jehain Doré, prestre,
« curé de la ville de Angre, au diocèse de Cambray et
« Nicaise Balun, clercq du diocèse d'Arras, témoings ad che
« exactement requis et appelés. »

La dispense de l'évêque est en latin, et commence par cette
formule : « Henry de Berghes, par la grâce de Dieu, évêque
« comte de Cambray, nous envoyons notre salut à notre très-
« cher fils en Jésus-Christ, Martin de Paris, habitant et bour-
« geois de la ville d'Anvers en notre diocèse. » Après avoir parlé
des lettres royales qui « lui ont été présentées et qui ont été
« gracieusement octroyées en la ville de Tours le 23 du mois
« de février dernier », l'évêque termine ainsi : « Au nom de
« notre autorité ordinaire, nous le dispensons de la foi jurée
« par ces présentes. »

« Donné en notre Palais de Cambray, sous notre sceau, l'an

« du seigneur 1484, le samedi veille de Pâques, le 17 du
« mois d'avril, après la bénédiction du cierge. »

Du reste Martin de Paris, sorti de prison au mois de mai
1479, de la manière que l'on connait, n'avait pas attendu la
mort de Louis XI et la disgrâce de ses favoris pour demander
justice. Le 2 avril 1480, il avait obtenu de Marie de Bourgogne
et de Maximilien d'Autriche, des lettres en faveur de son
petit-fils Robert Couronnel, menacé dans les biens qui lui
restaient, par un autre de ses petits-fils, Philippe de Crespon.
Nous parlerons de ces lettres, quand nous arriverons au
fils de Clarambault, et nous continuerons avec celles obtenues,
pour lui-même, des archiducs par Martin de Paris. Elles sont
datées d'Alost (*), le 29 octobre 1482 et commencent ainsi :
« Maximilien et Philippe, par la grâce de Dieu, archiducz
« d'Ostrice, ducqz de Bourgongne, etc., etc. »

Après l'énumération de leurs nombreux duchés, comtés et
seigneuries, ils poursuivent en disant : « savoir faisons que en
« faveur et considération des bons et aggréables services que
« nous a faiz par devant et fait encoires journellement notre
« amé et féal escuier de cuisine (**) Martin de Paris. Et pour
« aucunement le récompenser des grandes pertes et domaiges
« qu'il a eu et soustenu par les divisions présentes, pendant
« lesquelles pour avoir tenu notre bon et léal party il a été
« prins et détenu par nos ennemis, ausquelz ly a convenu pa-
« yer pour sa rançon la somme de six mille escus d'or et
« plus.... »

Ici nous arrivons aux représailles, moyen si facile et si
économique d'encourager ses fidèles qu'on le voit employé par
tous les temps, dès que la force peut primer le droit. Pour

(*) C'est actuellement une ville de Belgique, sans importance, située entre
Bruxelles et Gand, à la limite de la Flandre Orientale.

(**) C'était probablement une charge de cour, comme celles de maître-d'hôtel.
échanson, pannetier, écuyer-tranchant, etc., etc.

indemniser Martin de Paris des pertes ruineuses qu'il a subies, les archiducs disposent en sa faveur de « tout à eux « advenu et escheu par droit de confiscation pour ce que Jennet « de Haynnau tient party contraire. »

Ce Jennet de Haynnau, qui nous paraît être le même que sire Jean de Henau l'aisné dont nous avons déjà parlé, était l'oncle de Jennin de Paris, fils de Martin. Il est probable que « ce en quoy » son neveu pouvait lui « estre « tenu et redevable pour quelques causes ou occasion que ce « soit ou puist être » venait d'une succession laissée dans les provinces sur lesquelles la main de Louis XI n'avait pu l'étendre. Les archiducs abandonnent ces épaves avec une sargesse que le supplice de Jehennet Dehenau, frère de sire Jean, qui fut un des compagnons de Clarambault, rend difficile à expliquer !

Tel est le sort des guerres civiles, dont notre beau et cher pays fait trop souvent la triste expérience.

Les exécutions de Louis XI et de ses dignes ministres s'arrêtèrent dans Arras à la date du 14 juillet 1477, plus de deux mois après la capitulation. Le même jour une lettre signée du roi et de son conseiller de Cherisay, accordait une amnistie en ces termes : « Et si·les corpz et biens des dits « supplians ou d'aucuns des bourgeois et habitans de ladite « ville d'Arras, avoyent esté ou estoyent emprisonnez, saisiz, « arrestez ou austrement empeschez, voulons et ordonnons « qu'ils soyent mis incontinent et sans délay, à plaine, pure « et entière délivrance. »

Commines dit également que « le prest au roy de soixante « mille escus fait par ceux de la ville, qui estoient beaucoup « trop pour eux » leur fut remis « au moins en partie. » Ainsi qu'on a pu le voir, nos papiers confirment encore, sur ce point, l'exactitude du célèbre historien.

Louis XI avait déjà, par une longue lettre datée du 20 mai 1477, remercié ses « très chiers et bien amez » les habitants d'Arras, « du prest qu'il leur avoit fait requérir. »

Ce fut environ deux ans plus tard, que l'expédition malheureuse, tentée en pleine paix contre la ville de Douay, vint de
nouveau exaspérer le roi. Une femme envoyée d'Arras aurait,
parait-il, prévenu le gouverneur Bourguignon de la surprise
qu'allaient tenter contre lui 4.000 hommes sortis de cette ville.

L'affaire eut lieu le 17 juin 1479, et Louis XI, sans doute
plus furieux d'avoir été pris au piège (*) que d'un échec assez
insignifiant, fit tomber sur Arras tout le poids de sa colère.
Ses plus notables habitants furent contraints « sous de grosses
« peines de se retirer à Tours, Rouen ou Paris », et ces
rigueurs reçurent une telle extension que la ville en fut
dépeuplée.

C'est alors que le Roi, pour remplacer ceux qu'il en avait
chassés, appela notamment de Limoges plusieurs marchands
dont ses annales manuscrites ont conservé les noms : c'étaient
les fils d'André Rogier et d'Élie Disnematin. Quoi qu'on eut
fait appel aux familles les plus honorables, le succès de cette
« colonisation forcée, » fut des plus médiocres ainsi que le
rapporte le mémoire envoyé l'an dernier par M. Tranchau à
la Société archéologique. Nous aurons aussi occasion de le
montrer au chapitre suivant.

On eut beau supprimer jusqu'au nom de la ville d'Arras
pour l'appeler « Franchise » et « envoyer par de là maistre
« Guillaume de Choisy, pour donner ordre à toutes choses ; »
ces mesures, que la Convention devait trois siècles plus tard
appliquer à la seconde ville de France, ne furent que des violences impuissantes. Il fallut des années pour en effacer le
souvenir, et faire des Artésiens ces énergiques Français du
Nord, qui comptent parmi les plus fermes soutiens de la
patrie.

(*) Il se piquait parfois des scrupules les plus inattendus. C'est ainsi qu'a-
vant de se faire livrer l'Artois par Philippe Desquerdes ou de Crèvecœur, il
exigea qu'il fut relevé de son serment de fidélité envers la maison de Bourgogne.

FIN DU TROISIÈME CHAPITRE

CERTIFICAT

Donné par Dom Etienne Lepèz, religieux de St-Waast d'Arras,
le 24 avril 1704, aux maisons de Gherbode et de Grenet,
alliées à celle de Mailly-Couronnel.

———·–·–·———

Pour ce qui est de la noble famille de Mailly-Couronnel,
son ancienne noblesse est justifiée par une sentence donnée
par les élus d'Artois, au profit de Messire Nicolas Duval,
écuyer, seigneur du Natoy, le 24 de mars 1592, par laquelle
on voit qu'il était allié noblement, ayant pour femme
demoiselle Isabeau Couronnel, fille de feu Charles, en son
vivant écuyer, licencié ès-loix, seigneur du Rieux et de la
Tramerie en Auchel, qui était frère de Jean Couronnel, écuyer,
seigneur de Mernes, et tous deux enfants de Robert, aussi
écuyer, fils de Clarambault-Couronnel, fils de Charles Couronnel, qui est celui qui obtint, comme noble et extrait de
noble génération, exemption du droit de nouvel acquêt pour
l'achat qu'il avait fait du fief de Mernes, par sentence du 24

avril 1445, dans laquelle il était prouvé qu'il était fils de
défunt Huë Couronnel, et que de ce côté là il descendait en
droite ligne des seigneurs de Cognœul, dont les armes
étaient d'or à trois maillets de gueules, au filet de sable en
bande et le cri de guerre : « Mailly », ce qui était très véritable,
puisque les anciens seigneurs de Cognœul étaient issus en
ligne masculine d'Adam de Mailly, seigneur de Cognœul, fils
apparemment de Gilles, seigneur de Mailly et de Cognœul, ainsi
qu'il paraît par titre conservé dans la famille des Mailly, en
date du mois de mai 1233, que ledit soussigné a vu en original
et dont il a tiré lui-même une copie. Ledit Adam paraissant
avec le nom de Cognœul par titre du mois d'avril, l'an 1250,
vu aussi en original chez lesdits de Mailly par ledit soussigné,
et dont il a aussi tiré copie ; et à l'égard des armes des
Mailly-Cognœul, dont il est parlé dans la sentence, lesquelles
sont d'or à trois maillets de gueules ont été par eux portées et
par les Mailly-Couronnel, aussi comme issus d'eux, en
suivant l'ordonnance de Gilles, seigneur de Mailly, qui,
pour empêcher que ses enfants brisassent leurs armes,
ordonna que l'aîné de ses fils portât d'or à trois maillets de
sinople pour la branche aînée ; le second, qui devait faire la
branche de Rossignol et de Cognœul, qui sont deux terres
tenant ensemble, d'or à trois maillets de gueules ; le troisième fils, d'or à trois maillets de sable ; et le quatrième fils
d'or à trois maillets d'azur, et quelques cadets des Mailly.
Cognœul, par brisure, joignit à ses armes un filet de sable
posé en bande, comme le dit la sentence donnée au profit du
susdit Charles Couronnel.

Sentence rendue en faveur de Charles de Mailly-Couronnel, Chevalier seigneur de Loiselet, Rantigny, Basly, Mernes, etc., etc., Conseiller du duc de Bourgogne etc., etc.

A tous ceulx qui ces presentes lettres verront Mayeur et Eschevins de la ville d'Arras Salut. Scavoir faisons que nous avons veu leu et tenu certaines lettres en parchemin, données de Bauduin Dougnies, seigneur d'Estrées, Conseillier et Maistre dostel de Monseigneur le duc et de Madame la duchesse de Bourgoingne, gouverneur du souverain bailliage de Lille, Douay et Orchies, et Jehan de Dieval, aussy conseillier de mondit seigneur et receveur général des aydes d'Artoys, commissaire d'icelluy seigneur sur le fait des nouveaulx acquêtz, billonnemens, contractz et marchiez usuraires-ès bailliage et chastellenie dessus d., seelées du seel de lad. gouvernance et du seel dud. de Dieval, en laz de soye vert et chire vermeil saines et entières esd seaulz et en escripture comme par l'inspection d'icelles il nous est apparu desquelles le tenenr sensieult.

A tous ceulx qui ces présentes lettres verront Bauduin Dougnies, Seigneur d'Estrées, conseillier et maistre dostel de Monseigneur le duc et de Madame la duchesse de Bourgoingne, gouverneur du souverain bailliage de Lille, Douay et Orchies et Jehan de Dieval, aussy conseillier de mond. seigneur et receveur général dès aydes d'Artoys, commissaire d'icelluy seigneur, sur le faict des nouveaulx acquéstz, billonnements, contracts et marchiez usuraires, ès bailliage et chatelenie dessusdit Salut. Come par vertu de nostre commission et par certain sergeant sur ce comis nous ayons fait prendre et mectre en la main d'icelluy seigneur ung fief et noble tenement appartenant à Charles Couronnel, conseillier de nostred seigneur et par luy acquesté à Guy Dubiez, lequel fief on nome le fief de Mernes séans en le parroisse Derquinghuehem sur le Lies, tenu du chastel dud. lieu Derquinghuehem pour sur icelluy prendre et avoir come de personne non noble le droit de nouvel acquest appartenant à nostred Seigneur et ce faict signiffier audit Charles Couronnel, lequel se soit ad ce opposéz et sur icelle opposition lui ait esté donné et assigné jour par devant nous à l'encontre du Procureur de nostred Seigneur pour sur ce procéder et aller avant si come de raison seroit auquel jour sur ce servant ou aultre subséquent et entretenu de la partie d'icelluy procureur eust esté conclud et contendu affin que a bonne et juste cause ledit fief et noble tenement eust esté prins à le cause dicte et mis en la main de nostre dit Seigneur, fust tenu et condempnez de traictier et appoincitier comme non noble pour ledit fief, en autelle some que icelluy fief eust peu ou pouroit valoir le terme et espace de trois ans continuelz ou aultre telle somme que raison devroit et que par nous seroit jugié et ordonné a malvaise cause se fust ad ce le dict Charles Couronnel opposez de *queist* (*) de sad. opposition et fust ad ce faire souffrir et accomplir, condempnez comme personne non noble. Offrans par led procureur prouver ses faits sy avant qu'il appartenoit et de par icelluy Charles Couronnel ait esté dit et proposé qu'il ne vouloit point denyer les droits et prérogatives appartenans à nostred. Seigneur et que depuis certain tems en ça il avoit acquesté à Guy du Biez led. fief et noble tenement de Mernes et luy payé et contempté les deniers dudit achapt et les droits segnouraulz pour ce deubz et appartenans au Seigneur dont ledit fief est tenûs; mais il estoit vérité et ce proposoit et mettoit en faict icelluy Charles qu'il estoit noble homme venu et extrait de noble generacion, tant de par son père come de par sa mère et par ce, n'estoit tenus de paier à nostre d. Seigneur ne à quelconqûe aultres seigneurs aucuns prouffis ou droicts à cause

---

(*) C'était un droit levé tous les ans par le seigneur sur chaque chef de maison ou famille tenant feu et lieu.

dudit fief et noble tenement pour le nouvel acquest d'icelluy
car ledit Charles Couronnel avoit estez filz légittime de
deffunct Hue Couronnel et de D^lle Ysabel Le Viseuse, ses
père et mère et du côsté de sond. père estoit venu et
extrait des seigneurs de Cougnœul, qui est ung costé noble
d'anchienneté et sont les armes trois mailles de gueulles
sur un camp d'or à une bande de seble et crient Mailly, et
dicelluy costé estoit led. feu hue Couronnel, cousin yssu de
germain de ligne légitime à deffunct Colart de Cougnœul au
tamps de sa vie, seigneur d'icelle ville de Cougnœul et capitaine
de Belle-Motte Lèz-Arras et à Mahieu de Cougnœul son frère
et d'icelluy costé estoit ledit deffunct Hue Couronnel, cousin en
oultres à Jehan de Castenoy escuier et ses frères et aïeulx
de le Baterye et comme prochains parents et cousins avoient
les dessusdis servy l'un l'autre en leurs jonesses tant en
guerres noises ou débats qu'ils avoient eues pour leurs parens
et amis comme es assemblées de nopces aliances et aultrement
ainsi que prochains parens font et ont accoustumé de faire
et peult led. Charles porter s'il luy plaist lesd. armes de
Cougnœul. Disoit aussy icelluy Charles que d'un aultre costé de
par sond. père il estoit parent et cousin à Ganain, seigneur
de Bertangle, à Courbet de Rubempré, seigneur de Vaucelles,
Guy de Rubempré et Rabache de Reutencourt ses frères, à Baudin, seigneur de Frevillers et ses frères, à Galoiz de St-Amand,
seigneur des Auteulz, Anyeulx de St-Amand et Lebesgue de St-
Amand frères, d'icelluy coste de Frévillers; aussi éstoit cousin et
parent de par son dit père à Harpin de Mazinguehem, Harpin de
Lannoy, Lebesgue de Lannoy, Harpin de Markais et ses frères
qui sont nobles venus et extrais de noble génération et
du côté de sad. D^lle Mère Iceluy Charles éstoit yssus et
extrais des seigneurs et Dames de Quiry, de ligne directe et
légitime. Duquel côsté luy estoit succédéz et possessoit une
partie de la terre et seigneurie de Ranteny-Lèz-Clermont en
Beauvoisis, en laquelle il avoit toute haulte justice moyenne et

basse tenue en fief du Chastel de Clermont et d'icelluy costé
de Quiry éstoit ledit Charles, prochain cousin et parent à
Monseigneur Baudrain, seigneur de Wendencourt et d'Arquesne
chevalier, a Guy de Wendencourt son aultre frère, à Jehan de
Werchin escuier seigneur de Wendenviller, lequel seigneur
de Wendencourt lui succéderoit en lad. terre de Ranteny,
s'il alloit de vie à trépas sans délaissier aucuns enffans, et d'un
autre côsté de par sad. mère Icelluy Charles éstoit yssus et
extrais des Jumellois qui anchienement furent extrais de
Bauquesne, lequel costé estoit noble de toutte anchienneté et
sont les armes trois quievrons de gueulles sur ung camp
d'argent. Et d'icelluy costé Icelluy Charles estoit prochain
parent à Monseigneur de Cresecques et de Long en Vimeu,
chevalier, à Monseigneur Jehan de Cresecques, chevalier son
fils et à Robinet de Cresecques, seigneurs de Marneu et ses
frères nepveux d'icelluy seigneur de Cresecques car deffuncte
Madame Lyennor Le Jumelle, mère dudit seigneur de Cresecques, en son vivant dame d'icelle ville de Marneu, de War-
lincourt de Graincourt et de Hardamval femme de feu Messire
Robinet de Cresecques, Chev^{er} et damoiselle Jehenne Le Jumelle, laye (*) dudit Charles Couronnel, estoient cousines ger-
maines filles légitismes de deux frères, et mesmement dud. costé
des Jumellois estoit ledit Charles aussy prochain audit seigneur
de Waudencourt et à ses frères par une aillance de mariage
pieça (**) qui fu faite de deffunct Messire Sohier Le Jumel Chev^r
et de Madame de Quiry. Duquel côté des Jumelloys, la mère
d'iceluy Charles estoit la plus prochaine et ad ceste cause povoit
et debvoit donner le rose à la feste qui se fait au marchié de
Beauquesne après la penthecouste et mesmement aux jours que
on célébroit en l'église d'icelle ville les obijs desd. Jumellois,
les Eschevins d'icelle ville de Bauquesne faisoient présenter à
sad. mère par l'un de leur sergens quand elle estoit présente

(*) Aïeule.

(**) Il y a longtemps.

aud. obijs deux lotz de vin et deux pains qu'elle offroit à lad. messe et ainsi font encore lesd. Eschevins à la plus prochaine dud. costé estant ausd. obitz. Estoit aussy led. Charles de par sad. mère, cousin et parent à Messire Robinet Fretel Chev^r Seigneur de Sombrin du costé des Fretaux ausd. Courbet de Rubempré, ses frères et aux Blondeaux dud. costé des Jumellois, à Regnault de Framecourt, seigneur en partie dud. lieu de Framecourt et à ses frères et aussy audit Harpin de Mazinguehem du costé de Framecourt, au Besgue de Gronces, seigneur d'Autrœulle et ses enfans du costé de Frévillers, a Jehan du Souich seigneur du Quesnel, à Jehan de St-Amand et Brunet de St-Amand frères a Robert de Baynast et à plusieurs aultres nobles et noble généracion et s'estoit tousjours Icelluy Charles Couronnel vescu et gouverné come noble et au tamps de sa jonesse et jusques à ce qu'il s'entremist des offices de justice avoit servy le roy notre sire, et Messeigneurs les ducz de Bourgoingne, comme homme d'armes, monté et armé souffisamment en leurs guerres et assemblées, meismement avoit ésté et demouré en la compaignie de notred. seigneur en la bataille que se feist emprez le Mons-en-Vimeu, en laquelle notred. seigneur fut Chevallier. En concluant par ces raisons et plusieurs aultres alleghies par led. Charles Couronnel, que à tort et malvaise cause la main de nostred. Seigneur, eust ésté mise et assise aud. fief et noble tenement de Mernes ne deust avoir prendre ou percevoir notred. Seigneur aucuns proffis au aultres droitz à cause de lad. acqueste en deust aller et demourer Icelluy Charles quictes, absolz et délivrés comme noble et extrait de noble lignée et génération obsteint en sad. opposition et fust levée et ostée la main pour ce mise et assise aud. fief. Offrans à prouver ses faits sy avant que de raison devroit pour obtenir en ses conclusions.

Lesquelz fais et propositions eussent ésté denyez par led. procureur en concluant comme dessus que nonobstant choses

proposées par led. Charles, icelluy procureur, deust obtenir en
ses conclusions, sur lesquelz faitz et proposicions baillez par
éscript par devers nous, Nous eussions receu et ordonné en
enqueste icelluy Charles Couronnel, lequel pour ses dits faits
vériffier eust produit et faict oyr et examiner par devant nous
et maistre Jehan le Couvreur, licentié en droid canon et civil
nostre adjoinct en ceste partie plusieurs tésmoings nobles et
aultres notables et anchiens dignes de foy et mis et employé
en forme de preuve plusieurs lettres seellées des seaulx aux
causes de lad. ville de Beauquesne et de la ville de St-Pol-en-
Ternois et aussy des seaulx de plusieurs chevaliers et escuiers.
C'est à assavoir de Baudin, seigneur de Wadencourt et
Darquesne, chevalier; Robert de Cresecques, seigneur de
Marneu et de Martaigneville ; Regnault de Framecourt,
seigneur dud. Framecourt en partie; Harpin de Mazinguehem ;
Baudin de Frévillers, seigneur dud. lieu ; Galois de St-Amand,
Seigneur des Osteulz. Lebesgue de St-Amand, frères ;
Courbet de Rubempré, seigneur de Vauchelles en partie ;
Ganain de Bertangle, seigneur dud. lieu et de Berte en partie
et Jehan le Prévost dit Lebesgue seigneur de Gronces, tous
escuiers. Et depuis eut ésté éspargnyé à plus produire et se
fussent ledit procureur et Charles Couronnel, conclus en droit
sur ce que faict estoit.

Scavoir faisons que veuz les faicts et proposicions
alléguiez par lesd. parens, les preuves et vériffications
faites par led. Charles Couronnel et tout ce qui mouvoir
pœult et doit et meismement par l'advis et délibération
des MM^rs en la Chambre des Comptes et aultres du
Conseil de notred. seigneur à l'Ille, qui ont veu et visisté de le
procez. Nous avons dit et déclairié disons et déclarons par
jugement et pour droit que à tort et malvaise cause, la main
de nostredit Seigneur a esté mise et assise aud. fief et
tenement de Mernes. ne sera tenus led. Charles Couronnel de
payer aucune finance à cause de la dite acqueste, mais en yra

quicttes, délivrés et absolz comme noble venu et extrait de noble
génération. Ne querra led. procureur de ses conclusions et
demandes et de sond. fief, avons levé et osté, levons et ostons
par ces présentes la main d'Icelluy notred. Seigneur, qui
mise y est à le cause dite en lui mettant icelluy fief pour lui
et ses hoirs à plaine délivrance. En tésmoing de ce, Nous
Gouverneur, avons mis le scel de lad. gouvernance; et nous
Jehan de Dieval, notre scel à ces présentes.

Faictes et données le XXIIII⁰ jour de avril l'an mil quatre cens
quarante chincq ainsy signées sur le ploy : J. Berthoul. En tesmoing de ce nous avons mis à ces présentes lettres de vidimus
et transcript le seel aux causes de lad. ville qui furent faictes et
données le XXV⁰ jour de janvier l'an mil quatre cens soixante-
quatorze.

Nous avons pris notre texte sur la « sentence en parchemin » jointe à la
lettre écrite le 3 juillet 1672 par Philippe II⁰ du nom, de la branche de
Mernes à Louis-Floris, de la branche de Viln, qui devait seul continuer la
famille.

Il y a encore dans nos papiers, trois autres copies de cette pièce ayant été
faites suivant les temps où elles ont pu servir. Leur authenticité incontestable
a dispensé nos auteurs d'avoir recours à de nouvelles sentences de noblesse.
comme nous en trouvons l'exemple pour une des maisons les plus distinguées
de l'Artois, la famille du Rietz, dont les archives nous ont ainsi fourni des
documents nombreux et intéressants.

Une de nos copies porte la mention suivante : « Collation faite par Messieurs
« les Eschevins en nombre (signé sur le reply) Muette et scellé sur double
« queue de parchemin. »

Une autre porte que les Mayeurs et Eschevins de la ville d'Arras « en temoing
« de ce ont fait mettre à ces présentes lettrés de Vidimus le seel aux armes
« de la ville qui furent faictes et collationnées le XIIII⁰ jour de juin l'an 1583.
« Signé sur le replis Foulon, avec paraphe 1583 et scellé d'un sceau de cire
« jaune sur lacs de parchemin. » (Cette copie fut encore « collationnée ausd.
« lettres de Vidimus à Arras le 4 avril 1759. Signé de Larsé avec paraphe. »

Enfin, nous avons une copie qui fut envoyée à Malte et certifiée par l'administrateur des archives de l'Ordre de St-Jean de Jérusalem ; elle est signée
Saint-Pons.

———⟩•⟨———

CHAPITRE IV

CHAPITRE IV

Suite de la généalogie
Exil de Robert de Mailly-Couronnel
Persécutions exercées par Louis XI contre les principales familles
de l'Artois
Commencement de la domination espagnole
Séparation complète de l'Artois d'avec la France et création de
nouveaux emplois.

Robert dit Robinet, écuyer, licencié es-droit, seigneur de Loiselet, Rantigny, Basly, Mernes, Hersin, du Sart, Hamel (*), etc., etc.

Il n'avait que trois ans lorsque son père « Clarambault fust
« exécusté sans figure de procès. Par ce moyen eut le roi bon
« marchez de la ville d'Arras, de laquelle il bannit la vefve du

---

Le Hamel que nous voyons ici figurer pour la première fois parmi les seigneuries de la famille, nous paraît être un village de la commune de Rivière ou
Rivierre, canton de Beaumetz-les-Loges, arrondissement d'Arras.

Etait-ce un démembrement du vieux fief de Loges, situé tout contre, sur lequel
nous avons vu le bisaïeul de Robert vendre à la comtesse d'Artois une rente
de « vingt mencauds de bleds » ? Etait-ce une nouvelle acquisition faite, soit par
mariage ou héritage, soit à titre onéreux ?

Il ne paraît pas que Jeanne de Bernicourt, femme de Robert, ait apporté un
fief de ce nom.

Nous trouvons dans nos papiers qu'un fief du Hamel fut vendu par Jehan de
Mons, dit Regnovaret, à Guy Vandeschotte, qui en paya les droits seigneuriaux,
le 7 mai 1506, à « Madame, très redoutée dame, Madame la comtesse de Vendomois
« et de Saint-Pol. »

Un fief appelé le Hamel-en-Hucquelier appartenait encore en 1547 à Jacques
de Mons, dont notre famille devint héritière plus tard par alliance.

« dit Clarambault quy fut condamné aller demeurer à Paris. »
« Auparavant, disent nos papiers, « elle jura viduité entre les
« mains de l'évesque d'Arras, qu'elle a gardé jusques à l'an
« 1522, qu'elle mourut et fut vidué 45 ans. »

Nous avons vu, au chapitre précédent, qu'elle « avait été or-
« donné d'aller demeurer entre les rivières de Somme et
d'Oise »; ce qui semble indiquer que ce fût pour elle un adou-
cissement de pouvoir « se réfugier à Paris. » Elle l'obtint sans
doute en faveur de son fils Robert, qui « portait, en sa per-
« sonne, l'image renaissante de la mort sanglante de son
« époux. »

Au deuil et à la proscription, vinrent s'ajouter pour Jeanne
de Paris de nouveaux chagrins. Son fils aîné Philippe, qu'elle
avait eu d'un premier mariage avec Richard de Crespon, d'une
des premières familles du comté de Namur, « n'eut pas honte
« de chercher à profiter des malheurs de sa mère et de l'infor-
« tune de son frère utérin. »

Robert avait hérité, en dépit des confiscations du roi, « de biens
situés dans la châtellenie de Lille, notamment de la terre de
Mernes, sur lesquels « la libéralité de Louis XI, en faveur de
ses courtisans, n'avait pu s'étendre (*). »

Philippe de Crespon, loin de chercher à venir au secours des
siens, « surprit, paraît-il, la religion de Maximilien d'Autriche
« et de Marie de Bourgogne, pour en obtenir des lettres patentes,
« qui le commettoient au gouvernement et recette de ces biens.
« Quoique ces lettres eussent été arrêtées au sceau par l'adver-
« tissement d'aucuns conseillers des archiducs, Philippe de
« Crespon ne laissoit pas de recevoir tout ce qu'il pouvoit
« prendre et haper. »

C'est alors que son aïeul Martin de Paris, sorti des prisons
de Louis XI, au moyen des sacrifices dont nous avons déjà
parlé, vint au secours de sa fille et de son plus jeune petit-fils.
Il obtint de Maximilien d'Autriche et de Marie de Bourgogne

(*) Ses armées n'avaient pas dépassé les limites de l'Artois.

des lettres patentes contenant « ordres exprès au gouverneur
« de Lille ou à son lieutenant, de mettre en ses mains, et sous
« leur sauvegarde spéciale, tous les biens de Robert Couronnel,
« mineur, étant en la gouvernance de Lille, ou es enclavements,
« appartenances et dépendances d'ycelle (*). »

Nous n'avons malheureusement que des extraits de ces lettres;
les révolutions ou les incendies du palais-royal de Bruxelles en
1631, et du château de Vélu en 1680, en ont fait perdre le texte
avec beaucoup d'autres titres intéressant la famille. Elles étaient
datées de Malines, le 2 avril 1480, et commençaient par rappeler
« que environ quatre ans auparavant, Messire Clarambault-
« Couronnel avait esté ordonné, prié et requis par les mayeur,
« eschevins, bourgeois et communauté d'Arras, avec autres
« bourgeois notables, de se rendre vers eux, accompagnés de
« vingt lances des gens du roi, que l'on disait leur être baillés,
« pour sureté de les conduir jusqu'au Pont-à-Vendin. (**)
« Ils furent arrêtés par ces gens de guerre, entre la ville de
« Lens et le dit Pont-à-Vendin, et contraints s'en retourner
« en la cité d'Arras, où estoit la Grande Compagnie des
« dits gens du roy, de laquelle cité ils furent menés devers le
« roy estant en la ville d'Hesdin, où ils n'eurent guères esté
« quand le dit Messire Clarambault en Chief et les autres, jus-
« qu'au nombre de dix-sept furent, à diverses fois, amenés sur
« un hourq (***) et *inhumainement* décapités !.......

(*) Le département du Nord a encore des enclaves dans celui du Pas-de-
Calais, qui sont restées des anciennes divisions provinciales.

(**) Pont-à-Vendin ou à Wendin, se trouve sur la Deule, canalisée auprès
d'Epinoy, non loin de la limite de l'Artois et de la Flandre, qui est encore celle
des deux départements qui leur ont succédé. C'était là sans doute que se trouvaient
les avant-postes. Il est souvent question de cette localité dans les guerres qui
décidèrent du sort de l'Artois.

(***) Le mot d'hourq ou hourque, fort peu usité maintenant, servait à
désigner un bateau à fond plat. Il ne s'emploie plus guère que par dérision pour
qualifier une mauvaise barque.

« Aussi, continue notre texte, le motif essentiel de l'accord
« des lettres dont nous parlons, et qui s'y trouve également
« attesté par l'archiduc et Marie de Bourgogne, fut-il que le dit
« messire Clarambault *estoit mort pour leur querelle,* et au
« *contempt* de ce qu'il venoit en Embassade devers nous
« Ducesse. »

Voilà, certes un beau titre de noblesse ; d'autant plus glo-
rieux qu'il a moins servi à la famille qui le paya de son sang.
Le noble exemple donné par Clarambault ne pouvait qu'exciter
la méfiance de ceux qui prétendaient affermir l'autorité
royale par la ruine de nos vieilles libertés. Des courtisans
arrivèrent à la fin du siècle dernier, à en faire un crime, bien
que, disent nos papiers, « ils eussent parmi leurs ancêtres des
« ligueurs ayant fait à l'iusu des droits sacrés du souverain
« une confédération illégitime et dangereuse. »

Ils étaient tr₁ nombreux et trop forts pour qu'on ait osé
leur refuser le pardon, tandis que « le sort et la gloire » du
généreux Clarambault, en sont restés à ne faire que « l'envie
du sujet fidèle et juste ». C'est pourquoy ce personnage est
peu connu, et son nom paraît avoir été omis avec intention
par les vieux historiens de l'Artois, sans doute sur la demande
de la famille.

Les malheurs qui frappèrent Arras, et le joug odieux qui lui
fut imposé jusqu'à la mort de Louis XI, ne laissaient guère aux
exilés, surtout à la veuve de Clarambault, d'espoir prochain
de retour.

Le roi, qui avait déjà déclaré, par lettres patentes du 1er
juillet 1477, qu'il « ne vouloit avoir aulcun regard aux monopo-
« leurs et désobeyssans », tenta même de remplacer l'ancienne
bourgeoisie, par les nouvelles couches qu'il avait importées.
C'est dans ce but qu'il imagina de donner à la ville d'Arras,
avec le nom de *Franchise,* une charte lui « accordant, disait-
« il, des privilèges admirables. »

Le 1er juillet 1481, il fut décidé que les « échevins d'Arras
« scroient réputés juges royaux », c'est-à-dire que, d'élus de
la ville, ils deviendraient de simples fonctionnaires. En outre,
il n'y eut plus besoin pour exercer les fonctions municipales,
d'être reçu « bourgeois. » Le roi déclarait que « iceux éche-
« vins, qui à présent y sont et au temps avenir, seront, ont été
« et seront anoblis du privilège de noblesse.. » C'était, avec les
formes et l'habileté de Louis XI, abolir d'un seul coup toutes
les franchises d'Arras, pour les remplacer par le bon plaisir
royal (*).

Parmi ces franchises il y en avait auxquelles Louis XI avait
naguère dû se soumettre. C'est ainsi qu'en 1463, lors de la réception solennelle que Philippe-le-Bon lui fit dans Arras, il lui
fallut renvoyer un archer de sa suite, comme ayant été banni de
la ville. Cela ne l'engageait guère à respecter les libertés des
Artésiens qui comptaient, parmi les plus chères, le « droit de
« nommer leurs magistrats, et de n'avoir er fonctions que des
« naturels du pays ».

Ce droit fut, en 1594, l'objet de remontrances de la part des
Etats d'Artois auprès du roi d'Espagne Philippe II, qui céda,
malgré sa puissance et son amour du despotisme. L'étranger
contre lequel on réclamait, n'était autre que le fameux Spinola,
qui dut se faire naturaliser Artésien, pour rester gouverneur de
Béthune.

Les agissements de Louis XI, loin de lui assurer, comme il
y comptait, toute la succession de Charles le Téméraire, avaient
jeté sa fille dans les bras de l'adversaire qui paraissait le plus
capable de lui résister. Peu après la prise d'Arras, Marie de
Bourgogne avait épousé Maximilien d'Autriche, fils de l'empereur Frédéric III, déjà renommé par ses talents militaires.

Les populations, plus indignées qu'effrayées, résistaient au

(*) Parmi les nombreux privilèges des bourgeois appartenant aux municipalités
artésiennes, on comptait celui de ne payer aucun droit pour les mutations des
maisons et héritages situés sur leur territoire ; tandis que « le huitième de la
« somme à quoi monte la vente » était dû par les autres, qui devaient le solder
avant toute créance concernant l'acquisition.

roi, appuyées par leur jeune souveraine qui avait trouvé, avec un époux, un général et une armée.

Louis XI en revint donc aux négociations, qui étaient ses moyens préférés. La paix fut conclue dans Arras, le 23 décembre 1482, au moyen d'un traité qui assurait l'Artois à la France, par le mariage de Marguerite d'Autriche, fille de Marie de Bourgogne, avec l'héritier de la couronne.

Dans ces circonstances, le roi se montra d'une douceur, que ses précédentes exécutions ne permettaient pas d'espérer. Non seulement il ménagea les Flamands, en ne réclamant pas les villes de Douay, Lille et Orchies, auxquelles il avait droit, mais encore, il rendit son nom à la ville d'Arras, et déclara « *justifiés* » tous ceux qui « s'en étoient retirés, pour suivre le parti de Charles-le-Hardi. (*) »

On voit dans les lettres d'amnistie, rendues par Charles VIII le 13 janvier 1484 (**), quelques mois après la mort de Louis XI, que son « feu seigneur et père, meu de bonne volonté, « ordonna de son propre mouvement, que ceulx quy avoient « été expulsés et mis hors d'icelles, nos ville et cité, y retour- « nassent, ce que plusieurs ont fait. »

Ce « plusieurs » nous semble devoir se traduire par « petit nombre », car quelle confiance pouvaient avoir les exilés d'Arras dans leur « justification » par Louis XI, après ce qui s'était passé ? En outre, que pouvaient-ils faire dans leur ville natale, chassés de leur maison par les « marchants et ménagiers » que le roi y avait mis à leur place ? Il fallut donc pour les ramener, une amnistie formelle, qui fut, en même temps, un grand acte de justice. Notre révolution qui, ainsi qu'on peut le voir, a pris

---

(*) Cela n'empêcha pas Arras de conserver son nom officiel de « *Franchise* » quelques mois encore après la mort de Louis XI, ainsi qu'on le voit par une lettre du 28 octobre 1483, émanant d'Olivier de Quoitmen, conseiller du roi et son lieutenant à *Franchise*.

(**) Les fiançailles du dauphin et de Marguerite d'Autriche eurent lieu au mois de juillet 1483, et le roi mourut le 30 août suivant.

si souvent exemple sur la monarchie, pour les mesures de rigueur, ne l'a malheureusement pas suivie, pour celles de réparations, et c'est une des causes de l'instabilité dont nous continuons à souffrir. Les spéculateurs de 1793, n'étaient pas plus capables que les colons de Louis XI, de produire la prospérité où leurs opérations les avaient conduits. Ils étoient plus disposés à jouir des demeures qu'à remplir les devoirs de ceux qu'ils prétendoient remplacer. (*)

Voici ce qu'on trouve dans les lettres de Charles VIII ou plutôt de la régente Anne de Beaujeu, après le préambule que nous venons d'indiquer : « Nous restituons, mettons et réta-
« blissons tous ceulx qui estoient demourant en nos dictes
« ville et cité d'Arras, lors de la dicte expulsion.,. Et ad ce que
« les marchans et ménagiers quy peuvent encorres estre en
« nos dictes ville et cité n'ayant cause ou action d'empeschier
« les maisons desdis habitans ainsy expellés, nous leur avons
« donné et donnons congié et licence d'eulx en retourner toute
« fois que faire vouldront aux villes et lieux dont ils sont partis
« ou ailleurs en notre royolme ou bon leur semblera; et s'ils
« vœullent demourer et habiter en nos dites ville et cité
« (d'Arras) faire le porront en prenant à cense de emphitéote
« ou louage de maisons, logis et demourances de ceulx à quy
« elles appartiennent, comme estranges personnes... »

La veuve et le fils du malheureux Clarambault, purent-ils profiter d'une amnistie qui paraît si large ? Nous ne le croyons pas, et ce qui semble le prouver, c'est la condamnation de

---

(*) Le comte d'Artois, Robert II, surnommé l'Illustre, le Bon ou le Noble, avait rendu les échevins responsables de toutes les dettes contractées pendant leur échevinage. C'est pourquoi il était alors d'usage que : « Quand les dettes
« communes et charges publiques demandaient une plus grande dépense que
« celle fixée (qui était de trois mille livres, taille comprise) elle se prenait sur
« les bourgeois. »

« En conséquence, chacun apportait aux échevins un brevet ou écritel
« contenant l'état *sommier* de ses moyens et de ses dettes, et était tenu de jurer
« par serment que le contenu du brevet était véritable. »

« Ces brevets se donnaient toutes les fois que le magistrat jugeait à propos de
« renouveler les taxations. »

Martin de Paris, par lettres patentes du 7 janvier 1485, pour avoir contrevenu aux privilèges d'Arras. Ces lettres, adressées aux gouverneurs d'Arras et Artois et prévôté de Beauquesne (*), lui font défense, ainsi qu'à deux autres bourgeois, les sires de Caulers (**) et de Rubempre, « de passer aulcun contrat ou « aliénation que par devant les maire et échevins, » et cela pour avoir marié leurs filles à des *non-bourgeois*.

Il nous paraît hors de doute qu'il s'agit là pour Martin de Paris, de sa fille Jeanne dont l'époux, par suite de son supplice, aurait été considéré comme déchu de son droit de bourgeoisie.

Les lettres continuent en condamnant Martin de Paris à payer encore 1500 livres « pour droit de la moitié des meubles « par lui donnés en mariage à sa fille avec un non-bourgeois « et le quart des héritages et rentes, si aucuns il y en avait au « dit héritage. De payer 60 livres d'amende pour avoir poursuivi « un habitant de la dite ville ou aucuns d'eux par arrêt de leurs « biens et de leurs personnes par devant d'autres juges. »

Ceux que poursuivit, avec si peu de chance, Martin de Paris nous paraissent être les « marchans et ménagiers » auxquels les lettres d'amnistie donnaient si expressément « congié et « licence d'eulx en retourner.... ou s'ilz veullent demourer » ne leur permettaient de le faire qu'en « prenant à cense de « emphitéote ou louage de maisons, logis et demourances....... « comme estranges personnes. »

Ce qui arriva pour le fief de Baali, vient confirmer l'opinion que Robert de Mailly-Couronnel resta hors la loi, et peut-être soumis avec sa mère à un internement, qui les faisait considérer comme des otages. Ce fief qu'avait acheté Charles, son grand' père, dépendait de celui de Camblignœul, qu'Antoine de Mailly

---

(*) On voit que depuis la conquête de Louis XI, l'Artois avait été remis sous la juridiction de Beauquesne.

(**) Un des compagnons d'infortune de Clarambault s'appelait Baudrain de Caulers. Si ce n'est le même, comme Martin de Paris, ce devait être un proche parent poursuivi pour la même cause.

(*) tenait du château d'Aubigny, appartenant au comte d'Artois. Quand l'héritier de Clarambault en fit le dénombrement (**)

(*) Nous ne voyons figurer cet Antoine d e Mailly sur aucune généologie même des autres branches de la Maison, bien qu'il ne puisse y avoir de doute sur son authenticité. Il paraît avoir appartenu à la branche d'Authuille ou Hauteville.

(**) Le dénombrement en matière féodale se dit, d'après Ferrières, de la déclaration que le vassal est tenu de faire au seigneur dominant quarante jours après avoir fait la foi et hommage.

Les archives de la gouvernance d'Arras doivent porter de nombreux actes de foy, hommage et dénombrement concernant la famille.

Voici l'extrait d'un d'entre eux. Il porte qu'à la date du dernier juillet « 1671, est comparu Messire Philippe de Mailly-Couronnel, chevalier, seigneur de « Mernes, lequel a présenté un dénombrement d'un fief surnommé le fief de la « Porte, se consistant... et tenu du roi à cause de son château d'Arras à sept sols « six deniers parisis de relief et le tiers cambelage, en cas de vente, don, transport « et autres aliénations... » (Le cambelage ou cambellage était une libéralité autre-fois volontaire et devenue plus tard obligatoire, que le vassal faisait au chambellan ou représentant du seigneur.)

Voici à ce sujet la copie d'une quittance qui date du 29 août 1535 : « Je Gilles. « de Saulty recepveur de la conté de Sainct-Pol, confesse avoir reçu de Jacques de « Mons, escuier, Sᵉ de Maretz filz aisné et héritier de feu Walleram de Mons en « son vivan aussy escuier Sᵉ du dict lieu, la somme de treize livres dix solz parisis « et ce, pour les reliefs et cambellages qu'il a ce jourd'huy fais et paiez à cause « de trois fiefz et nobles tenements tenus chacun a plain oyr du chasteau du dict « Saint-Pol, scituez, les deux, à Hucliers et Valhuon pour l'autre au dict lieu de « Maretz. Pour laquelle somme de XIIIᵐ Xˢ (13 livres 10 sols) dicte mouvoir par « à la cause dessus dicte je me tieng content. Tesmoing mon saing manuel cy mys « le pénultiesme jour d'aoust mil cincq cens trente cincq. »

Signé : de Saulty.

Nous avons aussi pour la branche de Vélu, d'autres dénombrements que nous mentionnerons en parlant de la seigneurie à laquelle ils se rapportent.

Il ne nous paraît pas néanmoins, sans intérêt de donner ici le dénombrement le plus ancien qui nous soit parvenu. Il est du 12 janvier 1397 et se rapporte à la terre de Barâtre qui devint, dans la suite, une des plus importantes de la famille et le chef-lieu de son marquisat.

« Chest li dénombremens d'un fief de XV f (florins) de relief que jon Jehans « Pastes tieng et aveue à tenir de noble home men signeur Robert signeur de « Barastre escuyer. Est assavoir un manoir bien a mase le gardin et tous le « pourpris séans en la ville de Barastre tenu d'une part a le ruelle condist lau « mon (qu'on dit le haut mont) tout serant lestans (tout serrant l'étang) qui fut « (à) Pierre Decourchelles et par deriere tenu au manoir (de) Nicolas Wilken « et a l'autre costé tenu a II manoirs (à) Pierre de Noyelle à II manoirs (à) « Pierre Frassench parmentier (à) II manoirs (à) Jehans Caron et pardevant « tenu au manoir fief que dist dauveux (dont on fait l'aveu). Et en pourmech « (et fait promesse) a servir men dessus dit seigneur en le manière que quent « leuch au jour que jon en entray (que je l'ai dit quand j'entrai) en foi et hommage. « Tesmoing men sceeles mis a che dénombrement qui fu escrips et sceeles le XII• « jour du moys de jenvier l'an M CCC L XXX & XVII (1397). »

le 25 juillet 1482, Antoine profita de l'occasion pour faire saisir, à l'exemple de Philippe de Crespon, les fiefs de son parent par faculté seigneuriale (*). Ce ne fut que près de vingt ans plus tard, le 31 octobre 1500, que Robert put faire valoir ses droits. Il « estoit lors étudiant en l'université de Paris et il obtint de « Jacques d'Estouteville, baron d'Ivry, conservateur des droits « et privilèges de cette université et de ses escoliers, des lettres « d'évocation. » (**)

Ces lettres accordées à « noble personne maistre Robert « Couronnel » portaient que « ses biens ainsi que ses gens et « domestiques estoient mis sous la sauvegarde du roy avec « mandement à l'officier porteur de ces lettres d'assigner au « Chatelet noble homme Antoine de Mailly sieur de Cambli- « gnœul. » « Cette assignation, fust donnée, et l'évocation « requise au siège de la justice d'Aubigny, où la cause se « trouvait pendante. La relation en fust faite par Jean de Flers, « sergeant royal au baillage d'Amiens du 17 novembre de la « même année 1500. »

Pour se mettre en règle, Robert de Mailly-Couronnel avait fourni, le 2 mars 1499, le dénombrement arriéré qu'il scella de « son scel armoyé de ses armes. »

Antoine de Mailly dut l'accepter dans ces mêmes formes le 10 juillet 1501 et la terre de Basly revint à qui de droit, pour rester dans la famille jusqu'à la Révolution.

Robert paraît avoir été un homme d'intelligence et d'énergie

(*) Nous croyons qu'il s'agit dans ce cas du « retrait féodat » qu'Antoine de Mailly aurait voulu appliquer au préjudice de l'orphelin, pour le fief de Basly, récemment acheté par son grand'père, comme Philippe de Crespon pour celui de Mernes qui se trouvait dans des conditions analogues

---

(**) « On appelle ainsi, dit Ferrières dans son dictionnaire de droit, des lettres « du grand sceau, par lesquelles S. M. par grâce spéciale pour quelqu'un évoque « à un tribunal toutes les affaires qu'il a ou peut avoir. Ces lettres ne se peuvent « expédier qu'en la grande chancellerie parce qu'elles sont émanées de la suprème « autorité du roi, qui peut seul comme souverain et chef de la justice ôter aux « juges ordinaires ce qui est naturellement de leur compétance. »

tel qu'il le fallait pour relever sa maison des malheurs qui l'avaient accablée. « Il fust, disent nos papiers, eslevé à Paris « avec sa mère, jusques à ce qu'il vint en âge d'estre envoié « aux visites, et print degrez de licensier es droix à Louvain « et retourné à Paris y demeura jusques à l'âge de 32 ans, que « sa mère le rappela auprès d'elle à Arras... »

Comme on le voit, il n'avait pas perdu son temps, tout exilé qu'il était. En 1500, il continuait encore à étudier, bien qu'âgé de 26 ans, à cette belle Université de Paris, que les hommes d'alors ne rougissaient pas de fréquenter librement.

Sa qualité d'étudiant, ne l'empêchait pas de travailler à rétablir ses affaires et celles de sa famille. C'est ainsi que, peu de temps avant le procès dont nous venons de parler, il s'était mis en règle pour le fief de Mernes, en fournissant, le 10 juillet 1497, le dénombrement qui était dû à Jacques de Luxembourg, seigneur d'Erquingehem.

Pendant sa minorité et son exil, les choses avaient bien changé en Artois. Charles VIII avait commencé par rendre son nom, avec une partie de ses libertés, à la ville d'Arras, où il faisait convoquer les Notables, le 7 mai 1484, par Philippe Desquerdes, devenu maréchal de Crévecœur, et resté sénéchal et gouverneur d'Artois, sous tous les régimes. Sur la liste de ceux, qui furent ainsi appelés à élire les nouveaux échevins, nous avons remarqué les noms de Jean de Paris et de David de Hénau, qui rappellent les compagnons d'infortune de Clarambault, et qui semblent indiquer un désir sincère d'apaisement, de la part de l'autorité royale.

Malheureusement, la guerre ne laissa point à ces sages mesures, le temps de produire l'heureux effet qu'on devait en attendre. Elle recommença en 1486 et elle se fit, non seulement par les armes, mais encore par une propagande, qui montre que, même alors, on ne négligeait pas les moyens de publicité. Un vieux pamphlet disait aux Artésiens, que « les

« pauvres sujets par tout le royaume de France sont traités
« comme esclaves et n'ont rien au leur ; car tout ce qu'ils
« gagnent, soit de leur labeur ou aultrement, est au Roy, qui
« use, coppe et taille à sa volonté....... ».

Ceux de Maximilien au contraire, étaient représentés « comme
« maintenus en paix, tranquillité et bonne justice, en leurs
« droits, privilèges, libertés, franchises et aultres bonnes cou-
« tumes. »

L'année même de la date de cet écrit, en 1489, les habitants
de St-Omer livrèrent leur ville à Maximilien. Leur exemple
fut contagieux, et Arras ne devait pas y échapper.

Un boulanger nommé Jean Le Maire, dit Grisard, profitant de la négligence des officiers de la garnison, fit entrer,
dans la nuit du 4 novembre 1492, par la porte de Huger ou
Hage-rue, 4,000 hommes de troupes bourguignognes. Comme
si les Artésiens devaient toujours chanter au milieu de leurs
malheurs, ce fut en chantant le refrain suivant : « Marchons
« la duré, havé la durée » que les conjurés donnèrent le
signal à l'ennemi.

Arras paya encore durement les frais de cette révolution.
Non seulement, ce qui restait des étrangers amenés par
Louis XI, « fust grandement vexé, inhumainement traité et
« emprisonné » mais encore « on encoffra les principaux
« bourgeois » sans distinction de partis, pourvu qu'ils fussent
à « grosse bourse ». On alla jusqu'à maltraiter et emmener
prisonnier dans une maison de la « Rue-Neuve », le vieil et
pieux évêque Pierre de Ranchicourt.

Ce furent surtout les Allemands, nombreux dans les troupes
de Philippe-le-Beau, fils de Maximilien, qui se montrèrent
avides et cruels. Pour les arrêter, il fallut faire sauter les plus
coupables, du haut des maisons, sur les piques de leurs camarades.

« Les droits, privilèges et prérogatives, libertés, franchises,
« usages et communes observances », ne paraissent guère

avoir été mieux respectés, que le reste, par les héritiers de Marie de Bourgogne, en dépit des lettres patentes rendue le 28 décembre 1492.

Pour récompenser Lemaire Grisard, on commença par porter une forte atteinte aux libertés communales, en lui donnant « à titre viager la place de Mayeur d'Arras ». Quand il se démit de ces fonctions peu de temps avant sa mort, en 1499, son fils Louis, fut investi de sa succession, par l'archiduc Philippe, et ce ne fut qu'en 1518 qu'on put être délivré de cette dynastie.

Le système d'inamovibilité et d'hérédité relatives, devait sous l'ancien régime, réduire à l'impuissance, ces vieilles charges si honorables pour nos pères, et si utiles aux libertés de leur province.

Par la nomination, substituée à l'élection, ce n'étaient plus à la fin du siècle dernier que des places, dépendant du bon plaisir de l'autorité centrale.

En outre, les troupes soi-disant libératrices, introduites par Lemaire, paraissent s'être beaucoup plus mal conduites dans Arras, que celles victorieuses de Louis XI.

Leur indiscipline n'était pas encore réprimée, plusieurs mois après leur entrée dans la ville, et Maximilien dut écrire de Malines, le 14 mai 1493, une lettre dont le passage suivant est significatif : « Au moyen de quoy icelle nostre ville est en « voye de cheoir en totale ruyne, désolacion et dépopulacion. »

L'exil avait mis Robert de Mailly-Couronnel à l'abri de ces nouvelles vicissitudes. Pendant que ceux qui étaient dans Arras voyaient encore leur foyer violé et leurs biens compromis, il pouvait acquérir en paix une forte instruction et rétablir, autant que possible, ses affaires. C'était un homme fait, lorsqu'il revint dans sa ville natale en 1512, à l'âge de 32 ans. Il y « fut rappelé par sa mère, et y print à feme, la dite damoiselle « de Bernicourt, fille aisné du dit messire Jan, quy estoit « conseiller de la ville. »

Ce mariage paraît avoir été avantageux et s'être fait dès le retour de Robert en Artois. Il fut sinon l'œuvre de Jean de la

Vacquerie ou la Wacquerie, du moins celle de sa veuve Marguerite Leroux, qui était grand'mère de Jeanne de Bernicourt, dont en premières noces elle avait épousé l'aïeul.

Le bien que disent nos papiers de Jean de la Vacquerie, malgré l'empressement que nous lui avons vu mettre à succéder au malheureux Clarambault, autorise cette opinion. Ils le traitent de « Grand homme d'Etat, dont le nom fait l'éloge de « la charge dont il fut pourvu..... ». Ils ajoutent « qu'ayant « été porté au rang de Premier Président du Parlement de « Paris », il sut mériter qu'on lui appliquât avec justice ce passage d'un auteur latin : « *Paupertatem adeo facile perpessus ut de republica nihil præter gloriam expeteret.* » (*)

Jeanne de Bernicourt,(**) que nous voyons traitée de dame de Bernicourt, quoique nous ne trouvions aucune seigneurie de ce nom, dans les papiers qui nous restent, appartenait à une famille distinguée, et pourvue des plus hautes charges de la Province. Son aïeul Robert, était conseiller de la ville d'Arras en 1465, et son père Jean le devint aussi.

Le 1er juillet 1520, déjà revêtu de ce titre, il était chargé d'une mission importante à Bruxelles, auprès de Marguerite d'Autriche, douairière de Savoie, régente ou gouvernante des Pays-Bas (***). La mère de Jeanne de Bernicourt était Isabeau de Genest (****).

Robert Couronnel, fixé désormais en Artois, y reprit les tra-

---

(*) « Il sut d'autant mieux subir la pauvreté qu'il ne demandait que la gloire à la République ».Cet extrait, tiré de Cornélius Népos, ne le compare pas à moins qu'Epaminondas.

(**) Les armes de Bernicourt étaient : vairé d'argent et de sable.

(***) Elle fut gouvernante des Pays-Bas pendant 23 ans, de 1506, époque de la mort de son frère Philippe-le-Beau, jusqu'à son décès en 1530. Sous son administration l'Artois redevint heureuse et florissante.

(****) Les armes de Genest étaient d'azur à un soleil d'or ayant au-dessous un croissant d'argent.

ditions de sa famille, tâchant de réparer, autant que possible, les malheurs qui l'avaient frappée.

On voit qu'avant 1530, « il estoit advocat fiscal (*) de la Gouvernance d'Arras », fonctions dont il avait sans doute été revêtu par suite des lettres patentes, rendues par Marguerite d'Autriche le 24 février 1524.

Comme on était en pleine guerre avec la France, la régente constate que « les juridictions des bailli d'Amiens et prévost de Beauquesne ont été estaintes et sopyes. » (**)

Elle continue en disant : « L'Empereur, mon Seigneur et « neveu, par ses lettres patentes publiées en Artois et autres « ses pays, a ordonné aux juges et officiers de ses dis pays, « avoir chacun en ses limites, toute cognoissance...... »

Enfin, pour ménager l'Artois, que François Ier n'aurait pas mieux demandé que Louis XI de réunir au domaine royal, elle termine, en confirmant les libertés de sa capitale, par la phrase suivante : « Les eschevins de la ville d'Arras ont de tout temps « eu toute justice haulte, moyenne et basse......... »

Le fils de Robert, Jean Couronnel, devait en faire l'application, pendant les troubles qui, de son temps agitèrent le pays.

A la suite de ces lettres, le mayeur d'Arras dont les attributions étaient sinon augmentées, du moins confirmées, en même temps que celles des échevins, établit un lieutenant ou commis, pour recevoir leur serment en son absence.

Nous arrivons à l'époque de la funeste bataille de Pavie, par suite de laquelle l'Artois va être détachée de la France, pendant plus de cent années. Ce fut un Artésien, parent des Couronnel, Jean Caulier, fils de Pierre dont nous avons parlé précé-

---

(*) Des généalogies plus modernes en font un avocat général ; ce qui est exact puisque les fonctions qu'il a exercées ont reçu depuis ce nom, mais nous avons voulu respecter les textes. Autrefois le titre « d'advocat général » se donnait à tous les avocats au Parlement.

(**) C'est un vieux mot qui paraît vouloir dire : assoupis.

demment, que Charles-Quint envoya en France, comme ambassadeur extraordinaire, pour la cession de la souveraineté de l'Artois.

« L'Empereur, dont il était chef du Conseil secret, ayant,
« disent nos papiers, conçu quelque mécontentement de sa
« conduite, notamment à cause du mariage de sa fille avec un
« français, Antoine de Hangard, seigneur de Remaugies,
« l'éloigna du poste de confiance qu'il remplissoit auprès de s,
« personne, pour le faire chef et président du Conseil d'Artois
« lors de son institution. »

Ce conseil fut institué en 1530, à la suite du traité de Cambray, qui séparait définitivement l'Artois de la France, et consacrait, en conséquence, les lettres patentes, rendues le 24 février 1524, par Marguerite d'Autriche.

Ainsi qu'on l'a vu plus haut, ces lettres enlevaient cette Province aux « juridictions des bailly d'Amiens et prévost de « Beauquesne. »

Le Conseil Provincial d'Artois, où Robert de Mailly-Couronnel, déjà « advocat fiscal, ou général de la Gouvernance d'Arras, « passa en la même qualité, à son institution, l'an 1530 », devint la cour suprême.

Les membres des familles les plus importantes, comme les Lannoy, les Beaufort, les Wignacourt, etc., etc., tenaient à honneur d'y figurer, et se livraient à des études sérieuses, pour obtenir le diplôme de licencié-ès-loix, exigé pour y arriver. Il était composé d'un président, de deux chevaliers d'honneur, de six conseillers, d'un advocat général, d'un procureur général, et d'un greffier. Tous les membres du Conseil étaient nommés par le Souverain, qui choisissait les conseillers parmi trois candidats présentés, et nommait directement le président, ainsi que les chevaliers d'honneur.

Le siège du Conseil d'Artois fut fixé dans la capitale de la Province, dont l'Echevinage perdit ainsi le droit de juger sans appel. Cette modification paraît la seule importante apportée aux libertés communales, que conservèrent intactes les successeurs de Charles-Quint, peut-être un peu par nécessité.

Ce prince choisit lui-même ceux qui, les premiers, devaient faire partie de la nouvelle institution. Il réserva à ses successeurs la nomination directe, du président et des chevaliers ; quant aux autres « officiers », il donna à la compagnie le droit de lui en proposer la nomination, par « la présentation de trois sujets, avec serment de probité et de capacité. »

Lorsqu'au siècle suivant, par la prise d'Aire et de St-Omer, le roi de France eût achevé la conquête de l'Artois, il s'empressa de lui appliquer la politique traditionnelle de sa Maison·

Par l'édit de 1678, Louis XIV créa deux nouvelles charges de conseillers, et par celui de 1687, il augmenta encore ce nombre à l'effet de former, avec sept nouveaux conseillers, deux Chambres de huit juges chacune, y compris le Président. Ainsi réduit au rôle de simple tribunal, le Conseil d'Artois perdit tout le prestige qu'il avait conservé jusqu'à la fin de la domination espagnole. Il fut abandonné par les derniers descendants de ceux qui avaient, à son origine, tenu s fort à honneur d'en faire partie. Le mouvement, que nous signalerons à la suite des guerres de la fin du XVIe siècle, sera complet, et les nobles d'Artois, comme ceux du reste de la Monarchie, prodigueront leur sang et leurs biens, aux armées ou à la cour, en même temps qu'ils perdront la légitime influence, que leur avait assurée l'administration directe de la Province.

Nos papiers rapportent que Robert Couronnel, « montant « de degrez a autres, mourut premier Conseiller du dit Conseil « d'Artois au mois le janvier 1545, étant âgé de 72 ans. » Il fust enterré dans « l'église St-Jean d'Arras près des fonds, à « côté de sa femme morte en 1524, laquelle vescut avec luy « seullement 15 à 16 ans, et mourut d'enfant, luy en laissant « neuf. »

FIN DU CHAPITRE IV

CHAPITRE V

CHAPITRE V

Les descendants de Robert de Mailly-Couronnel. — Branches
de Mernes et de Vélu.

La domination espagnole pendant les guerres de religion.

————x————

Ainsi que nous l'avons vu, Robert de Mailly-Couronnel
avait laissé neuf enfants, issus de son mariage avec Jeanne de
Bernicourt.

En voici la liste :

1° Pierre dont nous parlerons plus loin ;

2° Jean, auteur de la branche de Mernes ;

3° Charles, seigneur du Rieux de la Tramerie-en-Auchel,
etc., etc.

Plusieurs généalogies rapportent qu'il fut avocat au Conseil
d'Artois, et on voit dans l'ouvrage de M. le Marquis d'Havrincourt qu'il y eut, en 1539, un sieur de la Tramerie qui remplit
ces fonctions.

Charles avait épousé Anne d'Assonleville fille de Jean (*)
qui remplaça, comme Clerc-des-Quatre, Gilles de Mabarcq,
successeur de Simon Couronnel. Il ne paraît pas avoir vécu
longtemps, et il laissa deux filles, l'une Marie, qui épousa
Antoine Vignon (**) seigneur d'Allenne Houvencourt, etc., etc.,
qui était fils de Marie Le Maire et probablement par elle petit-
fils du fameux Mayeur d'Arras ; l'autre Isabeau, mariée à
Nicolas Duval (***), seigneur du Natoy, qui obtint, le 21 mars
1592, la sentence dont nous avons déjà parlé.

4° Florent, seigneur de Croisille, etc., etc., procureur, pour
le Roi d'Espagne, de la gouvernance de Béthune. On le voit
figurer dans un acte, en date du 20 octobre 1580, comme héritier de son père d'une rente de cent florins carolus (environ
250 francs) sur « Messire Jehan de Trasignies et Dame Marie
« de Sacquespée (****) sa compaigne fille et héritière des sei-
« gneurs et Damoiselle de Dixemude » sur qui la rente avait
« été constituée. Dans cet acte Florent est qualifié de « Président de la ville de Béthune. »

(*) Les armes d'Assonleville ou Assonville étaient d'argent à la fasce de sable
chargée de trois molettes d'or. On voit Christophe d'Assonleville chevalier, seigneur
de Hauteville, membre des Conseils d'Etat et privé, faire prêter serment de fidélité, le 7 mars 1588, à Jean de Vendeville, évêque de Tournay.

(**) Nos papiers ont conservé leur épitaphe qui se voyait sur un tableau posé
contre la muraille de l'église paroissiale de St-Jean-en-Rouville à droite de l'autel
St-Hubert. Elle était ainsi conçue : « Cy gisent Antoine Vignon Sieur d'Ouven-
« court de Berneville, etc., etc., Esleu d'Arthois et Damoiselle Marie Couronnel
« sa femme qui trespassèrent asscavoir le dit Sieur d'Ouvencourt le XIX° du
« mois d'Avril de l'an MCCCCCCXXII (1622) et la dite Damoiselle le XVII° de mars
« MCCCCCCXIV (1614) aïans donné ce tableau pour décoration de ceste église et
« fondé deux obits à perpétuité.
« Priez Dieu pour leurs âmes. »
On voit, à cette époque, nos parents presque tous enterrés dans la chapelle St-
Hubert qui paraît leur avoir appartenu.

(***) Les armes des Duval étaient d'argent à trois fasces de sable.

(****) Les armes des Sacquespée étaient d'azur à l'aigle d'or, traversé d'une
épée, entourées d'une bordure alternant de gueules et d'argent.

Il mourut le 9 avril 1592 après avoir épousé Catherine Bontemps (*), Dame d'Amenois dont il eut un fils et une fille : cette dernière, appelée Isabeau, épousa Pierre de Moncheaux (**), Ecuyer Sieur de Le Vincourt, Maisnil, etc., etc., qui la laissa veuve avec plusieurs enfants morts tous sans alliance. Nous avons des actes datant de 1610 à 1634 concernant l'administration de ses biens et la tutelle dont elle fut chargée.

Son fils Paul de Couronnel, Seigneur de Croisille, d'Amenois, etc., etc., mourut sans postérité, après avoir épousé Marie Grebert (***) d'une très ancienne famille, dont le cri de guerre était « Heaucourt! »

Un acte du 23 juin 1599 nous le montre, réclamant une « mise de fait » (préférence hypothécaire) contre Adrien Le Salle « Gentilhomme de la compagnie du Sieur Deneberghe « de présent en ceste ville d'Arras ». Ce militaire, que son service et les expéditions lointaines d'alors, devaient forcer à négliger ses affaires, avait « estably son procureur général « et especial Damoiselle Anthoinette de Monmort sa femme ».

Nous arrivons au temps des armées permanentes, dont le régime a si profondément modifié l'existence de nos ancêtres.

5° Clarambault, chef de la branche de Vélu, qui seule subsiste encore.

(*) Les Bontemps qu'on dit d'origine normande, portaient de gueules à la croix de vair.

(**) Les armes de Montchaux étaient de sinople fretté d'or.

(***) Il y avait à Valencie...es une famille de ce nom qui occupa longtemps la charge de Prévôt ou premier magistrat de la ville pendant le quinzième siècle
Marie de Grebert était fille d'Englebert, S' de Doucy, etc., etc., et de demoiselle de Blondel.
Les armes de Grebert étaient d'azur semé d'or, au lion de même armé et composé de gueules, brochant sur le tout.
Les armes de Blondel étaient écartelées au 1 et 4 de sable à la bande d'or, au 2 et 3 d'or fretté de gueules au *franc canton* d'azur chargé d'un écusson d'argent.

6º Marie qui épousa Pierre Despretz (*), Seigneur de Roilen-court, garde du scel de la Baillye d'Amiens, etc., etc.

Elle mourut en 1575 sans laisser de postérité.

7º Marguerite, mariée à Jean de Le Val (**), Procureur géné-ral de la ville d'Arras. Ils laissèrent un fils nommé Jean, qui épousa Jeanne de Belvalet et une fille mariée à Hugues de Beaufort, Seigneur du Ponchel, dont sont issus les Beaufort-Spontin.

8º Anne qui épousa Sébastien Hannedouche, capitaine de cuirassiers (***). Elle mourut en 1559 et fut enterrée à Saint-Omer où un magnifique tombeau lui fut élevé dans le chœur de l'église du St-Sépulcre (****). Son fils Sébastien, fait chevalier en 1617, épousa Marie de Hauteclocque et en eut deux filles (*****).

9º Madeleine, mariée à Jacques du Bois (******), Baron de

(*) Leur acte de mariage datant de 1536 se trouvait déposé au « greffe du gros en la ville d'Arras ». C'était au « greffe du gros » que les notaires de la province d'Artois étaient tenus de déposer les actes et contrats passés dans leurs études respectives. L'office du greffier du gros s'est donné à ferme en la Chambre des comptes de Lille jusqu'à la fin du XVIIᵉ siècle.

En 1693, Louis XIV rendit cette charge vénale, et même héréditaire, avec toutes celles de judicature.

Les armes de Pierre Despretz étaient d'or au chef bandé de gueules et d'argent de six pièces.

(**) Les armes de Jean de Le Val et celles de Nicolas Duval dont nous avons parlé plus haut étant les mêmes, nous pensons qu'ils appartenaient à la même famille.

(***) Les armes d'Hannedouche étaient de Sinople à la bande chargée de 3 croix au pied fiché de sable.

(****) Elle était représentée à genoux devant un prie-Dieu couvert d'un tapis aux armes de la famille. La révolution a fait disparaître ce monument avec beaucoup d'autres.

(*****) L'une appelée Marie épousa don Ermicio O'Mallun, pair d'Irlande, che-valier de Calatrava, etc., etc., qui lui fit élever, à Bruxelles, un magnifique tombeau dans l'église Ste-Gudule ; l'autre Jeanne Hyacinthe épousa Michel de Gentesse, Seigneur de Rebecque, etc., etc., qui fut chargé de négociations très importantes relatives au sort de l'Artois lors de la Paix des Pyrénées.

(******) Les armes des Dubois étaient écartelées au 1 et 4 au lion d'argent au 2 et 3 d'argent aux 3 chevrons de gueules.

Fiennes, (*) Conseiller au Conseil d'Artois, qui était fils de Yolande de Pronville, d'une famille à laquelle les Mailly-Couronnel vont s'allier directement (**).

Pierre, Seigneur de Ranteny ou Rantigny, Hersin, etc., etc., devint, par la mort de plusieurs jeunes frères, l'aîné de la famille.

« Il prist, disent nos papiers, le degré de licensier es lois à « Louvain et tôt après avecq congé de son père alla en France « et Itallie et estant retourné fut advocat postulant au Conseil « d'Artois, et bientôt après se maria à Cambray à Demoiselle « Jacqueline de Mouen (***) de laquelle n'eût qu'une fille alliée « à Julien Le Vasseur Seigneur de Verguigneux. » (****)

« Après la mort de son père, il fut faict Conseiller au Conseil « d'Artois en sa place (*****). Il mourut premier Conseillier, après « l'avoir exercé 30 ans et plus et est enterré en l'église de St- « Jean au dit Arras près de Saints-Fonds, joindant (joignant) « ses prédécesseurs là où est l'hostel de St-Hubert, auquel il a « fondé une messe tous les mercredi, qui se doibt dire par un « Carme.

« Et d'autant qu'il ne laissa aucuns enfans masles succéda « a estre chef des armes à son frère puisné nommé Jan. »

(*) C'était une des douze baronies du Comté de Guise.

(**) Son fils Jean devint capitaine d'hommes d'armes, et sa fille Madeleine épousa Charles du Mont-St-Eloy, d'une des plus illustres et plus anciennes maisons d'Artois, éteinte en 1750.

(***) Les armes de Mouen ou Mooen étaient d'argent à la Croix de gueules accompagnée en Chef à dextre d'une merlette de sable.

(****) Nous avons les pièces d'un procès relatif à des droits de paturage, entre Jacques de Mons, écuyer, et Guillaume Le Vasseur également écuyer et co-seigneur de Valhuon, avec lui. Il fut gagné, en 1588, par Marie du Fresnoy, veuve de Nicolas du Rietz et nièce de Jacques de Mons.

Les armes des Le Vasseur étaient de gueules à trois fasces ondées d'argent au lion d'argent couronné d'or et lampassé du même brochant sur le tout.

(*****) 14 février 1545.

Pierre de Mailly-Couronnel mourut le 12 mai 1581, laissant pour unique héritière sa fille Marie. Elle avait épousé Jean Le Vasseur, dont elle n'eut aussi qu'une fille nommée Marguerite, mariée à Hugues de Melun (*), Chevalier Seigneur d'Illier auquel elle apporta les biens de sa branche.

Jean, Seigneur de Mernes, etc., etc., Député à l'Assemblée des Etats d'Artois, Conseiller de la ville d'Arras, etc., etc.

Il paraît être resté seul, avec son frère ainé, pour garder le foyer paternel et continuer, dans Arras, à représenter la famille. Beaucoup plus énergique et plus entreprenant, il joua, au milieu des évènements qui agitèrent alors l'Artois, un rôle important et digne des traditions que les siens avaient laissées. S'il ne périt pas, comme son grand'père, victime de sa fidélité il n'en risqua pas moins son existence pour sa religion et sa patrie.

Du vivant même de son père, il vit commencer les troubles qui allaient dégénérer en guerres de religion et diviser les Pays-Bas comme ils le sont encore aujourd'hui.

En 1532, éclata dans Arras une grave émeute où les femmes se montrèrent les plus acharnées. Elles pillèrent les charrettes de vivres, poursuivirent les chanoines jusqu'à la Cathédrale et allèrent jusqu'à la prison délivrer ceux qui avaient voulu se servir de monnaies françaises dont Charles-Quint venait de suspendre le cours. (**)

(*) Un dénombrement « servi par Noble seigneur messire Charles-Jérôme du « Rietz chevalier seigneur de Willerval Frévillers et autres lieux, le 29 octobre «'1696 », nous apprend que le prince d'Epinoy, dont il relevait, était alors Louis de Melun.

(**) Voici ce qu'il disait sur une question qui est encore de nos jours l'objet de longues négociations internationales :

« Comme en tout nostre Conté d'Arthois se retrouveroient peu d'espèces d'or « et d'argent de nostre forge, ains seullement de celle estans es païs tenans par- « tye à nous contraire, indignes de tels bénéfices ; meismes en toutes noz pro- « vinces réconciliées serait grande courtresse de menue monnaie, voire se pré- « senteroient plusieurs pièches d'argent venant de France grandement courtes « rongées, méritans d'estre coupées et de noulveau forgées de juste prix.... »

Le Gouverneur qui était un Habarcq, allié à la famille, usa d'indulgence et l'émeute fut apaisée. C'est ce même Habarcq, qui, en 1531, avait été chargé de « mettre en une mesme clo-« ture la ville et la cité d'Arras dont dépend, disait Charles « Quint, la sureté de nostre Province d'Artois. »

Malheureusement, les passions religieuses, qui venaient de se manifester contre les chanoines, n'avaient pu se calmer avec les mille pauvres femmes auxquelles le Gouverneur avait fait donner du pain. Un gentilhomme Artésien, du nom de Louis du Berquin, avait déjà cherché à propager l'hérésie ; mais ses attaques contre la Sainte-Vierge n'avaient réussi qu'à le faire exiler avec confiscation de son fief du Nord-Berquin et à le conduire à Paris où il fut exécuté sur la place de Grève en 1529.

Le protestantisme, qui ne fut jamais assez fort pour repré-senter en Artois un parti puissant, dut recourir à la politique pour se faire valoir.

Charles-Quint avait d'abord usé de rigueur pour en arrêter les progrès, faisant poursuivre par le « Magistrat d'Arras les « crimes d'hérésie dont les bourgeois pourroient estre accusés « sauf l'appel au Conseil d'Artois. » (*)

Ces mesures, qui déplaisaient au vieil esprit de liberté Arté-sien, faisaient plus de mécontents que de convertis et forti-fiaient ainsi les hérétiques au lieu de les affaiblir. De plus, les Français, qui ne désespèrent jamais de recouvrer l'Artois, ne manquaient pas de favoriser, quels qu'ils fussent, les ennemis des Espagnols. La tentative qu'ils firent en 1537, après la prise d'Hesdin, et qui faillit leur livrer Arras, montre les sympathies qu'ils rencontraient.

Les richesses du Nouveau-Monde ne suffisaient pas toujours à Charles-Quint pour mettre ses provinces en bon état de défense. Il lui fallait des subsides, et le meilleur moyen pour en obtenir de l'Artois était de favoriser ses libertés. On le vit,

---

(*) Ordonnance du 21 mai 1535.

en 1540, moyennant une somme de 50,000 florins que lui oc-
troyèrent les Etats, confirmer les coutumes de la Province et les
privilèges d'Arras, tels que le jurisconsulte Baudoin prétendait
les avoir rédigées « en remontant aux usages introduits du
« temps des anciens Gots. » En 1541 et 1542, Charles-Quint
fit encore de nouvelles concessions à la ville d'Arras et à son
« Magistrat ». C'est ainsi qu'il lui permit « de passer outre
« les sentences jusqu'à la somme de 50 florins carolus » et
qu'il dispensa les « bourgeois manans et habitants de ladite
« ville » de « non plus paier diners et banquetz pour bien-
« venue ou réception, mais seullement les anchiens drois
« accoustumerz. »

Ces mesures, dont l'effet fut d'autant meilleur que les temps
étaient plus difficiles, et que ceux qui prétendaient aux honneurs
étaient moins en état d'en soutenir le rang, impressionnèrent
favorablement les Artésiens, dont la fidélité devint inébranlable. La Province, que ses libertés mettaient à l'abri des caprices d'une autorité jalouse, serait promptement redevenue
aussi prospère qu'au temps des Bourguignons, sans les guerres
dont elle était perpétuellement le théâtre et l'enjeu. Les troupes
des deux partis ne cessaient de la sillonner, prenant et reprenant villes, châteaux et villages. Les Allemands, surtout, nombreux parmi les Espagnols, se signalaient, en 1551, par des
cruautés dont le souvenir n'est point encore effacé. Leur
conduite à Roye, sur la frontière de Picardie, où ils brûlèrent
dans une église 400 personnes, est partout flétrie dans les archives.

Nos papiers nous ont conservé le souvenir d'une « Secrète
« entreprinse que par ung jour de Notre-Dame des Advens (*)
« de l'an 1551, avoit faict pour surprendre la dicte ville d'Arras,
« le feu Duc de Vendosme, gouverneur de la Picardie. » Les
« principaux de la dicte ville » parmi lesquels étaient Jean et
Pierre Couronnel, pourvurent, comme leurs ancêtres, en 1477,

(*) 18 Décembre.

« à ce qui estoit nécessaire pour la conserver et rompre les
« deseings de l'enemy. » Avec eux étaient Philippe du Rietz
dit « Le Verd » et Mathieu Quignon, vieux guerriers « res-
« pectés des Chiefs capitaines et jœunes gens de guerre. » Ils
avaient été faits chevaliers de la main de l'Empereur Charles-
Quint en récompense de services que nous aurons l'occasion
de rappeler en parlant de la vie militaire qu'ont menée nos
parents.

Ces braves gens « ayant recongnu par plusieurs fois les
« forces et les deseings du Duc de Vendosme estans ja en che-
« min donnèrent de tout sy bonne advertance au Seigneur de
« Bugnicourt lors estans en la dicte ville d'Arras que le dict
« Duc son entreprinse estans découverte auroit eu la plus saine
« partie de ses gens deffaicts aux faulxbourgs d'icelle ville. »

Pour mieux couvrir sa marche, le Duc de Vendôme avait eu
soin de profiter d'une nuit des plus sombres et « en oultre il
« avoit vestu ses gens de la livrée de la compagnie d'ordon-
« nance du Comte du Rœux lors gouverneur d'Artois » pour
le Roi d'Espagne. La « subtilité » des Arrageois ne put être
« mise en défault » ce qui « valut grand honneur et réputation » à ceux qui les commandaient.

Les Artésiens que nous avons déjà vus chanter au milieu des
évènements les plus graves, n'y manquèrent pas « en seigne
« d'allegresse de la dicte délivrance. » La « chanson vulgaire
« composée en l'honneur de Quignon et de Du Rietz se chan-
« tait encore journellement » un demi-siècle plus tard, comme
le rapporte notre manuscrit qui date de 1591. Les habitants
d'Arras, si malheureux au siècle précédent par le fait de la trahison, devaient longtemps célébrer les chefs valeureux et fidèles
à qui était dû un succès d'autant plus méritoire, que l'ennemi
avait encore des intelligences dans la place.

Voici ce que nous trouvons sur Jean Couronnel, dont la
suite des évènements vient de nous forcer à parler comme magistrat avant d'avoir rien rapporté sur sa jeunesse : « Le dict
« Jan avoit esté gradué de licencié ès loix en l'université d'Or-

« léans et tost après retourné à Arras, fait advocat avec son
« frère aisné, postulant au Conseil d'Artois, puis se maria à
« la dite Damoiselle Marguerite de Baynast.... »

Voici un extrait de son acte de mariage qui date « du dernier Décembre 1544. »

« C. de M. de M⁰ Jehan Couronnel, licencié ès loix, fils
« de honorable homme (*), M. M⁰ Robert Couronnel (**),
« licencié ès droits, Conseiller de l'Empereur en son
« Conseil d'Artois d'une part, avec Dˡˡᵉ Marguerite de
« Baynast, fille de feu Jacques de Baynast (***), en son
« vivant Eʳ Seigneur d'Aubeuchœul et Dˡˡᵉ Jeanne du
« Fresnoy (****) sa veuve, ses père et mère ; le dit Contrat

(*) Cette qualification est remarquable parce qu'on y voit l'origine du terme
encore employé entre collègues dans nos Assemblées. Elle montre aussi le cas
que faisaient nos pères des grades acquis par le travail ainsi que des fonctions
qu'ils exerçaient dans leur province.

Robert de Mailly-Couronnel préférait les qualités de « licencié-es-loix » et de
Conseiller au « Conseil d'Artois » à celles « d'Ecuier » et de « Seigneur » que
portaient ses ancêtres et qu'il ne devait qu'à sa naissance.

(**) Les papiers de cette époque ne mentionnent plus le nom de Mailly, qui
n'avait guère d'intérêt puisqu'en même temps que la parenté s'éloignait la nationalité devenait différente.

Ce n'est qu'après la conquête française que nous voyons apparaître la particule
et accoler de nouveau le nom de Mailly à celui de Couronnel. Le but en est facile
à comprendre et il subsiste encore aujourd'hui ; non seulement pour rappeler
l'ancienneté de la famille, mais encore des services qui, s'ils n'ont pas été rendus par des aïeux, l'ont du moins été par des gens de même race et de même
nom.

(***) Les armes de Baynast étaient d'or à « trois barres et un chevron au
dessoubs de gueules ».En voici la description moderne : d'or au chevron abaissé
de gueules surmonté de trois fasces de même.

Celles des Fresnoy estaient « de sable à une estoille eslevée d'or. » (Dans un
vieil arbre généalogique on voit trois croissants d'or au lieu de l'étoile).

Au siège de Péronne, en 1536, un Baynast, capitaine au régiment de Lannoy
« fist merveille par sa bravoure », dit la chronique.

(****) Elle nous paraît avoir été fille d'Antoine du Fresnoy dont nous avons une
assignation ainsi conçue :

« Antoine Dufresnoy escuier, lieutenant général de Monsieur le Gouverneur
« des villes d'Arras, Bappalmes (Bapaume) Avesnes et Aubigny au premier ser-
« gent échevinal de la dicte Gouvernance sur ce requis Salut.

« Nous vous mandons et comectons qu'à la requeste de hault et puissant Sei-
« gneur Monsieur le Viscomte de Gand, Gouverneur d'Arras....»

Cette assignation qui concerne la tutelle des « enffans du deffunct Engrand de
le Viscongne » est datée du 1ᵉʳ décembre 1525 et signée : Antoine.

« passé le dernier décembre 1544, devant Godez et Pierre
« Crugot, notaires à Arras. »

Nos papiers continuent en disant :

« Bientôt que iceluy Jan fut marié, fut faict accesseur géné-
« ral et député en Asamblé des Estats d'Artois comme aussy
« Conseillier de la ville d'Arras, auquel il est mort exerçant
« l'estat de Conseillier. »

En 1547, Jehan Couronnel est cité parmi les avocats au
Conseil d'Artois. Nous voyons aussi que : « le 14e de Septembre
« 1559, par la promotion de Me Charles du Mont-Saint-Eloy à
« l'estat de Conseillier au Grand Conseil de Malines, fut pro-
« cédé à nouvelle élection de Conseiller de la ville dont Me
« Jehan Couronnel fut pourveueu. »

Il devait, comme son aïeul Clarambault, occuper au moment
du péril, le poste le plus honorable qui était aussi le plus dangereux. Nous le verrons continuer à se montrer digne de ces
nobles traditions.

La Paix de Cateau-Cambrésis (*), bien qu'elle eût mis
l'Artois à l'abri des entreprises du Roi de France, ne devait
pas assurer sa tranquillité. Philippe II crut pouvoir en profiter
pour établir, dans les Pays-Bas, l'Inquisition dont les rigueurs
ne furent point acceptées avec la même résignation qu'en Espagne. De là naquirent, en même temps que la guerre des
gueux, des troubles pendant lesquels les Etats d'Artois restèrent presque continuellement assemblés.

La déclaration qu'ils firent en septembre 1576, dans l'abbaye
de St-Vaast, montre les sentiments qui les animaient. « Nous
« sommes, dirent-ils, attachés à l'ancienne religion et nous ne
« nous départirons pas de l'obéissance due au Roi. »

C'est pour donner suite à cette déclaration que Nicolas
Duval, alors Echevin, qui avait épousé Isabeau Couronnel, fut
envoyé par la ville d'Arras avec Pierre Urbanet, licencié ès-

_____

(*) Mars 1559.

loix, et capitaine (*) dans toute la Province et même dans le Hainaut et la Flandre. Leur mission était de former une confédération pour la défense mutuelle avec les parties françaises ou wallonnes des Pays-Bas, que distinguait leur fidélité au Roi et à la Religion

Jean Couronnel, qui s'était fait remarquer par son énergie et son initiative, ne tarda point à en ressentir le contre-coup. Sous prétexte de mettre la ville en état de défense, on avait distribué des armes, et cette distribution, faite malgré son avis et celui des plus notables, avait eu lieu sans aucun ordre ni distinction de personnes.

Ainsi se formèrent quinze bandes ou compagnies, dont quelques-unes armées de canons. A leur tête s'étaient mis des capitaines plus capables de troubler, et même de livrer la ville que de la défendre. Les plus remuants firent des réunions pour renverser le « Magistrat » accusé d'être Joanniste ou partisan du Gouverneur des Pays-Bas, Don Juan d'Autriche.

Comme les élections approchaient, le plus simple parut d'arriver au but par la légalité en se les rendant favorables. Les factieux imaginèrent donc une manœuvre digne de nos mœurs électorales. Étant sûrs que le scrutin leur serait contraire, si rien ne venait le troubler, ils firent crier partout, au moment du vote, que les troupes du Roi de France arrivaient. A ce bruit, les plus notables et les plus énergiques coururent aux remparts; ce qui permit à leurs adversaires d'occuper l'Hôtel-de-Ville.

Pendant que les uns remplissaient leur devoir de citoyens; les autres accomplissaient celui d'électeurs, et ils gardèrent si bien le scrutin qu'ils empêchèrent de voter ceux qui arrivaient des remparts. C'est ainsi que le 31 octobre 1577, la faction Orangiste s'empara de l'autorité dans Arras. A sa tête était Allard Crugeol auquel se joignit Nicolas Gosson, l'avocat le plus

---

(*) C'est la dernière fois que nous voyons assemblés deux titres paraissant aujourd'hui si disparates et qui, au moyen-âge, s'unissaient si bien en une même personne.

renommé de la ville, qui disait, pour excuser sa défection :
« qu'il fallait bien accepter le fait accompli. »

Les factieux, dès qu'ils se crurent les maîtres, s'empressèrent
d'exercer le pouvoir, convoquant les bourgeois sans la permission de l'autorité régulière. C'est en vain qu'elle voulut s'y
opposer et qu'elle envoya deux Echevins à la Salle des Pèlerins
de St-Jacques, près l'Eglise Ste-Croix, où se tenaient les mutins ;
Nicolas Duval et Claude Pisson, ses représentants, furent,
malgré leur importance, repoussés avec l'épithète de traîtres.

Alors, sur l'initiative de Jean Couronnel, il fut décidé que
des lettres seraient envoyées au Gouverneur des Pays-Bas, pour
l'informer de la situation.

Elles étaient signées, non seulement par les plus notables
de la ville, mais encore par l'Evêque et par les Conseillers des
villes de St-Omer et de Béthune, Adrien Doresmieux et Valerand Maupetit.

Cette attitude énergique en imposa, et l'autorité régulière put
l'emporter pour quelque temps ; mais le Prince d'Orange, bien
que vaincu par Don Juan d'Autriche, n'abandonnait pas ses
projets sur l'Artois.

Il envoya dans Arras, Sainte-Aldegonde (*) qui était, de ce
côté, le chef de ses partisans. Sa mission auprès des Etats,
alors assemblés, ne tarda pas à échouer par la résistance de
l'Evêque Mathieu Moulard, appuyé par Jean Couronnel et les
Députés qui, comme lui, « étaient fort attachés à la religion
catholique. »

Il ne restait plus aux Orangistes qu'à s'affirmer par l'émeute,
s'ils ne voulaient pas se soumettre à la loi.

Voici ce que rapporte, sur les évènements qui nous occupent,
un vieux manuscrit qui nous vient de la branche de Mernes :

(*) Ce chef des Gueux n'appartenait pas à la famille qui porte actuellement le
nom de Sainte-Aldegonde, mais à celle de Marnix, maintenant fixée en Belgique et qui, paraît-il, a voulu dernièrement relever cet ancien titre.

Nous verrons les Sainte-Aldegonde, aujourd'hui Français, figurer pendant les
troubles de Valenciennes sous le nom de Noircarmes.

« En l'an 1577, advint grand tumulte en la ville d'Arras par
« le peuple séditieux quy vouloit quitter la partie de son Prince
« naturel quy lors étoit le Roy Philippe deuxiesme d'Espaigne,
« pour suyvre Guilliaume de Nassau, Prince d'Orange, quy
« s'estoit haussé avecq les provinces de Hollande et Zellande,
« dont il estoit Gouverneur Général pour le facer de sa foy,
« disant qu'il vouloit avoir avecq iceulx de sa faction, liberté
« de conscience. Pour laquelle cause le peuple de la dicte ville
« d'Arras consigna son Magistrat prisonnier avecq quelques
« autres notables bourgeois et entre icelluy Magistrat fut
« icelluy Mre Jan Couronnel leur conseiller qui l'avoit encore
« esté une autre fois auparavant pour l'imposition fausse qu'on
« lui fit de traicter privément avecq Dame Marie d'Authrice
« régente, au préjudice de la ville et fut icelluy diverses fois
« en grand péril de vie par un séditieux bourgeois le menant
« en sa prison, quy avoit abaissé le coquelet de son harquebuse
« pour le tuer s'il ne fust empesché par d'autres.........»

Voici, à ce sujet, quelques autres détails, dont une partie
vient encore de nos papiers de famille.

La mission de Sainte-Aldegonde ayant échoué, les Orangistes
recoururent à l'émeute sous prétexte, cette fois, que les Etats
étaient Joanistes. Comme d'habitude, en pareille circonstance,
l'objet de leur première tentative fut la maison de ville où ils
« entrèrent l'épée nue et le mousquet bandé » criant : « Trahi-
« son ! Trahison ! Il faut tuer les traîtres ! » Les échevins, les
capitaines et les bourgeois-notables qui s'y trouvaient assemblés, au nombre d'une cinquantaine, furent chassés par eux,
de la façon la plus outrageante.

De là, les mutins coururent chez Pierre Marchand, greffier
des Etats, pour s'emparer de ses papiers, et surtout des lettres
signées par l'évêque et Jean Couronnel. Voyant qu'il y était
question des Français et du frère de Henri III, le duc d'Alençon,
que les catholiques songeaient à opposer au prince d'Orange, en
cas d'impuissance de l'autorité légitime, les factieux se mirent

à crier : « Nous ne voulons pas plus des Français que des
« Espagnols détestant les uns comme les autres ».

En même temps ils se répandirent dans la ville pour chercher
Jean Couronnel qu'ils emprisonnèrent avec Pierre Marchand,
greffier des Etats ; Walhuon, receveur général ; Denis et
Delattre, avocats au Conseil d'Artois. Ils prirent aussi le
chanoine Martin qui avait contresigné les lettres, et l'abbé de
Saint-Vaast, Jean Sarazin qu'ils accablèrent d'outrages.

Heureusement l'évêque Mathieu Moulard leur échappa, bien
qu'ils eussent forcé sa demeure. Les portes d'Arras furent ouvertes
à d'Esquerdes qui tenait la campagne pour le prince d'Orange,
et Crugeol, son principal agent, s'empressa d'en profiter pour
faire élire 15 tribuns destinés à tenir en échec le « Magistrat ». Le
soin qu'il eut d'avoir ainsi autant de tribuns que de compagnies,
pour les leur attacher, montre clairement qu'il comptait plus
sur la force que sur la légalité. Afin de se rendre encore plus
redoutable, il établit dans la ville, sous prétexte d'organiser la
défense contre les Français, un aventurier calviniste nommé
Ambroise Le Duc. Ce dernier s'y fit accompagner de quelques
soldats et de son lieutenant Valentin Merdoc ou Mordacq, vieux
chef de bande aussi grossier que cruel.

Dès son arrivée, Le Duc fut nommé sergent-major des quinze
compagnies bourgeoises, ce qui lui donna une autorité dont les
protestants profitèrent pour lever sur le clergé une forte
contribution. Ils purent ainsi augmenter leurs troupes, et Le
Duc s'empressa d'organiser une cornette de 50 hommes qu'on
appela les « Verds-vêtus » d'après la couleur du riche costume
qu'il leur avait donné.

Bientôt il établit dans la maison qu'il habitait un prêche
auquel il donna pour ministre un cordonnier. Il se lia avec les
Tribuns qui, bien que chefs des factieux, appartenaient presque
tous aux premières familles de la ville. Voici les noms des
plus connus qui se retrouveront parfois dans nos alliances :
c'étaient Nicolas Gosson, Allart Crugeol, Pierre Bertoul, Jean
Cassart, Maille et Morand-Camp.

Unis à Le Duc, qui tenait la force armé, eet dont les compagnies les mieux en ordre, étaient naturellement les plus dévouées, ils prétendaient agir en maîtres.

Quand les Etats de la province, pour s'en débarrasser, firent donner l'ordre à Le Duc et à Merdoc de quitter Arras et de rejoindre l'armée, une nouvelle comédie, taxée par la coterie « d'action de vigueur », fut convenue pour arrêter leur départ.

La trompette, qui sonnait pour les mettre en route, donnait, en même temps, le signal de l'émeute. C'est ainsi que, le 25 juillet 1578, Le Duc et les siens se prétendirent retenus par leur devoir, pour protéger les échevins, les ecclésiastiques et les notables qu'on menaçait de mettre en pièces.

En vain, les Etats indignés résolurent-ils de quitter Arras pour aller à Béthune, n'accordant aucun subside, jusqu'à ce que les tribuns eussent été supprimés, et Le Duc renvoyé de la ville, les factieux n'en devinrent que plus ardents à faire des prêches et à citer les curés des environs, pour les empêcher d'exercer leur ministère.

On en vint aux mains jusqu'en pleine assemblée des Etats, où Pierre Bertoul, que le prince d'Orange appelait son « *père* », fut souffleté malgré son grand âge, par l'échevin qu'il avait insulté.

C'est alors que l'archiduc Mathias nomma Jean Couronnel et Pierre de Belvalet, pour informer sur ce qui s'était passé. Le caractère énergique des deux commissaires et leur attachement au catholicisme, n'étaient pas de nature à rassurer les Tribuns. Ils s'adressèrent donc au prince d'Orange, pour qu'il leur fît adjoindre un collègue de la religion réformée.

Dès son arrivée, il se tint, dans la maison de Couronnel, des conférences, où les commissaires firent appeler les échevins, les tribuns, les capitaines, et tous ceux qu'ils jugèrent à propos d'entendre.

Jean Couronnel ouvrit ces conférences par un discours où « il engagea les parties à procéder de bonne foy et sans aigreur

« à la discussion des différents objets qui allaient être traités. »
On fit ensuite la lecture des plaintes qui avaient été portées à
l'archiduc. Celles de Gosson et des tribuns concluaient en
demandant de bannir les échevins et de les frapper d'une
amende de *mille escus d'or.*

Ces derniers se récrièrent, demandant justice et réparation ;
puis, frappant sur le pommeau de leurs épées, ils s'éloignèrent
en disant : « Voici qui nous les fera rendre. »

Les commissaires n'en poursuivirent pas moins leur œuvre
de conciliation, qu'ils allaient mener à bonne fin si Gosson, ne
s'y fut opposé. Les factieux n'étaient plus rien avec l'ordre
rétabli ; ils résolurent donc encore de frapper un « coup. »

De concert avec les partis protestants qui sillonnaient le pays,
ils organisèrent une émeute dont la date fut fixée au 6 octobre.
Ce jour-là 400 hommes armés se trouvèrent, au lever du soleil,
sur la grande place, devant la maison occupée par Ambroise
Le Duc. Aussitôt la populace, ameutée par Bertoul et Crugeol,
arriva en criant : « La grande trahison est découverte ; les
« échevins livrent la ville aux Français. »

Enfin les trompettes sonnent et les « Verds-Vêtus » de Le
Duc arrivent sur la « Petite Place », arrêtant ceux qui voulaient
donner l'alarme au beffroi. De là ils marchent à l'Hôtel-de-
Ville, où la garde, composée de 30 hommes, ne fait aucune
résistance. Ainsi ils peuvent s'emparer de l'artillerie, des poudres
et de toutes les munitions. Leur audace croît avec le succès ;
ils arrêtent les échevins, le procureur-syndic, le greffier, le
lieutenant du gouverneur, et tous ceux dont ils pouvaient
redouter l'énergie ou l'influence. Après leur avoir fait subir mille
outrages, les avoir dépouillés de leurs bagues et de tout ce
qu'ils portaient de plus précieux, ils les emprisonnèrent à
l'Hôtel-de-Ville.

Gosson relâcha bientôt ceux qu'il jugeait « d'un caractère
tranquille ; » mais ceux qu'il savait « hardis et remuants »
comme Jean Couronnel, furent étroitement gardés en prison.

C'était, disait-il, par crainte qu'ils ne « cherchent à se venger »
dès « que la liberté leur sera rendue. » « Avant tout, répondait-
il à ceux qui intercédaient auprès de lui en faveur des prisonniers
« on doit pourvoir à sa sûreté. » Plus scrupuleux cependant
que bien des révolutionnaires modernes, il s'opposa au pillage
qui lui fût proposé, comme moyen de s'assurer la populace.
Pour associer l'idée religieuse à l'idée politique, l'abbé de
Saint-Vaast, Dom Sarazin, et un de ses moines Dom de Hanssi,
furent envoyés rejoindre les autres prisonniers à l'Hôtel-de-
Ville. Ceux qui s'y trouvaient déjà étaient : Valerand Obert,
Jean Dubois, Nicolas Duval, Claude Pisson, Jacques Le Pippre,
Jean Natier et Eustache de Glenne, alors échevins (*) ; puis
Philippe d'Assonleville, greffier ; Philippe Duval, procureur de la
ville ; Merlin, marchand, et enfin Jean Couronnel.

Ils restèrent ainsi jusqu'à la chute de Gosson et des Tribuns
dont le pouvoir ne dura heureusement que 5 jours. Leur
captivité fut d'autant plus dure qu'on les enferma dans la salle
du conseil où il n'y avait que des bancs et des tables. Quand
on leur permettait de sortir, ce n'était qu'accompagnés de 5 ou
6 archers. Jean Couronnel qui était âgé et infirme eut particulièrement à souffrir, et dut, par la suite, passer les dernières
années de sa vie dans la retraite.

Voici à son sujet quelques vers extraits d'un vieux poème
latin imprimé l'année suivante (**):

*Jure coronœum, cui virtus ipsa coronam texit et antiqua
cognomina splendida gentis.*

Fessum œtate senem captivum que secundo Prœteream ?

(Couronnée à bon droit, ta vertu a tressé elle-même ta

(*) Sur douze échevins, il n'y en avait pas moins de sept en prison, ce qui
faisait que les autres n'étaient plus en nombre pour délibérer.

(**) Il était ainsi intitulé : *Libératio urbis attrebatensis ab oppressione
factiosorum anno 1578* (Libération de la ville d'Arras de l'oppression des factieux
l'an 1578) Cet ouvrage dont parle une lettre du Sr Dermasières adressée d'Arras,
le 10 août 1779 au Mis de Mailly-Couronnel, devrait se retrouver à la bibliothèque
de cette ville.

couronne. Tairai-je les splendides titres de ton antique race, ou qu'accablé de vieillesse tu subis deux fois la captivité ?)

Le même auteur s'exprimait ainsi sur son frère Pierre Couronnel :

Connumero senos tantum te que ordine primo te gentilitia pater insignite corona.

(Si j'énumère seulement les anciens, tu viens le premier, toi le chef de la race qui porte une couronne illustre.)

Le coup d'audace, exécuté par Gosson et ses complices, ne pouvait rien produire de durable. Il avait d'autant mieux réussi qu'il était plus inattendu, mais il devait échouer misérablement à la première difficulté.

C'est ce qui arriva, comme il était facile de le prévoir, avec le peu de force des conjurés et le peu de sympathie qu'avaient les idées qu'ils représentaient. En effet, ils ne pouvaient guère compter sur d'autres troupes que sur les « Verds-Vêtus », dont le chef était un étranger, indifférent aux affaires du pays ; ce qu'il ne tarda pas à prouver. De plus ils étaient protestants, ou, comme Crugeol, ralliés au protestantisme, qui n'a jamais compté, en Artois, de nombreux adhérents.

Nous venons de voir, en parlant des intrigues du prince d'Orange, les Etats « témoigner leur attachement à l'ancienne religion et leur obéissance au roi d'Espagne ; il n'était guère probable qu'ils changeassent si vite de sentiment.

Une mesure trop rigoureuse mécontenta la population et rendit l'audace aux catholiques.

Le capitaine Le Duc, qui, en sa qualité de chef de bande, ne s'inquiétait que de la question militaire, ayant remarqué que la plupart des gens de la campagne, venus au marché, portaient des armes, leur fit ordonner, sous peine de mort, de quitter la ville. Ils refusèrent d'obéir et s'assemblèrent sur la place du marché au poisson, où ils formèrent des groupes menaçants.

Alors les chefs des factieux accoururent chez Le Duc, qui

reçut fort mal leurs observations et répondit en ces termes à Crugeol : « Qu'est-cela ? Monsieur, ne nous aviez-vous pas assuré « que toute la bourgeoisie était à vos ordres ? Je commence à « croire que vous avez fort mal pris vos mesures. »

Que se passait-il dans l'esprit de cet aventurier, et quels motifs pouvaient le décider à passer subitement de l'excès de l'audace à celui de la réserve avec ses complices ? Etait-il mécontent ou gagné ?

Nous n'avons aucun document pour expliquer sa conduite, mais il est certain que son abstention entraîna la ruine immédiate du parti auquel il avait donné la victoire. Les factieux, réduits à leurs propres forces, ne purent empêcher les capitaines et les bourgeois les plus notables d'aller trouver les membres du Conseil d'Artois qui, se voyant soutenus, reprirent courage.

Ils citèrent devant eux Gosson, le plus important des rebelles, qui répondit en disant que : « Si les membres du conseil avaient « besoin de lui ils pouvaient bien aller le trouver. » Son insolence lui valut d'abord un plein succès; car le Conseil, dont presque tous les membres, comme Pierre Couronnel, comptaient des parents parmi ses prisonniers, consentit à se rendre dans sa maison. L'élargissement des malheureux qu'il détenait depuis quatre jours, pouvait seul expliquer une pareille condescendance, et il fut aussitôt demandé.

Gosson, qui ne cherchait qu'à gagner du temps, afin de permettre aux bandes qu'il avait appelées d'entrer dans Arras, demanda un délai de trois jours avant de formuler sa réponse. Comme les membres du conseil insistaient, menaçant d'employer l'autorité dont ils étaient dépositaires, Gosson leur répondit qu'ils n'avaient rien à voir dans cette affaire et finit en disant : « Ignorez-vous que nous sommes six contre un. »

Crugeol vint encore ajouter à l'arrogance de son chef, et la réunion se continua dans la chambre même du conseil, où les prisonniers se trouvaient enfermés. C'était une faute de la part des Tribuns, qui comptaient, sans doute, sur la démoralisation produite par leurs mauvais traitements.

Gosson avait bien jugé ceux qu'il avait dit : « brûler de se « venger et décidés à le faire dès que la liberté leur serait « rendue. » Au lieu d'être ébranlés par quatre jours d'une captivité des plus dures, ils encouragèrent leurs collègues à faire leur devoir. Loin de les apitoyer sur leur sort, Couronnel alla jusqu'à rappeler Crugeol au respect qu'il devait à l'assemblée. Quand celui-ci lui eut répondu avec insolence : « Je ne me tairai « que quand M. Gosson me l'aura commandé », tous les conseillers se levèrent, et ceux qui n'étaient point prisonniers sortirent sans que les factieux osassent les arrêter.

C'en était fait des Tribuns qui n'auraient pu lutter qu'à grand peine, même soutenus par Le Duc, contre l'autorité légitime ; elle avait repris courage et négociait ouvertement avec les principaux capitaines. Après Ambroise Le Duc et ses « Verds-Vêtus », c'étaient Pierre de St-Vaast qui commandait quelques milices, et Robert Le Maire, dont les canonniers avaient si mal résisté à l'Hôtel-de-Ville. Il se faisait aussi un grand changement dans les esprits, et les partisans de l'ordre en arrivaient à se donner un signe ostensible, qui était un « chaperon violet. »

En un jour, les évènements marchèrent si vite, que Gosson n'eut pas le temps d'attendre les bandes, sur lesquelles il comptait, pour le secourir. C'est en vain, qu'après avoir perdu à délibérer, presque toute la journée du mardi, il voulut essayer de la conciliation auprès des prisonniers ; ceux qu'il espérait gagner par la promesse de leur liberté, préférèrent la prison, quelque dure qu'il put la rendre, à tout engagement envers un rebelle. Ils lui refusèrent de sortir d'Arras pour ne pas lui abandonner la ville pendant un mois comme il l'exigeait. Ces dignes magistrats, malgré les vociférations de la populace ameutée jusque dans l'Hôtel de Ville, répondirent « qu'ils « aimaient mieux souffrir la mort, que d'accepter des condi- « tions déshonorantes. » Un massacre pouvait s'en suivre, et c'est peut-être sur pareille menace que comptaient les factieux. Heureusement leurs affaires allaient si mal, qu'ils n'eurent que le temps de s'enfuir devant ceux qui venaient délivrer les prisonniers. Comme il était tard, ces derniers se retirèrent chez eux ; mais le lendemain, dès la première heure, ils étaient au Conseil.

Leur présence lui rendit toute sa force, en même temps qu'elle lui faisait prendre les mesures les plus énergiques. Les Tribuns furent destitués ; Crugeol et Gosson, qui voulaient encore payer d'audace, furent arrêtés au moment où ils se présentaient revêtus des plus riches insignes de leurs dignités. Bertoul, Morand-Camp, Mathias Doucet, Mordac, lieutenant de Le Duc, et dix à douze des principaux factieux, furent conduits à la prison. Quant à Gosson, il fut, par égard, enfermé dans une « chambre honneste » de l'Hôtel de Ville.

Les magistrats siégèrent jour et nuit, afin que l'instruction de cette grave affaire pût être terminée avant l'arrivée des lettres de l'archiduc Mathias, qu'on savait favorable au prince d'Orange.

De tous les chefs des mutins, un seul fut épargné : c'était Ambroise Le Duc auquel il fut permis de se retirer avec ses « verds-vêtus ». Les autres furent exécutés le lendemain même de la délivrance des prisonniers de l'Hôtel de Ville. On fit illuminer pour leur exécution, comme pour une fête, afin d'arrêter le tumulte qui avait déjà commencé aux approches de la nuit, en faveur de Bertoul, que le peuple appelait son « vieux père ». Ce fut lui qui périt le premier, n'ayant pu trouver grâce devant des juges dont la plupart étaient ses parents ou ses alliés, comme Jean Couronnel, dont le frère Clarambault avait épousé Anne Bertoul.

Après furent pendus : Valentin Mordac, lieutenant d'Ambroise Le Duc, et Allart Crugeol, qui subirent comme lui, leur supplice avec courage. Mordac mourut en regrettant de ne point périr sur un champ de bataille, et Crugeol, après avoir demandé l'assistance d'un prêtre catholique. Gosson périt le dernier. Il avait espéré pouvoir traîner son affaire en longueur ; mais son éloquence ne put le sauver du supplice. Il eut la tête tranchée, au milieu de la nuit, sans que le peuple, sur lequel il avait compté, fît aucune manifestation en sa faveur. C'est en vain qu'il essaya de le haranguer en disant : « Le laboureur qui a un bon arbre dans son jardin se garde « bien de le couper » ; il ne put faire sortir la foule de son indifférence.

On observa, à l'égard des suppliciés, des distinctions qui indiquent bien l'esprit hiérarchique de nos pères. Mordac, vu son peu d'importance, resta attaché à un poteau derrière l'église St-Sauveur, tandis que Bertoul et Crugeol, qui étaient des bourgeois, furent inhumés presqu'aussitôt après leur pendaison. Quant à Gosson, c'était un personnage et on lui fit l'honneur de le décapiter, suivant l'usage observé par Louis XI à l'égard du malheureux Clarambault et de ses compagnons.

Jean Couronnel vécut encore quelques années après ces événements, mais, paraît-il, accablé d'infirmités et incapable de s'occuper activement des affaires publiques. Il fut cependant un des inspirateurs de la déclaration rédigée par Pierre Marchand, greffier des Etats, son ancien compagnon de captivité. Elle est datée du « lieu abbatial de St-Vaast d'Arras, le « 19e d'avril 1579 », et adressée à « Messeigneurs les députés « des Etats assemblez à Anvers ». Les représentants de l'Artois y exprimaient ainsi leurs sentiments au sujet des violences qui intimidaient les faibles et les conduisaient au parjure : « C'est chose trop orde (vilaine) et sale entre bour- « geois et cytadins de faulser sa foy en conventions ou con- « tractz parmy les loix civiles..... »

Puis parlant du peuple « qui les regarde aussi bien dans « Anvers que dans Arras », ils concluent en disant : « Or la « bonne paix ne peult estre qu'avec son Dieu et son Roy et « Prince naturel. Ce qui se peult aisément prendre sur le

« pied et fondement de la dicte Pacification (*) de Gand et
« ceste Union ensuivie..... »

Ces sages conseils ne pouvaient empêcher une rupture
existant déjà de fait, comme le prouvent les évènements que
nous venons de raconter. Au lieu de laisser à chacun sa
liberté, les partis voulurent violenter les consciences, et on en
vint à des mesures auxquelles notre famille n'a certainement
point participé.

Jean Couronnel mourut le 27 avril 1587 et fut enterré
auprès de sa femme, Marguerite Baynast, décédée le 15
mai 1584.

**Clarambault, 2ᵐᵉ du nom, seigneur de Baali, Rantigny,
Berghineuse (**), etc., etc., conseiller de la ville de
Valenciennes et conseiller extraordinaire de Sa Majesté
catholique, etc., etc., etc.**

Il était le troisième fils de Robert de Mailly-Couronnel et
il quitta Arras peu d'années après son mariage, sans doute
pour ne pas encombrer la position de ses aînés. Nous savons
cependant qu'il fut échevin de la ville en 1558, l'année même
où il épousa Anne Bertoul, dont le nom rappelle de tra-
giques évènements qui n'étaient pas encore accomplis ?

(*) 1576. Nous avons vu alors les Etats d'Artois témoigner leur attachement
au Roi et au catholicisme. En 1579, Alexandre Farnèse, qui venait d'être nommé gouverneur des Pays-Bas, se montrait résolu à s'opposer au prince d'Orange
et aux entreprises de la faction qu'il dirigeait. Les Etats d'Artois en profitèrent
pour rappeler la pacification de Gand et les promesses d'union échangées entre
les représentants des diverses provinces des Pays-Bas quelles qu'aient été leurs
opinions personnelles.

(**) Berghuineuse ou Bergueneuse est un village du canton d'Heuchin, arrondissement de St-Pol (Pas-de-Calais).

Un extrait de son contrat de mariage, passé devant Descamp et Dubout, notaires à Arras, ne porte point la qualité d'échevin, à laquelle il ne fut peut-être appelé qu'à la fin de 1558 pour l'exercer l'année suivante. On y voit qu'il était « licentié es-loix »et qu'il épousa le 4 juillet, D^{lle} Anne Bertoul (*) assistée de Paris Bertoul, écuyer, seigneur de Herberat, son grand-père. Elle était fille de François Bertoul et de Marguerite Belsaige (**), dame de Berghineuse, probablement tous deux décédés. Ce fut elle qui apporta à la famille le fief de Berghineuse, qui était voisin de celui de Baaly, et qui lui est resté jusqu'à la révolution.

Il résulte d'un contrat de mariage, passé le 19 février 1561, que Jehan Du Rietz, dont notre famille devait hériter plus tard, était « sieur en partie de Berguineheuse ». Il y possédait 52 mesures de manoirs et enclos à maze, contenant deux maisons dont l'une en pierre blanche, où il résidait, et l'autre avec « chambres, granges, estables et bergeries » où. était le censier, et dont dépendaient 100 mesures de terre à labeur. Au manoir était joint un bois contenant 9 à 10 mesures.(***).

Nous avons encore d'autres contrats de mariage, où existent, comme de nos jours, des dispositions de fortune en faveur des futurs époux. La différence n'existe guère que pour les capitaux qui ne sont généralement que des obligations sur les particu-

---

(*) Les armes de Bertout ou Bertoul étaient de gueules à la fasce d'or accompagnée au chef de trois coquilles d'argent et en pointe d'un lion léopardé d'or.
On voit en 1565, la veuve de Jean Bertoul, receveur général des aides d'Artois, obtenir remise des sommes dont il était redevable et pour lesquelles ses biens avaient été saisis.

(**) Les armes de Belsaige étaient d'argent à trois fleurs de lys de gueules.

(***) Une sentence, en date du 26 novembre 1547, nous apprend que Jean du Rietz, alors homme d'armes des ordonnances de Charles-Quint « soulz la « charge de Monseigneur le Prince d'Espinoy » « estoit demeurant à Berghi-« neuse » et qu'il obtint le renouvellement d'une sentence obtenue par son père Charles, le 5 juin 1400. Pour ce « faict furent oy les habitants de Berghi-« neuse. »

liers, et pour les droits de justice, de seigneuries viscon-
tiéres (*) ou autres, dont il est souvent question.

La formule de ces contrats est assez remarquable en ce
sens que dans les uns c'est le Garde du scel ordinaire, établi
dans Arras (**), qui donne le salut ; tandis que, dans les
autres, il est donné soit au nom de Dieu comme à Malines (***),
soit par les « Mayeurs et Echevins » comme à Hesdin (****) où
ces magistrats remplacent même les officiers de l'état-civil.
Il n'est jamais omis de mettre, dans le corps de l'acte, que les
mariages se « parferont au plaisir de Dieu et se solemniseront
« en Sainte Eglise. »

Dans un contrat, en date de 1516, il est dit que les père et
mère de la future ont « promis furnir aux dits mariants un lit
« estoffé tel qu'il a été devisé, de vestir et accoustrer leur fille
« de tous habillements servant à son corps le jour de ses
« nopces et que sy lui demeureront tous aultres..... »

Clarambault servit, le 15 octobre 1560, le dénombrement du
fief de Basly qu'il tenait, comme son père, de la terre de
Camblignœul. Le seigneur en était alors Jean de Mailly de la
branche d'Authuile, que certains généalogistes ont prétendu
éteinte dès l'an 1495.

Au reste, une ordonnance de l'archiduc Albert et de sa
femme l'Infante Isabelle-Claire-Eugénie, prouve le désordre
qui régnait alors parmi les familles. L'ordonnance, après avoir
rappelé combien fut inefficace celle rendue (*****) « à St-Laurent
« le Royal en Castille (******) par le Roy Philippe deuxième
« de ce nom, très honoré père et seigneur de l'Infante » constate

---

(*) Droit de moyenne justice.

(**) En 1561 et 1575, c'était Jehan Macquerel, bourgeois d'Arras.

(***) Un acte du 27 sept. 1563, commence ainsi : « Au nom de Dieu, amen.
« Par ce présent public instrument soit notoire à ung chacun...»

(****) Cet acte est signé sur le repli du nom de Grégoire.

(*****) Elle est du 23 septembre 1595.

(******) L'Escurial.

que « plusieurs se sont advancés d'y contrevenir. Ils ont
« usurpé, disent les archiducs, les titres d'honneur qui ne
« leur appartiennent point, ny de qualité ny de mérite, au
« grand préjudice de notre souveraineté, intérêts et mépris de
« nos vassaux et sujets étant de la vraie et ancienne noblesse.»

Cet acte daté de Bruxelles, le 14 décembre 1616, ne parait
pas avoir produit beaucoup plus d'effet que le précédent. Il
est vrai que les guerres qui désolèrent l'Artois avant et après
sa nouvelle réunion à la France, en rendaient l'exécution
difficile. On verra Louis XIV prendre des mesures analogues,
notamment pour la convocation des Etats, après que les traités
auront assuré sa conquête (*).

Les événements qui se passèrent à Valenciennes, dans la
seconde moitié du XVIe siècle, nous font penser que Clarambault fut appelé dans cette ville plutôt par une mission que
par une de ces fortunes qui ont fixé si souvent les cadets de
famille. Il était licencié es-loix, et les fonctions de conseiller-
pensionnaire ne convenaient pas moins à ses aptitudes qu'à la
modicité probable de ses revenus. C'était alors le souverain qui
choisissait ceux qui devaient remplir dans Arras de pareilles
fonctions, et il en était de même à Valenciennes, où on voit
Clarambault qualifié de conseiller du roi en 1566.

(*) Des édits, beaucoup plus sévères sur l'organisation des familles et la
preuve de leur noblesse, avaient été rendus, en même temps et sans plus de
succès en France.

C'est en vain que l'ordonnance datée d'Amboise le 26 mars 1555, porte « dé-
« fense à toutes personnes de changer leurs noms et leurs armes sans avoir
« obtenu de lettres de dispense et de permission, à peine de 1,000 livres
« d'amende d'être punies comme faussaires et être « exauctorées » et privées de
« tout degré et privilège de noblesse. »

Cette ordonnance, dont le but parait avoir été surtout fiscal, et qui ne
semble guère avoir été appliquée, fut renouvelée et changée plusieurs fois,
notamment en 1560 et 1570. C'est ainsi que, peu avant la conquête de l'Artois,
en 1629, parut celle qui avait pour auteur le garde des sceaux Marillac. Elle est
volumineuse et à l'article 211 on trouve la disposition suivante : « Enjoignons à
« tous gentilshommes de signer du nom de leurs familles et non de celui de leurs
« seigneuries en tous actes et contracts qu'ils feront, à peine de nullité des dits
« actes et contracts. »

L'importance de cette ville était alors plus considérable qu'aujourd'hui, bien qu'elle ne fût pas capitale d'une province.

Nous verrons son Magistrat, au milieu des troubles auxquels Clarambault se trouva mêlé, non seulement participer à la défense, mais encore avoir des troupes à sa disposition.

Le Prévot (*), qui était à sa tête, avait une garde de quatorze sergents armés de pertuisanes, et vêtus de rouge aux couleurs de la ville ; chacun des échevins, qui étaient au nombre de douze, avait toute l'année un cheval d'armes à sa disposition.

Avec les deux conseillers-pensionnaires et vingt-cinq autres qui représentaient la communauté de la ville ils formaient une « Halle » ou conseil « ayant connaissance de tout ce qui concerne « l'administration ou la défense. » Les franchises de la ville voulaient que quiconque, fût-il prince, venait adresser une requête à son conseil, se retirât après avoir parlé afin de laisser toutes libertés à ses délibérations.

Le Boucq nous apprend dans son « bref recueil des antiquités « de Valenciennes » que dès l'an 1562 « la pernicieuse hérésie

---

(*) Nous avons la copie d'une nomination de prévot émanant de l'archiduc Albert et de sa femme, l'infante Isabelle. Elle est datée du 21 août 1617 et est certifiée conforme à l'original par le marquis de Bacquehem et le comte de Gomer, assistés des notaires Dumont et Cerpin qui l'ont collationnée à Douay, le 9 octobre 1778.

Après avoir donné le salut, ces lettres s'expriment ainsi : « Scavoir faisons que « pour le bon rapport que fait nous a été de la personne de notre amé et féal « messire Michel d'Aonst, chevalier, seigneur de La Jumelle et de ses sens, idonéité « et suffisance nous confians à plain de ses léauté, prud'hommie et boune « diligence avons icelly commis, ordonné et establly, commectons, ordonnons et « establissons par ses présentes à l'estat et office de prévost de la ville et cité de « Cambray au lieu de messire Antoine de Villers-au-Tertre... Lequel pour son « indisposition et grand aage et à sa très instante requeste nous en avons « déchargé...» Les lettres continuent disant que le prèvot, en tenant et exerçant sa charge, devra garder les droits des archiducs, observant les ordonnances notamment « sur le faict de la religion »

Après avoir prèté serment il sera « mis et institué en possession et jouissance « dudit estat de prévot de Cambray et d'icelluy ensemble des honneurs, droit, « liberté, franchise, profficts et émoluments accoutumez selon et en la manière « que dict est.»

La nomination de Michel d'Aonst nous paraît ressembler à un héritage, puisque nous verrons, par le contrat de mariage de sa fille avec Vaast de Mailly Couronnel qu'il avait épousé noble dame Madame Marie de Villers-du-Tertre, probablement fille d'Antoine, démissionnaire en faveur de son gendre.

« de Calvin estant semée en ces Pays-Bas, aucuns malveillans
« et ennemis de Sa Majesté catholique et du bien publique en
« entaschèrent ceste ville. »

Le 24 août 1566, les huguenots pillèrent les églises de
Valenciennes, et le baron de Noircarmes, gouverneur de la
ville, dut employer la force pour rétablir l'ordre. « Il déposa,
« dit Le Boucq, quant et quant le magistrat laissant gouverner
« la ville par des commissaires qui à ce furent députez de par
« la court. »

Cette époque semble indiquée pour l'arrivée de Clarambault
à Valenciennes, où il ne tarda pas à se faire remarquer au
milieu d'évènements encore plus graves que ceux d'Arras.

Au mois de janvier 1567 les huguenots, après avoir chassé tous
les religieux de Valenciennes, en arrivent à troubler par leurs
violences, l'exercice de la religion catholique. Ceux qui veulent
continuer à en faire profession, sont obligés de quitter leur
foyer, et le baron de Noircarmes, avec six capitaines placés sous
ses ordres, qu'on appelait par dérision les sept dormants, finit
par se décider à réduire les factieux par la force. Il commence à
les assiéger le 20 mars, et le 22 la ville est prise d'assaut, après
une vigoureuse résistance à laquelle prirent part des compagnies
si mal équipées, qu'on les appelait les « Tous nuds. »

Les années qui suivirent furent si troublées et si funestes
pour la pauvre ville de Valenciennes, que son « Magistrat » dispersé ou annulé, ne commence à revivre qu'en 1574. A cette
époque le comte de Lalain, bailly du Hainaut, fit distribuer
pour la défense de la ville, des armes à 400 bourgeois.

Ils ne tardèrent pas à en user bravement, soit contre la
soldatesque plus ou moins espagnole, qu'ils forcèrent enfin
d'évacuer le château de Valenciennes, en 1576, soit contre les
partisans du prince d'Orange, en 1578. Alors, le Magistrat que
le baron de Harchie croyait retenir prisonnier dans la chambre
de justice « s'armant et faisant de nécessité vertu » se jeta sur
les gardes qu'on lui avait donnés, les mit en fuite, et s'emparant

des cinq pièces de canons, qui étaient devant l'Hôtel de ville, fit mettre les bourgeois sous les armes.

Le baron de Harchi, malgré « les intelligences qu'il avait « avec aucuns sectaires », n'eut bientôt plus d'autre parti à prendre, que d'échanger le beffroy qu'on lui avait livré contre son château, que le comte de Lalain venait d'occuper.

L'année suivante deux tentatives faites, l'une le 6 octobre, l'autre le 19 novembre 1579, furent également repoussées, par la vigilance et l'énergie du « Magistrat ». Dans la première, le sénéchal de Hainaut, depuis prince d'Epinoy, qui avait amené de Tournay deux mille hommes d'infanterie, voyant la ville en état de défense, voulut encore essayer une démarche personnelle. Il se fit admettre dans Valenciennes, comme chargé d'une mission de l'archiduc Mathias et des Etats généraux, mais il y fut si bien gardé à l'hôtel Saint-Amand, où il était descendu, que ce furent ceux contre lesquels il avait voulu opérer un soulèvement, le forcèrent « sous peine de vie à quitter la ville ».

Le 19 novembre, ceux qui dirigeaient l'entreprise, voyant qu'on était sur ses gardes à Valenciennes, « se retirèrent tout confus », sans oser envoyer personne au Magistrat.

Une pareille conduite méritait mieux que des éloges, et c'est alors que Clarambault fut promu conseiller extraordinaire de S. M. catholique (*). Cette récompense était d'autant plus méritée, qu'il vit encore périr l'aîné de ses fils pour la cause qu'il avait si généreusemnnt soutenue. Ce jeune homme, ainsi que nous le verrons au chapitre suivant, mourut dans Arras le 30 mars 1585, des suites de blessures qu'il avait reçues devant Ostende.

Clarambault de Mailly-Couronnel vécut jusqu'au 17 novembre 1587, et fut enterré auprès de sa femme.

(*) Ce titre ne nous paraît pas avoir été seulement honorifique, comme le devinrent plus tard ceux de baron, comte etc., etc.

Nous croyons qu'il a donné à Clarambault entrée au grand Conseil de Malines, ainsi qu'on a pu le voir pour le prédécesseur de Jean Couronnel, Charles du Mont St-Eloi, en 1559.

FIN DU CHAPITRE V

CHAPITRE VI

CHAPITRE VI

———— ¤ ————

Suite de la Généalogie. — La noblesse d'Artois quitte la robe pour l'épée et abandonne les fonctions civiles pour la vie militaire. Charles de Mailly-Couronnel acquiert, par mariage, la terre de Vélu, qui donne son nom à sa branche. — Fin des guerres de religion.

————◆————

Avec cette génération commence une nouvelle phase de l'histoire, celle qui a été appelée l'Ancien régime et qui dura depuis la fin du XVIᵉ siècle jusqu'à l'époque révolutionnaire.

Les emplois de robe ou de magistrature auxquels tenaient tant nos ancêtres, et qui donnaient à ceux qui les exerçaient une si ferme popularité, sont abandonnés pour la vie militaire. Les descendants des vieilles familles n'en restent pas moins les fidèles défenseurs du pays et du souverain, qui en était alors la représentation ; mais leur dévouement sera d'autant plus ignoré qu'il s'exercera plus loin. Le peuple oubliera trop souvent que c'est par la ruine de leur corps qu'ils auront assuré son indépendance et la grandeur de la patrie ; il confondra l'ancienne aristocratie avec de nouvelles couches dont la complaisance aura pu être la principale recommandation auprès d'une autorité jalouse et centralisée à l'excès. Il en arrivera même à ne voir que les défauts de ceux qui, après avoir défendu ses libertés, continueront à cimenter de leur sang cette France qu'ils avaient faite si grande !

C'est ainsi que se préparera la révolution, qui agite le pays depuis cent ans, et que notre génération ne verra peut-être pas encore finir !

Déjà Philippe II avait commencé, en 1588, à régler le costume des échevins d'Arras, qui devait se composer d'une robe et d'un manteau de drap noir, avec défense d'entrer au « Parquet » lieu de leurs réunions, l'épée au côté. Cette mesure, dont le but était d'empêcher les discussions, si fréquentes dans les assemblées d'alors, d'en arriver à des luttes sanglantes, n'en montrait pas moins que l'autorité militaire échappait à ces magistrats. Ceux qui portent l'épée commencent à ne plus être les mêmes que ceux qui portent la robe, et les nobles en arrivent à ne plus « relever une bourgeoisie », dont les fonctions amoindries ont passé au tiers-état, fier d'usurper la qualité de bourgeois.

Nos dernières lettres de bourgeoisie viennent de la famille du Rietz, et datent du commencement de la réunion de l'Artois à la France. Les usages des nouveaux maîtres de la Province ne permettaient plus de cumuler les titres de nobles et de bourgeois, qui paraissaient contradictoires, dès la fin du XVIIᵉ siècle.

Clarambault de Mailly-Couronnel avait eu plusieurs enfants de son mariage avec Anne Bertoult. C'étaient :

1º Robert qui fut blessé mortellement dans un combat près d'Ostende et mourut à Arras le 30 mars 1585. « Il estoit lors « à marier et officier au service du roy d'Espaigne. » Voici quelle était, de son temps, la vie d'un homme d'armes.

Celui qui, d'après nos papiers, « vouloit suivre les vestiges

« de noblesse à luy transmise et continuer un exercice honeste
« et convenable à son rang, pratiquoit les armes dès son josne
« aige voire au dessoubz de 20 ans. » C'est ainsi qu'avait fait
« pour le service de feu de très haulte mémoire l'empereur
« Charles le Quint son prince naturel, en diverses qualitez,
« degrez et estatz, » l'ancêtre à qui nous devons l'acte notarié
qui remplaça pour lui ce qu'on appelle aujourd'hui les « états de
« services. »

Cette pièce, datée du 8 juin 1591, commence comme s'il s'agissait d'un acte ordinaire de la vie civile, par le salut que donne
« Jehan Macrel, bourgeois de la ville d'Arras et garde du scel, fe-
« sant savoir que pardevant les notaires Venant et Bruyant ont
« comparu » divers témoins. C'étaient des gentilshommes comme
Jean de Baillicourt dit de Courcol et Guillaume de Montigny,
des laboureurs comme Jehan Le Febvre, Wallerand de Caillerel,
et des marchands commme Thomas d'Erigme, ou d'anciens
archers comme Rolland le Cocq. Ils viennent, pour une
sentence de noblesse, comme celle que nous avons vu obtenir
en 1445 par Charles de Mailly-Courronnel, attester en faveur
de Jérosme de Rietz, les bons services de son grand père
Philippe.

Cet ancêtre maternel était aussi tourmenté par le fisc, et il
avait besoin de la sentence, qui lui fut accordée le 9 mai 1592,
pour échapper aux exigences du Procureur de Sa Majesté
Catholique.

C'est à cela que nous devons de nombreux et intéressants détails sur la vie que menaient les nobles, devenus, à cette génération, presque tous hommes d'armes.
Ceux « quy estoient honorés de ceste place debvoient vivre
« avecp bonne suitte de chevaux pour le service de Sa Majesté ».
Ce service les entraînait « en divers voiaiges emprinses et
« expéditions comme à la conqueste du royaulme de Thunes
« (Tunis) au voiaige périlleux d'Argier (Alger), » mais il avait
aussi ses compensations, comme au « couronnement du Sieur

Empereur à Boulongne-la-Grâce (Bologne-la-Grassa) (*). En cette occasion Charles-Quint avait donné l'accolade et conféré de sa main la dignité de chevalier à plusieurs hommes d'armes, notamment à Philippe du Rietz, qui devait encore recevoir de lui l'accolade près de vingt ans plus tard, au siège de Landrecies. (**)

Voici ce que nous trouvons à ce sujet : « Le feu seigneur, « empereur Charles de bonne mémoire en rescompense des « services faits par les plus honorables des hommes d'armes « estans tous en fort bon équipage pour congratuler à sa « victoire, se seroit assis sur le cul d'un tambourin et après « quelques devoirs de remercier en général auroit donné « l'accolade et fait chevalier plusieurs, entr'autre le dict feu « du Rietz. »

Nos papiers disent que, « à l'effet de lui rafrescir et réitérer « la dict dignité de chevalerie la seconde fois, Charles Quint « l'embrassa et le toucha de son épée impériale qu'il avoit à ces « fins desgaignée. »

Outre l'affirmation de « plusieurs personaiges dignes de « crédance qui avoient esté présens audit siège de Landrecies » nous avons le très curieux témoignagne du sieur de Plumoïson, capitaine et lieutenant de la compagnie de Monseigneur le comte de Boussu. Ce vieux soldat « certifie et affirme par serment avoir « ouy dire et proférer de la bouche de feu l'empereur Charles « le Quint estan au camp de Renty ces termes et paroles :

« Mes enffans je vous prie que ce jourd'huy chacun vœult « combattre vailliamment avec mòy et je seray le premier et « affin que chacun s'esvertue de combattre vailliamment « aujourd'huy je fais tous hommes d'armes estans gentilz « hommes chevaliers et tous hommes d'armes non gentilz « hommes je les anoblis. »

(*) 1529.

(**) 1543.

La dignité de chevalier, bien qu'elle ne fut pas encore
devenue, comme plus tard, un titre héréditaire, n'était pas
cependant un grade et ne paraît avoir comporté aucun
commandement hiérarchique. Ainsi, dans les états de service très complets que nous avons, l'ancêtre n'est porté que
comme ayant « esté toujours des premiers, tant au Conseil que
« à l'exécution, respecté des cheifs, capitaines et jeunes gens de
« guerre. » Quand il mourut, il était encore homme d'armes
malgré ses longs services et « capitaine soulz la charge
« du dict sieur duc d'Arschat de sa compagnie d'ordonnance »
qui se composait de « 150 lances de cavaillerie légières. »
« En signe de quoy, rapportent nos papiers, le guidon de la
« dicte compaignie avoit esté mis et posé en l'église de Wailly
« où il avoit esté inhumé honnorablement. »

Nous voyons encore qu'il avait un « confrère d'armes »
nommé Mathieu Quignon, dont le fils, ou du moins le proche
parent, combattra sous d'autres enseignes à la génération
suivante, sans paraître avoir oublié les anciennes relations de
sa famille.

Mathieu Quignon semble avoir alterné avec Philippe du Rietz
pour des commandements importants. Au siège de Landrecies
c'est le dernier que « fut comis chief du guet pour la garde de
« nuict de la personne du dict sieur Empereur » ; au siège de
Saint-Dizier, c'est le premier qui remplit pareille charge « ayant
« cest honneur de donner le mot l'ayant prins du chef de l'ar-
« mée. » Peu de temps avant, à Ligny-en-Barrois, du Rietz
avait exercé semblable commandement.

Le témoignage d'un ancien archer du nom de Jean du Bois
nous apprend que « cest office qui estoit celuy de maressal
de camp » fut aussi exercé par son chef le Seigneur de
Warlucel.

La même absence de hiérarchie militaire se fait remarquer
pour deux Couronnel du nom de Philippe, que nous verrons
au chapitre suivant exercer le commandement, sans qu'il soit

question de grade, dans les lettres de chevalerie qui nous ont été conservées. Cette fois, la dignité dont il s'agit n'est plus conférée sur le champ de bataille ; mais, par des lettres que Philippe IV date de Madrid, en disant que le nouveau chevalier l'est « tout aussy et en la même forme et manière comme s'il « eust été fait et créé de nostre propre main. »

Cependant il lui faudra, pour être à l'abri « d'aucun trouble « destourbier ou empeschement dans l'an après la date de ses « lettres les représenter au premier roy d'armes ou aultre qu'il appartiendra es dicts Pays-Bas........ » (*)

La dignité de Chevalier, était particulièrement agréable aux épouses, de ceux qui en étaient revêtus. Outre l'honneur qu'elles avaient de voir porter à leur mari le « chaperon de velours », elles étaient seules en droit d'être appelées « Madame ». Une sentence que nous avons sous les yeux, montre combien cette coutume était encore observée en 1592, puisqu'elle est invoquée en témoignage de la façon suivante : « Les sieurs et « Gentilz homes qui venoient visiter le dict Philippe appeloient « ordinairement sa feme « Madame »........ »

Ces honneurs ne coûtaient pas moins d'argent que de peine à ceux qui les recherchaient. Les détails que nous allons rapporter, montrent que nous sommes loin du temps et des mœurs du Chevalier Charles de Mailly-Couronnel, et du beau-père de son fils, Martin de Paris. Si les nobles relèvent encore leur bourgeoisie, ils ont déjà de singuliers scrupules ; aussi les auteurs de la sentence, concernant la famille du Rietz,

---

(*) On était si sévère alors pour tout ce qui rappelait les récompenses obtenues par bons services, que le « Roy d'armes et généalogiste de Sa Majesté en ses « Pays-Bas et Bourgogne » fut condamné comme faussaire public par arrêt du « Parlement de Flandre.» C'était Jean Delaunay, Seigneur de Montigny, et d'Asfelt Chevalier de l'Ordre Militaire du Christ, Lieutenant-Grand-Gruyer, Watergrave et Maître des garennes des Pays et Duchés de Brabant etc., etc. Bien qu'il appartînt à une famille des plus illustres et ait été « reconnu parmi les premiers tutélaires « de l'art héraldique de son siècle » il n'en eut pas moins la tête tranchée à Tournay en 1681.

s'efforcent-ils de disculper ses membres « d'avoir tenu cens et marchié à ferme. »

Si cela a pu être fait, ce n'est que par des femmes et encore pour des terres ou « marchiés d'abaye desquelz leurs marys ne « se mêloient aucunement estant occupez au dict service de « guerre. »

C'est « pour mieulx entretenir le train honeste de leurs « marys et supporter les grands frais qu'ilz faisoient au « continuel service de leur prince ; aussy pour supler et se « rescompenser des pertes des biens notables qu'ilz suportoient « es Frontière de France » qu'elles risquaient de se voir « imputer d'avoir fait acte dérogeant à leur qualité de « noblesse. » Les agents du fisc n'en demandaient pas davantage pour réclamer à ceux qui se ruinaient pour la défense commune « des tailles dont les paysans qui ne désiraient rien plus, » alors comme aujourd'hui « que de se descharger « les avoient toujours exemptés..... »

Les pièces qui nous sont restées, montrent quels étaient les frais qu'entraînait, à la fin de XVIe siècle, la noble profession des armes. Philippe de Mailly-Couronnel commence, d'après ses let-tres de chevalerie, par « servir comme soldat volontaire à ses « frais avec trois ou quatre chevaux. » Philippe du Rietz, « qui « se comportoit en toutes ses actions fort honorablement et « comme font ordinairement les gentilz homes, tenoit la « campagne pour le faict de la guerre, avec tente et pavillon. »

Quant à la solde, nous voyons qu'elle était pour le Sieur Duc d'Arschot, moderne de 1.200 florins, dont 200 furent alloués à Claude du Rietz comme Guidon de sa campagnie. « Desquelz, dit son brevet, se fera payé suivant que nous le « serons et à l'advenant par le trésorier et clercq de notre dicte « compagnie. » Cette pièce qui date du 3 avril 1590 parle des « bons et lointains services » du nouveau guidon qui prêta deux jours après le « serment requis et pertinent es mains de Monseigneur le « Duc d'Arschot, etc., etc. » (*)

Une autre pièce, émanant d'un parent, qui, bien qu'il fût au service du Roi de France, n'en paraît pas avoir été plus riche, nous montre un homme d'armes vendant sa légitime à son frère, resté en Artois. Elle est ainsi conçue :

« Moy Jehan Boutry, escuyer, gentilhomme de la Venerie « du Roy et home d'armes de ses ordonnances, soubz la charge « du Duc de Montpensier, confesse avoir reçu de Frédéric

---

(*) « Philippe, Syre de Croy, Duc d'Arschot, Prince de Porcéan, Comte de Beaumont, etc., etc. Chᵉʳ de l'Ordre de la Toison d'or, Conseiller d'Estat de Sa Maiesté, Chef et Capitaine d'une Compagnie de chincquante hommes d'armes des Ordonnances de Sa Majesté, etc., etc. A tous ceulx quy ces présentes lettres verront Salut. Scavoir faisons que pour le bon rapport que nous a esté faict de la personne de Claude du Rieu, Escuyer Seigneur de Mons-en-Termois, hommes d'armes de notre dicte compagnie d'ordonnance et nous confians à plain de sa suffisance, idonéité et expérience au faict de la guerre mesmement en considération des bons et loingtains services qu'il a faictz en notre dicte Compagnie. Nous, pour ces causes et aultres à ce nous mouvans avons iceluy comis, constitué et estably, et par ces présentes, comettons constituons et établissons Guidon de notre dicte Compagnie d'hommes d'armes pour de la dicte charge par luy fidèlement et vertueusemenl s'acquitter, aux gaiges honneurs droitz et prérogatives y appartenans et accoustumez, et telz qu'ont eu ses prédécesseurs guidons de notre dicte Compagnie. Oultre sesquelz gaiges et traitemens ordinaires qu'il tirera de Sa Majesté, Nous luy avons accordé et accordons par ces lettres deux cens florins par chacun, an à prendre sur le traictement de douze cens florins qu'avons de Sa Majesté comme Chef et Capitaine de notre dicte Compagnie d'homes d'armes, desquelz il sera payé si avant que nous le serons et à l'advenant, par le Trésorier et clercq de notre dicte Compagnie. Et de bien et devement exercer ledict estat et charge de Guidon, et s'y acquitter côme il appartient, ledict Claude du Rieu sera tenu prester le serment pertinent en nos mains. Sy donnons.....

Donné en notre ville de Beaumont le troiziesme jour d'apvril, l'an XV C quatre-vingt-dix. (1590) Signé : Phᵉ DE CROY.

Au verso du parchemin :

Ce jourdhuy cincquiesme jour du mois d'apvril an quinze cens quatre-vingt-dix. Claude du Rieu Escuyer, Seigneur de Mons-en-Ternois dénomé au blan de ces lettres a faict le serment requis et perlinent es mains de Monseigneur la Duc d'Arschol, Prince de Portien, etc., etc. de bien et devement deservir le charge et estat de Guidon de notre Compagnie d'homes d'armes selon qu'il est plus amplement reprins au dict blan.

En la présence de Monseigneur de Cerfontaine, Bailly de la terre et pœrie d'Avesne et de moy soubsigné.

Signé : A. BERTHE.

« Boutry (*) mon frère la somme de huict-vingt (160) carolus
« de quarante gros de Flandre chacun, pour ma part et portion
« de quint (**) à moy succédé des biens et héritages de feu
« Hugues Boutry en son temps Seigneur de Zieuwis nostre
« père..... »

La pièce est datée du 28 août 1566 et signée : Jehan de Boutry.

Enfin, les hommes d'armes, entraînés souvent par les
hasards de la guerre qui ne leur permettaient quelquefois
jamais de revoir leur pays, faisaient aussi des donations à leurs
aînés. En voici un exemple venant de Simon d'Amerval,
Ecuyer Seigneur de Fins et de Villers Carbonnel. « Pour le
« vraye amour fraternel qu'il a au dit Louis Damerval son
« frère aisné et afin qu'il ait mieux de quoi vivre et s'en
« entretenir en l'état de noblesse, » il lui fait l'abandon d'une
rente de 19 muids 6 setiers (***) de blé.

L'acte concernant cette donation est daté de Péronne le 2
septembre 1546, et passé devant Vousy Morel, licencié ès-droits,
lieutenant du gouverneur de Péronne, Montdidier et Roye.
C'est ainsi que les cadets, par une générosité presque toujours
bien placée, se réservaient en cas de retour, par suite de blessures ou de vieillesse, un asile honorable au foyer de la famille.

Avant de quitter les hommes d'armes, nous croyons devoir
citer une pièce qui rappelle de leur temps les mœurs de
l'ancienne chevalerie.

(*) Un contrat de mariage, en date du 4 février 1591, nous montre « Frédéric
« de Bouttry, escuier, seigneur de Ziauwis et damoiselle Anne Morel, sa com-
« paigne, mariant leur fille Marie à Jérôme du Rietz. »
Les armes de Boutry ou Bouttry étaient de gueules à trois amphores d'argent ;
celle des Morel étaient d'argent à la fasce engrelée de sable.

(**) On appelait ainsi la cinquième partie des fiefs que l'aîné devait à ses
puînés. Le Quint était, d'après les coutumes, soumis à des conditions souvent
très différentes.

(***) Le muid de blé de Paris équivalait à 18 hectolitres 72 et le septier à 12
boisseaux ou 1 hect. 1|2.

Nicolas du Rietz, ayant été fait prisonnier, est renvoyé par Antoine Quignon, sous la simple promesse d'en agir de même s'il « estoit prins prisonnier par fortune de guerre ou autrement. »

Voici ce qui fut écrit à ce sujet :

« Nous, Anthoine de Bouchavennes, seigneur d'Eynon-
« court, cappitaine et gouverneur des villes et chastelz de
« Coucy et Doullens, certiffions à tous qu'il appartiendra avoir
« donné passeport et saufconduit à Nicollas du Rietz, escuier
« homme d'armes soulz la charge du S^r duc Dascot,
« prisonnier de guerre de Antoine Quignon, escuier, soy
« retirer en son païs sans avoir payé aucune rançon.

« A la charge sy le dict Quignon, par fortune de guerre ou
« autrement estoit prins prisonnier devra rentrer quicte et
« libre de sa ranzon en sa maison et païs du Roy ; autrement
« sera ledict du Rietz, tenu soy rendre prisonnier comme
« aujourd'huy et entre les mains d'iclluy Quignon, sous
« certitude, par ledict du Rietz, au roy ne ses subjects et tous
« qu'il appartiendra ne lui donner empêchement. »

« Fait le 10e de décembre 1553. »

« Signé : Bouchavennes. » (*)

Les autres enfants de Clarambault étaient :

2° Charles, qui devint chef de sa branche et dont nous parlerons plus loin.

(*) Nous avons un contrat de mariage en date du 19 mai 1470 par lequel Jehan Bechault, garde du scel royal de la Bailly de Vermandois, établi à Péronne, fait savoir que devant son amé et féal lieutenant Jehan Le Viseux ont comparu noble personne Antoine d'Amerval, seigneur d'Asseviller et de Villers-sous-Ailly d'une part et noble et puissant seigneur monseigneur de Bayencourt et de Bouchavennes.

Il est curieux de voir que Jehan Le Viseux, qui devait appartenir à l'illustre famille dont nous avons parlé au commencement de cet ouvrage, ne se qualifie dans l'acte que de « Tabeillon à Péronne commis quant à ce. »

Nous ferons aussi remarquer que « damoiselle Antoinette de Bayencourt bien « que fille de noble et puissant seigneur » apporte « pour bien content une robe « à femme, fourrée, qui fut et appartint à la dicte deffuncte madame de Grouches, mère à icelle damoiselle. »

3º Anne qui épousa Eustache Evrard, écuyer, seigneur de Berthonsart, etc., etc., fils de Jean, capitaine de la ville d'Arras, et de Marie Le Josne. (*)

4º Jeanne, mariée à Gilles de Caffroy, ou de Saffrey, escuyer, seigneur du Baillet, Louarde, etc., etc., fils de Nicolas, conseiller au conseil d'Artois et de Catherine de Baudart. (**)

5º Antoinette qui épousa Jacques Cornailles, écuyer, seigneur du Croquet, etc., etc., capitaine au service de Sa Majesté Catholique. Elle mourut à Tournay, le 6 juin 1650 et fut enterrée dans l'église des Récollets où on vit longtemps son tombeau. (***)

Charles, deuxième du nom, seigneur de Baaly (****) Berghineuse, Vélu, etc., etc. (*****)

Charles avait comme son frère aîné, praticqué les « armes, » mais il ne put suivre longtemps « ses nobles traces et vestiges »

(*) Les armes des Le Josne, dont nous avons vu, au chapitre III, un ancêtre figurer à côté de Clarambault de Mailly-Couronnel, étaient de gueules au créquier (chandelier à sept branches) d'argent.

Ces armes ont, paraît-il, été changées au siècle dernier, quand cette famille prit le nom de Le Josne-Contay.

Un acte, en date du 3 juin 1784, intervenu entre le marquis de Mailly-Couronnel et le baron de Wasservas, seigneur d'Happlincourt, nous apprend qu'il s'appelait « Henry Evrard ». Avec lui figurent sa sœur Adrienne-Antoinette et son époux François-Michel de Louverval, chevalier, seigneur de Gonnelieu, demeurant tous deux au château de Gonnelieu, pays de Cambrésis.

(**) Les armes de Baudart étaient d'azur à trois étrilles d'argent (2 et 1).

D'après un savant archéologue, Jeanne Couronnel aurait épousé Gilles de Saffrey fils de Martin et non de Nicolas, comme le portent nos généalogies.

(***) Les armes des Cornailles étaient d'argent à 9 merlettes de sinople, avec la fleur de lis au pied, nourri abîmé de gueules au centre de l'écu.

(****) De son temps, on voit cette terre appelée Waly-Letz-Combligneul.

(*****) Vélu est situé dans l'arrondissement d'Arras, près de Bapaume, au centre du canton de Bertincourt, dont le chef-lieu dépendait aussi de la famille,

la paix de Vervins (*) étant venue assurer la tranquillité de l'Artois jusqu'en 1635.

Le seul fait qu'on puisse rattacher à sa vie militaire est la défense d'Arras contre Henri IV, qui tenta de surprendre la ville, le 27 mars 1597, avec dix mille hommes. Ils ne purent s'emparer de la porte de Meaulens, bien qu'ils y eussent « faict « ouverture avecq pétartz. »

Le cardinal archiduc Albert, alors lieutenant-gouverneur et capitaine-général des Pays-Bas, crut devoir, à cette occasion, écrire tant aux mayeurs et échevins d'Arras, qu'au gouverneur de la ville pour les féliciter et les charger de remercier les « bourgeois quy ont repoussé les ennemys nonobstant les « effortz que a faict le Béarnois. »

Ces lettres, qui sont du 29 mars, furent immédiatement suivies d'une réponse datée du 31, où les mayeur et « échevins, « supplient très humblement le cardinal archiducq de faire « de donner ordre de quelque prompt payement aux gens de « guerre. » Faute de quoi, il « estoit impossible de les contenir « en debvoir et que la dicte bourgeoisie ne soit foullée que du « logement »

Nous voyons, par un extrait du registre aux bourgeois de la ville d'Arras, commençant en 1568 et finissant en 1651, que Charles de Mailly-Couronnel releva sa bourgeoisie, le 17 décembre 1596, par devant le sieur Douxxy, eschevin.

Le même jour, son cousin Philippe, de la branche de Mernes, dont nous parlerons plus loin, relevait aussi sa bourgeoisie. Cette date est peu éloignée de la paix de Vervins qui lui fit quitter le service actif, et nous pensons que Charles, qui devait appartenir à la compagnie de Walons qu'il commandait, en abandonna par suite la carrière des armes.

Cette retraite était, du reste, presque forcée, la guerre étant finie et la solde mal assurée, comme on l'a vu. La vie et les

(*) 2 mai 1598.

idées des nobles n'en restèrent pas moins profondément modifiées ; à cette génération ils ne recherchent ni les grades universitaires, ni les fonctions civiles. Nous ne verrons plus nos auteurs se qualifier de licencié-es-loix ou de conseiller de ville. Ils ne veulent rien être que par les armes ou par les fonctions qu'ils remplissent au nom de la province entière.

Charles de Mailly-Couronnel est un rural qui, bien qu'il soit encore bourgeois d'Arras, préfère Douai pour les affaires qu'il peut avoir à la ville. Il est vrai que l'Université (*) qui venait d'y être fondée en 1561, et qui jouissait dès lors d'une grande renommée, devait y attirer, pour l'éducation de ses enfants, le nouveau seigneur de Vélu.

Cette belle terre, dont le nom servit à distinguer sa branche de celle des aînés de la famille, fût apportée à Charles par sa femme Jeanne de St-Amand (**). Son contrat de mariage, qui date du 30 avril 1602 (***), porte qu'elle était fille de feu Vespasien de Saint-Amand et de Marguerite Gosson. (****)

Avant de parler du « train et estat de gentilhomme » qu'on menait de leur temps au château de Vélu, nous ne croyons pas sans intérêt de faire une digression au sujet d'une résidence si justement renommée en Artois. Elle appartient encore à un descendant de la famille, le baron de Goër, dont nous retrouverons l'alliance à la fin de ce travail, et nous verrons, au chapitre suivant, la branche aînée des Mailly-Couronnel s'étendre dans la maison du comte d'Espaing dont son grand'père était héritier.

(*) Cette Université, si libéralement dotée par Philippe II, semble avoir été fondée surtout dans le but de faire concurrence à celle de Paris et d'éloigner de France les jeunes Artésiens que nous avons vus aller étudier même à Orléans.

(**) Les armes de Saint-Amand qu'on voit encore sur une porte du château de Vélu étaient d'argent à trois croissants de sable.

(***) Il fut passé en la ville d'Arras devant les notaires Le Clerc et Deslions.

(****) Elle était certainement la parente de celui à qui l'oncle de Charles avait fait trancher la tête en 1577.
Les armes des Gosson étaient de gueules fretté d'or.

Pour la terre de Vélu, les papiers remontent à 1101, date de la donation faite par Manassé, évêque de Cambray, à Aimery, abbé d'Anchin, de trois autels : l'une destinée à Baralle ou Barastre ; l'autre à Bussy ; le troisième à Vuluth ou Vélu.

En 1206, Vélu appartient à la maison de Beaumetz, dont les armes étaient de gueules à la croix engrelée d'or.

Les Beaumetz étaient châtelains de Bapaume, et c'est à l'occasion de cette ville qu'on voit figurer dans un acte les chevaliers Raoul et Robert de Wélu. Ce dernier relevait en 1216 de Jean d'Oisy, seigneur de Montmirail et d'Havrincourt (*). On voit, en 1227, le même Robert tenir de son cousin Gilles, châtelain de Bapaume, le fief de Ramincourt, qui dépendait de l'abbaye de St-Aubert de Cambray (**).

(*) La terre de Vélu a continuée, jusqu'à la Révolution, à relever de celle d'Havrincourt, comme le prouvent divers dénombrements dont voici un exemple :

« Dénombrement fourny le 17 avril 1720 par Louis-Joseph de Mailly-Couronnel, « écuyer, seigneur de Vélu, Berghineuse, Baly, Beaucamp et autres lieux au très « honoré seigneur, messire François-Dominique de Cardevac, chevalier, marquis « d'Havrincourt, seigneur des Hauts-Bois, Grincourt, Trescault et autres lieux « pour raison de la terre et seigneurie de Vélu, située au-delà du Riot des eaux « sauvages vers Bertincourt, mouvant du dit seigneur d'Havrincourt à cause de « sa terre, chatellenie et marquisat d'Havrincourt, consistant la dite seigneurie « de Vélu en trois fiefs liges au relief de cheval et armes... »

Une autre partie de la terre ce Vélu dépendait du prince d'Epinoy, comme seigneur de Beaumetz-les-Cambrésis.

C'est pourquoi, bien qu'elle possédât le château de la famille, la terre de Vélu ne fut pas comprise dans celles réunies en juin 1771, pour former le marquisat de Mailly-Couronnel.

(**) La terre de Vélu nous donne le même compte pour les fiefs qui en dépendaient ; en voici un qui date du 30 juin 1686 :

C'est le « dénombrement fourny par messire Jean Herman de Boulainvillers « chevalier, seigneur de Noureul, père et tuteur légitime de Jacques de « Boulainviller, enfant mineur de lui et de deffuncte dame Marie Barbe de « Hénain, sa femme, à son très honorable seigneur, Monseigneur Louis-Floris « de Mailly-Couronnel, écuyer, seigneur de Véllu, Berguinouille etc., etc., pour « raison d'un fief à noble ténement tenu d'icelluy seigneur à cause de sa terre, « et seigneurie de Vélu. »

Nous pouvons encore citer un dénombrement, datant du 29 octobre 1730, pour une autre terre relevant de Vélu :

« C'est le dénombrement fourny par Jeanne-Joseph de Baralle, veuve de Jean- « Baptiste de Franqueville, vivant écuyer, seigneur d'Estincourt, Bourlon, la « Tour-Fontaine, du Pire, Aignet et autres lieux à messire Charles Ondart « Joseph de Mailly-Couronnel, chevalier, seigneur de Vélu, Mons-en-Ternois, « Aussimont, l'Eclipe, etc., etc., etc., pour raison d'un fief et noble ténement « consistant aux terres et seigneurie d'Aignet, Artois, enclavé au pays et comté « de Cambrésis ; le dit fief d'Aignet mouvant du dit seigneur de Mailly à cause « de sa dite terre et seigneurie de Vélu. »

Des actes de 1258, 1281 et 1293 parlent de seigneurs de Wélu portant les noms de Huc, Jean et Hugues, tous de la maison de Beaumetz. Leur héritière, Isabeau apporta, Wélu vers 1314 à Hugues de Morchies dit Rifflard, d'une branche cadette de sa famille, qui portait comme signe distinctif un lambel.

En 1323 et 1349, on voit un Sombreffe, du nom de Godrefroy, seigneur de Bertincourt, figurer dans les actes comme époux d'une Beaumetz, dame de Wélu. En 1342 et 1349, Wélu paraît de nouveau réuni à Morchies par une nouvelle alliance de son seigneur avec l'héritière de ce fief.

En 1378, les armes changent, et Gombaut de Vélu scelle un acte de son sceau, qui porte cinq aiglettes et une merlette en chef. Cependant l'union paraît toujours exister entre cette seigneurie et celle de Morchies, puisqu'on voit, notamment en 1384, un seigneur du nom de Robert de Morchies servir le dénombrement de la terre de Vélu à Raoul de Coucy, seigneur de Montmirail, d'Encre et d'Havrincourt.

Nous arrivons à la terrible guerre de cent ans, qui n'épargna pas plus Vélu, alors pays frontière, que toutes celles qui précédèrent la réunion de l'Artois à la France.

Messire Luppart de Wélu, conseiller au grand Conseil de Bourgogne et Jeanne de Morchies, qui vendit la terre de Vélu en 1422, par quels liens tenaient-ils à ses anciens seigneurs ? Elle fut acquise par « maistre Quentin Le Blond, lequel estoit procureur général d'Artois depuis 1410 ». Il mourut en 1436, et sa fille épousa Jehan, dit Hisdeux, écuyer, seigneur de Saint-Amand, auquel elle apporta, outre la terre de Vélu, une maison achetée par son père en 1433 qui était sise dans Arras, rue Saint-Nicolas, aujourd'hui rue des Trois-Faucilles. Cette maison devait plus tard appartenir aux Montmorency. (*)

(*) Nos papiers citent trois dénombrements, servis par des Montmorency aux seigneurs de Barastre, pour « un fief et noble tènement consistant dans le château, terres et seigneurie de Croisilles ».

Le premier date de 1571, et fut servi par Georges de Montmorency, seigneur

Les Saint-Amand ont possédé autour de Vélu des seigneuries très importantes, entre autres celles de Louverval, La Barque, Riencourt, etc., etc., etc., qui passèrent aux Coupigny, par leur alliance avec Léonore de Saint-Amand, fille de Bernard et d'Anne de Boufflers.

Pendant les années de paix qui se succédèrent, pour l'Artois, sous le gouvernement de l'archiduc Albert et de sa femme l'infante Isabelle-Claire-Eugénie, Charles de Mailly-Couronnel « vivoit noblement avec sa femme sans espérer « estat dérogeant à sa noblesse. » Il « menoit et tenoit à Vélu « train et estat de gentilhomme tenant chevaulx de selle en « l'estable, chiens de chasse et serviteurs pour les conduire, « passant le temps, au déduit de ladicte chasse, en la compagnie « d'aucuns sieurs ses voisins avec lesquelz il hantoit et « conversoit ordinairement. Mesme estoit fort caressé et « respecté des grandz seigneurs et aultres qui le avoient en « bonne réputation de gentilhomme. »

« Et come tel avoit ordinairement un charriot à boëte pour « aller visiter les aultres seigneurs et gentilhommes ses voisins « desquelz il estoit semblablement visité et caressé. »

Tel est, dans toute sa naïveté, le tableau de la vie d'un gentilhomme artésien en temps de paix, au commencement du XVII⁰ siècle.

Nous avons vu, dans diverses sentences de noblesse, que les hommes d'armes avaient des pages, qui vinrent, comme Pierre Cuveiller, Jean et Pierre le Bon, témoigner en faveur des familles de Quignon et du Rietz, qui étaient celles de leurs anciens maîtres. Nous pensons que les seigneurs artésiens

---

de Croisilles, à Adrien de Bacquehem et à Jacques de Héricourt, seigneurs de Barastre.

Le second qui est du 11 juillet 1601 est également signé « Georges de Montmorency » et fut servi à Adrien de Bacquehem escuier, sieur de Barastre, Ignières, etc., etc.

Le troisième servi à François Antoine d'Aoust, écuyer, « seigneur de Barastre, « de plusieurs immeubles tenus en fief de la seigneurie de Barastre » date de la fin du XVII⁰ siècle. Il porte le nom de Bauduin de Montmorency, seigneur de Croisilles.

ne devaient pas plus se priver de pages pendant la paix que les marquis dont La Fontaine a fait la critique en disant: « Tout marquis veut avoir des pages. »

Grâce aux libertés de la Province, et aux Etats qui en étaient les fidèles gardiens, l'existence que menaient les nobles n'était pas toujours aussi oisive qu'on pourrait le supposer. Ils s'occupaient de culture bien que, comme on l'a vu plus haut, ils n'eussent guère la faculté de prendre des terres « à cens et marché à ferme ». (*) Un certificat donné par les « lieutenants et hommes des fiefs de la terre et comté de Willerval » montre « à tous qu'il appartiendra que messire Charles-« Jérôme du Rietz, chevalier comte de Wilerval y fait « sa résidence avec madame son épouse et sa famille « où il at une grosse labour et quantité de domestiques et « bestiaux. » Le certificat continue en disant qu'il « fait « exploiter et cultiver par ses mains passée trente ans à « Willerval, près de 400 mesures de terre et bois. Pour tout « quoy, il paie avecq la communauté la contribuon à « messieurs les hauts alliez. (**) En foy de quoy, est-il dit, nous « avons donné audit seigneur le présent certificat scellée du « sceau de justice du dit comté. En conséquence de la « sauvegarde à nous délivrée par le sieur Herbert Brielle, le « 30 juillet dernier.

« Fait à Willerval, le 6 de septembre 1708.

« Signé : François le Fez, Pierre-Antoine Bénieourt, etc., »

Ces deux premières paraphes sont accompagnées de signes

(*) Un règlement, dont nous aurons l'occasion de parler lorsque les guerres malheureuses de Louis XIV forceront les Etats d'augmenter les charges du pays, exemptait les nobles de l'impôt du « centième » ou « centime » pour le lieu de leur résidence et les terres dont ils jouissaient directement.

Cette mesure, que l'augmentation des impôts devait rendre aussi injuste qu'ils devenaient plus lourds, paraît, dans l'origine, avoir rendu service à l'agriculture par l'encouragement qu'elle donnait aux grands propriétaires à cultiver eux-mêmes les biens qu'ils possédaient autour de leur résidence.

(**) Cela se rapporte aux contributions dont l'Artois fut frappée, en 1708, après la malheureuse affaire d'Oudenarde.

qui sembleraient rappeler des armoiries. Nous retrouverons du reste des signes analogues dans différentes pièces venant de la terre de Barastre et datant du XVIIe siècle.

Le certificat que nous venons de reproduire porte, outre les armes du comté de Willerval, celles de la province d'Artois avec l'apostille suivante :

« Les députés généraux et ordinaires des Estatz d'Artois
« certifient à tous qu'il appartiendra que le contenu du
« certificat ci-dessus est véritable. En foy de quoy ils ont fait
« signer le présent par le greffier des dits Estatz et y apposer
« le cachet ordinaire d'iceulx.

« A Arras le septième de septembre 1708.

« Signé : F. Leleu. »

La lettre que nous croyons devoir rapporter ci-après montre quelle était alors la situation des états d'Artois par rapport aux Souverains des Pays-Bas. Elle est signée de l'archiduc Albert et de l'infante Isabelle-Claire-Eugénie, fille de Philippe II qu'il venait d'épouser à Valence, le 18 avril 1599 et est adressée au seigneur de Vacquerie, président du Conseil provincial d'Artois. On y verra quelle importance attachaient ses auteurs à ce que les « Estatz de leur pays et comté d'Artois « comparent et soyent précisèment au jour qu'ils sont résoluz « (Dieu aydant) de se trouver en leur ville d'Arras.

« Les archiducqz,

« Chier et féal, comme nous sommes résoluz (Dieu aydant)
« nous treuver en notre ville d'Arras pour le XII de febvrier
« prochain afin d'y prester et recebvoir les sermens accoutumez
« entre faicts à l'inauguration des princes selon qu'en fut usé
« l'an 1549 à la réception de feue Sa Majesté Royalle, notre
« très honoré seigneur et père que Dieu absoile et estant
« besoing que à l'effect que dessus les Estatz de notre pays
« et comté d'Arthois comparent et soyent audit Arras,
« précisément au jour susdit. Nous leur escripvons par noz

« adjoinctes de s'y treuver en la manière accoustumée pour
« assister et estre présens aux dictes cérémonies, lesquelles
« lettres ne fauldrez leur faire tenir de si bonne heure et en
« si bonne intelligence qu'ils s'y puissent treuver au jour
« susdit à tant.

« Chier et féal, notre seigneur vous ait en sa sainte garde.

« De Bruxelles, le XVIe de janvier 1600.

« Signé : Albert, Issabel.

Contre signé : Perrez. »

Les Etats avaient coutume de se réunir dans Arras à l'abbaye de St-Waast ou, en cas d'empêchement, à l'hôtel de ville.
Cependant, on vit sous la domination espagnole, l'archiduc
Mathias les convoquer à Béthune, par suite des évènements
que nous avons racontés en parlant de Jean Couronnel. La
première convocation faite sous la domination française, après
la paix des Pyrénées, appela dans St-Pol, en 1660, les Etats qui
ne s'étaient pas réunis depuis plus de 20 ans. Au commencement du XVIIIe siècle, ils se firent construire un hôtel sur
la place qui reçut, d'après sa destination, les noms de Place
des Etats, puis du Palais de Justice.

Nos papiers nous ont conservé plusieurs lettres de
convocation aux Etats, datant de la domination espagnole.

Voici la plus ancienne, qui est du 29 avril 1607.

✝

« Les archidúcqz,

« Chier et bien amé nous vous ordonnons de vous trouver
« en notre ville d'Arras au XIe du mois de may prochain pour
« le lendemain avec les trois Estaz de notre pays et comté
« d'Arthois y convoquez audit jour, oyr et entendre ce que
« de nostre part leur sera proposé et y prendre par ensemble
« une bonne, briefve et fructueuse résolution.

« Chier et bien amé notre seigneur vous ait en sa sainte
« garde.

« De Bruxelles le XXIXe d'avril 1607.

Signé : Albert, Issabel.
au bas, Perrez »

La lettre est ainsi adressée :

« A notre chier et bien amé le Sr de Rumaucourt.(*) »

Les égards rendus par les souverains aux Etats d'Artois ne
paraissent pas avoir été toujours sans but et sans intérèt.
Ainsi nous voyons, par une lettre écrite en leur nom au
seigneur de Barastre, qu'à la suite de l'entrée solennelle des archiducs et sans doute en reconnaissance du
serment prêté par eux quelqu' « accoutumez » qu'il ait pu être,
les Etats accordèrent 40,000 livres pour l'entretien et la solde
des troupes qui paraît avoir été fort arriérée.

Voici la lettre qui porte l'adresse de M. de Bacquehem (**) et
qui est datée du 28 juillet 1600.

« Monsieur, nous vous prions ceste veue furnir es mains de
« Hector Deslions, la somme de — cent livres — à quoy porte
« votre contingent sieuvant l'asiette et répartissement faict en
« ceste assemblée des Etats de la somme de quarante mil

(*) Ce devait être Jacques de France, écuyer, seigneur de Rumaucourt, Sauchy,
Cauchy, Grand-Vacquery, etc., etc., marié à Jeanne Laurin. Leur fille aînée,
Marie, épousa au mois de mai 1616, Jérôme Du Rietz, seigneur du Hamel,
Huclier, etc., etc.

Les armes des de France étaient d'argent à 3 fasces d'azur, avec 6 fleurs de
lys de gueules, dont 3 au chef, 2 au centre et une au bas.

Les armes des Laurin étaient : 1 et 3 de gueules à la fasce ondée d'argent et
d'azur avec une étoile et un croissant au chef et une fleur de lys d'or au bas ;
2 et 4 d'argent aux hermines de sable avec un arbre de sinople au centre.

(**) Sa petite fille Barbe-Hélène, dame de Barastre, Rocquigny, etc., etc.,
veuve de Waast de Mailly-Couronnel, seigneur de Baly, etc., etc., épousa le
4 février 1656, François-Antoine d'Aoust.

Leur fille aînée, Marie-Michelle, hérita de Barastre et de Rocquigny, qu'elle
apporta en mariage, le 20 février 1693, à messire Charles-Jérôme Du Rietz, chevalier, comte de Villerval, etc., etc. Leur fille Françoise-Gertrude épousa, le
15 avril 1720, Louis-Joseph de Mailly-Couronnel, chevalier, etc., etc., dont elle
eut un fils Charles-Houdart-Joseph. Ce dernier hérita des biens de toute la
famille du Rietz au décès d'Alexandrine Liewine, marquise de Monchy, etc., etc.,
fille de Charles-Alexandre, comte de Villerval, son oncle, et de Marie-Thérèse-
Gertrude de France.

« livres accordé pour estre emplié tant aux rations que aux
« mois de gaige de mil homes de pied et trois compagnies
« d'homes d'armes, lesquelles doibvent sortir hors de ce pais
« par dedens le XIIIᵉ d'aoust, ensuite des lettres d'asseu-
« rance que a donné le comte de Solres; ou n'auriez les
« dicts deniers promptz, les feres tenir par dedens le
« second d'aoust audit Deslions, en ceste ville d'Arras, affin
« que le service de leurs altesses ne soit retardé et que les dictes
« compagnies faulte de paiement ne séjournent davantaige et
« nous estre à la dicte somme remboursé des deniers du
« premier accord que feront les Estats à leurs altesses soit en
« particulier ou avecq les aultres provinces; et ou y feries faulte,
« l'on procédera contre vous par exploy ensuite de l'exécuto-
« rialle de leurs altesses, Estant l'endroit, Nous prirons Dieu
« vous donner ses sainctes grâces nous recommandans aux
« vôtres.

« D'Arras, ce XXVIᵉ de juillet 1600.

« Vos affectionnez amis, les Estats du païs et comté d'Artois.
« Signé : Marchant.

« 1600. »

Une lettre adressée à un autre de nos ancêtres, Jean Damerval,
qui était au service du roi de France, le montre chargé des
« vivres et fourrages de cent hommes d'armes de la compagnie
« de Monseigneur le Dauphin tenant leur garnison établis es-
« villes de Péronne, Montdidier et Roye. » Cette mission est
jugée assez difficile pour le dispenser, même en temps de
guerre, de se rendre en armes avec ses vassaux au rendez-vous
donné par l'appel du ban et de l'arrière-ban. Ces lettres
d'exemption lui sont données par M. de Sailly, lieutenant
général du ban et arrière-ban. Elles sont signées Leteslocq
avec paraphe et datées du 20 juillet 1545.

Un incident qui montre bien quel était l'esprit de l'Artois
et de ses représentants, faillit troubler la paix que devait
assurer, pour près d'un demi-siècle, le sage gouvernement

des archiducs. A l'ouverture des Etats, le 16 mai 1614, le prince de Ligne, qui, avec le gouverneur ou président d'Artois, était chargé de représenter l'autorité centrale dans cette assemblée, voulu troubler « l'usance anchienne et accoustumée. » Bien que suivant cette « usance » trois députés ordinaires, dont faisait partie le sieur du Natoy (*) aient été au devant de lui et de son collègue, il se refusa à donner communication des pouvoirs qu'il tenait des archiducs. En outre, il prétendit aux honneurs d'une « aultre séance que celle accoustumée, » et fit apporter deux chaises pour s'asseoir avec le président d'Artois, en disant que « sy lon le vouloit empescher il sçavoit quelle « instruction il avoit. » L'assemblée lui refusa même les chaises, ayant remarqué qu'il les « faisoit mettre en avant « pour desplacer les dictz Evesques d'Arras et Saint-Omer du « premier bancq. »

Le prince de Ligne répondit en se retirant avec son collègue; et les Etats s'empressèrent de protester contre une nouveauté qui « estant admise polroit donner occasion à plusieurs « difficultés et mauvaises conséquences, requérant les dictz « Estatz que les dictes instructions leur soient communiquées « comme du passé. »

Les archiducs « pour bonnes considérations, ne trouvèrent « convenir de changer l'ordre et pied anchien de séance « jusques ores observé en l'assemblée des Estatz. » Ils décidèrent en outre, « au regard de ceste place du dit prince « de Ligne » que « d'ung costé et d'aultre se gardera wyde la « place d'une personne. »

Afin de contenter une province qui allait montrer tant de dévouement à ses anciens maîtres, au milieu de guerres aussi longues que désastreuses, l'infante Isabelle rétablit dans Arras, par lettres patentes du 3 janvier 1623, ce qu'on appelait alors une « forge de monnaie. » La province, qui en espérait des

---

(*) C'était Nicolas Duval qui avait épousé Isabeau Couronnel, fille de Charles seigneur de la Tramerie, etc., etc.

bénéfices importants, avait déjà sollicité pareille mesure de l'empereur Charles-Quint qui, sans doute pressé d'argent, avait bien accordé la forge, mais réservé ses revenus pour ne point, disait-il, « faire aliénation de nos droix. »

Nous avons plusieurs actes concernant la vie privée de Charles Couronnel. Le plus ancien est une « quittance faicte « et donnée réciproquement le dernier décembre 1599 devant « Bossus et Vaillant, notaires à Arras par D^lle Anne « Bertout, veuve de messire Clarambault-Couronnel, vivant « E^r Sr de Bailly-en-Cambligneul, d'une part, et Charles « Couronnel aussy E^er Sr de Berguigneuse son fils, d'autre « part, pour raison des comptes rendus par la dicte dame audit « S^r son fils de la gestion et administration de ses biens. »

Il y a encore le testament « reçu le 14 décembre 1611 « par Bonvant et Deslions, notaires à Arras, et fait par « D^lle Anne Bertout, veuve de feu noble seigneur M^re « Clarambault Couronnel, seigneur de Baly-en-Combligneul, « conseiller extraordinaire de feu Sa Majesté catholique par « lequel elle donne et lègue à Charles Couronnel son fils, la « Maison et cens de Cambligneul avec tous les manoirs, terres « et dépendances, plus sa Maison et cens de Beaucamp avec « pareillement les manoirs et terres, plus un fief avec ses « consistances assis sur le domaine de Pas et sa terre et sei- « gneurie de Bergueuneuse-les-Honchin, comté de Saint-Pol.»

Nous n'avons point le testament complet d'Anne de Bertout; mais nous en possédons plusieurs autres à peu près de la même époque. Il sera peut-être intéressant d'en donner quelques extraits. Ceux qui sont du XVIᵉ siècle commencent tous par cette formule : « In nomine domini amen. » Ceux du siècle suivant la traduisent parfois en français ou la remplacent en parlant « au nom de la Sainte Trinité.» Ensuite vient une sorte de méditation pieuse, d'autant plus longue que la pièce est généralement plus ancienne, mais qui est toujours conçue dans le même esprit. Le testament qui nous paraît le plus intéressant, et auquel nous emprunterons le plus de citations est celui de « Jehanne de Baudart

« fème et espeuse de Vallerand de Mons (*) E^{er} S^{re} de Maretz, »
« Estant, dit-elle, dans mon sens et vray entendement
« cognoissant la certitude de la mort et l'heure incertaine
« d'icelle, non vœullant morir intestat, mais come bonne
« chrétienne et fidelle ay fait deviser et ordonner ce présent
« mon testament et dernière volonté du volloir consentement
« et auctorité de mon dit seigneur et mary... »

« Et primo je recommande mon âme à Dieu, mon père
« créateur, à la glorieuse Vierge Marie, à Monseigneur Saint-
« Michel l'Archange ensemble, à toute la cour céleste de
« paradis pour icelle mon âme estre présentée à Dieu mon dit
« père créateur, quand de mon corps se partira, auquel je prie
« dès maintenant pour lors et à tous jours miséricorde et mon
« corps estre mis en sépulture en l'église de Mons au devant
« de l'autel d'icelle glorieuse Vierge Marie ma patronne auprès
« de défuncte madame de Mons mère de mon dict mary. »

On érigeait parfois, à cette époque, de magnifiques tombeaux
dans les églises les plus obscures. Une sentence de noblesse
nous a conservé la description de celui que Philippe du Rietz
« s'était fait tailler sur pierre eslevée en accoustrement de
« gentilhomme armé de toutes pièces cy come de cotte d'armes
« ganteletz, esperons et aultres, à genoux au devant de
« l'imaige et remembrance d'un Dieu de pitié aussy taillée sur
« blanche pierre. »

Ce tombeau qui était au village de Wailly (Pas-de-Calais)

(*) Ce fut par sa fille, Jeanne de Mons, mariée à Michel du Fresnoy, que l'importante seigneurie de Mons ou Mont-en-Ternois vint à la famille du Fresnoy, d'où elle passa dans celle du Rietz, par suite de l'alliance de Marie du Fresnoy avec Nicolas du Rietz.

Il y eut, à cette occasion, un curieux procès, à la suite duquel Marie du Fresnoy, comme plus âgée, hérita, suivant la coutume du comté de St-Pol au détriment de François Coulon, seigneur de Quigny, de la terre de Mons avec ses dépendances en ce comté.

Elle arriva dans le courant du siècle dernier à notre famille, par héritage de la Maison du Rietz.

Les armes des Coulons étaient d'argent à la fasce de gueules portant trois merlettes, à droite un petit écusson mi de gueules au chef en échiquier de sable et d'or.

Celles de Mons étaient d'argent à trois coquilles de gueules.

fut peu après « démoli et ruiné par la raige et incursion des
« ennemys de la foy catholique pendant le brisement des
« imaiges come estoit à chacun notoire. »

Jeanne de Baudard, après différentes dispositions relatives
aux prières et aux messes à dire à son intention, demande une
messe basse à Monseigneur St-Jean-Baptiste son parrain. Elle
donne pour cela dix florins au curé et quatre au clerc qui le
servira, plus cent solz tournois à la fabrique. En outre, elle
lègue 2 florins aux confréries de Saint-Adrien, Sainte-Barbe et
des Trépassés de l'église de Mons.

« Item, dit-elle, je donne à Jehanne de Mons ma fille aisnée
« à présent vefve de Michel du Fresnoy, en souvenance et affin
« qu'elle prie Dieu pour moy, une robe de drap noyr fourrée
« de rousse fourrure avecq une nappe neufve de quatre aulnes
« pour les délivrer à icelle Jehenne incontiment après mon
« trespas.

« Item, je donne à Thoinette de Mons ma fille, affin qu'elle
« ayt mieulx de quoi se marier et que seront tenus mes dits
« exécuteurs luy délivrer, incontinent qu'elle prendra estat
« de mariage ou aultre estat honnorable du gré et consentement
« d'iceulx, ma bonne robe de damas fourrée de martre le
« corset siévant de camelot, ma robe de camelot noyr fourrée
« de noirs aigneaulx, une longue nappe de menuet (*) ensemble
« ung aneau d'or ou est enchassé ung diamant. A laquelle
« Thoinette prie avoir souvent souvenance de moy et prier
« pour le salut de mon âme. »

A ses fils Thonin et Martin, Jeanne de Baudart laisse «ung
« angle (**) d'or en souvenance et qu'ilz prient Dieu pour elle. »

Enfin à son « dict seigneur et mary et nonobstant que tous
« ses biens soient siens » elle « donne et délaisse son
« aneau d'espousaille. »

(*) Lin, toile fine.

(**) S'agit-il là d'un aigle ou d'une croix en sautoir ?

Son « très chier filz aisné Jacques de Mons » reçoit « les
« deniers de ses dictes espousailles » et « tous deux sont
« desnommés et establys ses exécuteurs. »

Ce testament, comme tous ceux faits dans le Comté de St-Pol,
dont les coutumes étaient fort différentes de celles du reste
de l'Artois, n'est accompagné d'aucun « Salut » émanant du
« garde du seel. » Il n'y est pas non plus question de notaires
devant lesquels auraient comparu les parties.

Le testament de Jeanne de Baudart est « passé par devant
« Sire Jehan de Valucre, prestre, à présent vice-curé de Mons,
« Wallerand de Mons-en-Walique et Pierre Le Vasseur,
« tesmoings à ce évocqués, lesquelz l'ont signé de leurs seings
« et merques manuelz du consentement du dict seigneur et
« mary. »

Un autre testament, fait par Charlotte de Lillette, veuve de
Jean du Rietz, seigneur de Berghuineuse, reproduit à peu près
les mêmes dispositions. Elle se déclare « bonne chrétienne
« et catholique » et donne son corps « pour estre inhumé en
« l'église de Monsieur Saint-Léger, patron de Berguineheuse
« joindant son feu mary. »

Elle « donne à Messire Nicolle Perquer, prestre, vice-curé
« au dict village, la somme de vingt soulz pour toutes les
« bonnes visites qu'il a faict » et « veut que femes vefves du
« dit Berguineheue portent son corps en terre ; à chacune qui
« portera sera offert un boitiau de bled. »

Le testament est « faict et passé en présence du Lieutenant
« de Madame la Contesse de Saint-Pol, Jehan Bricepot et de
« Claude Oudart, eschevin du village de Berguineuse. »
Etaient aussi présents Louis de Lelloyal, lieutenant et échevin,
et Charles de Crespy, qui ont signés comme témoins avec le
curé Nicolle Perquer.

Charles de Mailly-Couronuel s'était, ainsi que nous l'avons
vu, fixé à la campagne, comme la plupart des nobles de son
temps, qui, presque tous, avaient opté pour l'épée qu'ils ne

pouvaient plus porter avec la robe. L'éducation de ses enfants l'appelait plus souvent à Douay qu'au chef-lieu de la Province, aussi est-ce de là que sont datés les derniers actes qui nous viennent de lui.

Ils concernent sa succession et le partage de ses biens. Le premier, intitulé « Consentement » fut passé le 29 août 1628, devant Carpentier et Collinier, notaires à Douai. Par cet acte « Philippe de Couronnel, E^{cr}, moyennant la promesse à lui « faitte par Charles de Couronnel aussy E^{cr} Sr de Berguineuse, « son père, de lui donner par testament ou aultrement la dicte « terre et seigneurie de Berguineuse franche et quitte de touttes « charges, consent que le dit S^r son père dispose par donation « ou partage de touts ses autres biens, meubles ou immeubles « au profit de ses autres frères et sœurs comme aussy de touts « autres que ceux délaissés par feu D^c (*) Jeanne de St-Amand « sa mère... »

Puis, vient un « testament olographe en forme exécutoire « sur parchemin, expédié à l'Hôtel-de-Ville de Douay, signé « en fin d'apvril et scellé du sceau de la dite ville en cire « verte. » A la suite de ce testament « fait par Charles de « Couronnel, Ecuyer, Sieur de Berguineuse, veuf de D^c Jeanne « de Saint-Amand, (**) est un contrat passé le 16 novembre « 1630 devant les Notaires royaux à Douay, contenant partage « noble de ses biens à ses enfants, par lequel contract apert

---

(*) Cette désignation est à remarquer. Elle n'est plus aussi claire que les précédentes. Ce n'est ni « Dame, ni Demoiselle. » Elle se retrouve depuis dans les actes, jusqu'au moment où celle de « Dame » deviendra définitive à peu près pour tout le monde.

(**) Nos papiers parlent d'une tombe « portant gravées les armes pleines de la « famille, dans la chapelle de Saint-Morand de l'église collégiale de St-Amé de « Douay, sous la date de 1628. »
Etait-ce celle de Jeanne de St-Amand, décédée avant son mari, ou celle de leur fils Dominique, mort jeune après « s'estre fort adonné aux études ?» Cela prouve toujours, contrairement à ce que nous avions cru d'abord, que la branche de Vélu cessa d'écarteler les armes de Jumelle en même temps que celle de Mernes, sans attendre l'extinction de ses aînés.

« qu'il donne à Philippe de Couronnel, Ecuyer Sieur de Vélu,
« son fils aîné, la terre et seigneurie de Berguineuse ainsy
« qu'elle se comprend sans aucune charge, plus la terre et
« seigneurie de Vélu provenant de la donation faite audit
« Philippe par Dlle Marie de Saint-Amand sa tante, (*) et
« donne à tous ses autres enfants, soit fils ou filles, la seigneurie
« de Barly-les-Camblignœul... »

(*) Avant cette donation, la seigneurie de Vélu devait être partagée entre les deux sœurs, Jeanne et Marie de St-Amand, comme on le voit faire ici pour celle de Basly.

FIN DU CHAPITRE VI

CHAPITRE VII

CHAPITRE VII

La branche de Mernes jusqu'à son extinction, par suite du décès de ses héritiers mâles, et du mariage de leur sœur avec Philippe de Gherbode d'Espaing, le 17 juin 1684.

————— ✳ ——— —

L'importance de la branche de Mernes et les services qu'elle a rendus, nous engagent à lui consacrer un chapitre. Ses représentants furent aussi des militaires, et c'est sur les champs de bataille « le jour de la Saint Louis (*) 1673 » que périt le dernier de ses rejetons mâles arrivé à l'âge d'homme.

Jean de Mailly-Couronnel avait eu, de son mariage avec Marguerite de Baynast, de nombreux enfants dont la plupart moururent avant lui.

Voici les noms de ceux qui arrivèrent à l'âge adulte :

1° Jean, qui, bien que l'aîné de la famille, se fit militaire et

(*) 25 août.

« mourut tot après son retour d'Itallie audit Arras à marier,
« âgé de environ trente et un ans et est enterré près de ses
« frères en ladite église de St-Jean. »

Nos papiers fixent la date de son décès au 17 de septembre
1573, plusieurs années avant celui de ses père et mère.

2° Philippe dont nous parlerons plus loin.

3° & 4° Anne et Marguerite, mortes toutes deux sans
alliance et enterrées, l'une le 15 mars 1590, l'autre le 7
février 1592, dans l'église de St-Jean-en-Ronville auprès de
leurs parents.

Il nous est impossible de rattacher à aucune généalogie,
une abbesse de la Trinité de Caen, près du Lys (près Melun),
du nom de Louise, morte en 1554, ainsi qu'un prêtre de
l'église Notre-Dame d'Alençon, appelé Nicolas, qui vivait
encore en 1674. Nous les mentionnons cependant, puisque
nous en avons trouvé les traces.

Philippe, premier du nom, seigneur de Mernes, etc., etc.

« Ledict Philippe ayant esté entretenu par son père aux escolles
« tant à Arras que en l'Université de Douay, après le décès
« d'icelluy sans prendre aucun degrés retourna à Arras au
« praticque (*) là où il fut environ an et demy. Après s'en allat
« voyager en Itallie et Espagne où il servit le roy, don
« Philippe deuxiesme d'archier de corps l'espace de cinq ans
« auquel estat il fit avecq led. Roy plusieurs voyages sy côme

---

(*) Ce terme, d'après Ferrières, s'appliquait à « la science de bien instruire
« un procès et de faire les procédures convenables. » Il est probable que
Philippe avait alors l'idée de prendre la robe pour succéder dans Arras aux
emplois de sa famille, comme le faisaient encore certains gentilhommes.

« en Arragon, Catalogne et autres lieux tant pour y appaiser
« les troubles qui y estoyent advenus pour cause d'un
« secrétaire dud. Roy nommé Anthoine Perez, que pour
« suivre le prince don Philippe IIIᵉ.

« Et d'Espagne retourna, icelluy Philippe avec le cardinal
« Albert d'Austrice qui venoit au païs bas pour gouverneur,
« duquel dict depuis il a esté prince souverain par le mariage
« qu'il fit avecq madame Elisabeth-Claire-Eugénie fille aisné
« dud. Seigneur Roy, à laquelle furent donnés iceux pays. Là
« le dict Phillippe servit tant ledict Roy que l'Archiducq Albert
« en leurs guerres qu'il avoit, tant contre les François, jusques
« à ce que la paix se fit d'entre ledit Seigneur Roy et Henri
« IVᵉ roy de France en l'an 1598, que contre les Hollandois
« Zellandois et enfants rebelles où il traisnat la picque
« premièrement, et du depuis faict lieutenant d'une compagnie
« de Wallons au régiment de Charles de Longueval, comte de
« Busquoy (*) auquel estat il servit l'espace de cinq ans d'où
« il se rethira l'an 1599 au mois de décembre ; et l'an suivant
« au mois de may (épousa) Suzanne de Pronville (**) fille de
« Pontus et de Damᴵˡᵉ Magdeleine Bertoult. »

Les recherches qui nous ont été nécessaires pour bien
comprendre ce document sont venues en confirmer l'exactitude.
Ainsi, Antoine Perez est non seulement un personnage
historique, mais encore les causes de sa disgrâce et de ses
aventures se rattachent à l'Artois.

Philippe II, après avoir fait assassiner par Perez l'envoyé de
Don Juan d'Autriche, Escovedo, devint jaloux de cet agent,
qu'il avait chargé d'une mission toute différente auprès de la
princesse d'Eboli. C'est alors qu'il le fit poursuivre par la
famille d'Escovedo ; puis par l'inquisition.

Ce malheureux, s'étant évadé après avoir été mis à la

(*) Cette famille existe encore en Autriche.

(**) Les armes de Pronville étaient de sinople à une croix dentelée d'argent.

question, se réfugia en Aragon, dont il réclama les privilèges
pour échapper aux poursuites royales. Philippe ayant voulu se
le faire livrer, le peuple le mit en liberté et les provinces de
Catalogne et d'Aragon levèrent un moment le vieil étendard
de St-Georges. Toute résistance devint bientôt inutile contre
le roi, qui profita de la circonstance pour ravir toutes leurs
franchises aux provinces qui avaient osé lui résister. Cette
mesure fut accompagnée d'exécutions, qui ont puissamment
contribué à la réputation de cruauté de Philippe II et à la
terreur qu'inspire encore l'Inquisition.

Quant à la mission d'Escovedo, qui était toute de conciliation, puisqu'elle demandait l'éloignement des troupes
espagnoles et italiennes qui s'étaient fait détester dans les
Pays-Bas, il n'y aurait rien d'étonnant qu'elle eût attiré en
Espagne plusieurs jeunes gens de ces provinces. C'est même
cet esprit de conciliation qui anima les craintes de Philippe II
et qui, à l'instigation de Perez, le décida à charger ce triste
confident de faire périr Escovedo.

Le 17 décembre 1596, Philippe de Mailly-Couronnel avait
« relesvé sa bourgeoisie par devant Monsr Douxxy, « eschevin »,
en même temps que son cousin Charles, de la branche de
Vélu.

Au moment où cette coutume va tomber en désuétude,
nous ne croyons pas sans intérêt de rappeler les lettres
accordées à son sujet et le serment des Bourgeois de la ville
d'Arras « qui jouissaient, à l'exemple de la plus haute
« noblesse, de certains avantages qui y sont attachés. »

Voici les lettres de bourgeoisie de Charles Jérôme du Rietz,
avec le serment qui les accompagne. « A tous ceux quy ces
« présentes lettres verront salut, scavoir faisons que ce jour-
« d'huy datte des présentes, Messire Charles-Jérosme du
« Rietz, Chevalier Seigneur de Willerval, Frévillers (*), etc.
« etc. Capitaine de dragons au Régiment de Sailly, fils de

(*) Nous avons vu au chapitre 1er que « Guérard Couronnel, fils de Pierre, eut
« a feme une fille des Frévillers. »

« Jérosme (*) escuier, sieur deFrévillers, etc., etc., a recreanté
« sa bourgeoisie et presté le serment ordinaire et accoustumé
« par devant Monsieur le Mayeur, Eschevin sepmanier (de
« semaine) partant jouira des droits, privilèges et émolûments
« attribués aux autres bourgeois. En témoin de quoy nous
« avons fait signer ces présentes par le greffier ordinaire de
« cette ditte ville. Quy furent faites le 20 febvrier 1693 et y
« apposé le scel des armes d'ycelle, ce jourd'hui 2 mars 1708. »

« Serment des bourgeois de la ville d'Arras. »

« Contenu au livre des sermens de la dite ville, reposant
« en la Chambre du Conseil eschevinal d'icelle. »

« Vous fianchez la Bourgeoisie à tenir an et jour et depuis
« là en avant aux Us et Coustumes de vos devanciers et
« promettez à aider et soustenir les Us, les Coustumes, les
« Franquises et les Previlèges de la Bourgeoisie et obeirez
« au Maieur et aux Eschevins et les conseillerez et aiderez en
« bonne foy, si mestier est à vo sens et à vo pooir et ne ferez
« ny faire ferez assemblée ne alliance contraire à la ville ne
« aux Eschevins et se vous le sçavez vous le noncherez et le
« Conseil de la Halle et des Eschevins celerez et apporterez par
« Brevet tout vo vaillant par escrit aux Eschevins, justement
« et loyalment toutesfois que approchiés, sommés et requis
« en serés et contribuerez avec eulx et les autres Bourgeois à
« tous les frais et mises de la dite Ville pour l'acquit d'icelle en
« quelque manière que se prend et assié et à ce vous submectes
« et obligez.

« Ainsi que vous l'avez fianché et promis vous le jures se
« Dieu vous ait chil sainct et tout l'y autre. »

Charles-Alexandre du Rietz, fils de Charles-Jérôme, « récréanta
« sa bourgeoisie » le 21 janvier 1713. Etait-ce pour succéder à

(*) Jérôme du Rietz, dont il est ici parlé, bien qu'il ait acquis plus tard la terre,
seigneurie, pairie et comté de Willerval, est dit « d'Huclier, seigneur de Frévillers. » Il servit le dénombrement des deux terres dont il prenait le nom au
seigneur de Saint-Pol, le 17 octobre 1676.

son père, ou dans un but particulier, qu'il recourut encore à cette formalité ? Tout ce que nous pouvons dire, c'est que ses lettres sont les dernières que nous retrouvions dans nos papiers de famille.

Philippe de Mailly-Couronnel avait, ainsi que nous l'avons vu, épousé Suzanne de Pronville. Son contrat de mariage, passé le 18 avril 1600, devant Jean Philippe et Adrien, notaires à Arras, porte qu'elle était « fille aînée de Ponthus de « Pronville, Er, Sr de Haucourt (*) et de defte Dlle Madve « Bertoul, sa femme, ses père et mère.»

Ce devait être une héritière, comme l'indique la mention qu'elle était fille aînée, (**) et comme semblent le prouver plusieurs fiefs cités parmi les seigneuries de ses descendants qui ne leur viennent pas de nos auteurs communs. Au reste, Eléonore de Mailly-Couronnel, sa petite-fille, apporta de grands biens à Philippe de Gherbode d'Espaing, qu'elle épousa peu avant la mort de son frère Maximilien-Philippe, dont le décès la fit héritière de toute la branche de Mernes.

Philippe de Mailly-Couronnel figure, sous la date de 1602 et 1603 dans les registres du droit de nouvel acquêt levé ès-villes et châtellenies de Lille, Douay et Orchies, reposant à la chambre du roi à Lille.

« L'Acte de Relief » qui lui fut alors délivré porte que « Charles Couronnel, Conseiller du Duc de Bourgogne, étant « attract par devant les Commissaires pour payer le droit de « nouvel acquêt du fief et noble tenement de Mernes, il en avoit

---

(*) Nous avons vu au chapitre V, que les Grebert, auxquels s'était allié Florent Couronnel, avaient pour cri de guerre : « Haucourt ».

(**) Le testament de François Antoine d'Aoust, fait le 7 février 1691, nous montre les avantages, qu'il était la coutume de leur faire en Artois. Il laisse ses principales seigneuries à sa fille aînée Marie Michelle, dont la fille devint notre trisaïeule par son mariage avec Louis Joseph de Mailly-Couronnel.

Dans ce testament il est dit « qu'au cas où la ditte demoiselle, fille aisnée « viendroit à mourir sans enfants nez ou à naistre, la terre de Barastre et tout « le contenu en son partage appartiendra en toute propriété à la dite damoi- « sèle Adrienne seconde fille. »

« été quicte comme noble et extrait de noble génération
« duquel Charles estant le dict messire descendu, il en a été
« aussy tenu quicte et exempt comme noble et extrait de noble
« génération. »

(L'acte poursuit, en citant la sentence du 24 avril 1445.)

Il ne sera peut-être pas sans intérêt de faire connaître
comment le fisc poursuivait en pareille circonstance et
s'efforçait de faire payer des droits qui « n'étaient pas dus à
« raison des privilèges de la noblesse. »

Voici la pièce concernant les acquisitions faites par Jérôme
du Riez et Gertrude Le Bourgeois, son épouse, à Frévillers et
à Willerval :

« Comté d'Artois,

« Du rolle des taxes arresté au conseil d'Estat du Roy, le 3e
« septembre 1681, signé Ranchin, a esté extrait ce qui ensuit :

« Artois,

« La vesve du sieur du Rietz Willerval pour les terres et
« seigneuries de Frévillers, Willerval et Maretz payera pour
« une année et demie de revenu la somme de six mil livres.
« La dite vesve du sieur du Rietz-Willerval pour la peine du
« quatruple fault par elle d'avoir fait déclaration desd. terres
« et seigneuries de Frévillers, Willerval et Maretz payera la
« somme de vingt-quatre mil livres. »

Au verso se trouve imprimée la formule suivante :

« A la requête de Maistre François Julliet, chargé du
« recouvrement des droits de Francs-Fiefs et Nouveaux
« Acquects en Flandre et Pays conquis suivant l'Arrest du
« Conseil d'Estat du roy du premier juin 1680, J'ay huissier
« sous signé signifié et laissé la présente copie aux du Rietz
« parlant à sa personne à ce qu'il n'en ignore et qu'il ay
« à payer la dite somme conformément au dit Arrest, moitié
« dans quinzaine et l'autre moitié quinzaine après entre les

« mains du Sieur de Roudière, fondé de procuration générale
« dudit Julliet, en son bureau estably en la Ville d'Arras
« vis-à-vis l'Eglise de Sainte-Croix, à peine d'y estre contraint
« comme pour derniers Royaux.

« Fait à Willervalle ce 20me de septembre 1681.

« Signé : Rigollot.

Gertrude Le Bourgeois répondit à cette sommation par la
lettre suivante adressée à :

« Monseigneur,

« Monseigneur de Breleval, Conseiller du Roy en ses Conseils,
« Intendant de Justice, Police en L'Artois, Picardie, Boulonnois,
etc., etc.

« Remonstre très humblement Dame Gertrude Le Bourgeois
« vefve de feu Messire Jérôme du Rietz, Chevalier Seigneur de
« Frévillers, Huclier, Jouy, Hamel, Mons, Maretz et aultres
« lieux, qu'encore qu'elle soit exempte du droict de nouvelles
« acquests, come estant noble passée longues années, selon
« qu'il se justiffie non seulement par les lettres de chevallerie
« accordé par Sa Majesté, audt feu Seigneur de Frévillers,
« en l'an 1660 (*); mais aussy par une sentence donné des
« Esleus d'Artois, en datte de l'an 1490 (**) et collationné à la

---

(*) Nous avons encore ces lettres de chevalerie qui furent accordées par
Louis XIV. Nous en reparlerons à propos de celles octroyées, en 1723, par
Louis XV à Louis-Joseph de Mailly-Couronnel.

(**) Cette sentence est plutôt une enquête faite au Valhuon « relativement
« aux aides, tailles et subsides qui se pourront mettre sus en la dite ville, »
qu'une généalogie. On y fait, comme nous l'avons vu en parlant de la sentence
de 1445, comparaître les plus notables « manans et habitans de la ville. Lesquelz
« recongnûrent pour eux et en leur nom et eux faisans et portans fort de la plus
« saine partie des autres habitans dudit lieu de Valhuon.... la noblesse de
« Charlot du Rietz, filz de feu Jan, en son vivant demeurant audit lieu. »
Ils « constituent et establissent leurs procureurs généraux et certains mes-
« sagers espéciaux, Maistre Alexandre de Le Rue, Pierre Bardoul et Jan
« Grignart ausquels ont donné et donnent pooir espécial absolut et irrévocable
« et sans autre pooir ou charge, de eux avoir de bouche ni par escrit que le

« requisition dud. seigneur du Rietz le 8 de may 1660 soubz
« le seel et signature du greffier desd^ts Esleus. Sy este
« toutteffois que le sieur Roudier Comis au recouvrement
« desd. droicts, l'a fait exécuter pour la somme de 30.000
« livres tant pour ce que dict, que lad. dame est taxée, que
« pour la paine du quadruple; par exploix du 2 de Septembre
« 1683 et mesme faict posser sequestre chez elle pour avoir
« payement de lad^te somme. Et comme il n'est pas juste qu'elle
« soit ainsy molesté pendant qu'elle est exempte dud. droit
« elle a esté conseilliez d'avoir recours à Vous Monseigneur à
« ce que vous plaise la descharger desd. taxes et paine du
« quadruple veu lesd. tiltres de noblesse que j'ay produict par
« copie authenticque en ordonnant que lesd. sequestres
« sortiront et sans frais quoy faisant.

« Signé : La dame de Willerval. »

Nous pensons que ces pièces, notamment la sentence
suffirent à la Dame de Willerval pour la dispenser, non-seule-

---

« contenu en ceste dites présentes aller et comparoir pardevant messieurs les
« Esleus d'Artois et illec pardevant eux consentir et accorder, au nom desdits
« comparans et de chacun d'eux que Charlot du Rietz..... jouisse des privilèges,
« franchises et libertés deubs conférés et accordez aux nobles hommes. »
, L'enquête qui provoqua cette déclaration fut dirigée par Charles de la Viesville,
Seigneur du Frestoy, Flamermont, Sams, et La Motte, Chevalier, Conseiller et
Chambellan du Roy nostre Sire, (Il est ici question du roi de France Charles
VIII, qui n'abandonna l'Artois qu'en 1493) Sénéchal de Ternois et Bailly de la
Comté de St-Pol qui donne le « Salut » comme Bauduin Dougnies et Jehan de
Dieval en 1445. Il se fit assister de « Pierre Frémin et Cristophe de St-Léger
« déservans en la cour du Chastel de St-Pol asscavoir ledit Frémin, le parié
« d'Ococh et ledit de Saint-Léger le parié de Damoiselle Marie Monchy
« damoiselle de Capendu, en présence desquelz comparurent en leur
« personne » les témoins notables dont nous avons parlé.
Cette sentence ne parut pas suffisante au point de vue généalogique, puisqu'elle
dut être appuyée d'une autre qui traite spécialement de la question en 1592.
Nous en avons plusieurs fois cité des extraits surtout au chapitre VI.
Des papiers venant de Willerval nous apprennent qu'il y eut au sujet de
l'acquisition de cette terre une longue procédure, tant au Conseil d'Artois qu'au
Parlement de Paris, entre Dame Gertrude Le Bourgeois et les créanciers de
Dame Antoinette Doignies, Comtesse de Willerval, qui devait descendre de
Bauduin Dougnies.
Nous verrons, à la fin de ce chapitre, Philippe, dernier de la branche de
Mernes, épouser Anne d'Ostreel, dont le père était seigneur de Dieval et peut-
être aussi descendant de Jehan.

ment des droits réclamés; mais encore des frais et de tous les ennuis que prétendait lui imposer le peu galant Commis Roudier ou de Roudière.

La sentence de 1445, beaucoup plus complète que celle rendue sous Charles VIII en faveur de la famille du Rietz, ne fut jamais renouvelée ni complétée. Elle suffit, comme nous venons de le voir, pour dispenser Philippe de Mailly-Couronnel des droits à payer pour des acquisitions, faites probablement autour de Mernes qui dépendait des villes et des châtellenies de Lille, Douay et Orchies. Ces acquisitions semblent indiquer que, comme son cousin Charles, l'ancien soldat avait préféré la vie de campagne à celle de la ville.

On y avait bien quelquefois une manière un peu rude de recueillir les successions, comme le rapporte un arrêt des Président et Gens du Conseil provincial d'Artois qui date du 16 janvier 1586. « Pour se mettre en possession et joyssance « plénière de la terre et signourie de Mons » le neveu du défunt seigneur, « s'estoit empressé de se vestir de deuil et « assisté des gentilshomes voysins et de gens d'église, il estoit « allé au-devant du corps auquel il avoit faict faire la fosse » dans le chœur de l'église de Mons. Non content de « s'estre « ainsi monstré comme principal héritier » il avait « encore « par ses bailly et officiers, establi les plais (*) ordinaires « après publication faicte d'iceux à son de cloche. »

Il avait en outre, au dire de la nièce, principale héritière comme plus âgée, d'après la coutume de St-Pol, « esté en la « maison mortuaire substraire et robber, or, argent, vaisselle,

---

(*) On appelait ainsi les audiences données par les juges seigneuriaux à certains jours, comme le font encore de notre temps les Juges de Paix.

Nos papiers mentionnent un dénombrement « servy pour la terre, seigneurie, « pairie et comté de Willerval à très haut et très puissant seigneur Monseigneur « Louis de Melun, prince d'Epinoy et reçu aux plaids tenus par devant les « officiers de Carvin-Epinoy, le 21 janvier 1697. »

Le 23 juillet 1712 ce fut « Albert Le Clerq, Procureur spécial de Messire « Charles Alexandre du Rietz, qui prêta serment en son nom pardevant les « officiers de Carvin. »

« grains, accoustremens, estains et aultres meubles dont elle
« prétendoit restitution lui estre faicte. »

Lui, de son côté, accusait la nièce « d'estre entrée inconti-
« nent après le trespas, en la dicte maison mortuaire et d'y avoir
« print, appréhendé et appliqué à son prouffit toutes sortes
« et espèces de meubles cy come grain, bled, avoine, bois et
« fagotz et aultres provisions de mesnaige, partie desquelles
« elle avoit vendu et adeniérez et d'aultres parties en usé
« come de son propre. »

Les deux co-héritiers ne pouvaient pas s'arrêter en si beau
chemin, et ils eurent bientôt bataille en braves gens d'armes
qu'ils étaient. L'un, François Coulon, Seigneur de Quigny, ne
manqua point d'y aller de sa personne ; l'autre, Marie du
Fresnoy, veuve de Nicolas du Rietz, de s'y faire représenter
par ses deux fils Claude et Philippe.

L'affaire commença dans le bois de Mons, où François
Coulon « assisté de 10 ou 12 archiers de la Compagnie du
« Seigneur de Bailleul s'estoit ingéré d'entrer à main armée et
« illecq prins et emmené violentement 5 jumens attelées au
« chariot que Marie du Fresnoy avoit envoyé pour emmener
« aulcuns chesnes abattus par sa chairge. Oultre ce d'emporter
« les manteaux de ses deux charretiers, battre et outrager les
« dicts charretiers et le manteau du charpentier, sa harquebuse
« et sa bourse. »

Claude et Philippe du Rietz « filz de Marie du Fresnoy et
« d'elle advouez » répondirent le 20 juin 1582 en « allant au
« dict lieu de Mons, où, par voie de faict et avec armes cy
« come harquebouses et pistolles, assistés de Loys de la Haye
« soy qualiffiant de Prévost des Maressaulx, accompaignés de
« 16 à 18 personnes aussy embastonnez mesmement de
« semblables armes et avecq forche violence eulx emparez de
« la maison et cense du dict lieu de Mons. Y ayans faict abattre
« aulcuns chesnes et aultres arbres, lesquelz ils avoient fait
« emmener et encharrier contre le gré et volonté du dit Coulon
« et de ses bailly et aultres officiers de justice quy se y

« estoient trouvé à intention de, par voie de justice, em-
« pescher le transport d'iceulx chesnes. De quoy les dicts du
« Rietz et leurs adhérents n'avoient tenu compte. Ains en
« jurant, en blasphèmant le nom de Dieu avoient usé de
« plusieurs menasches se mettant en tous debvoirs de tuer
« et homicider les dicts bailly et officiers tenans en leurs
« mains leurs harquebouses prestes à desserrer sans avoir
« regard ad ce qu'ilz leur monstroit qu'ils estoient illec venus
« par voie de justice. Nonobstant quoy l'ung des dicts chesnes
« avoit esté emmené et encharrié par vive forche...... »

Les mœurs de la ville ne paraissent pas non plus s'être
adoucies au milieu des troubles auxquels avait été mêlé le
père de Philippe. Les archiducs en parlent encore dans des
lettres datées de Bruxelles, le 7 octobre 1610, et adressées aux
Mayeur et Echevins d'Arras. Après avoir rappelé que « per-
« sonnes non souffisamment qualifiées souvent s'admettent
« aux offices » les lettres poursuivent en disant « à quoy s'il
« n'est remédié pourroient arriver de grandz inconvéniens
« comme se sont veus et advenus es assemblées tenues es
« années 1576 et 1577 *durant les grands troubles*. Pour à
« quoy obvier, nous vous ordonnons, à l'advenir, disent les
« archiducs, que n'ayez à admettre es assemblées des bour-
« geois aultres que notables et ceulx que aurez fait évocquer
« gens de bien et qui ayent jugement pour bien adviser sur
« ce qui leur sera proposé pour nostre service et le bien de la
« dicte ville d'Arras. »

Ces mesures, quelque favorables qu'elles aient pu paraître
à la bourgeoisie d'Arras, ne devaient pas la relever du coup
que lui avaient porté les longues guerres et surtout l'institution
des armées permanentes. Il y a désormais, dans les villes, des
garnisons dont le chef a le commandement de la force armée
et devient, en temps de guerre, le supérieur de tout le monde.
Pour être sûr de commander en toutes circonstances, il faudra
être militaire ; de même que pour acquérir les grades reconnus
de tous temps nécessaires aux emplois civils, il faudra s'ab-

sorber de plus en plus dans un chaos d'ordonnances, dont l'accumulation rendra éternels les procès, à la fin de l'ancien régime.

Les lettres des archiducs citent, au sujet du « crime de « sorcellerie, magie et semblables inventions diaboliques » des « advocats auxquelz l'on debvra consulter et prendre « advis sur telz délicts. » Ce sont, avec les Maïeur et Conseiller d'Arras, les avocats Cardevacque, Gosson, Laisné, Semerpont, de Lattre, Ballet, Dieval, Vaulière, de Mol, Verloing, Damiens, Crespiœul, Broude, Lallou, Le Mistre et Anthoine Bouchier, « du nombre desquelz s'en debvra prendre au moings trois « en chacune consultation. » Comme on le voit, il s'y trouve encore des noms connus et appartenant aux familles les plus considérables de l'Artois ; mais le prestige de la bourgeoisie et des fonctions civiles, dont elle donnait l'accès, n'en reste pas moins diminué pour toujours. Il ne se relèvera jamais, surtout après que la conquête de l'Artois sera venue encore augmenter la prépondérance de l'élément militaire. C'est « à genoux à la « porte de Ronville » qu'il faudra recevoir le roi lorsqu'il daignera, comme Louis XIV le 22 juillet 1667, aller visiter la capitale de sa nouvelle province. De là, il faudra le conduire sous un dais, à la cathédrale et chez l'Evêque, sans qu'il soit fait mention du reste des autorités autrement que pour y figurer par leur soumission.

Philippe avait eu de son mariage avec Suzanne de Pronville :

1° Philippe qui suit ;

2° Marie-Madeleine, qui épousa Jean de Pousques, Vicomte de Nieuport, Seigneur de Florimont-en-Liège, qu'on disait issu des Comtes de Flandre. (*) Il était fils de Jean-Baptiste et d'Antoinette Grenet. (**)

(*) Les armes de Pousques étaient de gueules frété d'or au canton de Flandres.

(**) Les armes de Grenet, famille à laquelle le frère de Marie-Madeleine va s'allier en secondes noces, étaient d'azur à trois gerbes de blé d'or.

3º Marie, qui épousa Claude de Contes, Seigneur de Machy ou Marchy, de la maison de Créquy, (*) dont elle n'eut point d'enfants.

4º Suzanne, mariée à Floris Le Blanc, (**) Seigneur de Meurchin, fils d'Alexandre, Seigneur de Meurchin, Bailleul-Sire-Bertould, etc., etc., etc., et d'Anne Le Markais.

5º Marguerite, qui épousa Antoine Vignon, (***) Seigneur d'Houvencourt, Buneville etc., etc., fils d'Adrien, Procureur général de la ville d'Arras et de Catherine de Dampierre.

A la génération précédente, une alliance avait déjà été contractée avec cette famille par le mariage de Marie, fille aînée de Charles, Seigneur de la Tramerie, etc., etc., avec Antoine, Vignon qui pourrait bien avoir été le père de l'époux de Marguerite de Mailly-Couronnel. Au reste, la branche qui nous occupe étant sur le point de s'éteindre, nos papiers s'arrêtent à ses dernières alliances sans donner, comme ailleurs, d'autres renseignements sur les générations qui les suivent.

Philippe IIᵉ du nom, Seigneur de Mernes, Fermont, Boussart, etc., etc., etc.

Ce que nous en savons est presque entièrement rapporté, avec les services qu'il a rendus, dans les lettres de chevalerie

---

(*) Les armes de Créquy étaient d'or au créquier (chandelier à sept branches) de gueules.

(**) Les armes des Le Blanc étaient de gueules à la bande de Vair

---

(***) Les armes des Vignon étaient d'azur au chevron d'or abaissé sur une trangle (fasces rétrécies en nombre impair) du même.

qui lui furent accordées, le 2 novembre 1655, par le roi
d'Espagne Philippe IV.

Elles nous ont heureusement été conservées, et nous
pouvons les reproduire dans leur entier à la fin de ce chapitre.
Nous ne croyons pas cependant sans intérêt d'en rapporter ici
des passages.

Après avoir énuméré tout au long les titres qui lui appartiennent et ceux qui, comme celui de comte d'Artois, ne sont
guère plus qu'honoraires. Le roi Philippe donne le « Salut de
« la part de son cher et féal Philippe Couronnel dit de Mailly
etc., etc. » Il ajoute qu'il « a été remonstré qu'après avoir servi
« l'espace de douze ans, commençant depuis la première
« année des dernières guerres, de soldat volontaire à ses frais
« avec trois et quatre chevaux, sous le feu prince de Chimay,
« Philippe de Mailly-Couronnel s'est trouvé en toutes les
« occasions qui se son offertes. »

Puis vient l'énumération de ses campagnes sous le Marquis
d'Aytone, le Comte d'Isembourg et le Baron d'André, avec
lequel il défit la compagnie des gens d'armes du Duc d'Orléans.
Nous aurons l'occasion de revenir encore sur pareil sujet en
parlant d'un autre Philippe, de la branche de Vélu, qui devint
gouverneur de Tournay.

Les patentes de chevalerie parlent aussi de blessures reçues
au service du souverain, notamment au siège d'Arras, où
« Philippe, dans une rencontre, aurait été dangereusement
« blessé au bras droit, » aux avant-postes entre le Quesnoy et
Cambray où « il reçut un coup de mousquet à la teste et
« proche de Guise auquel il manquoit de perdre la vie. » Il
aurait encore reçu « diverses autres blessures, s'étant toujours
« comporté en touttes les occasions en homme d'honneur, de
« courage et de conduite, joint qu'il seroit directement
« descendu, en ligne masculine, de l'illustre Maison de
« Mailly en Picardie et que ses ancestres auroient rendu de
« grands et signalés services à nous et à nos très augustes
« prédécesseurs de glorieuse mémoire. »

Comme on le voit encore à cette occasion, il y avait pour les familles nobles, à défaut des actes de l'état civil et des armoriaux entachés quelquefois d'inexactitude et de vénalité, des pièces qui, en rappelant leurs titres d'honneur, retraçaient aussi leur filiation.

Philippe, de même que son père et son fils Martin-Philippe-Joseph, renouvela sa bourgeoisie. Il est inscrit sur le registre aux Bourgeois de la ville d'Arras, sous la date du « 4ᵉ apvril « 1636, » comme l'ayant « recréanté par devant M. de « Haultescotte, eschevin. »

Nous avons du dernier représentant de notre branche aînée une lettre adressée à son jeune cousin, Louis-Floris, qui nous paraît assez intéressante pour la reproduire entièrement.

A Mernes, ce 3ᵉ de juillet 1672 en grand hatte.

Monsieur mon cousin,

« Je vous envoye par cest expres les tiltres que vous avès « souhaité concernans nⁿᵉ extraction et généalogye, quy « pourront vous servir de preuve suffisante et contenter les « curieux, quy peut-estre ne seroient pas peu entrepris sy on « les obligoit à faire semblable preuve. Je vous prye cependant « faire soigneuse garde de tous ces munimens que je vous « confye; ce que je ne ferois assurément pour quy que ce fut. « Vous pourrès sy vous le treuvés bon les rendre es mains « de ma sœur de Machy, (*) ou sy non me les rapporter « vous mesme. Je vous envoye doncqz copye d'un épitaphe « gisant à St-Nicolas (**) pour preuver que la seconde branche

---

(*) C'était Marie de Mailly-Couronnel qui avait épousé Claude de Contes seigneur de Machy.

(**) Nous croyons qu'il s'agit là des tombeaux de Gérard et de Hugues de Mailly-Couronnel qui furent enterrés à St-Nicaïze d'Arras et non St-Nicolas.
Le tombeau de Hugues et de sa femme Isabelle Le Viseux était, paraît-il, fort remarquable. Nous en avons encore un dessin, où l'on voit trois personnages, deux hommes et une femme, avec trois écussons tenus chacun par un ange.

« de Mailly, d'où nous descendons porte d'or au Mailly de
« gueule ; de plus je vous envoye mes quartiers en couleurs.
« Et pour vériffication de l'alliance de Gérard Couronnel avec
« Dam^{lle} Pons du Chastel quy fut fille de Messire Robert
« dit Hector, Chevalier, Seigneur de Cuy, (*) je vous envoye
« une lettre en parchemin donnée de l'Empereur Maximilien
« d'Austriche et Marye de Charolois sa feme, datte du 2e
« d'Avril 1480 (**).

« Pour preuve de l'antiquité de notre famille et de l'alliance
« de Hugues Couronnel (quy fut filz de Gérard et de la dicte
« Pons du Chastel) avec damoiselle Isabelle Le Viseux, je
« vous envoye certaine sentence en parchemin datté du 24e
« d'avril 1445 (***) ; oultre quoy l'extraict des généalogies de
« Jacques Le Boucque (****) que vous avès vous pourrat vous
« servir.

« Pour preuve de l'alliance de Charles filz de Hughues avec
« Dam^{lle} Jacquemine de Pacy, je vous envoye copye de
« de leur épitaphe gisant en l'église de Saint-Jean-en-Ronville
« (*****). Pour preuve de l'alliance de Clarembault filz de

(*) La lettre porte bien Cuy, au lieu de Buy ou Guy que nous avons mis au
Chapitre 1er en rappelant cette alliance.

(**) Nous pensons que ce sont les lettres écrites de Malines à cette même
date, que nous avons déjà citées au Chapitre IV. Malheureusement il ne nous
en est resté que l'extrait fort curieux qui rapporte que Clarambault a souffert
« la mort » pour la querelle et au « contempt » de ses souverains.
Il paraît probable qu'une copie complète de ce document a dû rester dans la
famille jusqu'à la Révolution.

(***) C'est la sentence rapportée tout au long à la fin du 3e chapitre. Nous
avons encore la pièce dont il est ici question.

(****) Ce devait être le fils de Simon Le Boucq, magistrat de Valenciennes,
collègue et peut-être ami de Clarambault, que nous verrons dans la lettre
qualifié d' «ave » ou bisaïeul de Louis-Floris.
Simon Le Boucq a écrit une histoire, intitulée « Bref recueil des antiquités
« de Valenciennes » que nous avons utilement consultée. L'extrait généalogique
dont il est ici parlé existe encore.

(*****) Nous avons cette copie ; mais nous pensons que l'épitaphe a dû dispa-
raitre depuis 1672.

« Charles avec dam^{lle} Jenne de Paris, la lettre de l'Empe-
« reur Maximilien (*) suffirat et pour preuve de la noblesse
« desd. Paris je vous envoie leurs lettres d'anoblissement
« datté de l'an 1475 (**)

« Pour preuve de l'alliance de Robert Couronnel filz de
« Clarembau avec Dam^{lle} Jenne de Bernicourt, je vous
« envoye copye d'un partage faict par Dam^{lle} Isabeau de
« Genetz, vœufve de feu noble homme Jan de Bernicourt à
« ses enffans (***). Depuis, le dit Robert qui fut mon ave et
« v^{re} bisaïeul vous poursuivrès v^{re} généalogie par
« Clarembau son filz troiziesme quy fut v^{re} ave et eut à
« feme Dam^{lle} Anne Berthoul. Pour preuve de laquelle
« noblesse des Berthoul je vous envoye copye de l'ordonnance
« des Comissaires à ce déléguez datté du 10e de septembre
« 1583 (****). En après vous poursuivrès v^{re} descente par
« Charles, Sr de Berguineheux votre père grand qui eut
« à feme Dam^{lle} N. de St-Amand.

(*) Nous croyons que c'est la lettre de 1480 dont il vient d'être parlé plus haut.

(**) Nous n'avons plus ces lettres, mais nous avons encore, sur cette famille des papiers et des titres intéressants, que nous avons rapportés au Chapitre IIIe

---

(***) Nous n'avons plus cet acte de partage ; mais nous en avons un autre, fait en 1587 par D^{lle} Marie du Fresnoy vefve de feu Nicolas du Rietz décédé « après longs services faictz à son Prince estant en garnison en la ville de Bréda « délaissant divers enfans. »
Par cet acte, Marie du Fresnoy laisse bien à son fils Jérôme sa « terre et « terroir de Hamel-lez-Eucqueliers et Valhuon sans charge de quind et portions « es coteries » ; mais elle ajoute que « ce n'est chose nouvelle que pour esgaller « et proportionner ung partaige aulcuns des portionnaires rescompensent en « argent ou aultrement ceulx qui ont part de moindre valeur et extimation. »
L'acte qui est signé Venant, Le Josme, Bayen, Le Bailly et Colert, rappelle, quoique l'Artois soit alors tout à fait séparé de la France, et même en guerre avec elle, « l'opinion de M. du Mollin sur les coustumes de Paris et d'aultres. »

(****) Nous avons parlé au Chapitre V des ordonnances rendues par les Rois de France et ceux d'Espagne à ce sujet.
La pièce dont il est question n'est plus entre nos mains.

« La noblesse desquelz St-Amand se preuverat par la
« sentence cy-dessus datté du 24ᵉ d'avril 1445 (*).

« De là vous poursuivrés par feuz vos père et mère, et pour
« preuve surabondante je vous envoye l'enregistrature de mes

(*) On trouve dans cette sentence les phrases suivantes au sujet des St-
Amand :

« Disait aussy icelluy Charles que d'un aultre costé de par sond. père il estoit
« parent et cousin à..... Baudin, Seigneur de Frévillers et ses frères, à Galoiz
« de St-Amand, seigneur des Auteulx, à Nyeulx de St-Amand et Lebesgue de
« St-Amand frères. »

Ils sont encore cités plus loin, ainsi que « Jehan de St-Amand et Brunet de
St-Amand frères. »

A propos de Gérard ou Guérard de Mailly-Couronnel on trouve au chapitre Iᵉʳ
qu'il « eust à feme une fille des Frévillers, sœur de Guilbert, Seigneur dud.
« lieu, père de Bodin et fille d'une à surnom de St-Amand. »

Au commencement de ce chapitre, nous avons vu Charles-Jérosme du Rietz
se qualifier dans ses lettres de bourgeoisie de Seigneur de Willerval et de
Frévillers. Cette dernière seigneurie était entrée dans sa famille « par héritaige
« de Louis de Boutry, seigneur de Frévillers, St-Léger-en-Blangy etc, etc., »
oncle de Marie, qui épousa en 1591 son bisaïeul, qui portait aussi le nom de
Jérôme.

(D'après M. Guesnon, auquel nous devons pour cet ouvrage de précieux renseignements, ce ne serait pas St-Léger, mais St-Laurent-en-Blangy
qu'il faudrait mettre. De même au chapitre III, en parlant des « esche-
« vins de Blangy » nous avons confondu la ville de ce nom, située aux confins
de la Normandie, avec le faubourg d'Arras qui est sur la route de Douay au bord
de la Scarpe.)

Il est probable que c'est aussi par mariage que Frévillers arriva aux Boutry
qui appartenaient à une ancienne famille, dont nous aurons l'occasion de
rappeler plus loin l'origine.

Du temps des du Rietz, la terre de Frévillers se comprenait en « Seigneurie
« Viscomtière et en-dessoubs, bailly, hommes de fief et coltiers, procureur d'office,
« greffier, sergent et autres officiers, en un manoir à maze, de maison mannable
« granges, estables, maréchaussée, coulombier, cour et jardin contenant trois
« mencaudés de terre ou environ qui est le chef-lieu de ladite Seigneurie. »

Il est probable que c'est le manoir à maze qui est désigné sous le nom de
château, le 14 septembre 1676, par les Notaires et témoins devant lesquels
Jérôme du Rietz fit son testament. Bien qu'il ait acquis Willerval le 15 juillet
de la même année, il n'en habitait encore le château, où un inventaire, fait
le 13 mars 1733, mentionne « un petit sac remply de titres et papiers concernant
« les du surnom Boutry, anciens Seigneurs de Frévillers ; avec une petite farde
« de missives concernant tant Frévillers que Valhuon, Hamel et Huclier. »

« Noble homme Jérôme du Rietz avait épousé, en la cité d'Arras, le 28
« juillet 1655, Damoiselle Gertrude Le Bourgeois » qui paraît avoir été une très
riche héritière avec laquelle il acheta, non-seulement la terre de Willerval,
dont elle avait acquis, en son nom, le « dixième faisant le demy-quint, » mais
encore la « Seigneurie, droits, mouvances, redevances, etc., sur plusieurs terres
« dans le fond du Tirlet, terroir de Frévillers. » Cette acquisition fut faite de
Philippe Albert de Raucourt, écuyer, Sieur d'Herlin-le-Vert.

La Seigneurie de Frévillers fut aussi l'occasion de plusieurs procès, notamment avec l'abbaye de Loos, les abbés et religieux du Mont-St-Eloy, ainsi que le
curé de Magnicourt et le chapelain de Frévillers, au sujet de fondations laissées
par Louis de Boutry.

« lettres de chevalerye quy font foy des preuves que j'ay fait à
« Madrid de mon extraction. (*). De plus affin que fassiés voire
« comme quoy je suis convocqué aux assemblez des Estatz de
« ceste province de Lille en qualité de noble je vous envoye
« les missives par lesquelles on m'y appelle. (**)

« Voilà s'il me semble suffissament des tiltres pour le besoing
« que pouvès en avoir en ceste conjoncture.

« Je n'ay pas peu vous envoïer ce paquet par aucun de mes
« gens pour certaines affaires quy me sont survenues. J'ay
« convenu avec ce porteur pour deux escus que luy pourrès
« païer pour ses paines. Je suis cependant de très grand cœur

  « Monsieur mon cousin

   « Votre très humble serviteur.

    « *Signé* : De Mernes. »

La lettre de ce vieux brave est assez difficile à lire, peut-être
parce qu'à la suite de sa blessure au siège d'Arras, il écrivait
de la main gauche ; mais elle montre que le métier d'homme
d'armes n'a jamais empêché ceux qui l'ont voulu d'être
instruits et lettrés. Le père de Louis Floris, nous donnera pareil exemple au chapitre suivant, pour la branche de
Vélu.

Nous croyons, du reste, que Philippe est l'auteur d'un
mémoire où sont pieusement conservées les traditions de la
famille et particulièrement de sa branche. Nous y avons

(*) On verra ces lettres, comme pièces justificatives, à la fin du chapitre.

(**) Il est probable que ces pièces ont été rendues.
S'agissait-il d'Etats convoqués par les Espagnols, ou par les Français, maîtres
de Lille depuis 1667 et à qui cette conquête venait d'être assurée par le traité
d'Aix-la-Chapelle, 2 mai 1668 ?
La mort prématurée de Martin-Philippe-Joseph, fils aîné de Philippe, tué
dans une escarmouche près de Lille, à la reprise des hostilités, en 1673, nous
fait croire que son père s'est considéré jusqu'à la fin de sa carrière comme sujet
du roi d'Espagne.

souvent recouru, et il nous a puissamment aidés à retrouver les traces de ceux qui nous ont laissé, avec l'honneur de les représenter en ce monde, le devoir de les imiter.

Quant à la lettre que nous venons de citer, elle nous semble concerner les Etats d'Artois que Louis XIV avait réunis une première fois en 1660, l'année qui suivit la paix des Pyrénées. Cette réunion, quelqu'incomplète qu'elle eût été, avait fait grand plaisir à la province qui n'avait pas vu, depuis la prise d'Arras, en 1640, s'assembler les représentants de ses libertés.

Les Etats, d'abord appelés à St Pol, s'étaient depuis transportés dans Arras, et les nouvelles conquêtes de Louis XIV avaient augmenté leur importance en réunissant sous son sceptre toute la province d'Artois. Les Mailly-Couronnel n'y avaient point été convoqués, tant à cause de leur fidélité au souverain malheureux, dans les rangs duquel ils n'avaient cessé de combattre, que de la jeunesse de leur unique représentant en Artois, Louis Floris, dont le père était mort gouverneur de Tournay pour le roi d'Espagne, en 1658.

Les temps avaient changé, et Louis Floris, né quand l'Artois était à moitié française, quand Vélu, sa plus importante française seigneuries, était déjà loin de la nouvelle frontière, se trouvait déjà français de fait. Il était décidé à le devenir de cœur lorsqu'il écrivait à son parent pour obtenir de lui les renseignements nécessaires aux preuves exigées par les nouveaux maîtres pour entrer aux Etats.

Jusqu'alors il avait suffi à être noble et d'avoir une terre à clocher, pour être admis dans l'ordre de la noblesse ; depuis la réunion à la France, il fallut, avant de pouvoir demander au souverain la lettre de convocation aux Etats, avoir prouvé devant des commissaires nommés à cet effet, une noblesse de quatre générations remontant au moins à cent ans, et être seigneur d'une paroisse ou église succursale.

Les papiers des cadets étaient toujours moins complets que ceux des aînés, et les guerres sur la frontière où Vélu était situé, ainsi que les séjours à Valenciennes ou à Tournay, n'étaient point faits pour les tenir en ordre.

Nous avons cité, au Chapitre IV, le dénombrement présenté par Philippe de Mernes, le 31 juillet 1671, d'un « fief surnommé le fief de « la Porte, tenu du Roi à cause de son château d'Arras. »

Un grand malheur allait frapper notre branche aînée, et déterminer son extinction. Martin-Philippe-Joseph, fils de Philippe voulant suivre les traditions de sa famille, avait embrassé la carrière des armes. A la reprise des hostilités, il était aux avant-postes près de Lille, où il fut tué, dès sa première affaire, le jour de la Saint-Louis 1673.

Il était né d'un premier mariage de son père avec Anne d'Ostrel (*) ou d'Ostreel, fille de Guillaume, chevalier, seigneur de Dieval, Senteny, etc., etc., et de Marie de Jouglet. Le nom de Dieval rappelle la sentence de 1445, scellée par Beaudoin Dougnies, et Jean de Dieval, conseiller du duc de Bourgogne et receveur général des Aydes d'Artois. Anne d'Ostrel, qui pourrait bien en avoir été la descendante, mourut en couches, peu de temps après son mariage, ne laissant qu'un fils.

Quelques années plus tard, Philippe avait épousé en secondes noces Marie de Grenet (**) dame de Fermont, Herseaux, Estève, etc., etc., etc. Elle était fille de François, baron des Terres-Franches, et de Dame Anne de Flandre. Ce devait être aussi la parente de Marie Madeleine sœur de Philippe, qui avait épousé Jean de Pousques, vicomte de Nieuport, dont la mère était Antoinette Grenet.

De cette alliance naquirent deux enfants :

1° Maximilien-Philippe, à qui sa mère donna, par un acte daté du 4 février 1666, sa terre de Herseaux.

(*) Nous avons une transaction passée le 10 mars 1601, devant Adrien Labbé et Jean Alexandre, notaires à Arras. Elle concerne Jacques d'Ostrel « escuier seigneur « de Dieval, Baillescourt, Haultesmesnil, etc., etc., fils et héritier de feu Phi-« lippe d'Ostrel, » et Jérome du Rietz, aussi escuier, seigneur du Hamel, Huclier, Valhuon, etc., etc.

Les armes des d'Ostrel (Cᵗᵉ de Saint-Venant) étaient d'azur à trois dragons ailés d'or, couronnés du même, lampassés de gueules et vomissant des flammes du même.

(**) Les armes de Grenet étaient d'azur à trois gerbes d'or.

Il mourut jeune et sans alliance, laissant sa sœur héritière de tous les biens de sa branche. On voyait autrefois son tombeau dans l'église d'Erquinghem-sur-la-Lys auprès de Mernes.

2° Eléonore, qui épousa, le 17 juin 1684, Philippe de Gherbode (*), chevalier, seigneur d'Espaing, etc., etc., fils de François et de Marie de Vicq (**).

Elle hérita de son frère peu après son mariage, et Philippe de Gherbode, dont les biens ne semblent pas avoir été considérables, vendit la terre de Mernes, au grand regret, paraît-il, de la branche cadette. Eléonore de Mailly-Couronnel est inscrite, avec son mari, « à l'armorial général, dans le registre « coté Flandres », dont nous aurons l'occasion de parler dans un des chapitres suivants.

De leur union, ils ne laissèrent qu'une fille Marie Victoire Romaine, mariée en 1719 à Jacques Nicolas de Palmes, dont elle eut un fils, Louis-Philippe-Marie, né en 1730. Il devint, par suite de nombreuses successions, un des plus riches seigneurs de la Flandre et fut fait par le Roi Comte de Palmes d'Espaing, Cordon rouge et lieutenant général en récompense de bons services.

Ce dernier rejeton de notre branche aînée mourut à Dusseldorff, le 1er avril 1823, ruiné par la révolution, et vivant de modiques secours que lui faisaient passer des parents moins malheureux.

Il n'avait point eu d'enfant de son mariage avec Isabelle, Baronne de Goër, issue d'une des premières familles du pays de Liège (***); mais cette alliance en avait suscité une autre avec notre famille, dont une descendante serait redevenue, sans nos révolutions, héritière de toute la branche de Mernes.

(*) Les armes de Gherbode d'Espaing étaient d'argent à la face vivrée d'azur, accompagnée de trois têtes de griffons arrachées de même, becqués d'or.

(**) Leur contrat fut passé au château d'Espaing-les-Wambrechie par devant M* Deleruyelle, notaire royal de la résidence de Lille.

(***) Les armes de Goër sont d'or au lion de gueules couronnées de treize perles.

Le neveu d'Isabelle de Goër, Philippe-Louis-Marie-Joseph, à qui son oncle et sa tante assuraient toute leur succession, épousa, le 9 février 1790, Marie-Clotilde-Charlotte de Mailly-Couronnel. Nous reviendrons sur cette alliance en suivant la branche de Vélu.

Lettres de chevalerie de Philippe de Mailly-Couronnel, 1655.

Philippe, par la grâce de Dieu, Roy de Castille, de Léon, d'Arragon, des deux Siciles, de Hiérusalem, de Portugal, de Navarre, de Grenade, de Tolède, de Valence, de Galice, de Mailloreques, de Séville, de Sardaigne, de Cordué, de Corsique, de Murcie, de Jaen, des Algarbes, d'Algezire, de Gibraltar, des Isles de Canarie et des Indes, tant orientales qu'occidentales, des Isles et terres fermes de la mer océane, Archiduc d'Autriche, Duc de Bourgogne, de Lothier, de Brabant, de Lembourg, de Luxembourg, de Guesdres et de Milan, Comte d'Hasbourg, de Flandres, d'Artois, de Bourgogne, de Thirol, Palatin de Hainault et de Namur, Prince de Zuave, Marquis du Saint-Empire, de Rome, Sieur de Salins, et Malines et Dominateur en Asie et Affrique, à touts présents et avenir qui ces présentes verront ou lire oiront salut de la part de notre cher et féal Philippe Couronnel, dit de Mailly, écuyer, sieur de Merves, fils de feu Philippe Couronnel dit de Mailly, écuyer aussi, seigneur de Merves et de noble Damoiselle Suzanne de Pronville. Nous a été remonstré qu'après nous avoir servi l'espace de douze ans, commençant depuis la première année des dernières guerres de soldat volontaire à ses frais, avec trois et quatre chevaux sous le feu prince de Chimay et que pendant ce tems il s'est trouvé en toultes les occasions qui se sont offertes, la première campagne allant vers le fort de Schinké avec

l'armée commandée par le marquis d'Aytone (*), il fut en ce
voyage à la prise de diverses places, entr'autres de celles de
Stral et Goek, et puis étant sous le commandement du comte
d'Isembourg, il se seroit trouvé aux attaques et prise du château
d'Hirson sur la frontière de France et la campagne suivante,
au secours de la ville de St-Omer pendant laquelle il s'est
trouvé en diverses rencontres avec le baron d'André son
capitaine, lequel défit lors les régiments de Fouquessolle,
Espaguye et la compagnie des gens d'armes du duc d'Orléans,
et l'an 1640, il fut au secours de la ville d'Arras assiégée par
l'armée françoise, pendant lequel siège, dans une rencontre, il
auroit été dangereusement blessé au bras droit, et l'an 1641,
il assista au secours de la ville d'Hesdin et l'an suivant à celuy
de la ville d'Aire, laquelle fut prise par l'armée de France
commandée du maréchal de la Milleran (Meilleraye) et puis il
s'est trouvé à la reprise de cette ville avec feu notre bon frère
le cardinal Infant d'Espagne et que par après il auroit été
diverses fois commandé par le baron de Becque et autres
nos généraux pour conduire quelques troupes et cavalerie et aller
reconnoître nos ennemis, vers les frontières pour en apprendre
le dessein ce qu'il auroit fait avec promptitude et zèle à notre
grand avantage, courant sans cesse sur iceux et notamment
lorsqu'il fut de garnison au Quesnoy et Cambrey auquel tems
il reçut un coup de mousquet à la teste, proche de Guise,
duquel il manquoit de perdre la vie et diverses autres blessures
s'étant toujours comporté en touttes les occasions en homme
d'honneur, de courage et de conduite, joint qu'il seroit
directement descendu en ligne masculine de l'illustre maison
de Mailly-en-Picardie et que ses ancêtres auroient rendu de
grands et signalés services à nous, et nos très augustes
prédécesseurs de glorieuse mémoire, en considération de quoy

(*) Le marquis d'Aytone ou d'Aytona fut revêtu du commandement des
troupes après la mort de l'Infante Isabelle-Claire-Eugénie (1633) et en attendant
l'arrivée de Ferdinand, frère de Philippe IV, cardinal-archevêque de Tolède,
plus connu sous le nom de Cardinal Infant.

il nous a très humblement supplié que notre bon plaisir fut de luy donner le titre de chevalerie pour ces causes et tout ce que dessus considéré, même afin de le stimuler davantage et luy donner occasion au moyen de s'évertuer tant plus en notre service, nous désirans favorablement le traiter, décorer et élever, avons iceluy Philippe Couronnel-Mailly, fait et créer, faisons et créons chevalier par ces présentes voulant et entendant que doresnavant il soit tenu et réputé pour tel en touts ses actes et besongnes et jouisse des droits, liberté et franchise dont jouissent et ont accoutumé de jouir touts autres chevaliers par touttes nos terres et seigneuries nottament en nos dits pays bas tout ainsy et en la même forme et manierre comme s'il eust été fait et créé chevalier de notre propre main, mandons et commandons à touts nos lieutenants, gouverneurs, mareschaux et autres nos justiciers, officiers et sujets à qui se peut toucher en quelque manierre que ce soit que ledit Philippe Couronnel de Mailly, ils laissent, permettent et souffrent dudit titre de chevalier et de tout le contenu en ces présentes pleinement et paisiblement jouir et user sans en celuy faire mettra, ou donner, ny soufrir aucun trouble d'estourbier, ou empêchement, au contraire, car ainsi nous plaît-il pourveu que deans l'an après le datte de cette, il sera tenu de les représenter à notre premier roy d'armes, ou autre qu'il appartiendra en nos dits Pays-Bas en conformité et aux fins portées par le 15e article de l'ordonnance décrétée par feu notre bon oncle l'archiduc Albert le 14 décembre 1616, (*) touchant le port des armoiries, timbres, titres et autres marques d'honneur et de noblesse, à peine de nullité de cette présente grâce, ordonnant à notre premier roy d'armes ou à celuy qui exercera son état en nos dicts pays bas, ensemble au roy, ou héros d'armes de la Province qu'il appartiendra de suivre en ce regard ce que contient le règlement fait par ceux de notre conseil privé le 2 d'octobre

---

(*) Nous avons rapporté cette ordonnance au chapitre V.

1637, au subjet de l'enregistrature de nos Lettres Patentes, touchant lesd. marques d'honneur.

En témoingt de ce, nous avons signé ces présentes de notre main et à icelles fait mettre notre grand scel.

Donné en notre ville de Madrid, royaume de Castille, le 10ᵉ jour du mois de juing, l'an de grâce 1655 et de nos règnes le trente-cinquième.

Paraphé : Moh.   Signé : Philippe.

Et sur le reply : Par le roy, signé : Brecht.
Et étoit ce qui en suit :

Je soussigné, chevalier conseiller de Sa Majesté, et lieutenant de l'Estat de premier roy d'armes en ce pays bas, et Bourgogne certifie d'avoir examiné ces Lettres Pattentes de chevalerie en conformité des règlements de Sa Majesté du 2 octobre 1637 et du 20 aoust 1640 et de les avoir fait enregistrer au régʳᵉ de ma charge suivant le dit règlement et le 15 article de l'ordonnance mentionnés en ces dittes lettres, fait à Bruxelles ce 2 novembre de l'an 1655.

Signé : A. Colbrant (*)

Ces lettres patentes de chevalerie sont par moy roy d'armes, à titre de Flandres, soussigné, été enregistrée au registre de mon office, en conformité du placcart émané en l'an 1616, sur le fait du port des armes et titres et marques d'honneur et de noblesse. Fait à Bruxellés le huit de novembre 1655.

Signé : Falentin. (**)

Nous, Jean Delaunay, chevalier de l'Ordre militaire de

(*) Son nom officiel, comme premier roy d'armes, était « Toison d'Or. »

(**) Il n'était roy d'armes qu'au titre de Flandres.

Christo, sieur de Montigny, lieutenant, grand gruyer, Wattergrave, Flumgrave et maître des Garennes du Pays et duché de Brabant, roy d'armes et généalogiste de Sa Majesté en ses Pays-Bas et Bourgogne attestons et certifions à touts qu'il appartiendra que la Pattente de Chevalerie de Messire Philippe Couronnel dit de Mailly, seigneur de Merves dont la copie est ici fidèlement suivie de mot à autre se trouve enregistrée au registre de nos offices, en conformité des placcards et ordonnances de Sa Majesté en la susdite patente mentionnée. En foy de quoy, avons signé la présente de notre main et munie de cachet de nos armes. A Bruxelles le 4 may 1661.

Signé : Delaunay (*)

avec paraphe et scellé.

(*) Philippe de Mailly-Couronnel, ayant perdu ses lettres de chevalerie, peu d'années après les avoir obtenues par suite d'un transport de titres nécessité par les guerres qui désolaient encore le pays, recourut à la chambre Heraldique de Bruxelles pour en avoir copie.

C'est à cela que nous devons le certificat de Jean Delaunay, ainsi que l'attestation signée de Jacques Zans, secrétaire-juré, au nom des Bourgue-maîtres, eschevins et Conseil de Bruxelles.

De plus, Philippe s'adressa à messire Englebert Flachio, héraut et roy d'armes au titre de Luxembourg, dont il dépendait peut-être au point de vue héraldique, dans ces temps de troubles.

Ce dernier écrivait, le 7 octobre 1664 :

« Il existe dans les registres des titres et marques d'honneur reposans en nos « offices, la patente de chevalerie que Sa Majesté a accordé à Messire Philippe « Couronnel dit Mailly : notamment pour causes de services militaires et joint « qu'il étoit directement descendu de l'illustre maison de Mailly. Elle a esté « dépeschée en forme ordinaire et enregistrée selon sa teneur, en sorte qu'on « doit y ajouter entière foy en jugement et dehors.

Nos papiers nous ont encore conservé l'extrait d'une lettre de Gérard Gœthals, archer de la garde du corps du Roi d'Espagne, qui venait de recevoir pareille patente, le 2 avril 1652, aussi « pour causes de services. »

Il écrit à Philippe, le 18 septembre de la même année :

« Quant à votre prétention au titre de Chevalier, le Roy vous a fait mercede « du dit titre. Icelle mercede est taxée en 187 patacons et demi, qui font « 1.500 réaulx de plata, et les droits ordinaires montent à 214 patacons qui font « 1.712 réaulx de plata et toute ensemble monte à 400 patacons et demi, qui font « en réaulx 3.212 réaulx de Castille, et pour ma gratuité ce port de lettres « ce qu'il vous plait. J'attendrai au premier résolution si je dois fait faire la « la patente ou point. »

Cette lettre est envoyée d'Espagne où on mit longtemps à donner le titre dont la « mercede » est ainsi annoncée près de trois années à l'avance. Il est vrai que les droits et les frais à payer ne devaient pas être au-dessous de 2.000 fr., somme assez considérable pour que Gœthals paraisse hésiter au sujet de la

Nos les Bourgue maîtres, eschevins et Conseil de cette ville de Bruxelles, au duché de Brabant, certifions et attestons à touts qu'il appartiendra que le sieur Jean de l'Aunay, chevalier de l'ordre de St-Chrito, seigneur de Montigny qui a extrait et soussigné la copie de la Pattente de chevalerie de messire Philippe Couronnel-Mailly, sieur de Merves et y précédente, est roy d'armes et généalogiste de Sa Majesté en ses Pays-Bas et Bourgogne et qu'on a toujours donné comme on donne à touts ses actes et attestations, entierre foy et croyance en jugement et hors.

En tesmoingt de quoy, nous avons fait signer la présente par un des secrétaires jurés, y fait mettre le scel secret de la dite ville. Fait en icelle le septiesme jour du mois de may de l'an 1661.

Estoit signé : Jac. Zans avec paraphe et scellé de deux sceaux l'un au pied de l'attestation dud. héros d'armes et l'autre à la suite de l'acte de législation desd. bourgue-maîtres Eschevins et Conseil de la ville de Bruxelles.

Collationné à la copie desd. lettres de chevalerie et aux originaux des deux actes qui sont au bas d'icelle et trouvé les présentes copies y concorder par nous avocat commissaire nommé par jugement sur requête du seize janvier dernier, ce requérant Bayart, procureur de Mre Charles-Oudart-Joseph de

---

réponse que lui fera Philippe de Mailly-Couronnel, dont il sait que les biens, avec ceux de toute sa famille, sont ravagés par la guerre.

En 1731, le Palais Royal de Bruxelles fut dévoré par les flammes. Le Conseiller Premier Roy d'armes, dit Toison d'Or, y avait sa demeure ainsi que les registres de la Chambre héraldique, qui furent détruits avec « l'Archive générale et les « précieux documents et titres anciens qui se trouvoient reposans dans le dit « palais. »

Cela rend d'autant plus curieux le document, que nous pouvons citer avec les enquêtes qui s'y rapportent.

Malheureusement, beaucoup de familles, comme la nôtre, y ont perdu les originaux de titres qu'il eût été facile de retrouver entièrement, même après nos révolutions.

Mailly-Couronnel, chevalier seigneur de Vélu, en la présence de M° Le Foing, procureur du seigneur Mis de Mailly ainsy qu'il est porté en notre procès-verbal de ce jourd'huy.

Fait en notre hôtel à Arras ce 6 avril 1759.

Signé : Delarsé.

FIN DU CHAPITRE VII

CHAPITRE VIII

CHAPITRE VIII

---×---

Branche de Vélu
· Tous ses représentants sont militaires
Conquête de l'Artois et retour de cette province à la France
Fidélité remarquable des Artésiens au milieu des ravages et des
vicissitudes de la guerre

---•---

Nous revenons maintenant à la branche de Vélu, que nous n'aurons plus à quitter jusqu'à la fin de ce travail, aucun rameau ne s'en étant séparé.

De son mariage avec Jeanne de St-Amand, Charles de Mailly-Couronnel avait eu :

1° Philippe qui suit ;

2° Charles, qui « fust en sa jeunesse porter les armes en « Allemagne, duquel on n'a plus ouï parler. »

3° Louis, Seigneur de Beaucamp, etc., etc., etc., qui « porta « les armes au service du Roy d'Espagne contre les Hollandois « et mourut des blesse (blessures) qu'il reçu devant le

« chasteau de Guenep (*) (Gennep) l'an 1640. Il estoit lors
« lieutenant de la Compagnie Couronnel (**) du Régiment
« Allemand du Comte d'Isembourg. »

L'incendie du château de Vélu nous a probablement encore
fait perdre la commission de ce parent mort, comme tant
d'autres au champ d'honneur ; mais nous en avons une, à peu
près du même temps, que nous ne croyons pas sans intérêt de
reproduire.

Elle est ainsi conçue :

« Les Archiducqz comme au moyen du trespas de feu
« Mathieu de Gland, en son vivant Capitaine d'une Compaignie
« de deux cens testes, gens de pied, wallons soubz le
« régiment du Comte de Frezin, soit besoing en donner la
« charge à quelque autre ydoine et qualiffié. A ceste cause
« désirans y pourveoir et pour le bon rapport que faict nous a
« esté de la personne de Xpophre Botry (***), Sr de Joy et de
« ses sens, vaillance et expérience, l'avons commis et authorisé

(*) C'était une position importante près de Sas-de-Gand, dans la province de
Zélande.
Depuis sa prise par Henri-Frédéric de Nassau, elle est restée à la Hollande
avec Sas-de-Gand.

(**) Dans des pièces moins anciennes, il est porté comme « Capitaine-Lieu-
« tenant de la Compagnie Colonnel. »

(***) Il s'agit là de Christophe de Boutry, Seigneur de Jouy, qui était parent
et probablement frère de Louis, dont hérita Jérôme du Rietz, du chef de sa
femme Marie de Boutry.
Nous avons une transaction entre « Haulte et puissante Dame, Madame
« Catherine de Beauffremez, abbesse du Monastère Royal de Bourbourg immé-
« diatement sujestz du St-Siège apostolique accompagnée de Madame Anthonette
« Assigny sa prieure et Damoiselle Isabelle d'Assigny religieuse du dit
« monastère, » d'une part, et « Hiérosme du Rietz, Chevallier Seigneur de
« Frevillaire Jouy Montmarets et Hamel et Dame Gertrude Le Bourgeois sa
« femme, elle bien et deument aucthorisé » d'autre part, au sujet d'une rente
viagère de 500 florins « donnée par deffunct Louys de Boutry etc., etc., etc., à
« feue demoiselle Michel de Boultry dit de Jouy, religieuse proffes de la dicte
« abbaye... »
Nous avons encore un jugement rendu par « Les Gouverneur général,
« Président et gens du Conseil d'Artois » au profit « des Abbesses et religieuses
« de l'Eglise et Abbaye de Ste-Marie-Madelaine d'Estrun » contre « Jérosme du
« Rietz, etc., etc., etc., neveu et héritier ou bien tenans de Louys de Boutry
« vivant etc., etc., au sujet d'une rente de 250 florins constituée sur luy et ses
« biens, terres et seigneuries au proffitz de la dite Eglise et abbaye d'Estrun

« commettons et authorisons par ceste de retenir et continuer
« en n^ro service la d. Compagnie et côme chef et Cap^ne d'icelle
« en avoir doresnavent la charge et conduyte, aux mesmes
« gaiges, soldes et traittement selon et en la forme et manière
« qu'il est exprimé en la retenue du d. feu Cap^ne Mathieu de
« Gland, dont il sera payé et contenté par les mains des
« Trésoriers qu'il appartiendra et des deniers que pour ça
« leur seront ordonnez ; ausquelz enjoindons aussi le faire
« sans aulcune difficulté. Et à cest effect ces mêmes originelles
« seront p^ntées tant à Don Diégo de Ybarra Veedor g^nal que au
« Contador des deniers de l'ex^te Jehan Lopez Aliri pour par
« eulx en estre tenue note et mémoire là et ainsy qu'il
« appartiendra.

« Fait à Bruxelles le sixiesme jour de septembre XVe
« quatre-vingt-dix-neuf (1599).

« Signé : Albert.

« Par ordonnance de Leurs Altesses,

« Signé : Yerrezen »

Le brevet de Louis, mort pendant la guerre qui suivit le
retour des Pays-Bas à Philippe IV, devait être signé de
Ferdinand, archevêque de Tolède et frère du roi d'Espagne,
plus connu sous le nom de Cardinal Infant.

« pendant la vie de Damoiselle Barbe Boutry, religieuse professe en la dite
« Abbaye décédée le 12e d'octobre 1653. »

Ce jugement fut confirmé par le roi Louis XIV, dont l'arrêt, daté de mai 1657,
se termine en promettant « bonne et brefve justice, car tel est n^re plaisir. »

Nous avons vu, au chapitre III, Jean de Paris, « constituer une rente de 80
« livres de 40 gros telle et aussy bonne monnoie que présentement à Tours, »
au profit des religieuses d'Estrun.

Dans l'acte concernant cette fondation, qui date du 30 décembre 1458, il est
aussi parlé d'une religieuse du nom de Jacqueline Sbuzeres, originaire de
Bruges qui « debvoit chacun an recevoir une rente de dix livres monnoie que
« dessus. »

A l'époque où nous sommes arrivés, il paraît qu'il fallait faire des preuves de
noblesse pour être admise à la profession religieuse dans les monastères d'Estrun
et de Bourbourg. Cette profession « justifie la noble extraction » d'après un
mémoire relatif aux preuves à faire pour être « Page de Sa Majesté dans sa
« Grande Ecurie » ou même « Pensionnaire dans l'Académie du Roy. »

4° Dominique, « lequel s'adonna fort aux estudes et mourut
« à marier. »

Nous croyons que c'est de sa tombe dont nous avons eu
l'occasion de parler à la fin du chapitre VI, en disant qu'elle
portait la date de 1628 et se voyait dans la chapelle St-Morand
de l'Eglise Collégiale de St-Amé de Douay.

Au reste, Dominique n'est pas le seul des enfants de Charles
de Mailly-Couronnel qui se soit « adonné aux estudes. » La
suite de ce chapitre montrera son frère Philippe « protégeant
« les sciences et les arts » et recevant à Douay comme « tribut
« de reconnaissance » un compliment en latin si compliqué,
que son descendant a eu bien de la peine à le traduire et
même à le rendre compréhensible.

5° Waast, Seigneur de Baaly en Cambligneul, qui embrassa
comme ses frères la carrière des armes et mourut jeune,
laissant une fille du nom de Marie, décédée à l'âge de dix ans.

Il avait épousé une riche héritière, « noble Dame Barbe,
« Héleine de Bacquehem, (*) » qui apporta un moment à la
famille la Seigneurie « de Barastre-lez-Bapalme, lieu de sa
« résidence avec toutes ses appartenances et dépendances
« aussy comme icelle terre se siet, s'estend et comprend tant

---

(*) Les armes de Baquehem sont d'or fretté de gueules au franc quartier de
sinople à la face d'argent chargée de trois merlettes de sable.

On les a vues longtemps sur des tableaux à droite et à gauche dans le chœur
de l'église de Barastre.

Du côté de l'Evangile, en face du maître autel étaient les tombes du père et
de la mère de Barbe-Hélène. Elles portaient l'inscription suivante : « Cy-gist
« noble homme Charles de Bacquehem Ecr, Sgr de Barastre Aisnel, Castinier,
« etc., etc., lequel trespassa le 6 de mai 1618, et D^lle Jeanne de Bethencourt,
« dame de Rocquigny, Bievillers, etc., etc., sa compagne...... »

Le 18 octobre 1736, Messire Charles-Alexandre de Bacquehem, Lieutenant-
Colonel au régiment de Biron intervint comme parent de Damoiselle Alexandrine
Liévine du Rietz, Comtesse de Willerval, Barastre, etc., etc., à son contrat de
mariage avec haut et puissant Seigneur Messire André, Honoré de Monchy,
capitaine au régiment royal de cavalerie, fils d'André Marquis de Monchy, etc.,
etc.

On compte aujourd'hui, parmi les hommes politiques de l'Autriche, un marquis
de Bacquehem qui doit appartenir à cette famille.

« en rentes de bled, avoine, chapons et argent, que foubanier
« moulin à vent, terraiges, (*) etc.

Elle apporta « aussy la Seigneurie de Rocquegnies joindant
« au dit Barastre ainsy come elle siet s'extend et comprend.

« Pareillement la terre et Seigneurie d'Aisniel ou Ysnière-
« lez-Cambray ainsy come elle siet, s'extend et comprend,
« tant es terres labourables que rentes seigneurialles maison
« manable, molin à vent présentement ruiné, etc.

« Item la Seigneurie de Bailleul-lez-Tournay et fina-
« lement plusieurs biens meubles, tant de bestiaux que
« d'aménagement bagues et joyaux, debtes actives, etc. »

On voit qu'en outre Barbe-Hélène de Bacquehem « avoit une
« belle chambre estoffée avec caroche et chevaux qu'elle
« se réserve telz que seront trouvez au jour du trespas » de
son mari, sans préjudice d'une somme de mille florins et
d'autres jouissances qui lui sont assurées sur ses biens.

Marie de Mailly-Couronnel vivait encore quand sa mère
épousa, le 14 février 1656 « Noble Seigneur François-Anthoine
« d'Aoust, Escuier Seigneur de Rocourt, Sotier, etc., etc., fils
« légitime de noble Seigneur Messire Michel d'Aoust Chevalier
« Seigneur de Jumelles, Syn, Lenoble, etc., et de noble Dame
« Madame Marie de Villers-au-Tertre. (**)

(*) Ces droits, analogues à nos contributions indirectes, se percevaient comme
le nom l'indique, sur les fours à cuire le pain, les moutures et les récoltes.

Ils ont été remplacés par les octrois payés pour l'administration municipale,
comme jadis pour celles des Seigneurs auxquels les maires ont succédé depuis
la fin du siècle dernier.

Une sommation de Charles-Alexandre du Rietz, héritier et petit-fils de Barbe-
Hélène de Bacquehem le montre « dénonçant aux hommes de fiefs de Barastre
« qu'il s'opposoit aux baux qu'ils's'ingéroient de faire des biens de l'Eglise et
« des pauvres dudit Barastre. »

Nous le voyons aussi à la même époque (1732) faire remettre au moulin du
meunier Hauwel, une meule du prix de 440 livres.

(**) Les armes des d'Aoust étaient de sable à trois gerbes d'or.

Celles de Villers-au-Tertre, d'azur à l'écusson d'argent, accompagné de 9
billettes du même posées en orle.

Nous avons de Michel et de François d'Aoust, dont nous descendons par les du Rietz, des papiers assez curieux.

Du premier, il nous reste un sauf-conduit, accordé au nom de Philippe IV, et daté de Bruxelles l'an de grâce 1641. Après le salut donné par le roi d'Espagne, avec, selon l'habitude, la longue énumération de ses titres, la lettre s'exprime ainsi :

« Scavoir faisons nous avons reçu l'humble remontrance et
« requeste de Michel d'Aoust, Seigneur de la Jumel, notre
« Prévost à Cambray, contenant qu'il a ses biens en la ville
« de Douay et aux environs d'icelle ; es lieux lesquels, depuis
« l'ouverture de la guerre contre la France ont été grevez de
« logemens de gens de guerre. Et comme plusieurs sont demeu-
« rez reliquataires de bonnes sommes au rente dont ils étoient
« débiteurs auparavant l'abandonnement de leurs biens, et
« qu'il craint d'être poursuivy par voies rigoureuses par ses
« crédits et mesmes arrêt de sa personne, il nous a très hum-
« blement supplié qu'il nous plaise au dit Aoust luy
« accorder nos lettres de seureté de corps.

« Pour ce est-il que nous, tout considéré, voulant le dit
« Michel d'Aost pourveoir selon l'exigence du cas, luy avons
« octroyé et accordé, octroyons et accordons de grâce spéciale
« bonne et seureté, hate et sauve-conduit pour sa personne,
« de six avril prochain, pour, durant le dit temps, pouvoir
« librement entendre à ses affaires.

« Mener et fréquenter en la ville de Cambray et Seigneurie
« de notre obéissance comme bon lui semblera, sans que
« durant le dit temps de six mois ses créditeurs le poureront
« faire arrêter ou empêcher en aucune manière.

« Si donnnons en mandement de nos très chers et feaux les
« Chef, Président et gens de notre Cour et Grand Conseil
« justicier de la ville de Cambray, Résidence de Rémits et à
« tous autres nos officiers et justiciers qu'il appartiendra. Et
« de ceste notre grâce seureté de corps, sauf-conduits tenu
« le temps et terme que est dit ly fassent et laissent le dit

« Michel d'Aoust suppliant pleinement et paisiblement jouir
« et user sans a iceluy Michel d'Aoust ne souffrir être faict
« mis ou donné aucun trouble d'estourbier ou empêchement
« au contraire car ainsy nous plaît-il.

« En tesmoing de ce nous avons fait mettre notre scel à
« ces présentes.

« Donné en notre ville de Bruxelles l'an de grâce 1641 de
« notre règne le 22e.

Signé : Roir.

« Sur le reply : Par le roy en son conseil.

Signé : Routart.

« Et scellé en cire rouge. »

La lettre ainsi donnée au Prévôt de Cambray, qui, comme
nous l'avons vu au Chapitre VI, était un personnage, montre à
quelle détresse en étaient déjà réduites les premières familles
du pays en 1641. Elle rappelle les lettres d'Etat (*) données plus
tard par Louis XIV pour faire vivre « sa noblesse » dont « tout le
« bien était en décret » par suite de guerres qui faisaient de la
« France entière un grand hôpital désolé et sans provision. »
Ce que disait Fénélon en 1696 pouvait déjà s'appliquer à
l'Artois et aux pays limitrophes, après six ans de guerres et
de ravages continuels qui ne purent cependant ébranler ni le
courage ni la fidélité de leurs habitants.

La lettre accordée à Michel d'Aoust fut, sans doute à
l'occasion des nombreux procès pendants au siècle dernier,
extraite, le 9 octobre 1778, des archives de son descendant, le
marquis d'Aoust, pour être collationnée et certifiée par les
notaires Dumont et Coppin en présence « de hauts, nobles et

(*) La lettre d'Etat suspendait l'action judiciaire, pour les affaires personnelles,
en faveur de ceux qui étaient absents pour le service public.
Elles ont pour origine l'ordonnance de 1669 et ont dû être inspirées par
l'exemple de lettres pareilles à celles que nous venons de citer.

« puissants seigneurs. » C'étaient messire Louis Gabriel, comte de Gomer, écuyer, chevalier, seigneur du Quesnel, brigadier d'infanterie, commandant en chef l'école d'artillerie de Douay, Charles-Joseph-Alexandre, chevalier, marquis de Bacquehem, « demeurant tous aud. Douay. » Cette pièce fut, en outre, visée par les échevins de la ville, qui la firent signer et sceller par un de leurs greffiers du nom de Bara.

Nous avons de François d'Aoust un testament en date du 7 février 1691, par lequel il « assigne à sa fille aînée, Marie « Michel, pour en jouir après son trespas, généralement toute « la terre et seigneurie de Barastre appendance et dépendance « sans aucunes choses réservées. » Il y ajoute « la seigneurie « de Rocquigny, le tout ainsi qu'elle se comprend et extend. » Nous verrons bientôt ces terres figurer parmi les seigneuries de la famille, à la suite du mariage de Gertrude du Rietz, fille de Marie Michelle, avec Louis-Joseph de Mailly-Couronnel.

Suivant l'usage, François d'Aoust favorisait sa fille aînée, laissant aux deux autres, Adrienne et Hippolyte-Caroline les seigneuries moins importantes d'Ysnière, « située à une lieue « de Cambray » et de Remy ; mais il prévoyait « le cas de « prédécès de Marie Michelle sans enfans auparavant les « damoiselles ses sœurs » et réservait pour Adrienne, la cadette, « la terre de Barastre avec tout le contenant en son « partage. »

Charles de Mailly-Couronnel avait laissé :

6° Anne « qui espousa l'an 1637, Eustace de Belvalet, « seigneur de Bernicourt près Douay dont sont issus plusieurs « filles. »

Les Belvalet (*) avec lesquels notre famille avait déjà eu des alliances collatérales, appartenaient à une des maisons les plus anciennes et les plus illustres de l'Artois.

(*) Les armes de Belvalet étaient d'argent au lion de gueules.
Nous voyons que Robert François de Belvalet possédait à Willerval « les « deux tiers d'un manoir à masse contenant en réalité quinze coupes ou environ « qu'il vendit le 17 mars 1699. »

Leur nom est constamment cité dans nos papiers comme dans les mémoires que nous avons dû consulter pour ce travail.

Le fils de Marguerite-Marie de Mailly-Couronnel et de Jean de Le Val avait épousé Jeanne de Belvalet et la seigneurie de Bernicourt avait donné son nom à l'épouse de Robert de Mailly-Couronnel, bisaïeule de la génération qui nous occupe.

7º Marie-Claire, qui mourut sans alliances, après s'être dévouée à l'éducation des enfants laissés par son frère Philippe et sa femme Marie de Quellerie décédés, tous deux à Tournay, en 1658.

Un acte, en date du 23 avril 1683, passé devant Evrard et Misboth, notaires en Artois, la montre rendant compte « des « recettes de la succession du feu seigneur Philippe » à Louis Floris, son neveu, devenu chef de la famille par le décès de Philippe-François, son frère aîné.

Philippe, seigneur de Vélu, Berguineuse, Milchamp, Baly, Beaucamp, etc., etc., capitaine lieutenant de la compagnie d'hommes d'armes de Mgr le Comte de Bossu et lieutenant gouverneur de la ville et château de Tournay.

Après avoir fait, avec ses frères, à Douay, des études qui paraissent avoir été brillantes, il « avoit voulu suivre les « vestiges de noblesse à luy transmise et continuer en « exercice honeste et convenable à son rang. » C'est pourquoi il avait « dès son josne aige voire, sans doute au dessoubs de « 20 ans, » donné l'exemple de « praticquer les armes » à ses cadets, morts, comme nous l'avons vu, au champ d'honneur.

Ses campagnes furent à peu près les mêmes que celles

relatées dans les lettres de chevalerie de Philippe de Mernes, qui nous sont arrivées tout entières. Philippe de Vélu était déjà lieutenant et capitaine d'hommes d'armes lorsqu'il épousa, le 8 avril 1638, à l'âge de 33 ans, Marie de Quellerie, dame de Milcamps. Elle était « fille de feu Antoine de Quellerie, (*) « vivant écuier Sr de Chantereine, Aly, Boursy et Quiery « en partie et de damoiselle Anne de Moncheaux. »

Leur contrat fut passé devant Loslinier et Wyon, notaires à Douay, ville dont le frère de Marie de Quellerie était chef de l'échevinage, en 1652.

Le nom de Quiry ou Quiery, cité parmi les fiefs de la maison de Quellerie, dont l'origine remontait à Simon, seigneur de Sirieu et capitaine de Cambray en 1310, rappelle la sentence de 1445, où on trouve que « du costé de sad. damoiselle mère « icelluy Charles Couronnel estoit yssus et extrais des « seigneurs et dames de Quiry de ligne directe et légitime. » Le nom de Moncheaux, rappelle entre autres alliance celle d'Isabeau de Mailly-Couronnel, fille de Florent avec Pierre, Seigneur de Le Vincourt, etc., etc.

Philippe avait gagné jeune le grade qui lui permettait de commander à tous de sa « Compagnie tant d'hommes d'armes « qu'archiers, au nom du Roy » en l'absence du comte de Bossu qui, comme nous allons le voir pour le duc d'Arschot en était plutôt le chef honoraire que le commandant. Le compliment adressé à Philippe en 1650 montrera qu'il en avait profité pour « vaincre souvent l'ennemi, » ayant acquis l'expérience de la guerre « en passant par tous les grades, pendant 20 ans comme « fantassin ou cavalier. »

La correspondance du duc d'Arschot fait connaître la responsabilité de celui qui commandait les hommes d'armes.

(·) Les armes de Quellerie étaient d'azur, au chevron d'or, accompagné de trois étoiles du même.

Voici ce qui nous reste de celle entretenue, à ce sujet, avec un de nos ancètres à qui cette première lettre est adressée :

18 février 1590.

« Monsieur de Mons, ayant entendu les faulx rapportz et
« mensonges que les S^rs d'Escouires et d'Escoberg sont venus
« faire icy à son Altèze ; voyant qu'il y alloit tant du service du
« Roy et de ma réputation, me suis transporté près sa dite
« Altèze pour luy faire entendre ma déchairge où après avoir
« communicqué avecq icelle, elle m'a commandé et ordonné
« que pour éviter à tous inconvéniens et desservices quy se
« pourroient présenter, en cas qu'aulcunz donnassent empes-
« chement que ma compaignie n'allast sy complette et
« esquippée ce voiaige de France soubz la chairge de M. le
« comte d'Egmont, je vous mect es mains mon Guidon.
« Lequel vous prendrez et marchant avec icelluy commanderez
« à tous de mad. Compagnie tant hommes d'armes qu'archiers
« au nom de sa dite Altèze et mien sans excepter aulcunz
« de faire ce voiaige selon la monstre quy en fut faicte à
« Valenciennes conformément aussy à la reveu que s'est faicte
« le IXme de ce mois. Et pour tant plus auctoriser votre
« chairge et que nulz empêchemens ne se fachent soit par
« subornemens d'aulcuns ou aultrement et que le service du
« roy, ne soit par ce moïen différé ou empesché et que Mgr
« le Comte d'Egmont^gal des trouppes ne soit occasionné de
« faire quelque sinistre rapport de ma compaignie, je vous
« envoye la lettre que son Altèze m'escript ; de laquelle vous
« vous servirez pour ma déchairge et la votre sy d'aventure
« quelcun vouloit s'excuser dud. voiaige pour le faire chastier
« selon que S. A. m'escript, Icelle m'advertissant bien parti-
« culièrement par ce porteur, n^re trésorier, de l'estat auquel
« ma compaignie sera quand vous debvrez partir pour faire le
« tout entendre à son Altèze de ce que se sera passé, notant
« bien expressément ceulx quy feront reffus de faire ce que
« par chairge de Son Altèze nous leur ordonnons.

« Je vœux espérer que voyant la confidence que S. A. et
« moy avons de vous, aurez si soigneux regard à ce que Sa
« Majesté soit servie de ma compaignie pour ce voiaige et
« devement comme il appartient de fachon, qu'à l'advenir
« vous en recepvrez honneur, obéissant en tout et partout à ce
« que Monseigneur le comte d'Egmont vous commandera.

« J'écris présentement à Betencourt (*) qu'il ait à mectre
« entre les mains de mondit trésorier, mon guidon pour le
« vous délivrer et en servir ce voiaige, remectant le surplus à
« ce que vous dira ce présent porteur de ma présente et sy
« quelcun refuse d'aller le voiaige, informez-vous bien et
« devement s'il aura esté suborné de quelcun ou empeschier
« de marcher avecq la compaignie. Je ne diray aultre pour le
« présent sinon que de prier Dieu qu'il vous donne bon et
« heureux voiaige et à toute la compaignie et qu'il vous inspire
« et donne la grâce de la mener sy bien que ce soit à l'honneur
« d'icelle et au service de Sa Majesté et qu'il vous ayt Mns' de
« Mons en sa sainte garde et protection.

« De Bruxelles ce XVIIIᵉ de febvrier 1590.

« Sy Mgr le comte d'Egmont estoit party et que ma
« compaignie ne fut encore aussy complète qu'elle le debvroit
« ferez tous extremes debvoirs de vous haster et le suivre
« incontinent vous informant de luy ou que le debverez aller
« trouver.

« Votre maître : Signé : Phlpes de Croy. »

Voici la lettre que « Son Altèze » écrivait à Philippe de Croy,
duc d'Arschot et dont il est question dans celle que nous venons
de rapporter. Elle est signée : « Alexandre », par le fameux

(*) C'était probablement le père de Jeanne, Dame de Roquigny, etc., etc.,
qui avait épousé Charles de Bacquehem.
Leur fille Barbe-Hélène se maria en premières noces avec Wast de Mailly-
Couronnel et en secondes avec Antoine d'Aoust.

duc de Parme, au moment où il allait entreprendre la campagne dans laquelle il força Henri IV à lever le siège de Paris.

17 febvrier 1590,

« Mon cousin entendant que pour quelque différent qu'il y
« a entre les lieutenant, enseigne et guidon de vᵗᵉ
« compaignie d'hoes (hommes) d'armes, la plupart des dits
« hoes d'armes et archiers se sont rethirez en leurs maisons
« quy tourne au grand deservice du roy Monseigneur et adfin
« qu'à ce mal s'obvie, je vous charge de faire mectre le guidon
« es mains de Claude du Rietz, Sʳ de Mons hoos d'armes de
« lad. Compaignie et d'ordonner que tous les hoes d'armes et
« archiers se joindent ensembles incontinent et marchent
« soubz led. du Rietz à peine de la vie. Et qu'eulx tous suivent
« mon cousin le comte d'Egmont et luy obéissent comme à
« ma propre personne.

« A tant je prie Dieu qu'il vous ayt mon cousin en sa
« saincte garde.

« De Bruxelles, ce XVII de febvrier 1590.

« Votre bien bon cousin ; signé : Alexandre. »

Sur cette lettre est écrit au dos :

« A mon cousin, le duc d'Arschot chevalier de l'ordre de
« la Toison d'or, du Conseil d'Estat du roy, Monseigneur et
« capitaine d'une compaignie d'hoes d'armes.

Elle était cachetée de cire rouge aux armes du roy d'Espagne.

La correspondance continue entre Philippe de Croy et le commandant de sa compaignie qu'il charge de la « remercier « de sa part pour son bon déportement et sa valleur. »

21 mars 1590.

« Seigneur du Mont. J'ay receu à ce diner votre lettre en

« ceste ville de Vallenciennes ; par les deux archiers que
« m'aviez envoyé, qui est le XXIᵉ de ce mois et par icelle bien
« particulièrement entendu le discours y contenu dont m'avez
« faict service bien agréable pour avoir entendu le bon
« déportement et la valleur de ceux de ma compaignie ;
« lesquels remercierez de ma part et ne faudrez de vous
« trouver en Arras vendredy prochain ou samedy sans faulte
« pour vous communicquer ce que ne veux fier à la plume.

« A tant Sgr de Mont nostre seigneur vous ait en sa garde.

« De Vallenciennes ce XXIᵉ de mars 1590.

« Votre bon Mre ; Signé : Phlpes de Croy. »

Cette dernière phrase est presque toujours de la main
même de l'auteur de la lettre. Celle du 21 mars portait le
sceau de Philippe de Croy en cire rouge et était ainsy
adressée :

« A Seigneur de Mont menant pour le présent com-
« paingnie. »

« Où qu'il soit. »

Le duc d'Arschot reçut encore d'Alexandre Farnèse, la
lettre suivante, au sujet de l'incursion ou, comme on disait
alors, du « voiaige, » fait par sa compagnie sous le
commandement de Claude du Rietz de Mons. Ces documents
font comprendre comment les guerres d'autrefois étaient si
longues et si cruelles pour les pays qui, comme l'Artois,
avaient le malheur d'en être le théâtre. C'était une suite
de combats qui ne décidaient rien, et d'incursions où les
positions capables de résistance étaient respectées quand on
ne pouvait pas les surprendre.

Le seul fait important pour l'Artois de toutes les guerres où
nous verrons, pendant 20 ans, figurer Philippe de Mailly-
Couronnel, sera la prise d'Arras. La paix des Pyrénées ne
donnera même pas toute la province à la France.

Voici la lettre d'Alexandre Farnèse :

« 30 mars 1590,

« Mon cousin j'ay reçu votre lettre par ce porteur, quy a
« porté votre guidon et mené votre compaignie d'hommes
« d'armes au voiaige de France soubz la chairge de mon
« cousin le comte d'Egmont par où j'ay entendu comme elle
« sy seroit porté valeureusement et jà auparavant la réception
« d'icelle je vous avois escript comme j'entendois qu'après la
« rencontre elle estoit sans ordre retournée avec les aultres
« par déçà de la faire retourner sur la frontière de France et
« que dans brefz jours je luy ferois donner argent pour ce
« pooir remonter et entretenir et les faire retourner pour
« n'abandonner les catholicques de France. »

« Pourquoy faire j'ay, passez quelques jours, envoié le
« commandeur Morier en Anvers pour recouvrer en diligence
« quelque bonne force, dont je vous ay bien voullu de rechef
« advertir adfin qu'en ordonniez en ceste sorte à vre dicte
« compaignie.

« A tant je prie Dieu qu'il vous ayt mon cousin en sa saincte
« grâce.

« De Bruxelles, ce 30e de mars 1590,

« Votre bon cousin :

« Signé : ALEXANDRE »

Cette lettre fut suivie d'une autre de Philippe de Croy, où il
donne à Claude du Rietz de nouvelles instructions pour sa
rentrée en campagne, et lui annonce que « ses lettres de
« commission pour l'estat et charge de guidon luy seront
« dépeschées en forme. »

La voici :

3 avril 1590,

« Monsr de Mons ayant receu la lettre ci-joincte de Son

« Altèze touchant le faict de ma Compaignie d'hommes d'armes,
« je n'ay voulu laisser de vous l'envoyer soudain et vous
« ordonner que, selon icelle ayez à vous reigler et en suyvre
« de poinct en poinct le contenu ; auquel me remettant je
« vous diray seullemᵗ mon intention estre que meinez ma dite
« Compaignie en se second voiaige tant et sy longuement que
« j'aye pourveu de lieutenant ou enseigne, ou qu'aultrement
« en soit par moy ordonné.

« Et pour le bon rapport que l'on m'a faict connoitre vous
« vous estes bien et valleureusement porté en ce dernier
« rencontre, je vous donne l'estat et charge de mon Guidon,
« duquel j'ay bien voulu vous honorer espérant que continuiers
« en l'acquit de votre debvoir de bien en mieulx. Auquel
« effect vous seront noz lettres de commission dépeschées en
« formes, affin qu'en vertu d'icelle ceulx de notre Compaignie
« ayent à vous respecter et porter l'honneur qu'ilz doibvent à
« leur Guidon. Vous ne failliez de tenir la main que notre
« Compaignie puisse bien tost se remonter et remettre sus
« affin que Sa Maesjté et Son Altèze en puisse tirer service, et
« nous l'honneur qu'il convient ; Nous confians tout en votre
« bonne diligence qu'en ce que dessus ne ferez faulte.

« A tant Monsʳ de Mons, notre Seigneur, vous ait en sa
« saincte garde.

« De Beaumont ce IIIᵉ d'apvril 1590.

« Votre bien bon Mre :

« Signé : Phlpes de Croy. »

La lettre est adressée à « Mʳ de Mons-en-Ternois, Guidon
« de Nʳᵒ Compaignie de chincquante homes d'armes des
« ordonnances de Sa Maᵗᵉ » et scellée de cire rouge aux armes
de Croy.

Voici la commission de Guidon annoncée par cette lettre :

« Philippe, Syre de Croy, Duc d'Arschot, Prince de Porcean,

« Comte de Beaumont et de Seneghem, Seigneur de la terre
« et paerie d'Avesnes, de Wallers, Lillers, Mallanoy, Saint-
« Venant, Quevaucamp, Beveres, etc., Ch^{r} de l'Ordre de la
« Toison d'Or, Conseiller d'Estat de Sa Ma^{té}, Chef et Capitaine
« d'une Compaignie de chinquante homes d'armes des
« ordonnances de Sad^{te} Ma^{té}, etc., etc. A tous ceulx quy ces
« présentes verront Salut : Scavoir faisons que pour le bon
« rapport que nous a esté faict de la persone de Claude du
« Rieu, escuyer Sr de Mons-en-Ternois, home d'armes de Nre
« dite Compaignie d'ordonnance et nous confians à plain de sa
« suffisance, idonéité et expérience au faict de la guerre,
« mesmement en considéraon des bons et loingtains services
« qu'il a faictz en nostre dite Compaignie, nous, pour ces
« causes et aultres à ce nous mouvans, avons icelluy comis,
« constitué et estably, et par ces présentes comettons,
« constituons et establissons guidon de nostre dite Compaignie
« d'homes d'armes, pour de lad. charge par luy fidellement et
« vertueusement s'acquitter, aux gaiges, honeurs, droictz et
« prérogatives y appartenans et accoustumez, et telz qu'ont eu
« ses prédécesseurs guidons de nre dite Compaignie.

« Oultre cesquelz gaiges et traictemens ordinaires qu'il
« tirera de Sad. Majesté nous luy avons accordé et accordons
« par cestes *deux cens florins* par chacun an a prendre sur le
« traictement de *douze cens florins* qu'avons de sad. Majesté
« côme chef et Capitaine de nre dite compaignie d'hômes
« d'armes. Desquelz il sera payé si avant que nous le serons
« et à l'advenant par le trésorier et clercq de nre dite comp^{nie}
« et de bien et debvenant exercer led. estat et chairge de ·
« guidon et s'y acquitter côme il appartient, led. Claude du
« Rieu sera tenu prester le serment pertinent en noz mains.

« Sy donnons en mandement à ceulx de nre dite Compaignie
« d'ordonnance que aud. Sgr de Mons, ilz portent le respect
« qu'ilz doibvent à leur guidon que pour tel le recognoissent,
« car ainsy nous plaist-il. En tesmoingt de ce, nous avons

« signé ceste de nre nom et y faict mettre et appendre n^re
« scel armoyé de noz armes.

« Donné en nostre ville de Beaumont le troisiesme jour
« d'apvril l'an XVe quattre-vingt-dix (1590).

« *Signé* : Phlpes de Croy. »

Sur le repli :

« Par Monseigneur le dùc,

« A. Berthe. »   Avec paraphe.

Au dos :

« Ce jourd'hui, cinquiesme jour du mois d'apvril an quinze
« cens quattre-vingt-dix (1590); Claude du Rieu escuyer Sgr
« de Mons-en-Ternois dénommé au blanc de cestes, a faict le
« serment requis et pertinent es mains de Monseigneur le duc
« d'Arschot prince de Portian etc., etc. de bien et devement
« desservir la charge et estat de guidon de n^re Compaignie
« d'hômes d'armes selon qu'il est plus amplement reprins au
« dit blanc. »

« En présence de M. de Cerfontaine, bailly de la terre et
« paierie d'Avesne et de moy soubsigné. »

« A. Berthe. »

1590 (Avec paraphe)

Nos papiers de famille, surtout ceux des du Rietz, qui sont
très complets, parlent souvent des Croy, ducs d'Arschot, qu'ils
appellent « anciens » et « modernes », suivant les générations.

Il est à remarquer que nous n'y avons trouvé aucune trace
de la fameuse conspiration par laquelle les Pays-Bas
catholiques, pour éviter leur retour à l'Espagne, après la mort
de l'infante Isabelle-Claire-Eugénie, devaient se constituer en
république. Cependant le « duc d'Arschot moderne », qui en
était un des chefs, fut, pour ce fait, emprisonné à Madrid,
pendant que d'autres, comme le prince d'Epinoy, trouvaient
un asile en France. Cela semble prouver que, si la conspiration

pouvait avoir des racines ailleurs, elles lui manquaient en Artois.

Philippe de Mailly-Couronnel dut, comme ses frères et ses cousins, faire ses premières armes contre les Hollandais, que leurs anciens souverains ne pouvaient ni soumettre ni se résigner à reconnaître indépendants. Ce ne fut qu'à partir du 19 mars 1635, date de la déclaration de la guerre entre Louis XIII et Philippe IV, que l'Artois devint, de nouveau, le théâtre des hostilités.

Jusqu'en 1640, ce ne sont que ravages et représailles accompagnés de combats analogues à ceux auxquels font allusion les lettres déjà citées d'Alexandre Farnèse et de Philippe de Croy. On s'y « portoit valeureusement » puis « on retournoit avec les aultres par deça. » Ainsi faisait Claude du Rietz, avec la compagnie du duc d'Arschot, ainsi dut faire Philippe de Couronnel avec celle du comte de Bossu.

En 1635, ce sont les troupes de Philippe IV qui désolent la Picardie ; les années suivantes ce sont celles de Louis XIII qui saccagent tout le pays de Doullens à Arras. Les malheureux habitants se sauvent dans les bois et les carrières, ou fortifient leurs villages, employant tous les moyens de défense, même les abeilles, que la tradition rapporte avoir sauvé plusieurs églises notamment celle de Vélu, où elles barrèrent le passage aux bandes qui venaient piller ce lieu de refuge. L'année 1636 fut particulièrement funeste aux environs de Bapaume que sa garnison, constamment battue par le duc de Chaulnes, fut impuissante à protéger.

La même année, les Etats d'Artois, émus des malheurs qui accablaient la province, députèrent au Cardinal-Infant, frère de Philippe IV, alors gouverneur des Pays-Bas, l'abbé de Saint-Waast, Pierre de Caverel.

Ferdinand d'Autriche, en qui Richelieu avait trouvé un rude adversaire, répondit aux supplications qui lui étaient adressées comme l'aurait fait peut-être cet autre cardinal :

« Vos âmes sont à Dieu ; vos vies et vos biens sont au Roi. »
Pierre de Caverel tomba malade du saisissement que lui avait
causé, paraît-il, l'accueil qu'il avait reçu et mourut dès son
retour dans Arras. Le Cardinal-Infant, qui manquait de fonds
pour soutenir la guerre contre la France et la Hollande, avec
les Provinces restées fidèles, c'est-à-dire avec à peu près les
ressources que pourrait donner aujourd'hui la Belgique,
profita de l'occasion pour s'emparer des biens de l'abbaye de
Saint-Waast, qui étaient alors très considérables.

Néanmoins, il ne put empêcher les troupes de Louis XIII de
pénétrer de plus en plus en Artois et de traverser la
province pour s'emparer du fort de Sorcam en Flandre. La
même année, (1638) elles prirent et brûlèrent le vieil Hesdin,
pendant que le comte d'Isembourg, dernier gouverneur
d'Arras pour le roi d'Espagne, s'était laissé attirer à Arleux
près de Douay. Ce fut une faute analogue, qui, deux ans plus
tard, lui fit perdre la capitale de son gouvernement. Pendant
qu'il renforçait les garnisons d'Aire, Béthune et Bapaume,
éparpillant ses forces vers les points qu'il croyait les plus
menacés, il ne laissait dans Arras que 1.500 soldats, presque
tous étrangers, sous le commandement d'un Irlandais, don
Eugenio O'Néal, officier sans réputation comme sans
autorité, même sur ses compatriotes.

Les maréchaux de Châtillon et de la Meilleraye, bien
informés, comme l'étaient les Français du temps de Richelieu,
profitèrent de l'occasion pour marcher en forces sur
Arras. Ils l'investirent le 13 juin 1640, avec 25,000 fantassins
et 9,000 cavaliers, armée très considérable pour l'époque et
qui montre dans les lieutenants de Richelieu, les précurseurs
des Condé, des Turenne et des Luxembourg. Au lieu de
continuer des ravages plus funestes aux habitants inoffensifs
qu'aux troupes ennemies, ils frappèrent au but et rendirent,
par la suite, une belle province à la France.

Arras dut succomber malgré sa fidélité et le courage de ses

habitants, qui mettaient sur les remparts des chats et des rats
en chantant :

> « Quand ces rats les chats mangeront,
> « Les Français Arras reprendront. »

La résistance fut si vigoureuse et les généraux espagnols
étaient parvenus à réunir de telles forces pour secourir la
ville que les maréchaux français hésitaient à ouvrir la tranchée.
Ils envoyèrent donc vers Richelieu, qui était à Doullens, pour
lui demander son avis. Sa réponse fut qu' « il n'était pas
« homme de guerre pour le donner ; mais que, si les maré-
« chaux ne prenaient point Arras, ils en répondraient sur
« leur tête. »

La tranchée fut ouverte le 5 juillet et, le 8 août, Arras
demandait à capituler, après une résistance d'autant plus
honorable que ses fortifications étaient inachevées et sa
garnison aussi incomplète qu'indisciplinée. Ce fut pour elle
un vrai pillage lorsqu'il s'agit de détruire les faubourgs, afin
d'empêcher l'ennemi de s'y établir, et ce n'était qu'à force de
promesses et d'argent comptant qu'on pouvait en obtenir de
travailler aux ouvrages de défense.

Nous n'insisterons point sur ce qui se passait dans la place,
où le souvenir des cruautés de Louis XI, notamment du sort
de Clarambault et de ses compagnons d'infortune, devait
contribuer à faire repousser une conquête que tout semblait
favoriser, dans l'intérêt même de l'Artois.

Pendant qu'Arras attendait, pour capituler, que la mine eût
ébranlé ses murailles, une armée se formait autour des
assiégeants. Elle leur « donna de furieux combats » et elle
aurait délivré la ville si les Français, dont les entreprises
étaient alors menées avec autant d'ordre que de secret, ne lui
eussent donné le change en faisant prendre un faux convoi,
tandis que le vrai leur arrivait avec tout ce qui était nécessaire
pour continuer le siège. Dans cette armée de secours, où le
Cardinal-Infant avait réuni ses meilleures troupes, se trouvaient
Philippe de Mernes et Philippe de Vélu. L'un fut « dangereu-

« sement blessé au bras droit dans une rencontre » ; l'autre se distingua tellement dans la campagne, qu'il fut fait, en récompense, gouverneur de Tournay, place alors des plus importantes et des plus menacées.

Ce fut le 19 juillet qu'eut lieu l'affaire la plus sanglante. Le Cte de Bucquoy, ayant appris que la mine avait déjà commencé à jouer contre Arras, voulut y pénétrer de force et perdit dans le combat l'élite de ses troupes. Son lieutenant le Sire de Barat, fut fait prisonnier ainsi que le Sire de Mérode, Capitaine Lieutenant d'une de ses compagnies d'ordonnance. Quant à Philippe de Mailly-Couronnel, il perdit, avec la plupart de ses hommes d'armes, le Cte de Bossut, son Capitaine.

Sa terre de Vélu n'était pas non plus épargnée par les bandes qui, le 9 mai 1640, « avoient emporté et pillé sans que les « enemys ozassent paroistre » le fort « Aurincourt (d'Havri- « court) entre Bapaume et Cambray. »

C'était probablement le vieux château fort, en très mauvais état, situé où est aujourd'hui la place publique dont parle le savant ouvrage de M. le Mis d'Havrincourt.

La vieille forteresse est maintenant remplacée par l'hospitalière et magnifique demeure qui rend d'autant plus intéressant le petit fait d'armes accompli par « les garnisons « de Péronne et du Catelet. »

Les forces réunies étaient de « 80 maistres de la Cie de « chevaux-légers du Sr Oquincourt, de 40 de celle du S^r de « Colombié, 38 de celle du Catelet, 50 hommes de pied et 20 « Suisses. » Au sortir d'Havrincourt, la petite troupe « print « la route vers le bois de Mesencouture (*) afin d'attirer au « combat » la garnison de Bapaume. Suivant laquelle « piste » elle arriva jusqu'au village de Ronsoy, d'où elle revint au Catelet par Angicourt, après avoir défait trois compagnies, tué un maréchal-des-logis et 11 cavaliers, pris 60 prisonniers

---

(*) Metz-en-Couture, au milieu des bois d'Havrincourt.

que se partagèrent les vainqueurs, et abandonné le butin aux paysans.

Au reste, Bapaume, dont la garnison était souvent assez réduite pour ne pas oser faire de sorties, tomba entre les mains de Louis XIII, environ un an après Arras. Son dernier gouverneur, Van Lauretan, mal secouru, et n'ayant pour résister que des forces insuffisantes, capitula, le 17 septembre 1641. La prise de Bapaume entraîna celle du pays environnant et les principales seigneuries de la famille furent définitivement réunies à la France, avec ce qui devait former le canton de Bertincourt.

Les victoires de Condé à Rocroy et à Lens, en 1643 et 1648, ne permettaient guère au gouvernerneur de Tournay de quitter cette place, sous peine de risquer le sort du Comte d'Isembourg, dont l'exemple était à méditer.

Du reste, on ne voit plus, dans le cours d'une guerre qui devait encore durer 19 ans, de surprise rappelant celle d'Arras.

En 1650, pendant la trêve laissée par les troubles de la Fronde aux gouverneurs des Pays-Bas, qui ne surent en tirer grand profit, Philippe de Mailly-Couronnel se rendit à Douay, où on lui fit une réception qui paraît avoir été magnifique. Nos papiers nous ont conservé les fragments du discours qui lui fut alors adressé, et qui est un exemple du style auquel Molière a infligé un ridicule dont il n'a jamais pu se relever.

Ce compliment, qui fut affiché par toute la ville avec les armes de la famille auxquelles il commence par faire allusion, devrait se retrouver tout entier, à Douai dans les archives de son ancienne faculté.

Voici comment nous avons cru devoir traduire les fragments du texte latin qu'on trouvera en note. « La bravoure elle-« même a forgé son cimier, l'innocence de sa vie et la « réunion de toutes les vertus l'ont orné. Tes maillets sont « de l'acier le mieux trempé, toi, qui pendant 20 ans,

« fantassin ou cavalier, passant par tous les grades, as
« souvent vaincu l'ennemi. » (*)

Notre auteur ajoute que, « si la flatterie est quelquefois
« la fille du mensonge, la voix publique est presque toujours
« le plus bel organe de la vérité. » Après cette phrase,
qui rappelle si bien le style de la fin du XVIII⁰ siècle, il
reprend ainsi son texte :

« Ces cygnes sans tache, rehaussés par l'argent sont à la
« fois le symbole de la noblesse de ta race et de la pureté de
« ta vie. C'est à elles que tu les dois, c'est par elles que tu
« commandes depuis longtemps déjà, avec autant de modé-
« ration que de prudence, la ville et le château de Tournay. »

« Un jour la jalousie, en ennemie acharnée de toutes les
« grandes vertus, voulut ternir les tiennes, mais d'un souffle
« tu leur rendis l'éclat de l'argent. Ta vertu n'aurait brillé
« d'une façon aussi noble et aussi forte, si elle n'eût été comme
« fourbie par des attaques nombreuses. Il te convenait, du
« reste, après avoir été si souvent vainqueur de l'ennemi
« pendant la guerre, de l'être encore de la jalousie pendant
« la paix..... » (*)

Nous n'insisterons, ni sur les ennuis que put causer à
Philippe « la jalousie ennemie acharnée de toutes les grandes
« vertus, » ni sur les événements auxquels fait allusion le
discours prononcé le 17 juin 1650. Les détails nous manquent
pour les rappeler avec certitude, de même que pour parler
des cérémonies qui accompagnèrent une harangue aussi

(*) « Cippum istum suis ipsa incudibus fabricata est fortitudo, fundavit
« innocentia suis chorus virtutum lemmatis adornavit fusi illi et solido chalybe
« Malléi tui sunt, quibus totus viginti annos, seu pede merens, seu equo per
« omnes militiæ gradus provectus hostiles sœpe cuneos victor contrivesti... »

(**) « Nivei isti laborato ex argento cigni non avitæ magis nobilitatis quam
« propriæ tuæ innocentiæ symbola sunt hos titi suis ipsæ manibus posuerunt
« virtutes omnes quarum usu perstot jam annos..... Tornacum urbem et
« Castrum pari abstinentiâ et prudentiâ administras. Horum splendorem
« offuscare voluit magnarum semper virtutum addita comes invidia ; sed ut
« argentum afflatu illustravit non satis vel nobilis, vel fortis videri portuit
« virtus tua nisi impugnando probaretur sic decebat ut qui in bello sœpe
« hostes semel in pace invidiam profulgares... »

solennelle. Nous croyons qu'il y eut alors à Douay de nombreuses réceptions de gradés, soutenant, en présence de Philippe, des thèses imprimées et affichées, comme c'était alors l'usage dans les académies. Nous croyons aussi que tous ces honneurs ne s'adressaient pas moins à l'ancien, et, sans doute, brillant élève de l'Université, qu'au Gouverneur de Tournay. Il était en outre beau-frère du Chef de l'Echevinage, Charles de Quellerie, écuyer, seigneur de Chantereine, Bourg, Quiery, Le Forestel, etc., etc., lieutenant et capitaine de quarante hommes d'armes de Sa Majesté, de la Compagnie du Comte de Solre. Le soin qu'on avait pris, d'investir à Douay, un militaire des fonctions civiles les plus importantes montre combien on reconnaissait nécessaire de maintenir la ville en état de défense.

Les hostilités ne devaient pas tarder, en effet, à reprendre de plus belle entre Turenne et Condé, que les intrigues de la Fronde avaient jetés dans le camp espagnol. S'il n'y ramena pas la victoire, malgré son énergie et ses talents militaires, il arrêta du moins les progrès de Louis XIV, au point de l'empêcher de pousser ses conquêtes en Artois, au-delà de ce qu'il lui avait donné au temps où il était encore duc d'Enghien.

La guerre était plus acharnée que jamais et Tournay venait d'être menacé par Turenne, auquel Condé était parvenu à faire lever le siège de Valenciennes, quand Philippe mourut le 29 mai 1658, succombant à peine âgé de 53 ans, aux suites de ses fatigues et de ses blessures. Il fut enterré auprès de sa femme, Marie de Quellerie, décédée le 7 janvier précèdent, au milieu du chœur de l'église Saint-Nicolas, paroisse du château de Tournay.

FIN DU CHAPITRE VIII

CHAPITRE IX

CHAPITRE IX

La conquête de l'Artois fut, pour cette province, un changement beaucoup plus profond qu'on ne pourrait le croire aujourd'hui. Si Paris en est bien sa capitale logique, si sa langue et sa religion sont celles du reste de la France, si sa position géographique commande une réunion qui conviendrait même au reste des Pays-Bas ; ses mœurs et ses traditions étaient différentes.

La maison de Bourgogne avait toujours été beaucoup plus libérale que celle de France. Elle avait laissé vivre, et même se développer des libertés dont nous avons pu citer des exemples qu'on ne retrouverait pas, à pareille époque, dans les Provinces réunies depuis longtemps au domaine royal. L'Espagne impuissante à imposer l'inquisition à des Provinces dont la moitié repoussait déja victorieusement son autorité, n'osait porter atteinte aux libertés de celles qui lui restaient fidèles. Ces libertés étaient donc intactes et à peu près telles que les avait laissées le moyen-âge, sauf les changements imposés par les guerres et les armées permanentes, quand Louis XIV devint, par conquête et par mariage, maître des trois quarts de l'Artois.

Cette province, traitée par Louis XI avec une rigueur dont nous avons pu donner de terribles exemples, n'avait guère conservé de nos rois que le souvenir de leurs exécutions. La défense d'Arras contre Louis XIII, en l'absence de son gouverneur et d'une garnison suffisante, de même que celle du gouverneur français Mondejeu, devenu, par suite de ce fait d'armes, le maréchal de Schulembert, sont des preuves du ressentiment qui animait encore les Artésiens.

Assiégé, en 1652, par Condé, Mondejeu sut à la fois se défendre contre les ennemis du dehors, que commandait le général le plus renommé de son temps, et contre ceux du dedans, qui entretenaient avec lui des intelligences. Il fit même, à cette occasion, marquer d'une fleur de lys le premier capitaine des bourgeois, en disant que : « s'il ne l'avait pas « dans le cœur, il l'aurait sur la joue. »

Telles étaient les dispositions des esprits quand les rois de France redevinrent, non-seulement les suzerains, mais encore les souverains directs de l'Artois. Louis XIV, qui était loin d'être à l'apogée de sa puissance personnelle, ou plutôt Mazarin, qui régnait encore sous son nom, cherchèrent à s'attacher la province plutôt par la conciliation que par la force.

Ils firent à Saint-Pol une première convocation des Etats, qui ne s'étaient pas réunis depuis la prise d'Arras en 1640.

Cette résurrection, après plus de 20 ans, fut accueillie avec d'autant plus de reconnaissance qu'elle était moins espérée. L'assemblée députa 12 de ses membres pour remercier le Roi, qui les reçut avec une extrême bienveillance ; non-seulement il leur promit de convoquer les Etats l'année suivante dans Arras, où ils se réunissaient autrefois ; mais encore il leur fit l'abandon du droit de régale (*) et des privilèges d'exemptions foraines (**).

Pendant qu'il cherchait ainsi à gagner le cœur des Artésiens par les moyens qu'il savait leur être les plus agréables, Louis XIV ne négligeait rien pour s'assurer sa conquête. Il envoyait à Hesdin, avec l'intendant d'Ormesson et le régiment de Picardie, l'administrateur et la force armée.

Il ne put y avoir de difficultés pour les bailliages et chatellenies d'Aire et de Saint-Omer, conservés par l'Espagne, ni pour le reste de la province cédée à la France ; mais il n'en fut pas de même pour les paroisses dépendantes de Thérouanne et le pays de Lalleu. La terrible exécution de Charles-Quint contre Thérouanne, en 1553 (***) ne put en conserver le territoire à l'héritier de sa monarchie, et le pays de Lalleu fut, comme dépendant de Saint-Vaast d'Arras,

---

(*) Il s'agissait là des petites régales *minora régalia* qui concernaient « les « grands chemins, les grandes rivières, les péages et autres semblables droits. » Les grandes régales *majora régalia* étaient incessibles puisque c'étaient les droits inhérant à tout pouvoir exécutif.

(**) Ce dernier abandon complétait le premier, en assurant à l'Artois la liberté du commerce, après celle des transports.

(***) La destruction complète de cette ville importante par mesure administrative, après la victoire, est resté un des plus terribles exemples de l'abus de la force en temps de guerre.

déclaré annexe de l'Artois (*) par les représentants de
Louis XIV.

Il choisit un Artésien pour gouverner ce pays et La Gorgue,
qui en était la principale place, peu après s'en être déclaré
le maître.

Voici les lettres que nous avons de Jérôme du Rietz pour
la nomination du greffier général de ce nouveau gouvernement.

« A tous ceulx quy ces présentes verront messire Jérosme
« d'Huclier, chevalier, Seigneur dudit lieu Frévillers, Monts,
« Hamelle, Maretz, Jouy, Noyelles et aultres lieux. Gouver
« neur de La Gorgue et du pays de Lallœu que suivant les
« lettres patentes à nous données par Sa Majesté, du six
« décembre dernier par lesquelles elle nous permet de jouyr
« des mesmes droicts, honneurs, privilèges, prérogatives et
« autres charges dont a jouy ou deub jouir le sieur Comte de
« Nantœul et autres noz prédécesseurs appartenant audit estat
« de gouverneur, suivant quoy et usant de nos dits droits et
« pour le bon et louable rapport que faict nous at esté de la
« personne de Michiel du Bois demeurant à la Venthie (**) et
« de ses sens, prudhommie, capacité et expérience au faict de
« praticque et autres considérations à ce nous mouvantes
« avons à ces causes donné et octroié, donnons et octroions
« par ces présentes aud. Michiel du Bois la charge et estat de
« greffier g^{al} dudit pays de Lallœu pour etc., etc.

(*) Ce petit pays, qui comprenait les paroisses de La Gorgue, Sailly-sur-la-
Lys et la Venthie, appartenait paraît-il au Pape, par suite d'une donation que
lui aurait faite Clovis.

Il s'appelait Lalleu, en latin « *Allodium Sti-Vedasti* » parce que c'était
un territoire franc, c'est-à-dire exempt, comme les anciens alleuds, des charges
ordinaires. Pendant le moyen-âge il avait été administré, comme nous l'avons
vu au chapitre 1er, par les seigneurs de la Buissière, puis par ceux de Béthune,
devenus advoués d'Arras, par le mariage de Clémence, fille unique de Jean de
la Bussière avec Robert de Béthune.

(**) C'était une des trois paroisses du pays de Lalleu,

« Quy furent faictes et données en la ville d'Arras le
« quatrième febvrier XVIᵉ septante (1670).

« *Signé* : d'Hucelier,   Frévillers. »

Déjà, au mois d'août 1660, le signataire de ces lettres avait
été fait chevalier par Louis XIV. Son fils Charles-Jérôme, qui
porta les armes pour la France, obtint du même souverain, au
mois d'août 1697, l'érection en comté de la terre et seigneurie
de Willerval ; « laquelle terre estoit considérable et composée
d'un *chasteau avec quatre* tours enfermé de murailles et d'un
fossé où sont plusieurs bâtiments.....»

Nous reviendrons sur ces titres et sur les considérations
qui les accompagnent, en les comparant à ceux que vont
obtenir nos ascendants en ligne masculine.

Au sujet du service militaire, les premières commissions
de grades obtenues en France, par nos ancêtres, indiquent une hiérarchie qui n'existait point dans les troupes
du roi d'Espagne. Ainsi, Charles Jérôme du Rietz, appelé
successivement le sieur Willerval, Willerval tout court, puis
le cher et bien aimé capitaine de Willerval, est promu
aux grades de sous-lieutenant, lieutenant et capitaine de 1684
à 1688.

Les deux plus anciennes commissions, qui le nomment au
régiment du roi, sont sur papier libre (*). Voici celle de
sous-lieutenant :

(*) Un autre brevet de lieutenant, daté du 1ᵉʳ avril 1677 et signé du « Roy estant
« devant Cambray » est sur parchemin. Il vient de la famille d'Amerval et
« ordonne et estably le sieur d'Asseviller en la charge de lieutenant en la
« compᵉ mʳᵉ de camp du régiment de cavⁿᵉ de Duterrail. »

« Monsʳ Le Chlier de Monchevreuil, (*) ayant donné au Sʳ
« Willerval la charge de sous-lieutenant en la compaignie de
« Lagarigue (**) dans mon régiment d'infanterie que vous
« commandez vacante par la cassation de la Filotie (***). Je
« vous fais cette lettre pour vous dire que vous ayez à le faire
« recevoir et establir en lad. charge et reconnoistre en icelle
« de tous ceux et ainsy qu'il appartiendra, et la présente
« n'estant pour autre fin je prie Dieu qu'il vous ayt Monsʳ le
« Chlier de Monchevreuil en sa Sainte Garde. Escrit à
« Valenciennes le vingt-six may 1684.

Signé : Louis.

    Au bas : Le Tellier. »

La lettre est adressée à « Monsʳ le Chler de Monchevreuil,
« colonel lieutenant de mon régiment d'infanterie et en son
« absence à celuy qui commande la compⁱᵉ de La Garrigue. »

La commission de lieutenant est également adressée au
chevalier de Monchevreuil et, en son absence, à celui qui
commande la compagnie de Carcado (****). Elle est datée de
Versailles, le 12 août 1684.

Quant au brevet de capitaine, il est sur parchemin et indique,

---

(*) Nous avons sur le régiment du Roi, dont notre grand-père fut parmi les
derniers officiers supérieurs, des renseignements très complets.

Les listes que nous y trouvons portent presque tous ses anciens officiers
comme morts au champ d'honneur. Ce fut le sort du Cᵗᵉ de Monchevreuil, tué à
la bataille de Nerwinde, le 29 juillet 1693, à la tête de son régiment.

(**) Le capitaine de la Guarigue, qui était peut-être alors absent pour cause
de blessure, fut tué à Steinkerque, le 4 août 1692.

(***) Nous n'avons pu trouver ce nom, à côté duquel nous aurions sans doute
vu cette mention, comme, hélas ! auprès de quelques autres « a été cassé par
« faiblesse de Compagnie. »

(****) Dans notre « Etat du régiment du Roy » nous trouvons deux Carcadeau,
l'un fut fait colonel du régiment de Bresse en 1684, l'autre, appelé le Chevalier,
fut fait la même année colonel du régiment de Dauphiné.

d'une manière précise, l'organisation primitive de nos régiments, qui étaient moins des unités comme aujourd'hui, que des groupes de compagnies. Nous avons donc cru devoir encore le citer.

« *Louis par la grâce de Dieu, Roy de France et de*
« *Navarre* à notre cher et bien amé le capp^ne de Willerval
« Salut, ayant résolu d'augmenter de quelques comp^es noz
« troupes de dragons et désirant donner le commandement
« de l'une desd. comp^os à une personne qui s'en puisse bien
« acquitter, Nous avons estimé que nous ne pouvions faire
« pour cette fin un meilleur choix que de vous pour les
« services que vous nous avez rendus dans touttes les
« occasions qui s'en sont présentées où vous avez donné des
« preu^ves de v^re valeur, courage, expérience en la guerre,
« vigilance et bonne conduite et de v^re fidélité et affection à
« n^re service. A *ces causes* et autres nous mouvant, nous
« vous avons commis, ordonné et estably, commettons,
« ordonnons et establissons par ces p^rntes signées de n^re main
« capp^ne de lad. comp^ie laquelle vous leverez et mettrez sur
« pied le plus diligemment qu'il vous sera possible du nombre
« de quarante dragons, montés et armés à la dragonne des
« plus vaillants et aguerris soldats que vous pourez trouver, et
« lad. comp^ie commanderez, conduirez, et exploiterez sous n^re
« autorité et sous celle du Sr Marquis de Boufflers, Colonel
« gen^al de nos dragons et du Sr Comte de Tessé M^re de camp
« gén^al de nosd. dragons, la part et ainsy qu'il vous sera par
« nous ou nos Lieutenans gén^aux commandé et ordonné pour
« n^re service, et nous vous ferons payer ensemble les offi^ers
« et dragons de lad^e comp^e des états app^ts et soldes qui vous
« seront et à eux deubs suivant les monstres et reveues
« qui en seront faites par les com^res et con^eurs des guerres à
« ce départis tant et si longuement que lad^e comp^o sera sur
« pied pour n^re service, tenant la main à ce qu'elle vive en
« si bon ordre et police que nous n'en puissions recevoir de
« plaintes. *De ce faire*, vous donnons pouvoir com^on autorité

« et mandement spécial, *mandons* à tous qu'il appartiendra
« qu'à vous en ce faisant soit obéy, *car* tel est notre plaisir.

« *Donné* à Versailles, le vingtiesme jour d'aoust l'an de
« grâce XVI⁰ quatre-vingt huit et de nⁱᵉ régne le quarante-
sixième.

-« *Signé* : Louis. »

Par le Roy,

« *Signé* : Le Tellier. »

Avant de nous occuper de Louis Floris de Mailly-Couronnel
et de son entrée aux Etats d'Artois, nous croyons devoir
reproduire deux lettres qui se rapportent à cette assemblée
pendant la conquête et aussitôt après. Elles concernent Charles
du Rietz et Jérôme, son fils, auxquels sont attribués, d'après
leurs seigneuries, des noms différents de celui de leurs
familles.

La première, qui date du 24 décembre 1650, montre que
les Etats d'Artois tentèrent de fonctionner même après la prise
d'Arras, et qu'ils profitèrent du répit que laissait à la province
les troubles de la Fronde, pour voter des subsides au roi
d'Espagne.

On était loin de désespérer de reprendre les places conquises,
et on comptait déjà sur Condé pour ramener la victoire à ceux
dont il avait été le plus terrible adversaire.

Voici cette pièce :

« Sur la représentation faicte de la part du sieur de Hucqliers.

« Messieurs les Députez genᵃᵘˡˣ et ordiner des Estats du
« Pays et Comté d'Artois, déclarent q. le dᵗ Sʳ de Hucqliers en
« qualité de noble dòibt passer en paiant pour les assiettes et
« cottisaᵒⁿˢ dernières le plan centiesme des terres et immœu-
« bles qu'il tient par ses mains à luy appartenantes en pro-
« priété ordonnant à tous ceux qu'il appartiendra de suivant
« ce se reigler. Fet le XXIIII⁰ de décembre, XVI⁰ cinquante.

Signé : Abeicet.

Plus bas. Deslions. »

L'autre pièce est la première convocation aux Etats de l'Artois redevenue française. Elle est signée par Louis XIV et montre ses bonnes intentions à l'égard de sa conquête dont il « maintient les Estat selon l'usage et la forme qui a esté « gardée avant la guerre. »

La lettre de convocation, à laquelle on avait donné le nom de lettre de cachet, d'après la manière dont elle était scellée (*), est adressée : « A Monsieur du Hamel et de Frévillers ». Elle s'exprime ainsi :

« Monsr du Hamel, Le Comté d'Arthois, à la réserve d'Aire « et de St-Omer et de leurs dépendances, m'ayant esté cédé « par le Traité de Paix entre cette couronne et celle d'Espagne « conclu et signé le VIIe novembre 1659. J'ay estimé à « propos pour le bien de mon service et le meilleur gouver- « nement des peuples du dict pays d'y maintenir les Estat « selon l'usage et la forme qui a esté gardée avant la guerre, « me promectant que ceux qui ont droict d'y assister « seconderont mes bonnes intentions et se porteront « toujours à faire les choses que la nécessité des affaires « pourra requérir. Et ayant résolu pour diverses considérations « importantes de convocquer l'assemblée desd. Estat, j'ay bien « voullu vous le faire scavoir par cette lettre et vous dire que « vous ayez à vous trouver le huit^e du mois de mars prochain « préciseman en ma ville d'Arras, pour le lendemain avec les « autres députez des Trois estat dud. pays d'Arthois convoc- « quez au mesme jour tous ensemble au lieu pour ce accous- « tumé, ou vous serez bien part^{ont} informé de mes intentions. « Et m'assurant que vous satisferez à ce qui est en cela de « ma volonté, Je prie Dieu qu'il vous ayt Mons. du Hamel en « sa Ste garde. Escrit à Paris le XIIe jour de Febvrier 1661.

« *Signé* : Louis. »

« *Contre-signé* : Le Tellier. »

(*) Nos pièces originales portent encore quatre ouvertures de chaque côté, correspondant aux plis des lettres de convocation. C'est par ces ouvertures qu'on devait passer les lacs ou lacets destinés à porter les cachets.

Les Etats continuèrent à s'assembler sans interruption, convoqués par des lettres signées du Roi lui-même, en quelqu'expédition qu'il put être, sauf une, qui porte la signature de la Reine « Marie-Térese » et qui est du 30 Mai 1672. (*) Les principales familles du pays tinrent à honneur d'y entrer, et nous avons vu, au chapitre VII, le fils de Philippe de Mailly-Couronnel consulter, en 1672, le Chef de la famille, au sujet de preuves généalogiques devant s'y rapporter. C'est ainsi que, par une politique aussi habile que modérée, Louis XIV parvint à rattacher à la France une province qui avait donné à ses anciens maîtres de si longues preuves de dévouement. Il est vrai qu'il y fut aidé par son épouse, Marie-Thérèse, sœur de Charles II et sa plus proche parente, en qui les Artésiens ne devaient pas tarder à reconnaître l'héritière de sa couronne.

Ainsi que nous l'avons vu au chapitre précédent, Philippe de Mailly-Couronnel était mort avant que les succès de Turenne eussent décidé, en faveur de la France, du sort de l'Artois. De son mariage avec Marie de Quellerie, il laissait :

1° Philippe-François, Seigneur de Vélu, Berguineuse, Baaly, Milcamps, Beaucamps, Boursy, etc., etc., décédé jeune et sans alliance.

Son père et sa mère firent, le 30 mai 1657, devant Pothier et Sauchoir, Notaires Royaux à Tournay, un testament « par « lequel il appert qu'ils donnent et lèguent à leur fils aîné « toutte la terre et seigneurie de Vellu avec ses consistances, « plus la terre et seigneurie de Berguineuse située dans le « Comté de St-Pol. »

Il y est dit « qu'au regard de Louis Floris » son frère, de Marie-Thérèse, Antoinette et Anne-Charlotte « ses sœurs, « leurs parents leur délaissent, pour jouir en commun, d'autres « biens et fiefs » dont les noms ne nous ont pas été conservés.

(*) Cette date correspond à la fameuse campagne de Hollande célébrée par Boileau, que Louis XIV voulut faire en personne.

Philippe François était trop jeune pour avoir porté les armes du temps de son père, et la paix des Pyrénées ne put le lui permettre après, pendant les courtes années de son existence.

2° Louis-Floris dont nous parlerons plus loin.

3° Marie-Thérèse, qui épousa Charles de Coupigny, (*) Chevalier Seigneur de Fouquière, Sahault, Petit-Herlin, etc., etc., etc., d'une ancienne et illustre Maison qui devait son nom à la terre de Coupigny en Artois. Au moment où fut contractée cette alliance, la branche aînée, dite de Fouquières, venait de reprendre le nom de Mallet, « qui est celui de son « origine. »

Nous avons vu au chapitre VI, les Coupigny hériter des terres de Louverval, la Barque, Riencourt, etc., etc., détachées de la Seigneurie de Vélu, par suite de leur alliance avec Léonore de St-Amand, cousine germaine de Jeanne, épouse de Charles de Mailly-Couronnel.

4° Antoinette, qui mourut sans alliance, après avoir été choisie par son frère, avec sa tante, Marie Claire, pour veiller à l'éducation de ses jeunes enfants.

5° Anne Charlotte, qui mourut également sans alliance.

Il nous est parvenu d'elle la pièce généalogique suivante :

Flandre   N° 28
Douay
                    les armes
                en losange

« Par ordonnance rendue le sixième du mois de septembre « de l'an 1697 par MM. les Commissaires généraux du « Conseil, députés sur le fait des armoiries, celles d'Anne « Charlotte Mailly de Couronnel.

(*) Les armes des Coupigny sont d'azur à l'écu d'or en abîme.

« Telles qu'elles sont icy peintes et figurées, après avoir
« été ressües, ont été enregistrées à l'armorial général dans
« le régistre cotté Flandres en conséquence du payement des
« droicts réglés par le tarif des arrest du Conseil du 20° de
« novembre de l'an 1696.

« En foy de quoy le présent Brevet a été délivré par nous
« Charles d'Hozier, Conseiller du Roy et Garde de l'armorial
« général de France.

« Faict à Paris, le 29° du mois de septembre de l'an
« 1697. »

Signé : d'Hozier

Les frais dont il est parlé dans cette pièce et le reçu que
nous trouvons dans les papiers de la famille du Rietz, dont
les archives, restées à Willerval n'ont pas été pillées comme
les nôtres, pendant la révolution, montrent ce qu'était
au fond la mission de d'Hozier. Le fameux « Conseiller du
« Roy et Garde de l'Armorial général de France » n'était
qu'un agent fiscal doublé d'un Roy d'armes.

Voici deux lettres venant des Etats d'Artois qui confirment
cette opinion.

La première porte l'adresse suivante :

« A Monsieur

« Monsieur le Comte de Willerval

« à Willerval »

Elle s'exprime ainsi :

« Monsieur

« Par la lettre que Mons' Bignon (*) m'a fait l'honneur

_____

(*) C'était, comme on le verra, l'Intendant de Justice, Police et Finance en
Picardie, Artois, Boulonnais, pays conquis et reconquis.

« de m'escrire le 26ᵉ décembre dernier et la copie de Monsʳ
« de Caumartin (*) quy y estoit jointe les quarante mil livres
« et les deux sols pour livre que nous avons offert pour le
« rachapt de l'Edit touchant la recherche de la Noblesse ont
« esté acceptez agréablement ; il n'y a que l'Establissement
« d'une Commission que nous avons demandé quy n'a point
« esté agréé sur quoy il est à propos de résoudre et à cet effet
« je vous prie de prendre la peine de vous rendre icy lundy
« prochain, neuf de ce mois où j'auray l'honneur de vous
« le communiquer.

   « Je suis avec un attachement sincère

      « Monsieur

   « Vostre très humble et très obéissant serviteur.

          « *Signé* : Le Marquis de Berthe (**)

   « Arras, le 3 janvier 1702. »

La seconde lettre est ainsi conçue :

« Messieurs les Commissaires dénommez par l'assemblée
« du 21ᵉ avril 1702 au fait du règlement de la capitation. (***)

  (*) C'était Louis-Urbain Lefèvre de Caumartin, alors intendant des finances.

  (**) La lettre, bien que signée de lui, n'est pas de son écriture ; on avait l'habitude, aux Etats d'Artois, de se servir, pour les communications officielles, de greffiers qui souvent même, comme le greffier des Etats, signaient les lettres.

Le Marquis de Berthe devait être alors Député ordinaire de la Noblesse, c'est-à-dire chargé, avec le représentant de chacun des deux autres ordres « de traiter toutes les affaire de la Province et de l'administrer au nom et « sous l'autorité du roi. »

Nous le voyons en effet figurer, à une date qui se rapporte à celle de la lettre, sur une liste des Députés ordinaire des Etats d'Artois dont il fut le 14ᵉ depuis la réunion à la France.

  (***) Il était probable que ce fut ce qu'on appelait alors une « Assemblée à la main », c'est-à-dire convoquée par les Députés généraux et ordinaires, comme ils en avaient l'habitude « pour y résoudre quelques affaires d'importance pour la « Province sur lesquelles les lumières et les avis de certains collègues » (comme par exemple des Députés des comptes) « seront d'un très grand secours. »

Les « Députés des comptes » formaient aux Etats ce qu'on appelle en style moderne, la « Commission des Finances ».

« En conséquence de la réunion que Messieurs de la
« Noblesse assemblez en Corps d'Estat l'année dernière ont
« trouvé bon et résolu de faire de l'Edit du Roy qui ordonne la
« recherche des Usurpateurs des Titres de Noblesse dans la
« province d'Artois. Nous nous trouvons pressez de faire le
« recouvrement de la somme de quarante-quatre mil livres
« pour payer la finance dont nous sommes convenus avec les
« Traittans (*). Et pour la faire avec la Justice la plus exacte
« et la plus distributive qu'il nous sera possible, après en
« avoir conféré avec M. Bignon, Intendant de cette Province,
« et plusieurs autres gentilshommes quy se sont trouvez
« dans la Chambre de nos Estats, nous avons crû que (portez
« du même zèle que nous) pour l'advantage de la Cause
« commune vous voudrez bien, Messieurs, nous faire l'hon-
« neur et la grâce de nous ayder à prendre les lumières
« nécessaires pour faire ce fascheux répartissement à
« l'intervention de telles personnes que vous jugerez les plus
« propres et les mieux instruits pour vous ayder à parvenir
« à un entier esclaircissement.

« C'est pourquoy nous prenons la liberté et la confiance de
« vous envoyer ci-joint une espèce de mémoire en forme de
« queriture (**) à la marge duquel ou par feüilles séparées et
« cottées, vous estes suppliez de repondre, en faisant autant
« qu'il vous sera possible une juste énumération des per-
« sonnes nobles de tous les estats, sexes et conditions qui
« se trouveront dans l'estendüe de la ville et du département
« de vôtre commission. Et comme les d'ˢ traittants ne nous
« donnent aucune relâche, il est de la dernière importance

(*) On appelait ainsi « ceux qui faisoient des Traités avec le Roi, pour le
« recouvrement des droits et impositions levés sur le peuple. »

(**) Nous avons un cahier se rapportant à une enquête sur les « centiesmes »
(on dirait aujourd'hui centimes) à payer pour défaut « de résidence. »

Nous parlerons au chapitre suivant de cette enquête, qui nous semble beaucoup se rapprocher du queritur dont il est ici question.

« que vous fassiez ce travail incessament et sans aucun délay.
« Nous l'espérons d'autant plus que vous y estes personnelle-
« ment interressez et nous vous prions de croire que nous
« sommes parfaitement

> « Messieurs

>> « Vos très humbles et très
>> « obéissants serviteurs

« Les commissaires nommés pour la répartition de la
« somme nécessaire pour le rachapt du d¹ Edit.

> « *Signé* : Gaillart ».

On n'avait pas eu besoin, en 1681, de tant de formalités,
pour trouver les « soixante-dix gentilshommes d'une noblesse
« épurée » que le Roi avait convoqués aux Etats d'Artois.
On n'avait pas eu besoin non plus de battre monnaie avec la
situation des familles pour les sentences de noblesse que nous
avons citées aux chapitres précédents. Il est vrai que Louis
XIV était alors à bout de ressources et que l'Artois, bien
qu'une de ses plus riches provinces, voyait ses habitants
s'expatrier « par suite des impôts et des difficultés religieuses
« au point de perdre en peu d'années dix onzièmes de sa
« population. » (*)

Voici, au sujet de la recherches des usurpateurs des titres
de noblesse, le reçu que nous trouvons dans nos papiers de
famille.

Armoiries.

« Je commis à la Recette des droits d'enregistrement
« des Armoiries ordonné estre fait par Edit du mois de
« Novembre 1690, soussigné, reconnois que Messire Charles
« Hierosme Durietz, Chevalier, Comte de Villervalle et Dame

(*) Extrait du « Patriote Artésien. »

« Marie Françoise Daoust son épouse, ce jourd'hui apporté en
« ce Bureau et présenté les Armes, pour estre enregistrées à
« l'Armorial général, et qu'ils ont payé, scavoir pour les droits
« d'enregistrement suivant le tarif quarante livres pour les
« deux sols pour livre, quatre livres et trois livres pour les
« frais du Blason et autres reglez par l'arrest du Conseil du 20
« Novembre 1696 promettant délivrer le Brevet dudit enre-
« gistrement en me rapportant le présent Récipiscé.

« Fait à Arras le 20ᵉ Xbre jour de Décemb mil six cent
« quatre-vingt-dix-huit. »

« *Signé* : Jubainville. »

Nous avons encore de la même époque une généalogie à
moitié imprimée avec pièces et annotations manuscrites, soit
en marge, soit au milieu des blancs laissés à cet effet. Elle
vient de la famille d'Amerval et se rapporte encore au fameux
armorial de d'Hozier.

Voici comment elle est intitulée et comment elle se termine,
après avoir commencé à peu près comme nos vieilles sentences
de noblesse.

« Généalogie d'Amerval

« Originaire de Picardie

Election de Péronne,
Généralité d'Amiens

Blason

« Hiérosme Bignon, Chevalier, Conseiller du Roy en ses
« conseils d'Etats et Intendant de Justice, Police et Finances,
« en Picardie, Artois, Boulonnois, Pays conquis et reconquis.

« *Veu* la déclaration du roi du 4 septembre 1696, pour la
« recherche des usurpateurs des Titres de Noblesse, l'Arrêt du
« Conseil d'Estat du 26 février 1697 rendu en conséquence.....

« *Nous* avons déchargé ledit Philippe d'Amerval, sieur

« d'Assevillers de l'assignation à luy donné à la Requête dudit
« Claude Marchand. (*) Ce faisant, avons maintenu et gardé
« ledit sieur d'Assevillers ensemble ses enfants, successeurs
« et postérité née et à naître en légitime mariage en la posses-
« sion de prendre la position de Noble et d'Escuyer. Ordon-
« nons qu'ils joüyront des privilèges, honneurs et exemptions
« dont joüyssent les Gentilshommes de ce royaume. Faisons
« défense à toute personne de les y troubler, tant et si lon-
« guement qu'ils vivront noblement et ne feront acte de
« dérogeance et pour cet effet que ledit sieur d'Assevillers
« sera inscrit dans le catalogue des Gentilshommes de la
« Généralité d'Amiens, qui sera par Nous arrêté en consé-
« quence de l'Arrest du Conseil du 26 Febvrier 1697.

« Fait à Amiens le sixième jour de Mars mil sept cens. »

« *Signé* : Bignon. »

Et plus bas :

« Par Monseigneur

« Paul. »

A côté de ces pièces, qui vont prendre le nom de « preuves »
et dont il sera fait dans le courant du XVIIIe siècle un usage
immodéré, nous en avons d'autres sur lesquelles on les a établies.
La plupart sont très sérieuses et ont déjà servi pour ce travail ;
mais il y en a dont l'originalité nous semble bien mériter
aussi une mention.

Ce sont notamment des extraits d'un travail généalogique
sur les Pays-Bas et le Cambrésis fait par Jean Le Carpentier,
historiographe, vers 1660.

(*) Nous voyons qu'il était subrogé au lieu et place de Maître Charles de la
Cour de Beauval, commis par Sa Majesté pour la recherche des Usurpateurs
des Titres de Noblesse de la Généralité d'Amiens.

Voici ce qu'on y trouve au sujet des Boutry :

« Porte d'or à 3 bouteilles de gueules.

« Ceste famille est cognue entre les patrices de Cambray
« dès l'an 1236 en la personne de Watier Boutry qui fut père
« de deux fils, Hugues et Jean de Boutry. Celui-cy nommé
« le *Superbe* par gehen (dérision) à cause qu'il ne pouvait
« souffrir aulcune raillerie sur son extraction ; son aïeul ayant
« été ung vendeur de bouteilles et pots. Il en quitta les
« armoiries prises par son père et y porta ung lion. C'est pure
« folie de se piquer si fort sur sa naissance et de ne pouvoir
« endurer les reproches de la bassesse de son origine.........
« Porus, monarque des Indes recognoissoit pour père ung bar-
« bier ; Ortagoras, Prince des Sicyoniens avait pour père ung
« cuisinier ; Agatocle, Roy de Cicile, ung potier........... Et
« touttefois ils se tenoient fiers de s'estre faicts une large voie
« aux honneurs par la recommandation de leur vaillance et
« courage........ Et voicy notre Jean de Boutry qui crevant
« de dépit de voir des bouteilles dans son escu y plache ung
« lion symbole de grand cœur, comme si ce faulx point
« d'honneur qui le touchoit ne fut pas une marque d'un petit
« cœur.

« Hugues Boutry son frère quy ne rougit jamais pour ses
« fadaises prit pour feme Agnès Ponchart......... »

Voici maintenant pour les Le Bourgeois :

« Ceste famille est cognüe entre les Patrices de la ville de
« Cambray dès l'an 1200 en la personne de Watier Bourgeois
« .... Celuy-cy est surnommé le *Délicat* à cause qu'il avoit
« ung si excessif soin de sa santé, comme sy l'espèce des
« hommes eust deu finir en sa personne. Je crois que ce
« personnage estoit du naturel de ce sybarite qui se pouvoit
« vanter de n'avoir jamais veu, ni le soleil levant, ni le
« couchant et se mectoit toujours à quereller l'air, les vents
« et les saisons et n'y avait quasy jour quy ne fut borgne

« pour lui....., cherchoit des remèdes de toute part et se
« droguoit à toutes heures en toutes fachons jusqu'à faire de
« son corps une boutique d'apothicaire..........

« Son frère aisné, Jean, doué d'une âme hardie, généreuse
« et martiale se rendit signalé dans les armes et combattit
« pour le service de la patrie comme s'il eust heu cens corps
« à perdre.......... »

Le même généalogiste nous apprend, entre autre chose, que :
« ce grand médecin Monsr du Rietz qui honnore en noz
« jours de ses conseils et de la richesse de son esprit la Cour
« très auguste du Roy de Suède est issu des du Rietz d'Artois
« et en continue la postérité par l'alliance qu'il y fit avec
« Ester Radoul descendue de la très illustre maison des
« Radoul, prince de Mortaigne et vicomte de Journay. »

Pour faire suite à toutes ces « preuves » nous croyons
devoir encore donner le

Mémoire

« Des Titres qu'il faut représenter en original à M.
« d'Hozier, Conseiller du Roy, Généalogiste de sa Maison,
« Juge général des Armes et des Blazons, et Garde de
« l'Armorial de France, et Chevalier de la Religion et des
« ordres militaires de S. Maurice et de S. Lazare de Savoye,
« etc., etc., etc., pour vérifier dresser et certifier par lui
« les preuves de la Noblesse paternelle de chacun des
« Gentilshommes qui seront retenus pour être page de *Sa*
« *Majesté* dans Sa Grande Ecurie, sous le commandement de
« Son Altesse, Monseigneur le Comte d'Armagnac, Grand
« Ecuyër de France, etc., etc., etc. (1713)

« Il faut l'Extrait baptistaire légalisé du Gentilhomme que
« l'on présentera.

« Et pour prouver indispensablement et établir les degrés
« de sa filiation qui doivent remonter jusqu'à 1560, c'est-
« à-dire jusqu'à son trois ou quatrième Ayeül, il faut qu'à

« chacun des contrats de mariage il joigne nécessairement
« deux autres Actes comme Testaments, Créations de Tu-
« telles, Gardenobles...........

« Il faut que ceux de ces titres qu'on produira soient tous
« en original et authentiques ; car on admettra aucune copie
« collationnée en quelques formes qu'elle puisse être.

« Il faut de plus le blason des armes de la famille du
« Gentilhomme qui sera retenu et qu'elles soient bien figurées
« et peintes en couleurs.......... Et l'on donnera encore les
« blazons des armes de sa Mère, de son Ayeülle, de sa
« Bysayeülle et de sa Trisayeülle du même côté paternel........

« A tout cela, il faut ajouter les Arrêts, les Ordonnances ou
« les Jugements de maintenu de Noblesse qui auront été
« rendu tant par la Cour des Aides que par les Intendants,
« les Commissaires du Conseil ou le Conseil, pendant le
« Cours de la recherche générale des Nobles du Royaume
« commencée en l'an 1660 et qui continue encore..........

« M. d'Hozier demeure à Paris dans la ruë de Sainte Avoië,
« vis-à-vis de la rue de Braque. »

Toutes ces formalités, si nouvelles pour l'Artois, (*) devaient
amener, en moins d'un siècle, le choc terrible des trois Ordres
de la Nation, qui a pris le nom de grande Révolution. L'Artois
en fut plus bouleversé qu'aucune autre province, et Arras a
été la ville de France où, après Paris, l'échafaud révolutionnaire a fait le plus de victimes.

Il est vrai que le poète avocat au Conseil Souverain d'Artois,
Maximilien de Robespierre, pouvait regretter d'autant plus
amèrement sa médiocrité qu'un siècle environ le séparait du

(*) Nous avons eu l'occasion de citer, au chapitre VI, Eustache Evrard, écuyer,
seigneur de Bethonsart ou Berthonsart, fils de Jean et de Marie Le Josne.
En recherchant les armoiries de cette famille, nous avons appris qu'un arrêt, en
date du 23 novembre 1718, refusa à Nicolas Evrard Sr de Berthonsart la qualité
de *noble* et lui défendit de porter l'épée.
Etait-ce un usurpateur ou un descendant d'Eustache ayant dérogé ?
La grand'mère d'Agnès de la Buissière, que nous allons voir épouser Louis,
Floris, s'appelait Hippolyte Evrard et était femme de Charles Le Marchand-
écuyer, seigneur de Lohette, Roquistoir, etc., etc.

temps où il aurait été le collègue des représentants des premières familles de son pays. Dans un autre ordre, Joseph le Bon pouvait aussi se plaindre de l'abaissement d'une bourgeoisie naguère encore si recherchée et sur laquelle il aurait pu compter pour soutenir le prêtre indiscipliné de même que pour ménager son avenir...

Enfin le capitaine du génie Carnot de Feulins, fixé en Artois par son service et par son mariage, ne voyait pas avec moins de déplaisir une réglementation qui mettait obstacle au développement de ses rares talents militaires.

Ont-ils été reçus chez le marquis de Mailly-Couronnel, qui, comme député général et ordinaire du corps de la noblesse, de même que comme président des Etats d'Artois, devait non seulement habiter Arras ; mais encore y tenir état, selon l'expression du temps ? Nous ignorons l'accueil qu'il a pu leur faire ; mais il est certain qu'il resta en France, malgré les supplications de ses enfants, notamment de son gendre, le baron de Goër, fixé avec sa fille dans le pays de Liège, se croyant, même dans Arras, à l'abri de l'échafaud.

Louis-Floris, seigneur de Vélu, Berguineuse, Baaly, Boursy, etc., etc., etc.

Ayant perdu jeune ses parents, il fut élevé par sa tante, Marie-Claire, à laquelle nous le voyons encore recommander ses enfants par le testament qu'il fit en 1685. Sa vie fut courte et sa carrière embarrassée par l'incertitude qui régnait encore sur le sort de l'Artois dont les sympathies ne pouvaient être fixées.

Nous ne voyons pas qu'il ait porté les armes. Du reste contre qui et pour qui aurait-il pu les prendre ? Sa qualité d'Artésien en faisait un sujet du roi de France, et les traditions de sa famille, un soldat du roi d'Espagne.

Il avait épousé à Vélu, le 4 juillet 1678 (*die quarta julii*, dit l'acte rédigé en latin) Agnès de la Buissière, (') fille d'Oudart Joseph, seigneur de Lugy, etc., etc., et D^{lle} Marie-Marguerite Le Marchand. (**)

Leur contrat de mariage avait été passé dans Arras, le 28 juin, devant les notaires royaux Joly et Platel.

Agnès de la Buissière appartenait à une des plus anciennes et plus illustres familles de l'Artois, dont nous avons eu l'occasion de parler longuement, au premier et au troisième chapitre de ce travail. En 1072, les La Buissière étaient déjà « advoués » d'Arras, et, en 1477, Jean de la Buissière périt, avec Clarambault de Mailly-Couronnel, dans la terrible ambassade dont il était le chef après lui.

Un « extrait des registres des délibérations des Assemblées « des Etats d'Artois, nous apprend qu'il appert qu'à l'Assemblée « Générale de 1682 comparut, de la part du corps de la « noblesse, monsieur de la Buissière de Lugy. »

Louis-Floris fut convoqué aux Etats le 14 avril 1681, à une assemblée où ils « parurent avec un éclat qu'ils n'avaient pas « eu depuis longtemps, Sa Majesté ayant remis le corps de la « Noblesse dans son ancien ordre (qu'une guerre presque « continuelle de quarante-cinq années avait fort altéré), et « choisy parmy le grand nombre de ceux qui y estoient « introduits pendant ces temps-là, soixante-dix gentils-« hommes *d'une noblesse épurée* (***).

(') Les armes de la Buissière étaient d'azur à trois besants d'or.

('') Les armes des Le Marchand étaient : d'or à trois rocs d'échiquiers de gueules.
Le contrat original du mariage des parents d'Agnès de la Buissière est cité dans les preuves de Malte de son arrière petit-fils, Charles-Louis-François. Il date du 2 avril 1648 et fut passé devant Caresmel et Falloit, notaires de la ville d'Aire en Artois.

(***) C'est ainsi que s'exprime le passage du « Mercure Galant » du mois de juin 1681, que nous avons sous les yeux.

« L'ouverture s'en fit, le 26 mai 1681, par M. Le Duc
« d'Elbœuf, le Prince d'Elbœuf (*), son fils ; M. de Breteuil,
« Intendant ; le Comte de Nancré, Gouverneur d'Artois, et par
« M. le Président Scarron, Commissaire pour le Roi. »

Voici les noms des représentants de la Noblesse alors
assemblés.

D'Assignies, Marquis d'Allouagne ; d'Assignies-d'Acque-
dorne, Comte d'Oisy ; d'Assignies, Baron de Bailleul ;
Bacquehem du Liez ; Beauffort ; Belleforrière ; Comte de
Belleforrière ; de Belvalet ; de Berghés-Nomain ; Bernage ;
Bernemicourt ; Bethencourt ; Béthune ; Blondel ; Baron de
Cuinchy, Lieutenant général des armées du Roi ; de Bonnières,
Comte de Souastre ; Bryas, Comte de Royon ; Carvajal-Giron ;
de Carnin, Seigneur de Saint-Léger ; du Chatel, Comte de
Blangerval ; de Comte, Seigneur de Blengel ; de Coupigny,
Comte de Hénu ; de Coupigny, Seigneur de Fouquières ; de
Créquy, Duc et Pair de France, Seigneur de Fressin, Chevalier
des Ordres du Roi, Premier Gentilhomme de sa Chambre, Lieu-
tenant-général de ses armées ; de Créquy, Marquis d'Hémon ;
de Créquy, vicomte de Langre ; de Crevant-Humières, Marquis
d'Humières, Maréchal de France, Gouverneur général de Flan-
dres ; de Croëser, Seigneur d'Audenctun ; de Croy, Baron de
Clarque; de Croy, Comte de Solre, Seigneur de Beaufort; de Croy,
Comte de Wacca ; de Cunchy-Trembloy, Seigneur de Fleury ;
de Dyon, Seigneur de Vendône ; de Fiennes, Vicomte de
Frúges ; de Fiennes ; de Fiennes ; de Gand et de Vilain,
Prince d'Ysenghien; de Gand et de Vilain, Marquis d'Hem,
Seigneur de Sus-Saint-Léger ; de Ghiselin, Seigneur de
Losenghien ; de Ghistelles, Marquis de Croix ; de Ghristelles-
Herny, Baron d'Esclimeux ; Comte de Gomiécourt ; de Hamel,

(*) Ils appartenaient à une branche de la Maison de Lorraine.

Une lettre du Mⁱˢ de Berthe, en date du 16 juin 1663, nous apprend que «pour
« l'extrême maladie de Madame d'Elbeuf, la mère, le Roy fait mander que
« l'ouverture des Estats est remise au 2ᵉ juillet prochain, sur les dix heures du
« matin.....»

Seigneur de Bourey-Berlencourt; de Harchies, Seigneur de Plumoison ; de la Haye, Comte d'Hesecque; d'Haynin-Wambre-
chies, Seigneur de Hamelincourt ; d'Haynin, Seigneur de Wavrans; d'Hénin Liétard, Baron de Fosseux; d'Houchin, Marquis
de Longastre; de Jausse, Comte de Mastin, Seigneur de Mamez;
de Lens, Comte de Blandecque ; de Lières-d'Ostrel, Seigneur de
Berneville; de Lières-d'Ostrel, Comte de Saint-Venant ; de
Longueval, Comte de Bucquoy; de Mailly-Couronnel, Seigneur
de Vélu; de Meaulde, Marquis de la Buissière; de Mamez,
Seigneur de Nielles; de Melun, Prince d'Espinoy; Le Merchier,
Seigneur d'Hulluch ; de Montmorency-Morbecque, Prince de
Robecque ; de Montmorency, Seigneur de Neufville-Vitasse ;
du Mont-Saint-Eloy, Seigneur de Vendin ; de Noyelles,
Marquis de Lisbourg ; d'Ostrel, Seigneur de Conchy ; de
Servin, Seigneur d'Héricourt ; de Toustain, Marquis de
Carency ; de Traysignies, Vicomte d'Armuiden ; de la Tramerie,
Marquis de Forest ; de la Tramerie, Seigneur de Givenchy ; de
Tramecourt, Seigneur de Werchin ; de Wignacourt, Baron
de Pernes, Seigneur d'Ourthon.......

« Il faut ajouter à cette liste illustre un de Moncheaux
« Seigneur de Foncquevillers, qui, ayant été omis dans le
« choix qu'avait fait Louis XIV, quoique depuis la Paix des
« Pyrénées il eût rempli sa place chaque année dans l'Assem-
« blée des Etats, dont il avait été souvent Député à la Cour,
« pour l'ordre de la Noblesse, reçut de ce monarque la justice
« qu'il devait en attendre. »

Louis Floris fut convoqué aux Etats sans interruption jusqu'à
sa mort en 1687.

Quoiqu'il ne fût pas âgé, étant né en 1647, il avait fait, le 8
novembre 1685, un testament par lequel il dispose de « ses
« biens immeubles, fiefs ou cotterie et main-morte en faveur
« de Louis-Joseph son fils et de ses deux filles, pour en jouir
« selon les coutumes des lieux. » Il avait en outre « nommé
« pour exécuter son testament D^lles Marie Claire, sa tante, et
« Antoinette, sa sœur. Dans le cas où elles décéderaient avant

« luy, il donne ce pouvoir absolu à Mons^{gr} l'Archevêque de
« Cambray, à M^r le Gouverneur de Bapeaume et à M^r le
« Pasteur de Vélu, qui seront lors d'en nommer et constituer
« d'autres. »

Le dossier des preuves de Malte de son arrière-petit-fils,
Charles-Louis-François, mentionne un acte de foy et hommage
daté de 1662, et un dénombrement rendu par lui le 31 janvier
1675. Ces pièces, « en expédition originale » étaient tirées des
registres des actes où elles avaient été consignées.

Le même dossier signale « la lettre originale signée Louis, et
« contresignée Le Tellier, par laquelle le Roi convoque, sous
« la date du 14 avril 1681, M. de Mailly-Couronnel, Seigneur
« de Vélu, pour se trouver à Arras le 25 du dit mois, à l'As-
« semblée des Etats du Pays d'Artois. »

C'est du temps de Louis Floris qu'eut lieu, l'incendie
total du château de Vélu. En voyant la somptueuse demeure
qui a remplacé le vieux donjon, démantelé, comme le
voulait la mode non moins que la prudence envers les traditions laissées par Richelieu, on regretterait peu un accident
si bien réparé. Il n'en est malheureusement pas de même en
songeant aux papiers et aux documents qui s'y étaient accu-
mulés ; ce que nous avons pu en retrouver, montre l'étendue
de la perte faite en 1680.

Louis Floris avait déjà commencé, les années suivantes, sinon
à reconstruire son château, du moins à en faire les plans et à
en rassembler les matériaux. Il était jeune et pouvait espérer
mener à bonne fin un travail qu'une tutelle n'aurait probablement jamais osé entreprendre.

Il fallut bien le continuer après lui, et c'est ce qui explique
la date tardive de 1709 placée sur le fronton du château de
Vélu, pour indiquer l'époque où il fut terminé. Il en est de
même de la négligence apportée dans ses fondations, qui ont

du être refaites entièrement il y a peu d'années. Louis-Joseph de Mailly-Couronnel, né en 1682, aurait pu difficilement finir, dans les premières années du XVIIIᵉ siècle, un château qu'il aurait lui-même commencé.

Les travaux en furent sans doute dirigés par Agnès de La Buissière, aidée par la tante et la sœur, en qui son mari avait, comme nous l'avons vu, tant de confiance. Elle mourut à Vélu le 16 janvier 1705.

FIN DU CHAPITRE IX

CHAPITRE IX

CHAPITRE X

Guerre de la succession d'Espagne. — Funeste bataille de Ramillies. — L'Artois est envahie et rançonnée par les armées ennemies. — Dévouement des Etats de la Province et négociations engagées par eux pour la protéger. — Charles-Jérôme du Rietz et Louis-Joseph de Mailly-Couronnel. — A la paix ce dernier est envoyé comme député à la Cour. — Son mariage avec Françoise-Gertrude du Rietz, fille de Charles Jérôme. — Il est fait chevalier à titre héréditaire en récompense de ses services.

Louis-Floris de Mailly-Couronnel était mort au moment où la fortune, si longtemps fidèle à Louis XIV, commençait à l'abandonner. Ses longues guerres, de même qu'un amour du faste qui dépassait les limites de l'encouragement au travail national, avaient épuisé ses finances et rendu nécessaire un traité de paix qui laissait les belligérants où ils en étaient avant d'avoir fait couler tant de sang. La guerre de la succession d'Espagne que ralluma, moins de quatre années après le traité de Ryswick, la mort de Charles II, va encore ravager l'Artois et montrer sa fidélité. Nos papiers de famille nous fourniront à ce sujet des documents non moins curieux pour l'histoire qu'honorables pour ceux auxquels ils se rapportent.

Louis-Floris avait laissé trois enfants :

1º Louis-Joseph qui suit ;

2º Marie-Claire-Josèphe, née à Vélu, le 28 avril 1679, (*) qui épousa Jean-Philippe de Cuinghien, (**) seigneur de Siracourt, Levincourt, etc., etc., fils de Philippe et de Péronne de Ville (***).

Il appartenait à une vieille famille militaire, et ses parents avaient plusieurs fois commandé les hommes d'armes devant l'ennemi.

De cette union naquit une fille, mariée au seigneur de St-Julien, chevalier, seigneur de Grandchamp, etc., etc., en Normandie.

3º Marie-Louise-Josèphe, morte jeune et sans alliance.

Louis-Joseph, chevalier, seigneur de Vélu, Aussimont, l'Eclipe, Baaly, Beaucamp, Berguineuse, etc., etc., etc., député du corps de la noblesse des Etats d'Artois à la Cour, et président des Etats.

Il était très jeune quand il perdit son père et il dut le remplacer, dès que son âge le permit, au poste où les évènements appelaient le représentant de la famille.

(*) Elle eut pour parrain Oudart de La Buissière son aïeul et Claire Coronel sa grand'tante.

(**) Les armes de Cuinghien étaient d'argent à 4 chevrons de gueules.

(***) Les Ville portaient fasce de Vair et de gueules.

Le 26 septembre 1707, il était convoqué aux Etats d'Artois, juste au moment où la funeste bataille de Ramillies venait d'ouvrir la Province à l'ennemi.

Voici, au sujet de l'admission d'un jeune homme aux Etats d'Artois, l'attestation que nous trouvons dans nos papiers.

« Les soubsignés desputés et autres gentilhommes compo- « sant le corps de la noblesse aux Estats d'Artois certifient et « attestent à tous qu'il appartiendra que Charles-Jérosme du « Rietz, chevalier, sieur de Villerval, lieutenant au régiment « du Roy a touttes les qualités requises et nécessaires pour « estre admis dans le corps de la noblesse desd. Estats, « éstant âgé de 22 ans et fils de Jérosme du Rietz, chevalier « sieur de Frévillers, qui en son vivant a tousjour eu ses « lettres du Roy et auparavant luy ses précédesseurs pour « entrer dans lesd. Estats. Sçachan aussy lesd. attestants que « lorsqu'il a plu au Roy de réduire le nombre des nobles « auxd. Etats, led. feu sieur de Frévillers n'y fut point com- « pris en sorte que led. sieur de Villerval son fils, n'a eu « d'autre empeschement que sa minorité pour en continuer « l'entrée après le décès dud. feu de Frévillers son père.

« En foy de quoy nous avons signé ce présent certificat pour « servir et valloir ainsi que de raison.

« Ce vingt-quatre de febvrier mil six cens quatre-vingt-sept.

> « Signé : de Toustain, marquis de Carency ;
>   le comte de Belleforrière ;
>   Forest ;
>   de Carnin St-Léger. » (*)

La formule adoptée par les Rois de France ne varie guère dans les nombreuses lettres de convocation aux Etats d'Artois

---

(') Les noms se retrouvent tous dans la liste que nous avons donnée au chapitre précédent

qui nous sont restées. A partir de 1720, elles sont gravées et n'ont d'écrites à la main que les indications personnelles et les signatures. Avant, on voit parfois, au lieu de la formule désormais invariable « ayant résolu », employer, pour commencer, des expressions comme « estimant ou jugeant à « propos. » (*)

Voici la lettre écrite par Louis XIV, en 1662, pour la première convocation ordinaire des Etats d'Artois sous son règne. Le style officiel, employé alors, est toujours resté le même :

« Monsr du Hamel ayant résolu pour le bien de mes affaires
« et service, et celuy de mon pays d'Arthois de convocquer les
« Estats dudit pays, et d'en faire tenir l'assemblée le XIIe jour
« de juin prochain en ma ville d'Arras. J'ay bien voullu vous
« en donner advis par cette lettre et vous dire que vous ayez
« à vous trouver en mad. ville led. jour pour le lendemain
« avec les autres députez des Estat dudict pays vous assembler
« au lieu pour ce accoustumé et y entendre ce que je vous
« feray scavoir estre de mes intentions et ce que je désire
« estre faict pour le grand advantage de mon service, et le
« soulagement et maintien des peuples dud. pays. Et la
« présente n'estant pour autre fin, je prie Dieu qu'il vous ayt,
« Monsr du Hamel, en sa sainte garde.

« Escrit à Paris le XXVIIe may 1662.

Signé :   Louis.

Au bas :   Le Tellier. »

La lettre est adressée :

« A Monsr du Hamel et de Frévillers. »

C'était Jérôme du Rietz que Louis XIV avait déjà fait

(*) Nous avons donné au chapitre VI une lettre de convocation datant de la domination espagnole. Nous ne la répéterons pas ici, mais nous engageons à comparer les deux textes.

chevalier en 1660, et qu'il allait nommer gouverneur de la Gorgue et du Pays de Lalleu.

Les temps où nous arrivons sont ceux de la terrible guerre de la succession d'Espagne qui ravagea de nouveau l'Artois et faillit encore l'arracher à la France. Nous allons y retrouver Charles-Jérôme du Rietz, et à ses côtés Louis-Joseph de Mailly-Couronnel, qui épousera sa fille en 1720. Dès 1713, les services par lui rendus le désigneront au choix de la noblesse d'Artois pour la représenter à la cour et pour présider, selon l'usage, les Etats à la session suivante. Cette date est d'autant plus digne d'attention qu'elle est celle où la Province, délivrée des ennemis par la victoire de Denain, voit enfin son sort fixé, et peut reprendre avec son souverain, comme avec le reste de la France des relations forcément interrompues.

Nous verrons encore, en 1723, peu après son mariage, Louis-Joseph, fait chevalier « ensemble ses enfants et postérité mâle « nés et à naître en légitime union. »

Avant d'en arriver aux guerres, sur lesquelles nos ancêtres ont laissé les documents que nous allons reproduire, nous reviendrons à la compagnie de dragons dont Charles-Jérôme du Rietz fut nommé capitaine, en 1688, avec charge de la lever. Elle n'avait point été dirigée vers la frontière et était à Montélimart en 1689. Son chef y recevait du Mis de Larray, lieutenant général des armées du roi en Dauphiné, une lettre qui nous paraît curieuse à cause des évènements si peu connus et si diversement racontés qui suivirent la révocation de l'édit de Nantes. Elle est datée de Romans, actuellement chef-lieu de canton du département de la Drôme, qui fut une des villes le plus éprouvées par les troubles religieux.

La voici :

« A Romans ce 11 juillet 1689.

« Comme il sera difficile, monsieur, d'exiger les sommes « que monsieur l'Intendant a ordonné à estre levées sur les

« nouveaux convertis pour les dépenses qui ont esté ou seront
« faites cy-après, au sujet des troupes qui sont dans le quar-
« tier que vous commandés, sans qu'il en soit envoïé dans les
« communautez qui ont esté données en ayde ; dont les
« habitans nouveaux convertis refuseront ou différeront de
« païer, ce à quoy ils seront cottisés, vous ne manqueres pas
« d'envoïer des troupes dans les dittes communautés quand
« vous en serez requis par les consuls du lieu où vous estes,
« sans jamais en accorder à la prière d'aucun autre que ce
« soit. Et lorsque vous en envoïeres vous retireres desdits
« consuls du lieu où vous estes un état certifié du nombre qu'il
« vous en auront demandé, et vous recommanderes à ceux
« que vous détacheres de prendre bien garde de rien exiger
« au-delà de ce qui est porté par l'ordonnance de Monsieur
« l'Intendant ni de rien prendre chez ceux où ils seront logés
« car vous en répondriez. Je suis, Monsieur, votre très
« humble et très affectionné serviteur. »

Signé : Larray. »

Au bas est écrit :

« Pour Monsieur de Villerval, Capitaine commendant les
« compagnies de Dragon du régiment de Sailly, qui son en
« cartier à Montélimar.

Signé : Larray. »

Nos plus anciennes correspondances concernant la guerre
de la succession d'Espagne, remontent à 1703. Nous y trouvons
la lettre suivante, à laquelle le nom de son auteur donne un
véritable intérêt. Elle se rapporte en outre à quelqu'une de ces
surprises dont le maréchal de Villeroy avait le triste secret.

Voici cette pièce :

« A Tirlemont, le 21 juillet 1703.

« Je suis bien fâché, Monsieur, que ma prison m'oblige de
« me séparer de vous, je scay bien que s'est la confusion de la
« malheureuse affaire de l'autre jour qui a esté cause que

« vous m'aves quitté, je vous prie d'estre persuadé que je
« négligeray aucune occasion de vous rendre service quand je
« le pourray......

« Je suis, Monsieur, vostre très humble et affectionné
« serviteur.

Signé : Hornes. »

« Faitte mes compliments à M. le comte d'Egmont, à
« Monsieur le Prince de Talmont, à Monsieur de Biron, à
« Monsieur Courten, à Monsieur Greder, et un mot à tous
« ceux de la gauche. »

La lettre est ainsi adressée :

« Monsieur

« Monsieur Damervalle,

« Aide de Camp de Monsieur le Comte de Hornes, Lieutenant
« général des armées du Roy T. Ch. (*)

« A l'armée de Sa Majesté. »

Cette lettre est évidemment celle d'un prisonnier de guerre,
qui ne donne aucun détail avec intention, et qui loue longuement son aide de camp pour lui rendre service en même temps
qu'il lui écrit pour donner de ses nouvelles. Le Comte de
Hornes ne devait pas tarder à reprendre sa place dans les
rangs français jusqu'à la bataille de Ramillies où il tomba
frappé de sept blessures.

Quant à notre ancêtre, Louis-Joseph-Alexandre marquis
d'Amerval, dont la fille devait épouser le fils de Louis-Joseph
de Mailly-Couronnel, il reçut en 1705 le commandement de
deux compagnies. La première au régiment d'Infanterie de La
Rambourdière ; la seconde au régiment de Dragons Descorailles
« de nouvelle levée » dans des conditions analogues à celles

(*) Le Roi de France s'appelait alors le Roi Très Chrétien.

que nous avons vu formulées au brevet de Charles Jérôme du Rietz (*).

Notre correspondance va nous conduire à des évènements où nos ancêtres paternels ont été plus directement mêlés.

Le désastre de Ramillies avait ouvert la France aux armées ennemies dont les bandes s'étaient déjà montrées en Artois. Cela n'empêcha par Louis XIV de convoquer, comme d'ordinaire, les Etats de la Province, dont la réunion fut fixée par lui au 8 novembre 1706. Seulement à la lettre royale en était jointe une autre, qu'on pourrait appeler explicative et qui ne fait que trop connaître les inquiétudes de la situation.

Elle est imprimée et ainsi conçue :

« Monsieur,

« J'ai l'honneur de vous donner âvis que l'ouverture de
« l'Assemblée générale des Estats est fixée au 8ᵉ de novembre
« prochain. Les commissaires du Roy qui la doivent faire

(*) Nous avons encore son brevet de Chevalier de St-Louis que nous croyons devoir donner ici, tant à cause de son ancienneté que de la rareté de pareilles pièces. Il est sur papier libre :

« Monsʳ Damerval, la satisfaction que j'ay des services que vous avez rendu au
« feu Roy mon très honoré seigneur et bisayeul de glorieuse mémoire, et de ceux
« que vous continuez de me rendre, m'ayant convié à vous associer à l'Ordre
« militaire de St-Louis, je vous escris cette lettre pour vous dire que de l'avis de
« mon oncle le Duc d'Orléans, régent, j'ay commis le Sʳ Cᵗᵉ de Belisle, l'un des
« Maréchaux de Camp en mes armées, Mᵉ de Camp Général des dragons, Chᵉᵛⸯ
« dudᵗ ordre pour en mon nom vous recevoir à la dignité de chevalier de St-
« Louis. Mon intention est que vous vous adressiez à lui pour prêter en ses
« mains le serment que vous estes tenu de faire en ladᵉ qualité de Chevalier, et
« recevoir de lui l'accolade et la croix que vous devez doresnavant porter sur
« l'estomac attachée d'un petit ruban couleur de feu, voulant qu'après cette
« réception faite, vous teniez rang entre les autres chevaliers dudᵗ ordre, et
« jouissiez des honneurs qui y sont attachez. Et la présente n'estant pour autre
« fin, je prie Dieu qu'il vous ayt, Monsʳ Damerval, en sa Sᵗᵉ garde.
« Escrit à Paris, le 24ᵉ jour de septembre 1721.

Signé : Louis.

Au bas : Leblanc. »

Ce brevet était accompagné d'une lettre de félicitation signée :

Foucquet de Bellisles,

« m'ont fait connaître que l'intention de Sa Majesté est que
« tous ceux qui y sont appelez viennent pour y assister, le
« bien de son service et du public le requérant ainsi dans les
« conjonctures présentes, j'ay même ordre de vous faire pres-
« sentir que ceux qui y manqueront seront remarquez dans la
« suitte. Je suis très parfaitement

« Monsieur,

« Votre très humble et très obéissant serviteur.

« *Signé* : De Lannoy, Comte de Beaurepair.

« A Arras, le 24 8ᵇʳᵉ 1706. »

Cette lettre, vu sa grande importance, porte la signature
autographe du député ordinaire du corps de la noblesse. Habi-
tuellement, c'était le greffier des Etats qui signait les circulaires
adressées de sa part aux divers membres de cette assemblée.

C'est à la réunion suivante que Louis Joseph de Mailly-
Couronnel fit son entrée aux Etats le 20 octobre 1707. Bien
que la guerre ait été moins malheureuse cette année que la
précédente, et que Vendôme ait fait reculer Malborough,
l'Artois n'en restait pas moins menacé.

La lettre suivante pourra montrer dans quelles « conjonc-
« tures difficiles » se trouvaient alors les Etats.

« Monsieur

« Les affaires importantes et les dépenses extraordinaires
« auxquelles la Province se trouve de plus en plus engagée,
« nous porte, ainsi que l'assemblée générale dernière nous a
« authorisé en ce cas, de convoquer comme nous faisons, une
« assemblée à la main (*). Nous en avons fixé l'ouverture au
« mardi 1 de mars de la présente année 1707. Nous avons

(*) On appelait ainsi les assemblées dont les députés généraux et ordinaires
des Etats d'Artois croyaient devoir prendre l'initiative en dehors des sessions
ordinaires.

« besoin, Monsieur, de vos lumières dans des conjonctures si
« difficiles pour procurer le bien du Pays et le service de Sa
« Majesté, l'un et l'autre demande que vous fassiez en sorte de
« vous y trouver. Nous sommes très parfaitement

  « Monsieur,

  « Vos très humbles et très obéissans serviteurs

  « Les Députés généraux et ordinaires des Etats d'Artois.

                              « *Signé* : F. Leleu. (*)

  « A Arras, le 16 février 1707. »

Une lettre du 30 mars 1708 écrite à la main, contre l'usage
ordinaire, vient encore confirmer les dangers qui ne cessèrent
de menacer l'Artois pendant toute la seconde moitié de la
guerre de la succession d'Espagne.

Elle confirme, aussi avec toutes les pièces que nous allons
citer, le dévouement des Etats à la France, particulièrement de
la noblesse qui devait et qui sut donner l'exemple.

  « Monsieur,

  « Nous vous prions de vous transporter demain, neuf heures
« et demie du matin, dans la chambre des Etats d'Artois pour
« conférer avec nous sur quelque affaire de conséquence, et
« pour prendre sur ce vôtre avis. Espérant que vous ne
« manquerez.........»

  « Les Députés Généraux et Ordinaires.....

                          Signé : Pamelle
                          par Ord^{re} »

Nous croyons que c'est alors que notre ancêtre, qui avait
été empêché de se rendre aux réunions, reçut la lettre suivante
qui n'est pas datée.

(*) Cette lettre est imprimée et signée du greffier des Etats

« A la Chambre des Estats, le 12

« La Comission me charge, Monsieur, de vous mander
« que vous n'avez pas raison de ne point vous trouver à l'Etat
« après le choix qu'on a fait de vostre personne pour député de
« moi de la noblesse qui a besoing de vos bons advis et conseils
« dans ces temps où il arrive à chaque moment matière
« nouvelle à délibération. On espère Monsr que vous voudrez
« bien y faire attention et que vous aurez assez de tendresse
« pour nostre pauvre province pour ne luy pas refuser vostre
« secour dans ces temps calamiteux.

« Souvenez-vous je vous prie, du vieux bouquin que je
« voudrois bien voir, mais surtout n'oubliez jamais que je vous
« honore parfaittement et que suis plus que personne au
« monde, Monsieur, vostre très humble et très obéissant
« serviteur.

Signé : De Los. »

Malheureusement, la défaite d'Oudenarde vint rendre encore
plus critique la situation de l'Artois. Le 11 juillet, le Duc de
Bourgogne subissait, près de cette ville, un échec, changé en
déroute par le désaccord des généraux qui devaient conseiller.
La retraite, ou plutôt la fuite de l'armée française sur Gand
laissait la frontière ouverte au Prince Eugène et à Malborough.
Ils en profitèrent pour lancer des partis, qui s'emparèrent du
Pont-à-Vendin et purent ainsi ravager à leur aise la pauvre
province d'Artois, n'épargnant point Arras, dont ils brulèrent
le faubourg St-Nicolas.

C'est alors que fut rédigé à Lens, le 29 juillet 1708, par les
soins des Députés généraux et ordinaires des Etats d'Artois, un
« Traité de contribution » pour l'exécution duquel les Etats
furent convoqués d'urgence le 1er août suivant.

Voici les lettres envoyées à ce sujet :

« Monsieur,

« Sans détail, vous estes sans doute bien informé de tout ce

« qui est arrivé dans la Province à la veille d'estre entièrement
« saccagée et brulée, nous n'avons du prévoir de remède plus
« prompt pour en arrester le cours et les fascheuses suittes,
« que de nous soumettre à la contribution. Après en avoir
« communiqué à Mr de Bernage, nôtre Intendant, qui,
« convaincu comme nous de l'état pressant où nous nous
« trouvions, et persuadé que le service du Roy, l'intérêt et le
« bien de notre Province le demandaient ; après avoir pris les
« advis de la Cour et de Mgr le Mareschal de Berwick, nous
« avons esté obligez de faire une assemblée précipitament de
« tous ceux qui se sont trouvez des trois corps des Estats en
« cette ville, et en même temps de tous les ecclésiastiques, les
« nobles et les notables personnes, lesquels assemblez ont
« envoyé des Députez aux alliez et suivant le pouvoir donné
« et les instructions ont traité de notre contribution autant
« bien que l'on a pu espérer, quant il est question de traiter
« avec ceux qui, la force à la main, vous imposent la loy, que
« nôtre malheur et l'état présent ne peuvent permettre de
« refuser. Mais quelque dure qu'elle ait pu estre, il falloit
« toujours la préférer au pillage, saccagement et incendie dont
« on nous menaçoit, et que l'on n'avoit que trop commencé de
« faire. Ce que nous pouvons, Monsieur, vous représenter que
« si le traité de cette contribution qui nous oblige de payer aux
« alliez, en quatre mois, deux millions est dure, nous pré-
« voyons que l'exécution qui nous réduit à l'impossible ne sera
« pas pour nous moins difficile, et c'est en cette occasion où il
« s'agit du salut entier de notre Province que nous avons
« besoin de vos avis et de vos lumières, pour trouver les
« moyens de nous acquitter d'une somme si considérable, et
« pour prévoir avec nous ce que nous devrons faire et entre-
« prendre pour réussir. Pourquoi nous avons résolu de faire
« une assemblée à la main, qui se tiendra en la Chambre des
« Estats, le 10 de ce mois, dix heures du matin, à laquelle
« nous vous prions de vouloir assister, et à cet effet de vous y
« rendre. C'est ce que nous espérons que vous ne manquerez

« pas de faire, connaissant vôtre zèle principalement dans cette
« circonstance, que nous vous envoyons un extrait du Traitté
« de notre contribution, qui, sans Passeport, vous permet de
« vous rendre icy sans avoir rien à craindre pour y venir et
« vous en retourner. Nous avons l'honneur......»

 « Les Députez Généraux et Ordinaires des Estats d'Artois.

Signé : F. Léleu.

 « A Arras, le 1 d'août 1708. »

 Voici la pièce dont il est question :

« Du Traité

« De Contribution

« Fait à Lens le 29 juillet 1708.

 « Pour la Province d'Artois, jusques au quinzième du mois
« de may 1709, a été extrait ce qui suit :

« Art. 10

 « Les Députez des Estats tant ordinaires qu'autres comme
« aussi les Ecclésiastiques, Nobles et Députez des Villes qui
« font partie du corps desd. Estats, quand ils viendront aux
« Assemblées qui seront convoquées pour le bien de la Province,
« et quand ils s'en retourneront chez eux, comme aussi leurs
« Receveurs, Greffiers, Commis, Huissiers, Sergeants et
« Archers, seront reputez avec leurs familles de demeurer sous
« la contribution et sauvegarde de leurs hautes puissances, et,
« en conséquence, ils pourront aller et revenir seurement et
« librement sur les terres de France et de ses Alliez avec leurs
« bagages, et domestiques armez contre les voleurs en toutes
« voitures sans pour ce avoir besoin d'autre passeport qu'un
« extrait du présent article avec un certificat signé.

 « Je soussigné Greffier des Estats d'Artois, certifie à tous
« qu'il appartiendra que Monsieur le Comte de Willerval est
« appellé à l'Assemblée des dits estats convoquée pour le dix

« du présent mois au sujet des fonds à faire pour payer la
« contribution et ainsi compris dans ledit traitté : En foy de
« quoy j'ay signé cette

    « A Arras, le *premier août mil sept cent huit.*

                Signé : F. Léleu. »

Voici les pouvoirs qui furent donnés dans cette assemblée
au représentant des Etats d'Artois pour négocier avec « leurs
« hauttes puissances des provinces unies » :

    « *Les Députés généraux et ordinaires* des Estats d'Artois
« extraordinairement assemblez pour travailler au recouvre-
« ment des deniers nécessaires pour le payement de la
« contribution d'Artois ont donné et donnent pouvoir à
« Monsieur le Comte de Willerval d'aller et se transporter en
« la ville de Menin, même à l'armée de leurs hauttes puis-
« sances des provinces unies, pour les y trouver, et le Sieur
« Briel, et leur faire telles représentations qu'il trouvera
« convenir pour se procurer les facilités et les moyens néces-
« saires pour parvenir à leur faire incessamment les premiers
« payemens de leur contribution, et à ce sujet traitter et
« négocier tout ce qu'il jugera à propos pour le plus grand
« bien et avantage de la Province, et persuader leurs hauttes
« puissances, ou ceux qui les représentent, avec quel empres-
« sement on travaille à pouvoir recouvrer les sommes qui leur
« ont esté promises, et que sans les difficultés qui leur seront
« représentées, elles en recevroient des effets plus prompts :
« Fait en la chambre desd⁵ Estats sous la signature du greffier
« et le cachet ordinaire d'iceux, à Arras le quatorze aoust
« mil sept cent huit.

    (Cachet)   *Signé :* F. Léleu. »

A ces pouvoirs étaient jointes les instructions suivantes pour
Charles Jérôme du Rietz dont Louis Joseph de Mailly-Couronnel deviendra le gendre après avoir été le fidèle compagnon :

    « Monsieur le Comte de Willerval fera connoistre aux

« députés de leurs hautes puissances ou autres commis de
« leur part la bonne volonté où est la province d'Artois de
« satisffaire aux clauses du Traitté de Contribution du vingt-
« neuf du mois dernier. Que pour commencer d'entrer en
« payement du premier terme, il est porteur d'une lettre de
« change de vingt-cinq mil écus en espèces payable à veu sur
« Amsterdam ; que le reste de ce premier payement est
« aperceu et sera prest pour estre remis dans tout le mois
« d'aoust conformément au susd. Traitté.

« Que le défaut de payement ne viendra aucunement de la
« part des Estats d'Artois, mais de la difficulté des remises.
« 1º Attendu que par une lettre de M. Chamillart à M. de
« Bernage, Intendant de cette province, receu cejourd'huy
« quatorze aoust, il paroist que le Roy ne veut pas permettre
« le transport des payemens en espèces ; mais que Sa Majesté
« permet que les payemens de la contribution se fassent par
« lettres de change ; 2º que l'investiture de la ville de Lille (*)
« rend impraticable cette remise en Lettre de Change, attendu
« que cette ville estante le chentre du commerce de France en
« Flandre et en Hollande, les négotians et Banquiers ne
« veuillent et ne peuvent plus se charger de tirer sur leurs
« correspondans esloignez, n'ayant plus la liberté de faire
« remettre à Lille les sommes qu'ils auroient tirez sur eux.

« Il représentera par ces deux raisons l'impossibilité où se
« trouve l'Artois de faire des remises à Menin, en y adjoutant
« que cette ville n'estant ny de commerce, ny de négoce, on ne
« peut y trouver de Marchand ny de Banquier assez fort pour
« tirer sur eux dés sommes aussy considérables que celles que
« l'Artois doit fournir. Que si pour éviter tous ces embarras,
« les députés de leurs hautes puissances vouloient tirer sur le
« Receveur des Estats d'Artois les sommes convenues par le
« dit Traitté dans les termes de leurs échéances, elles seront

---

(*) La ville résista quatre mois et ne se rendit qu'après qu'il n'y eut plus,
dans la citadelle, qu'un quartier de cheval que le maréchal de Boufflers invita
son vainqueur à partager avec lui.

« payées comptant sans aucun délay. Il expliquera que cette
« manière de payement se peut faire facilement par le canal
« des négotians ou Banquiers d'Anvers ou d'Amsterdam, qui,
« scachant les sommes prestes et comptantes à Arras, trouve-
« ront facilement des moyens pour se les faire remettre dans
« leurs caisses.

« Que si cette remise ne se pouvoit faire au pays, ce qui
« cependant paroist très juste et très naturel, il pourra
« consentir qu'elle se fasse moïennant un change léger et
« modéré.

« Si nonobstant tous ces différens expédiens, les Députés de
« leurs hautes puissances persistent à vouloir recevoir les
« payement à Menin, il leur proposera de faire transporter les
« espèces d'Anvers à Menin en envoyant un escort de leur
« armée pour sceureté de ce transport.

« Il fera néanmoins observer que, dès que les sommes sont
« en nature à Anvers, ville de l'obéissance des alliez, il leur
« est très facile de la faire passer à leur armée au moyen des
« différens envoys qui y viendront de cette ville. »

Les Etats d'Artois avaient non seulement à négocier avec les
Hollandais, qui, pour se venger des dédains de Louis XIV, se
faisaient appeler « leurs hautes puissances des provinces
unies », mais encore ils éprouvaient les plus grandes difficultés pour le « recouvrement des sommes nécessaires au
« payement de la Contribution. »

La lettre suivante vient compléter les renseignements que
nous avons déjà donnés :

« Monsieur

« *Monsieur de Bernage* nôtre Intendant, et la présente
« compagnie l'ayant elle-même reconnue, que la plus part de
« ceux qui ont esté convoquez pour se rendre icy au dix de ce
« mois, pour travailler au recouvrement des sommes néces-
« saires pour le payement de la contribution, n'y sont pas venus,

« et que les autres l'ont abandonné et sont retournés sans avoir
« prévû les moyens nécessaires aud. Recouvrement ; Nous
« sommes très expressement chargez, tant de la part de Mr
« l'Intendant que de la compagnie, de vous donner avis que le
« Bien publique et l'Intérest de la Province demande que vous
« ayez à vous rendre icy le 21 de ce mois, pour prévoir avec
« tous les autres à tout ce qui sera du bien de la Province,
« sinon que tous qui y manqueront sans excuse légitime de
« maladie, pourront dans la suitte être responsables et blasmez
« des malheurs quy pourront luy arriver.

« Nous avons l'honneur.......

« Les Députez Généraux et ordinaires des Estats d'Artois.

Signé : F. Léleu. »

« A Arras, le 15 d'août 1708. »

Nous avons retrouvé une lettre de deux mois plus récente,
avec son annexe, qui donne la suite des négociations entamées.

La voici :

« Monsieur,

« Nous avons recours à vous et nous vous prions de vouloir
« bien vous charger de porter cette incluse, vous-même en
« qualité de Député des Etats à M. le Prince de Hesse-Cassel ;
« nous vous en envoyons copie, pour que vous puissiez voir le
« contenu, et que vous vouliez bien en cette mesme qualité
« faire les représentations nécessaires pour le bien de nôtre
« province. C'est ce que nous espérons de vôtre zèle. Nous
« avons l'honneur.......

« Les Députez généraux et ordinaires des Estats d'Artois. »

Signé : Pamelle
par ord^{re}

« A Arras, ce 27 octobre 1708. »

« L'archer a ordre de porter pareille lettre à MM. les
« Députez des estats généraux (*) ».

(*) On appelait ainsi les représentants de la Hollande.

Voici l'annexe :

« Copie de la lettre escrite par MM. des Estats d'Artois à
« Mgr le Prince d'Esse-Cassel à Lens.

Du 28 octobre 1708.

« Monseigneur

« Nous ne pouvons nous dispenser de faire à Vostre Altesse
« de très humbles remontrances sur les désordres que cause,
« dans notre province, le détachement de l'armée des alliez.
« Il nous vient de toutes parts des plaintes des fouragements,
« des pillages et des meurtres, et de toutes sortes de saccage-
« ment auxquels nos habitants sont exposés. Nous ne pouvons
« croire, Monseigneur, que de telles violences se fassent par
« les ordres de Votre Altesse, mais nos communautés n'en
« sont pas moins à plaindre. Si ces malheurs ne devoient pas
« avoir d'autres suittes, nous vous en espargnerions le triste
« récit, mais, Monseigneur, nous voyons qu'il ne sera pas
« possible de satisfaire à notre contribution, si notre cam-
« pagne est désolée et les communautés qui auront essuyé ces
« saccagemens seront hors d'état de payer les sommes qu'elles
« doivent fournir dans ce Traitté. Nous avons recours à vostre
« justice, Monseigneur, pour que ces désordres finissent à
« l'advenir, et pour que, par rapport au passé, on veuille bien
« avoir égard à nos pertes et nous en tenir compte sur ce que
« nous sommes engagez de payer.

« Nous prévoyons bien, Monseigneur, que ces mesmes
« désordres de vos trouppes causeront du mescompte dans le
« nombre des pionniers qui ont esté demandés à notre pro-
« vince. Il vient de nous en revenir sept de différents villages
« quy ont esté maltraité par un de vos partys à Aunay (*),
« après leur avoir pris ce qu'ils avoient jusqu'à leurs souliers,
« quoy qu'ils ayent fait voir nos mandements qui les envoyent

---

(*) Aunay est un village du département du Pas-de-Calais, entre Lens et
Carvin.

« à Marquette (*). En sorte qu'effrayez de ces mauvais trai-
« temens et n'ayant plus rien pour vivre, ils sont revenus sur
« leurs pas ; plusieurs autres pourront bien avoir eu le mesme
« sort sans que nous le sachions que dans la suite. L'épouvante
« est parmy ces pionniers qui vont pour travailler et qui
« s'enfuyent dès qu'ils voient qu'ils risquent ce qu'ils ont et
« leur propre vie. Nous avons l'honneur de vous le mander
« affin que l'on ne nous impute pas le deffaut du nombre qui
« s'y trouvera.

« Nous avons l'honneur d'estre avec bien du respect...... »

Voici encore deux nouvelles lettres concernant les malheureux pionniers.

La première, dont la suivante n'est que l'annexe, est encore
adressée aux représentants des Etats d'Artois auprès de
l'armée d'invasion. Elle est ainsi conçue :

« Monsieur,

« Nous venons d'apprendre que les deux mille pionniers
« que les ennemis ont demandez à la Province pour combler
« les tranchez et les lignes devant Lille sont revenus à La
« Bassée (**) pour remuer terre, et qu'on ne veut point leur
« donner de pain. Ces pauvres malheureux ne peuvent pas
« mourir de faim ; nous en escrivons à M. de Pesters et
« nous vous envoyons copie de la lettre affin que vous sachiez
« ce que nous luy mandons. Si vos affaires pouvoient vous
« permettre de vous transporter à La Bassée et de voir, par
« vous même, l'estat où se trouvent ces pauvres gens et de
« représenter au Commandant que ces pauvres gens ne
« peuvent rester là, et travailler sans pain, vous feriez un

(*) Marquette est un village situé à 9 kilomètres au nord de Lille. On voit
bien qu'il est là question des travaux du siège de Lille.

(**) C'est une petite ville de l'ancienne Flandre, sur la limite de l'Artois, à
22 kil. Sud-Ouest de Lille.

« grand service à la Province et à nous un grand plaisir. Et
« si même le commandant de la Bassée ne vouloit point avoir
« égard à vos remontrances, vous aurez la bonté d'aller
« jusqu'à Lille représenter de vive voix à M. de Pesters ce que
« nous luy en escrivons. Nous croyons que cela feroit même
« un meilleur effet qu'une simple lettre. Nous vous croyons
« si affectionné à la Province que vous ne nous refuserez
« point ce que nous vous demandons. Et nous sommes
« toujours très parfaitement et avec toute la considération
« possible, etc., etc.,

     « Les Députez généraux et ordinaires des Estats d'Artois.

                    « *Signé :* Pamelle
                    « Par Ord^ce

« A Arras ce 31 octobre 1708.

« Et si vos affaires ne vous le permettoient pas ou que vous
« ne jugiez point à propos d'aller à Lille, donnez vos ordres
« au sieur de Rache de porter notre lettre incessamment à
« M. de Pesters. »

Annexe :

« Copie de la lettre escritte par M^rs des Estats d'Artois à
« M. de Pesters.

                « Le 31 octobre 1708.

     « Monsieur,

« Nous apprenons avec douleur que les deux mille pionniers
« que vous avez demandez à nôtre Province et que nous vous
« avons envoyez, non seulement sont dépouillés, volés et
« maltraités, mais aussi qu'ils travaillent à La Bassée sans
« que l'on veuille leur donner aucune subsistance et que l'on
« les laisse coucher au milieu de la campagne. Ces pauvres
« malheureux ne peuvent pas mourir de faim et il a toujours
« esté de bonne règle de la guerre de leur donner le pain
« et le couvert. S'il nous estoit permis de leur envoyer du
« pain nous y pourvoirions ; mais il nous est défendu très

« expressément, puisque quand le Roy nous en demande,
« il pourvoit à leur subsistance. Vous jugez bien, Monsieur,
« que n'en ayant ni n'en trouvant point, ils déserteront, et
« nous ne pensons point que vous ayez aucune chose à nous
« inculper, ny à ces pauvres malheureux ; car la première
« loy naturelle est de chercher à se nourrir et qu'il y auroit
« de l'inhumanité à obliger des gens à mourir de faim. Vous
« aurez la bonté de réfleschir aussy, Monsieur, que, quand
« vous en demanderez une autre fois, la Province n'en pourra
« point fournir par ce que personne ne voudra s'exposer
« estre aussi maltraitté que ceux-cy. Nous espérons de vôtre
« équité que faisant attention à nos justes remontrances et à
« l'état déplorable de ces pauvres gens, vous pourvoirez que
« le pain leur soit fourny et qu'ils soient logés, la saison
« estant déjà fort avancée et très rude.

« Nous sommes, avec toute la considération possible,
« Monsieur, etc., etc. »

Ces évènements n'empêchèrent pas Louis XIV de convoquer,
comme d'ordinaire, les Etats d'Artois. Sa lettre, datée de
Versailles, le 20 novembre 1708, ne porte aucune mention
spéciale, fixant seulement la réunion au 29 décembre dans un
délai plus éloigné que de coutume.

Que pouvaient faire les pauvres représentants d'un pays
désolé et rançonné comme l'était alors l'Artois ? Nous
reviendrons, en parlant de ses libertés, sur les sacrifices
volontaires consentis par les Etats, avant tant de désastres,
pour la défense de la patrie. En 1708, ils en étaient réduits à
sanctionner le Traité de contribution que nous avons déjà
signalé et à tâcher de le prolonger au-delà du délai, fixé au
15 mai de l'année suivante.

L'année 1709, bien que moins funeste pour l'Artois que
la précédente, montre encore l'ennemi devenu maître de

l'importante place de Lille, menaçant la Province et sa capitale. (*)

En 1709, la date de convocation des Etats est encore plus éloignée de celle de leur réunion que l'année précédente. Le 12 octobre, à Marly, on était sous le coup de la bataille de Malplaquet, livrée le 11 septembre. On ne savait que trop qu'elle avait été perdue, mais on ignorait encore qu'elle avait coûté si cher à l'ennemi. De crainte donc d'empêchements sérieux, on avait remis au 5 décembre la réunion annoncée.

L'année 1710 s'annonça encore comme devant être plus

(*) Nous avons du Maréchal de Villars, qui traçait dans la plaine de Lens des retranchements destinés à couvrir le pays, une lettre de sauvegarde, qui montre la ville d'Arras non moins menacée alors que du temps où elle dut changer de maitre.

Voici cette pièce :   (armes de France)

« Louis Hector Duc de Villars,

« Mareschal de France,

« Commandeur des Ordres du Roy, Général des armées de Sa Majesté en « Flandres, sous l'autorité de Monseigneur le Dauphin.

« Il est très expressément deffendu, sous peine de punition, à tous Cavaliers, « Soldats et Dragons, et tous autres sans exception, de faire aucun tort ny « dommage, prendre ny enlever aucuns meubles, bestiaux, grains et fourrages, « sans un ordre particulier de nous, dans la Maison, basse-cour, jardin « plantes, arbres fruitiers et montans, et dépendances appartenant à M. le Comte « de Willerval, scitué à une lieüe et demy d'Arras, lequel est sous la protection « du Roy et nôtre sauve-garde particulière.

« Fait au Camp d'Anay, le 5ᵉ juillet 1709.

                    « Signé : Louis, Duc de Villars
                         « Par Monseigneur,
                              « Gally. »

Nous croyons intéressant de comparer à cette lettre celle donnée par le Commandant des troupes espagnoles dans des circonstances analogues, à M. d'Huclier, Charles du Rietz, grand-père de Charles-Jérôme, comte de Willerval, dont il est ici question.

« Don Juan Perez de Vivero, Cheᵉʳ de l'Ordre de Calatrava, du conseil de « guerre de sa Majesté, Lieutenant général de la cavalerie de l'armée qu'est « aux frontières de France.

« Par la présente ordonnons et commandons à tout Cappⁿᵉˡ, officiers et « soldats de la dite cavalerie de ne faire ny souffrir estre faicte aulcuns tort, « outrage, dégats ou dommaiges à la Maison du sieur d'Hucqueliers, située au « village de Loron, domesticques, grains, bestiaux, meubles, granges et touts « autres biens, ains la conserver et tenir entièrement exécuté sans y entrer « à fourager ou soulz quel autre prétext que ce soit à peine pour les officiers « d'en respondre en leur privé nom et pour les soldats d'estre chastiez comme « infracteurs de noz ordres et commandements.

« Faict à ce quartier de St-Floris, le XV Octobre 1641.

. (Cachet à ses armes)   Signé . D. J. deni Perez

funeste pour l'Artois. L'ennemi ne menace plus seulement la Province de ses coureurs, il y est en force et cherche à s'emparer de ses principales villes. On travaille avec ardeur à fortifier Arras, que le maréchal de Villars parvient à protéger, sans pouvoir sauver d'autres places voisines. Douay, Béthune, St-Venant, Aire, tombent où vont tomber, après des résistances toujours honorables et souvent prolongées (*), au pouvoir de l'ennemi.

C'est alors que les Etats d'Artois s'adressèrent encore à ceux dont le dévouement et la capacité avaient déjà rendu tant de services.

Voici la lettre avec les instructions que nous trouvons dans nos papiers :

« D'Arras, ce 24ᵉ Avril 1710.

  « Monsieur,

« Monsieur de Remetz nous est venu communiquer la « lettre que vous lui avez escrit, comme nous estions prests « d'envoyer un trompette au prince Eugène, à Mᵣ le Duc « Malborough, Mᵣˢ les Députés d'Hollande. et à M. le Comte de « Tilly, pour les prier de vouloir faire empècher tous les « désordres que leurs troupes font partout.

« Nous faisons passer le trompette chez vous, et nous vous « prions de vouloir prendre la peine de voir Messieurs ces « génᵃᵘˣ et leur présenter nos lettres.

« Nous ne doutons point que vous voudrez bien rendre ce « service à la Province, et nous vous en aurons obligation.

« Nous avons l'honneur, etc., etc.,

« Les Députez généraux et ordinaires des Etats d'Artois.

     « *Signé :* PAMELLE

      « Par ordᶜᵉ. »

(*) Béthune résista jusqu'au 28 août et Aire jusqu'au 8 novembre.

Voici l' « Instruction pour la personne quy portera les
« lettres de Mgr le Prince Eugène de Savoie, de Mgr le Duc de
« Malbouroug, etc.

« Elle se rendra chez M. le Comte de Willerval, à Willerval,
« pour luy remettre tous les paquets avec sa lettre ; et s'il
« n'estoit point à Willerval, la d^{te} personne se rendra à
« l'armée pour le chercher et luy remettre les dits paquets, et
« si elle ne le trouvoit point à l'armée, de remettre elle
« mesme lesd. paquets à leur adresse.

« Le trompette s'informera dans l'armée des ennemis si
« Mrs de Persy et Marquis de Carency n'y sont point, s'ils y
« sont, et qu'il ne trouve pas M. le Comte de Willerval, il
« pourra les prier de se joindre à lui. »

Voici maintenant les lettres dont il est question.

« Copie des lettres escrittes à M. le Prince Eugène, M. de
« Malbouroug, les Députez d'Hollande et à M. le Comte de
« Tilly par M^{rs} les Députez Généraux des Estats d'Artois, le
« 24e avril 1710.

« Monseigneur,

« Nous venons implorer la clémence de Vostre Altesse en
« faveur des peuples de la Province d'Artois. Quoiqu'ils
« payent la contribution, on ne laisse pas de les piller, les
« maltraiter et leur prendre tous leurs effets : ceux de Biache,
« Fampoux, Monchy-Preux (*), et une infinité d'autres
« communautés par où les troupes des hauts alliez ont passez,
« ont eu le mesme sort. Nous sommes trop convaincu de la
« clémence et de l'équité de Vostre Altesse, pour croire que
« cela soit arrivé par ses ordres.

(*) Ces divers villages ne sont qu'à quelques kilomètres d'Arras, 5 ou 6 environ.

« Nous vous supplions très humblement, en qualité de
« peuples soumis à la contribution, de vouloir nous honorer
« de sa protection, et de faire empêcher pareils désordres, qui
« nous mettroient hors d'Etat de pouvoir payer nostre
« contribution, et nous demandons en grâce à Vostre Altesse
« de nous permettre de faire dresser des procès-verbaux des
« pertes et de nous en faire tenir compte sur nostre contri-
« bution.

« Hier, 23ᵉ, Monseigneur, il y eut un corps de troupes de
« 1.500 chevaux quy passèrent la Scarpe à Fampoux, com-
« mandé par des officiers qui enlevèrent tous les grains, et les
« officiers qui les commandoient, bien loing d'empêcher les
« désordres, firent piller plusieurs communautés, et dans
« d'autres endroits on a pillé les Eglises et on y a violé les
« femmes et filles qui s'y estoient réfugié. Tous les habitants
« qui estoient occupez à parachever les semailles se sauvent
« et abandonnent la culture de leurs terres.

« Nous avons l'honneur d'estre, avec un très profond
« respect,

            « Monseigneur,

         « de Votre Altesse,

      « Les très humbes et très obéissants serviteurs,

   « Les Députés Généraux et ordinaires des Estats d'Artois.

      « D'Arras, ce 24ᵉ avril 1710. »

Là s'arrêtent les papiers qui nous ont été laissés relativement à l'invasion de l'Artois pendant la guerre de la
succession d'Espagne. Cette guerre devint, en effet, moins
active à partir de 1710, par suite d'évènements bien
connus, comme la disgrâce de Marlborough et de son
parti, les habiles négociations de Louis XIV pour traiter

séparément avec les coalisés, et aussi la mort de l'empereur
Joseph, laissant à son frère un héritage qui, avec la couronne
d'Espagne, aurait réuni sous son sceptre la monarchie à peu
près entière de Charles-Quint.

Enfin, le 24 juillet 1712, la bataille de Denain vint délivrer
l'Artois et assurer à la France des frontières au-delà desquelles
les générations suivantes n'ont jamais su se maintenir.

Louis Joseph de Mailly-Couronnel ne tarda pas à recevoir de
ses concitoyens la récompense de son dévouement. Le « re-
« gistre aux actes et délibérations des assemblées générales
« des Etats d'Artois » nous apprend que, le 22 octobre 1713,
« Messieurs de la noblesse ont fait choix pour Député en
« cour de Mr de Mailly, Seigneur de Vélu (*). » C'était la
plus haute dignité qu'on pût obtenir en Artois.

La longueur de ce chapitre nous engage à remettre au
suivant les détails que nous p.uvons donner à ce
sujet.

Le 15 avril 1720, Louis Joseph avait épousé Françoise
Gertrude du Rietz, fille de Charles Alexandre dont nous
l'avons vu partager le dévouement et les dangers. Cela ne
devait pas empêcher leur fils de périr pendant la tourmente
révolutionnaire, en présence d'une foule composée de plus
d'un descendant de ces pionniers qu'ils avaient si géné-
reusement défendus ! ! !

Bien que le contrat de mariage, passé devant Baillœul et
Neauport, Notaires à Arras, porte Louis-Joseph comme étant
déjà Chevalier, les lettres patentes qui lui conférèrent ce
titre, ne datent que de 1723. Il s'agissait sans doute de la
Croix de St-Louis, qu'il aurait reçue sans qu'il en soit resté
trace dans nos papiers. Il est aussi désigné comme chevalier
sur la tombe de sa femme décédée le 21 décembre 1722.

(*) Extrait collationné par · greffier des Etats d'Artois, et signé Hermann.

Françoise-Gertrude du Rietz de Willerval avait pour mère Marie-Michelle-Françoise d'Aoust, Dame de Barastre. A l'époque de son mariage avec Louis-Joseph, elle était déjà veuve de « Messire François-Ignace Palizot, vivant, « Chevalier Seigneur de Warlusel, Conseiller du Roy en ses « conseils, Premier Président élu du Conseil Provincial « d'Artois, » dont elle n'avait pas eu d'enfants.

Elle mourut, un peu plus de deux ans après avoir contracté sa seconde union, laissant deux fils dont nous parlerons plus loin. Au-dessus de son épitaphe, on voyait ses armes (*), et celles de Mailly-Couronnel surmontées d'une couronne de comte (**) avec deux levrettes pour support.

Du vivant de sa femme, Louis-Joseph fit un accord avec ses deux beaux-frères, Charles-Alexandre du Rietz, comte de Willerval et Guislain, chevalier de Willerval, Lieutenant au régiment de Piémont, relativement au « quint » ou droit qu'il avait avec ce dernier sur « les arbres croissans et existans « dans le bois de Barastre. » L'acte est signé par lui L. J. de « Mailly-Couronnel de Vélu » et par sa femme, le 13 février 1721, « Durietz de Vélu. »

Un autre acte, en date du 26 septembre 1726, porte seulement « de Vélu ». C'est une transaction avec la sœur de sa défunte femme, Marie-Agnès-Charlotte du Rietz, assistée de son époux, Messire Nicolas-Félix de la Rivière, Chevalier, Seigneur de Violaine.

Enfin, nous avons une autre transaction entre Louis-Joseph, agissant « comme tuteur légitime de ses enfants mineurs » et

---

(*) Les armes de du Rietz étaient de gueules à trois maillets d'or.

(**) Il nous paraît probable que cette épitaphe aura été faite après l'obtention des lettres de chevalerie qui suivit de quelques mois seulement la mort de Françoise-Gertrude.

son beau-frère Charles-Alexandre du Rietz, chevalier, comte
de Willerval. Ses enfants viennent en partage avec leur oncle,
« par représentation de leur mère, pour le tiers du quint des
« fiefs et le quart des manoirs à eux revenant dans les bois,
« moulins, terrages, terres labourables et autres immeubles
« composant les seigneuries de Barastre, Castenières, Trame-
« court et Rocquigny. Il leur reste ainsi 27 mesures de terre ;
« scavoir 20 mencaudées pour leur quart des terres rotures
« et 6 mencaudées pour le restant de leur tiers du quint des
« terres labourables féodales, plus 300 livres pour leur part
« dans le château de Barastre et autres causes. »

Cet acte fut passé devant Cuvellier et Menessier, notaires
à Arras, le 19 mars 1728, peu de mois avant la mort de
Louis-Joseph.

Nous n'avons qu'un extrait de ses lettres de chevalerie,
qui « furent données à Meudon au mois de juillet 1723
« et signées par le Roi Louis XV ». On en trouvera la copie
à la fin de ce chapitre, avec celles de pareilles lettres accordées
à Jérôme du Rietz, qui sont un exemple complet de pièces
devenues si rares.

Louis-Joseph de Mailly-Couronnel mourut le 20 décembre
1728 et fut enterré auprès de sa femme.

**Analyse des lettres de Chevalerie accordées par Louis
XV à Louis-Joseph de Mailly-Couronnel. (*)**

Lettres Pattentes données à Meudon au mois de juillet 1723.

(*) L'original est malheureusement perdu, c'est pourquoi nous donnons pour
le remplacer, comme modèle du genre, les lettres patentes de chevalerie accordées à notre ancêtre Jérôme du Rietz, en 1660.

Signé, Louis. Et sur le revers, par le Roy, Phelypeaux ; et scelés, par lesquelles Sa M^{té} en considération de l'ancienne Noblesse et noble extraction de son cher et bien amé Louis-Joseph Couronnel E^{er} Seign^r d'Aussimont, Vélu en Artois, qui est issù en ligne directe et masculine de Charles Couronnel E^{er}, Seign^r de Rantigny qui avait épousé Jacqueline de Passy, lequel par Sentence du Baillage de Lille du 24 avril 1445 avoit été deschargé du droit de nouvel acquet comme étant issù de noble Génération tant du côté Paternel que Maternel. (*) Sa d^{te} M^{té} a créé et fait le d^t Louis-Joseph Couronnel Ch^{er}, ensemble ses enfants et postérité mâle, nés et à naître en légitime mariage pour dud^t titre de Ch^{er}, droits, honneurs, privilèges, prérogatives et prééminences y appartenants jouir, et user pleinement et paisiblement et à tous jours tant en fait de guerres, armées, assemblées, qu'en jugement et dehors.........

Lettres de chevalerie accordées par Louis XIV à Jérôme du Rietz.

Louis par la grâce de Dieu Roy de France et de Navarre, à tous, présents et avenir *salut* notre cher et bien amé Hiérosme du Rietz Escuyer Sr de Frévilliers, Hucliers, Jouy, Hamel, Mons, Marest, Grand-Vacquery, Noyel et de Valhuon en partie, nous ayant très humblement fait remontrer qu'il est gentilhomme de temps immémorial et que ses prédécesseurs n'ont jamais fait aucun acte desrogeant à leur antienne noblesse, qu'au contraire aucuns d'iceux ont esté faicts chevaliers en considération de leur naissance et extraction, entre autres ses Ayeul et Bisayeul, et mettant en

---

(*) Cette sentence, bien des fois citée, est encore ici confirmée avec toute la filiation de notre branche jusqu'à son origine.

considération la fidélité et affection que le dit Hiérosme du Rietz tousjours faict paroistre et ceux qu'il nous a rendues en diverses occasions dans n^{re} pays d'Arthois duquel il est originaire. *Scavoir faisons* que nous pour ces causes désirant le gratiffier et traicter favorablement et luy donner des Effects de n^{re} Bienveillance par une marque d'honneur qui passe à sa postérité et qui puisse l'obliger à nous continuer ses services et les siens à l'imiter, avons de nostre Grâce spécialle pleine puissance et auctorité Royalle, déclaré et déclarons, et en tant que de besoin créé et créons led. Hiérosme Durietz Chevallier par ces présentes signées de n^{re} main, pour dudict Tiltre de Chevalier, ensemble des Droicts, honneurs, privilèges, prérogatives et prééminenees qui y appartiennent jouir et user par luy tant en faict de guerre, armées et assemblées qu'en jugement et dehors et partout ailleurs où besoin sera voulons et nous plaict qu'il jouisse et sa postérité et qu'il leur soit loisible d'avoir et porter en tous lieux et endroicts que bon luy semblera ses antiennes armoiries de trois malietz d'or à font de gueule ayant pour supportz deux Griffons couronnez. Si donnons en mandement à nos amez et féaux Cons^{ers} Esleus d'Arthois et à tous nos justiciers et officiers qu'il app^{ra} que ces présentes ils fassent lire et registrer et du contenu en icelles laissent jouir et user pleinement et perpétuellement led. du Rietz cessant et faisant cesser tous troubles et empeschements au contraire ; car tel est nostre plaisir, et afin que ce soit chose ferme et stable à tousjours nous avons fait mettre nostre dit scel à cesd. présentes sauf en autres choses nostre droict et l'autruy en touttes. Donné à Paris au mois d'aoust, l'an de grâce mil six cens soixante et de nostre Règne le dix-huictième.

Signé : Louis.

Sur le replis,

Par le Roy,

Signé : Le Tellier.

Visa,

Signé : Séguier

et scellées en cire verte, et au pied des d^{es} lettres est escrit ce qui suit :

Ces présentes ont esté enregistrées aux Registres de l'Election d'Artois du consentement du Procureur du Roy en ladite Election par ordonnance de cejourd'hui douziesme de novembre mil six cent-soixante.

Signé : Berthe
avec paraphe.

Les Notaires Roïaux d'Artois soussignés ont collationné la présente copie à l'original en parchemin exhibé à l'instant, rendu et trouvé conforme.

A Arras ce sept septembre mil sept cent soixante-dix.

Signé : Bellier,   Thomas,
avec paraphe   avec paraphe.

Nous président et gens tenans le Conseil provincial d'Artois certifions à tous qu'il appartiendra que Mrs Thomas et Bellier qui ont signé l'acte de collation icy dessus, sont tels qu'ils se qualifient, qu'à leur signature foy est ajoutée tant en jugement que hors. En témoin de quoy avons fait signer ces présentes par l'un de nos greffiers et y apposer le scel dud^t conseil à Arras où le papier marqué, le controlle des actes et les insinuations. n'ont lieu, le sept septembre mil sept cent soixante-dix.

Signé : Sirou.

FIN DU CHAPITRE X

CHAPITRE XI

CHAPITRE XI

———×———

Les Etats d'Artois. — Liste des Députés ordinaires. — Anciens impôts, établis du temps de Louis XIV pour des nécessités pressantes et conservés encore aujourd'hui sous des noms différents. Personne n'en est exempt. — Les nobles ne sont dispensés de payer le « centième » ou « centime » que pour le lieu de leur résidence et les terres dont ils jouissent directement. — Recherches ordonnées à ce sujet par les Etats afin d'éviter les abus. — Ils ne sont pas toujours d'accord avec l'autorité Royale et compliquent ainsi la mission de leurs Députés à la Cour. — Quelques détails sur la vie de château et l'agriculture. — Nobles qui peuvent ou non jouir de l'exemption prévue. — Liste des Députés aux Etats en 1709.

———◆———

Nous croyons devoir commencer par revenir sur certains détails concernant les Etats d'Artois que la longueur du chapitre précédent nous avait forcé d'omettre. Nos papiers nous permettent de donner, à leur sujet, des renseignements peut-être oubliés et qui complètent ceux qu'on peut trouver dans les bibliothèques.

Nous renvoyons à Moreri, pour ce qu'on pourrait appeler la partie officielle des Etats d'Artois dont il explique clairement les rouages administratifs et le cérémonial. Ce que nous trouvons dans nos archives permet de reconnaître qu'il dit juste.

Un portefeuille écritoire sur lequel est inscrit :

« J'appartiens à M. le Mis de Mailly-Couronnel, Député « général et ordinaire du corps de la Noblesse des Etats de la « Province d'Artois » montre l'exactitude de ce que rapporte cet auteur par rapport à la disposition des assemblées.

« La Noblesse, dit-il, occupe le côté gauche de la salle « assise sur des bancs sans aucun rang déterminé. » C'est pourquoi les Députés ordinaires, qui étaient au nombre de trois, nommés chacun par son ordre pour trois ans, devaient, faute de pupitres bien « qu'hors de rang, » recourir au genre de portefeuille que nous venons d'indiquer. Les Evêques d'Arras et de St-Omer avaient seuls, dans l'Assemblée droit à des fauteuils.

Voici la liste des Députés généraux et ordinaires qui ont administré l'Artois, « au nom des Etats et sous l'autorité du Roi » pendant les 54 années qui suivirent leur première convocation par Louis XIV.

DEPUIS L'AN 1660

DÉPUTÉS ORDINAIRES

1° MM. De Recourt. (*)
2°   Le Cte d'Hezecques.
3°   De Regnauville.

(*) Nous croyons, d'après les listes que nous avons consultées que c'était M. du Hamel de Grand-Rocourt.

4° MM. De St-Léger. (*)

5° Le Vte de La Thieuloy.

6° Le Mis de Longastre et pour le parfait (finir le temps) le Cte de Souastre.

7° Le Cte de Mauve.

8° Le Cte de Belleforière. (**)

9° Le Mis de Forest. (***)

10° Le Mis de St-Floris.

11° Le Mis de Royon. (****)

12° Vte d'Ogimont. (*****)

13° De Saluces. (******)

14° Le Mis de Berthe. (*******)

15° Le Cte de Souastre.

16° Le Cte de Beaurepair. (********)

17° Le Mis de Lillert et pour le parfait le Vte d'Ogimont.

(*) Les listes des Etats nous donnent le nom de M. de Carnin de St-Léger

---

(**) Un acte venant de la famille d'Amerval nous apprend l'existence, en 1723 de Marie-Renée de Belleforière de Soyecourt, Comtesse de Tilloloy.

Sa famille possédait le beau château qui appartient aujourd'hui à M. le Comte d'Hinnisdal.

Les Soyecourt, qui ont été moissonnés par l'échafaud révolutionnaire, avaient un des plus beaux hôtels de Paris qui, après bien des vicissitudes est arrivé à la famille Pozzo-di-Borgo.

(***) Les mêmes listes portent de La Tramerie Mis du Forest.

(****) Nous voyons de Brias Cte de Royon.

(*****) Nos listes portent de Marnix, Vicomte d'Ogimont.

(******) Nous croyons que c'était un Bernemicourt.

(*******) Nous l'avons vu, au chapitre précédent, jouer un rôle des plus honorable et des plus important lors de l'invasion de l'Artois.

(********) C'était M. de Lannoy, Comte de Beaurepair, qui, comme nous l'avons vu, se montra le digne successeur du Marquis de Berthe dans des circonstances non moins difficiles.

18° Le Mis d'Hesdigneul. (*)

Cette liste, nous paraît venir de Louis-Joseph de Mailly-Couronnel qui, en rappelant ses prédécesseurs aurait négligé de s'inscrire au 19ᵉ rang. Les fonctions de Député ordinaire ne paraissent pas avoir été moins importantes que celles de Député à la Cour. Elles exigeaient même un travail plus assidu ; ceux qui les occupaient devant, pour mieux administrer la Province, résider dans Arras et se réunir tous les jours, matin et soir, au Bureau des Etats.

Les Députés à la Cour étaient comme eux au nombre de trois, nommés chacun par son ordre, mais leurs pouvoirs n'étaient que d'une année et ils habitaient Paris, où ils avaient un hôtel (**) dit « Des Députés des Etats d'Artois. » Leur mission ressemblait à une ambassade et le souverain, en faisant jouer pour eux, les grandes eaux de Versailles, les traitait bien un peu en ambassadeurs ; mais cela ne les mettait pas à l'abri des caprices de l'autorité royale. La disgrâce profonde dans laquelle tomba notre arrière-grand-père, peu après le changement de règne qui donna, un moment, tant de pouvoir à la jeune cour dont Marie-Antoinette aimait à s'entourer, en est une preuve.

Ceux qui avaient la faveur de la gracieuse souveraine, qui allait devenir une si admirable martyre, en usèrent-ils toujours avec prudence et discrétion ? Le malheur qu'ils

---

(*) C'était un Béthune, ancêtre de la C^{sse} de Couronnel.

Nous n'avons pas trouvé sur les listes des Etats les noms de MM. de Mauve et de La Tieulloy.

Un acte, en date du 18 octobre 1736, nous montre l'héritière des du Rietz, Marie-Hélène-Alexandrine-Liévine, établie jusqu'à son mariage au couvent de La Thieulloy dans la ville d'Arras.

Nous voyons qu'en 1707 un Bernemicourt était à la fois Vicomte de La Thieulloy et Marquis de Saluces.

(**) Il était situé rue de Grenelle.

C'est là que mourut notre arrière grand'mère le 23 octobre 1773.

surent accompagner souvent d'un sublime dévouement ne permet plus de leur appliquer cette remarque inscrite dans nos papiers : « L'homme qui jouit de la faveur exige tout, « compte sur tout et pense que tout lui est permis. »

Il est vrai que les Etats d'Artois n'étaient pas toujours d'accord avec la cour, surtout en matière fiscale. Les 400,000 livres que, depuis 1677, il était d'usage d'accorder au souverain comme « don gratuit » paraissaient insuffisantes, il fallait y ajouter des « dépenses de fourrages plus ou moins fortes « selon la cavalerie qui se trouvoit dans les places. »

Dès 1662, nous voyons Louis XIV s'occuper de l'impôt du « centième » au sujet duquel il a « reçu plaincts de « plusieurs particuliers. » Beaucoup, dit-il, « sont surchargez « par l'inégalité de l'assiette qui s'en faict », c'est pourquoi il a « résolu de faire un nouveau régalement. » Il convoque donc les « Estats de son pays d'Arthois dans sa ville d'Arras », par lettre datée de Paris, le 23 novembre 1662.

Le centième, qui est devenu le centime, n'était pas moins tentant, pour le fisc, à multiplier qu'aujourd'hui ; cependant Moreri trouve énorme qu'en 1732 on en ait « levé jusqu'à six. » La Province d'Artois, grâce à ses libertés, n'était tenue à payer qu'un simple abonnement (*) ; c'est pourquoi l'autorité centrale saisissait avidement tous les prétextes de s'immiscer dans la question.

Elle finit même par obtenir « un et même souvent plusieurs « autres centièmes, ce qui est une espèce de taille réelle. (**) » Il est vrai que les Etats, d'accord avec la Province entière, ne refusèrent jamais les subsides nécessaires à la défense commune.

Une lettre portant la date du 12 mai 1701 montre qu'on

(*) C'était le « centième denier » qui se « payait au roi lors des mutations « des biens immeubles et droits réels. »

(**) Collection de jurisprudence, Denisart 1771.

« a fait difficulté de recevoir l'acte de délibération » des Etats
d'Artois « dans la forme qu'elle est conçue sur ce que la teste
« n'est pas conforme à la lettre de Monseign' Chamillart qui
« ne parle que de nouvelles affaires et non pas de demandes
« extraordinaires. »

On était alors au commencement de la guerre de la
succession d'Espagne, et les Etats, qui savaient ce
qu'avait coûté celle que venait de terminer le traité de
Ryswick montraient une réserve prudente au sujet des
nouveaux sacrifices à imposer à la Province. Voici « la teste »
de cette délibération :

« Sur les assurances qui ont esté données aux Estats de
« la part du Roy par la lettre de Monseigneur Chamillart
« escritte à Monsieur Bignon, Intendant de ce Pays, que
« moyennant la somme de cinq cens mille livres que Sa
« Majesté demande à la Province pour la Capitation (*) et
« subside extraordinaire pendant cette guerre apparente, il ne
« seroit plus faict par ses ordres aucunes nouvelles affaires ny
« demandes extraordinaires de quelque nature et qualité
« qu'elles pussent être dans la Province, qui en demeure
« libérée et affranchie. La présente assemblée......... »

C'étaient, comme on disait aux Etats, « Messieurs nos
« Députés en Cour » qui étaient « chargez de demander au
« Roy qu'il plaise à Sa Majesté ordonner suivant la résolution
« de l'Assemblée général dernière. » Cela était toujours
facile, quand Sa Majesté espérait avoir de l'argent.

Nous voyons, en 1704, ces Députés demander au nom des

(*) « La capitation dit Ferrière, est une imposition qui se fait par tête ou par
« personne dans les pressans besoins de l'Etat.
« Cette imposition n'a commencé a être levée qu'en 1695.......
« Elle a cessé en 1698 et a recommencé en 1702 à l'occasion des dernières
« guerres. Elle ne cessera que lorsque les dettes de l'Etat causées par ces
« guerres seront totalement acquittées, quoiqu'aux termes de la déclaration de
« 1702, cette impositioneût dû être révoquée sitôt la paix publiée. »
C'est aujourd'hui la « cote personnelle » dont on n'ose même plus prévoir
qu'on sera jamais débarrassé,

Etats, que « les jurisdictions des Officiers des Eaux et Forêts
« soient réduites à la connaissance des cas concernant les bois
« et forêts de S. M. et qu'à l'égard de la justice concernant les
« bois et eaues des particuliers et communautez, il en soit
« usé comme auparavant l'ordonnance de 1669. » Il paraît
que pareille demande était déjà formulée « par le cahier qui
« fut présenté à Sa Majesté au mois de juillet 1701. »

« Nous avons aussi chargé, voit-on ailleurs, nos dits Députez
« en Cour, par leur instruction d'aider de leurs bons offices
« les marguilliers et paroissiens de l'Eglise de St-Nicolas en
« cette ville d'Arras, pour le procès qu'ils ont au Parlement
« contre le curé de la dite paroisse...... »

Une autre lettre, en date du 3 décembre 1729, nous montre
les Etats soutenant un « Procès au Conseil du Roy contre un
« arrêt qui assujetit tous les moulins de la Province à une
« redevance annuelle et considérable, même de payer les
« arrérages de cette redevance depuis 1700. »

Ces différentes pièces peuvent donner un exemple de ce
qu'était la mission des Députés des Etats d'Artois à la Cour
et des difficultés qu'ils devaient souvent rencontrer pour la
remplir avec conscience.

L'affaire de la « Capitation » que nous venons de voir
commencer par la lettre du 12 mai 1701, nous fournit encore
de précieux documents. Cet impôt, bien qu'il fût, sous l'ancien
régime, reconnu « extraordinaire et fondé sur des besoins
« pressans de l'Etat n'a » jamais été révoqué en dépit des
promesses faites pour après le rétablissement de la paix. Il
doit à nos révolutions, comme la plupart des charges
publiques, d'avoir changé de nom ; mais les périodes de paix,
même les plus longues, n'ont pas plus soulagé le peuple de la
« cote personnelle » que jadis de la « capitation. »

Bien que son origine soit la nécessité de soutenir la guerre,

il n'a jamais épargné même les militaires (*). Il ne fut
supprimé qu'une fois, suivant les promesses données, mais
pour bien peu de temps, par Louis XIV, après la paix de
Ryswick, en 1698.

Le rétablissement de cet impôt, après la lettre de
« Monseigneur Chamillart » donna lieu, de la part des
Députés généraux et ordinaires à une « Assemblée à la main »
qui se tint dans Arras le 21 avril 1701. « Des Commissaires y
« furent dénommés au fait du règlement de la Capitation. »
Chacun d'eux reçut « une espèce de mémoire en forme de
« *quœritur* à la marge duquel ou par feuillets séparés et
« cottés » il était « supplié de répondre en faisant, autant
« qu'il sera possible, une juste énumération des personnes
« nobles de tous les estats, sexes et conditions qui se
« trouveront dans l'estandüe de la ville et du département »
de sa « Commission. » On était, paraît-il, si pressé d'avoir les
sommes à recouvrer par cette nouvelle capitation que les
Etats avaient dû s'adresser à des « Traittans qui ne donnoient
aucuns relâches. » Il était donc de la « dernière importance »
que le travail demandé aux Commissaires « fut fait
« incessamment et sans aucun délai. »

Il paraît que notre ancêtre eut, « dans sa commission » la
ville et le département de Lens. C'est à cette occasion qu'il
reçut, le 23 juin 1701, une lettre des « Mayeurs et Eschevins
» de la Ville de Lenz, signée Le Comte. »

Il y est dit qu'on leur « adresse des plaintes croyant que

(*) Voici une quittance extraite du « Rolle des Nobles » pour la Province
de Picardie.

« Jay Martin du Fresnoy, Receveur des Tailles et des deniers communs de
« la Ville Banlieüe et Election de Péronne, reçu de M. d'Assevillé, Seigneur,
« la somme de cinquante-cinq l^{res} pour la seconde moitié de la somme de cent
« dix livres à laquelle il a été taxé par le Rôle de ladite Capitation, arrêté par
« Monseigneur Bignon, intendant de la Province, en conséquence de la
« Déclaration du Roy du 18 mars 1701. Fait andit Péronne le 4° jour de
« décembre 1701.

« Pour quittance de la somme de 55 l^{rs}.

                                           Signé : Du Fresnoy. »

« leur Bureau peut régler les différents des particuliers »,
qu'ils n'ont « pas encore tenu d'assemblée avec lui et les
« autres messieurs dénomés et qu'ils le prient d'avoir pour
« agréable d'en avoir une au premier jour. » A ce sujet,
après en avoir conféré avec Mʳ de Beauvoir, Chanoine de
Lens, ils proposent une réunion pour le mercredi suivant ou
un autre jour dont il « plaira de donner advis. »

Les difficultés financières, qui croissaient avec nos désastres,
faisaient de plus en plus rechercher les moyens d'équilibrer
ce qu'on appelle aujourd'hui le budget. Il fallait multiplier les
« centièmes » ou « centimes », de sorte que l'exemption
dont jouissait la noblesse pour sa résidence devenait
onéreuse au reste de la population et vexatoire quand
elle n'était pas justement appliquée. Ce n'était plus un
droit moins lucratif qu'honorifique ; cela devenait un privilège
au profit d'un petit nombre formant généralement la classe
riche.

Les Etats d'Artois le comprirent si bien qu'au mois
d'octobre 1707 ils nommèrent une commission « au sujet
« de la Résidence de Messieurs de la Noblesse, pour jouir de
« l'exemption des centiesmes. (*) » « A cet effet, disent nos
« papiers, ont été nommés pour commissaires de la part
« du Clergé, Mʳ l'abbé de La Croix ; de la Noblesse, Mʳ de
« de La Ferté ; et du Tiers-Etat, Mʳ Dourlens, qui tra-
« vailleront gratis avec MM. les Députés ordinaires. »

Le travail de cette commission, dont nous avons les listes,
contient tout le Nobiliaire de l'Artois, pour l'année 1707.
On le trouvera comme pièce justificative à la fin de ce
chapitre. Nous le ferons suivre de la « Liste des Per-
« sonnes qui ont esté convocquées par Lettres de cachet
« du Roy, du 12 octobre 1709, à l'Assemblée générale des

(*) Nous avons rapporté au chapitre VI, en parlant de l'existence que
menaient les gentilshommes de l'Artois, un certificat concernant cette
exemption.

« Estats d'Artois du cinq de décembre de la dite année. »
Elle nous semble d'autant plus digne d'intérêt qu'elle se
rapporte à une époque où les Etats d'Artois firent, comme
nous l'avons vu, les plus généreux efforts pour la défense de
la patrie.

Nous croyons devoir enfin faire connaître, d'après les pièces
qui nous sont restées, quelle devait être l'existence de ceux
dont nous avons raconté la vie publique. Un inventaire du
château de Willerval, fait le 13 mars 1733, après la mort de
Charles-Alexandre du Rietz, qui suivit de peu le décès de son
beau-frère Louis-Joseph de Mailly-Couronnel, nous y aidera..

Le plus grand luxe que paraisse avoir eu le riche seigneur
qui fut le dernier rejeton mâle des du Rietz est celui des
chevaux. A son décès, on ne trouva pas, dans ses écuries,
moins de 16 chevaux de labour ; 3 chevaux ou poulains de
trois ans de la hauteur de quinze paumes ; 3 poulains de 10 à
11 mois ; un petit cheval servant pour aller quérir les
provisions et 4 chevaux de carrosse, sous poil noir, de la
hauteur de seize à dix-sept paumes. Total 27 chevaux.

Pour les atteler il n'y avait, en fait de voiture de maître,
qu'une berline ; ce qui ne prouve pas en faveur des chemins.
Les quatre harnais de chevaux de carrosse et la selle de
postillon semblent également indiquer que, quand on
voulait faire sortir la berline du château de Willerval, il
ne fallait pas moins de quatre chevaux. Il est vrai qu'à cette
époque, et même jusqu'à la loi sur les chemins vicinaux de
1836, il n'y avait guère de voies carrossables que les
grand'routes, appelées nationales, royales ou impériales,
suivant les régimes.

Les véhicules pour la culture étaient plus complets. Il y
avait quatre chariots, un camion à trois roues, cinq herses, six
binots, quatre « hareles » et un rouloir avec des roues et des
essieux pouvant servir à divers usages.

La race bovine était représentée dans l'exploitation du feu Seigneur Comte par 12 vaches : deux rousses, deux noires, deux rousses et blanches et six noires et blanches. En plus, il y avait un « bœuf et deux génisses en graisse, vendus « moïennant la somme de 248 livres. »

On trouvait aussi deux taureaux, l'un d'environ neuf mois, l'autre de deux ans et quelques mois. En plus quatre génisses de huit à neuf mois et deux autres d'environ deux ans. En tout 23 bêtes à cornes.

La race porcine comprenait 28 bêtes : 2 cochons en graisse, 12 d'un an, 10 de deux ans et 6 de 3 à 4 mois.

La race ovine était représentée par 34 moutons gras et 139 maigres ; total 173 animaux. Pour le berger, lorsqu'il les faisait parquer, il y avait une cahute montée sur trois roues.

La basse-cour se composait de 4 paons ; plusieurs poules, coqs et canards avec 5 dindons.

Dans les granges se trouvaient environ 600 bottes d'avoine à battre, 800 de paille et 1,000 gerbes de blé à battre, avec « 700 warats » de vesces mêlés de « favelottes » et un mille de « dravière. » hivernage mêlé de seigle. Dans un jardin était une meule d'avoine de 4,000 gerbes environ et une autre de « febvres » (*) d'environ 4,000 bottes à battre ; plus dans la campagne trois meules de colza à battre et trois de blé contenant environ 3,000 gerbes chacune.

Tel était le cheptel pour une culture qui, « depuis passé trente ans, » dit un certificat, déjà cité au chapitre VI, comprenait près de 400 mesures de terre et bois. Ce certificat, daté seulement de 1708, et qui se rapportait à « la Résidence « de Messieurs de la Noblesse pour l'exemption des « centiesmes, » nous paraît encore juste quelques années

---

(*) Nous avons mis entre guillemets les vieilles expressions locales.

plus tard, d'après l'importance du cheptel et de la récolte trouvés à Villerval.

Une autre pièce, datée du 4 juillet 1755, nous donne le revenu en fermage de la terre et Seigneurie de Matigny, située entre les villes de Péronne, Ham et Nesle, c'est-à-dire dans la fertile petite contrée qu'on appelait autrefois le Santerre. Sa contenance était de 248 journaux, loués moyennant une redevance de « chacun quatre septiers de bled, mesure de « Nesle, » ce qui faisait en argent 1,238^{lres} 11^s 1^d 3/4. Cette redevance, avec divers accessoires dits « pots de vin » montait à 1,328^{les} 16^s 15^d, auxquels il fallait encore ajouter divers revenus restés en nature, comme chapons, poules, pains, etc. Bien que les chapons ne fussent estimés que 17 sols et les poules 11 sols 3 deniers, on arrivait à un revenu total de 1,757 livres, 18 sols 10 deniers, ce qui ferait, en mettant le journal à environ 45 ares, comme on le compte aujourd'hui, un loyer de 14 fr. 60 par hectare. D'après ces calculs, on voit combien on était loin, il y a un siècle et demi, des fermages, même les plus modestes d'aujourd'hui.

Il est vrai que, selon l'inventaire du château, la vie des Seigneurs de Willerval paraît encore avoir été fort simple. On ne trouve dans l'office de leur salle à manger que des assiettes d'étain dit « à la rose » il est vrai. Il y en avait 10 douzaines avec des plats de métal plus ordinaire. On trouve bien au château quelques tapisseries de « haute lice aux « armes de la famille ; » mais on commence à les reléguer au grenier comme une tapisserie de Bergame qu'on rencontre dans une chambre haute près du fruitier.

En fait d'objets d'art, on ne cite en tout que 9 tableaux, dont deux « carrés à bordure dorée représentent les feu Seigneur et Dame de Willerval, deux un Prince et une Princesse de la cour, » plus quatre « portraits de famille » dont un inconnu, un du marquis de Noyelles et les deux autres « des dits Seigneur et Dame de Willerval. » Enfin un tableau enchassé dans le haut de la cheminée représente un paysage. L'inventaire ne fait que mentionner six petits tableaux qui paraissent assez insignifiants pour en omettre la description. Cependant le château de Willerval était l'unique résidence des du Rietz, qui n'avaient dans Arras qu'un pied-à-terre, comme l'indique le testament fait par leur dernier rejeton.

Le notaire Louis Aliemart, ainsi que des témoins, Charles Gautier, cordonnier, et Laurent Cailleret, cabaretier, tous deux bourgeois d'Arras, déclarent que Charles-Alexandre du Rietz etc., a « testé en une chambre haute de la « maison de la Damoiselle Le Febvre, veuve du sieur « Delamotte, machande lingère, demeurant au coing de « la rue des Balances. »

Les curieux récits des magnificences du Congrès de Cambray, que nous trouvons dans les lettres d'Anne d'Osmond, marquise d'Havrincourt et de Marie Jeanne d'Aumale (*), font supposer qu'à la même époque la vie devait être plus brillante dans le bailliage de Bapaume.

Pendant les années que dura le Congrès, de 1720 à 1725, on alla souvent d'Havrincourt à Cambrai assister aux fêtes dont il était l'occasion ; il dut en être de même au château de Vélu, jusqu'au moment où la mort de Françoise-Gertrude du Rietz vint y porter le deuil.

---

(1) Elles ont été publiées en 1875 par les soins du marquis d'Havrincourt

FIN DU CHAPITRE XI

Capitation de 1707

ARRAS

MM. Du Hajou, demeurant à Arras, ne jouit pas
Le Josne Fenchy, demeurant à Arras, ne jouit pas.
Dumez Douvignieul, demeurant à Arras, ne jouit pas.

Mlle La Motte Cornaille, demeurant à Lisle-à-Royer, ne jouit pas.

Me de Marsigny veuve, demeurant à Arras, ne jouit pas.

M. de Bachy, demeurant à Arras, ne jouit pas.

Mlle de La Motte-Raulin, demeurant à Arras, ne jouit pas.

M. du Mont St-Eloy, S^{gr} de Lerval et Fatoulet, demeurant à Arras, ne jouit pas.

Mlle de Caillimont-Belvalet, demeurant à Arras, ne jouit pas.

La veuve du Sr Malet compris ses trois enfants, demeurant à Arras, ne jouit pas.

La Dame douairière de Thienne, demeurant à Arras, ne jouit pas.

La Dame de Thienne douairière la jeune, demeurant à Arras, ne jouit pas.

M. de Thiennes, son fils mineur, demeurant à Arras, ne jouit pas.

Mlle du Mont St-Eloy royr, elle est morte, demeurant à Arras, ne jouit pas.

M. du Mont St-Eloy-Courcan, demeurant à Arras, ne jouit pas.

M. Cholet, demeurant à Arras, ne jouit pas.

Mlle Cholet, demeurant à Arras, ne jouit pas.

M. Carrée du Repaire, Sgr de Wandelicourt, demeurant à Arras, ne jouit pas.

Mlle Carrée, à marier sa seure, demeurant à Arras, ne jouit pas.

M. le baron Duglas, au lieu de Mlle Carrée-Canoy, demeurant à Arras, ne jouit pas.

M. de Poix, Sgr de Petit-Fief, au lieu de Mlle Bacquem, demeurant à Arras, ne jouit pas.

M^e D'Igniaucourt, demeurant à Arras, ne jouit pas.

Mlle de Marigny n'est pas reprise au rolle des exemptions, mais je crois que elle et Mlle du Hamel, sa sœur, jouissent à Vis-en-Artois.

Mlle d'Hautecoste, ne jouit pas.

M. Ansart, ne jouit pas.

Les Enfants du Sr Briois, ne jouissent pas.

M. le Comte de Gomiécourt, jouit à Linereuil.

Le Sr Deslions de Fontenel ne jouit pas.

Me de Lassue vefve, jouit à Berlencourt.

M. son fils, jouit à Berlencourt.

Les deux demoiselles ses filles, jouissent à Berlencourt.

M^e la Marquise de Carency n'est pas au role, ne jouit pas.

M. le Mis de Carency n'est pas au roole, mais il doit jouir à Carency.

Les deux demoiselles de Carency ne jouissent pas.

Mme Deslions, veuve du Conseiller, ne jouit pas.

M. de Labacq, Sgr d'Achez-le-Petit, a présenté request pour jouir d'exempt.

Mlle sa Seure.

Mlle de La Diesnée, son autre seure mariée.

Mme Carliez, veuve.

Mlle Carliez, l'aisnée non mariée.

M. Duglas-Le-Comte.

Mlle Muletet d'Hersin.

Mme La Comtesse d'Estrée.

Mlle de Villeneuve.

Le Sr de Cappre-Colliez.

M. de Canettemont.

Mlle de Canettemont.

MM. Boucquel d'Amelincourt.

    Dumez l'Eslu.

    De St-Germain.

Mlle Carnin de St-Léger, tante.

Mlle Fontainne, sa seure.

M. de Belquin et les enfants de sa feme.

Le Sr Mulet du Petit-Rieux.

M. d'Hecq.

Mlle de Wavran.

Mlle des Normeaux, compris ses enfants.

M. Beaurin-Sergean, S^r d'Hendecourt, jouit à Hendecourt.

Mlle Beaurin, veuve des Agaches.

Mme Chinot, dame de Coullemont.

    Son fils aisné.

    Les autres enfants cadets.

Mme de La Collerie, veuve.

Adjouter M. de La Collerie.

    Ses Enfants cadetts.

    Le S^r de La Fosse.

    Le Sr du Sartel.

    Le Sr du Fortel.

    Ses deux enfans.

Mme de Grand Rocourt.

M. de Boiry.

Mlle de Boiry, sa seure, d'Hersin.

Le Sr Beaurain Beaurepaire est marqué jouire.

3 Demoiselles Ansart St-Gery ne jouissent pas.

Mlle Beaurin Gazet ne jouit pas.

Le Sr Desmottes ne jouit pas.

Mlle Chinot ne jouit pas.

Mlle Beaurain-Sergeant d'Hennecour ne jouit pas.

Le Sr Clicquet de Ramilly ne jouit pas.

Le Sr Merlande escuier ne jouit pas.

Les Enfans du Sr de Tieulainne ne jouissent pas.

Mlle de Fieffe ne jouit pas.

Le Sr Enlart, Sgr d'Arion, ne jouit pas.

Le Sr Valicourt d'Ambrine ne jouit pas.

Me de Baisnées veuve ne jouit pas.

MM. ses Enfans représentant ne jouissent pas.

M^e de St-Val et ses enfants ne jouissent pas.

Le Sr Mulet de Montnencourt ne jouit pas.

Le Sr de Beaurain du Vieux-Fort ne jouit pas.

M^e La Douairière de Montmorency Neuville-Vitasse ne jouit pas.

M. de Billy, au lieu de Mlle Grand-Cordel, ne jouit pas.

M. d'Ovencourt, fils de Me Desquaure ne jouit pas.

Ses sœurs cadettes ne jouissent pas.

Le Sr Castan de Pruvet ne jouit pas.

M. du Carieul de Quaure-du-Biez ne jouit pas.

M^o de Cousturelle veuve ne jouit pas.

Me de Wismes ne jouit pas.

MM. ses Enfans représentant ne jouissent pas.

Le Mis de Lisbourg ne jouit pas.

De Bouri-Framicourt ne jouit pas.

Les Enfans de M. de Torsi ne jouissent pas.

Le Sr Mathon ne jouit pas.

M. de La Frettée ne jouit pas.

Mme Cauliez veuve ne jouit pas.

Mme Courcol, dame de Paroisse ne jouit pas.

M. de la Martiny ne jouit pas.

M. du Carieul Grand-Bailly ne jouit pas.

Mme de Duisant jouit à Duisant.

M. de la Movardri, son fils.

M. le Viscomte d'Ogimont jouit à Rolencourt, quoiqu'il ne soit pas repris au roole des exempt du baillage de Hédin.

Mlle de Vuizernes-Chez-Rogis ne jouit pas.

Mlle Desmarest, veuve du Sr Valory, ne jouit pas.

OGMENTATION

MM. Le Baron Duglas ne jouit pas.

De Pronville, S^gr de Guilzen, ne jouit pas.

De Grand-Rocourt, s'il n'est pas à la Gouvernance d'Arras sous le nom de M. de Rouellecourt, ne jouit pas.

M. son frère cadet ne jouit pas.

Les 2 demoiselles ses seures ne jouissent pas.

M^e la Comtesse de Rombecq, feme séparée de biens, ne jouit pas.

M. de Bachy, demeurant aux faubourgs, il y en a un autre paroisse Ste-Croix à Arras, ne jouit pas.

M. de Gosson, S^gr de Rionval, ne jouit pas.

Mme la Comtesse de Moucron ne jouit pas.

Les deux D^lles ses filles ne jouissent pas.

Cittée d'Arras

Mme De La Tour ne jouit pas.

MM. ses Enfans ne jouissent pas.

De Bethonval ne jouit pas.

Mlle de Cottenes-Melun à Paris ne jouit pas.

M. Le Lièvre, S^gr de Neulette, ne jouit pas.

Mlle de Bellevalée, veuve du S^r Le Lièvre, ne jouit pas.

Le Sr Gaillart ne jouit pas.

M. de France, S^{gr} de Beaumez, ne jouit pas.

Gouvernance d'Arras

MM. d'Ajette jouit à Buquoy et à Ayette.

    D'Œrmin jouit à Hermin.

    D'Aire jouit à Buquoy.

    De Baralle jouit à Baralle.

    De La Motte jouit à Barlifosserx.

Les héritiers du S^r d'Igniaucourt à Berlencourt.

La veuve du s^r d'Igniaucourt jouit à Berlencourt.

MM. Le Comte de Beaurepaire jouit à Caucourt.

    Le Comte d'Humbecque jouit à Dieval.

    De Bourlon jouit à Bourlon.

    De Coupigny jouit à Eterpigny.

Le Sr de Surque, demeurant à Douai ne jouit, pas.

Le Sr de Gargan à Palfart.

Mme d'Eteve veuve jouit à Buquoy.

MM. ses Enfans mineurs représentant.

M. de Belacourt jouit à Rebrenne.

Mme de Geulsin, je crois que c'est Mme de Pronvil, employée à Arras.

M. son fils.

Mlle sa fille.

M^e la baronne douairière d'Esclebecque à la Contée.

MM. Son fils représentant.

    De Cousturelle jouit à Cousturelle.

    Du Fermon jouit à Agnière-les-Obigny.

Mlle Moulart jouit à la Herlière.

M. de Manin jouit à Manin.

Mme de Montmorency, la jeune douairière.

MM. ses enfans représentant leur père.

M. le Comte d'Oisy jouit à Oisy.

Mlle de Rocqlencourt ne jouit pas.

M. de Bernimicourt, Viscomte de La Thieuloy, marquis de Saluces.

M. de Rullecourt jouit à Rullecourt.

M. Le Chevalier de Montmorency jouit à Buquoy.

MM. Le Comte de Souastre jouit à Souastre.

Le Comte de Belleforière ne jouit pas.

De Villers-Costel.

De Tenneville-Vilers jouit à Vilers-Caignicourt.

M^mo la Douairière d'Henu, jouit à Hennu.

OGMENTER : M. son fils.

MM. Ses enfants mineurs.

Boucquelle Sgr de Sarton jouit à Sarton.

La veuve du S^r d'Alvarade don Luc à Thieure jouit.

MM. De Landas jouit à Coin.

De La marche jouit à Garchin.

De La motte-Vaulin jouit à Quiery.

De Castalas, à Ferin-Palfart, ne jouit pas.

De Courcelle-Gaillard jouit à Haucourt.

OGMENTATIONS

M. Hannedouche-Rebecq, Sgr de Blinsvel jouit.

M^mo de Bernimicourt jouit à Rumaucourt.

Le Sr Delval, prêtre, jouit à St-les-Marquion.

MM. Decalion et sa seure demeurantà Anthin.

Daubin jouit à Rebrenne.

De Quelery frère de M^mo d'Ivergny.

Mlle de Croix, seure de M. d'Ivergny.

MM. De Warvecamp, neveu de Mme d'Ivergny, y demeurant.

Le Comte d'Inn, Sgr de Flechinel.

Le Comte de Louvigny.

Baillage de Lens

M. le Comte de Blaugerval jouit à Annequint.

Les Enfants du Sr Enlart, Sgr d'Aix-en-Gouhelle.

MM. le Chevalier de Souhastre, Sgr de Noulette.

De La Buquier à Berbier jouit à Noiel-sous-Belonne.

D'Aoust de Sain jouit à Bourcheul.

De Bernimicourt à Belleforier *non cognosco*.

M^e d'Alvarade jouit à Belleforier.

MM. d'Argery jouit à Bersee.

De Cambrin jouit à Cambrin.

De Draucourt (indivis) jouit à Draucourt.

Le Mis du Forest jouit à Forest.

D'Huluch jouit à Huluch.

Du Liez jouit au Liez.

Me de Morlinghem jouit à Illy-Pumereaux.

M^e la M^{ise} de Richebourg pour Singhem-en-Wep.

MM. De Fléchinel jouit à Violaine.

Le Baron de Regnonville.

Le Comte de Willerval jouit à Willerval.

Me du Cardonoy veuve jouit à la cense du Carieül.

Les enfants mineurs de la dame de Cardonoy.

M. de Fouquier jouit à Fouquier.

OGMENTER

Mlle d'Hallene jouit à Annequin.

Le S^r d'Angenois, *non cognosco*, jouit à Brebieul.

M. de Coupigny jouit à Liévin.

Mlle du Bus jouit à Singhem.

M. Galbart dem^t à Lens.

Le Sr Gongonoy, *non cognosco*, jouit à Corbehem.

Ville et quartier de Béthune

MM. Le Mis de St-Floris ne jouit pas.

Le Mis d'Edignieul jouit à Edignieul.

Le Mis de Longastre jouit à Andezin.

Le Mis d'Assigny jouit à Werquin.

Le Baron de Bernieulle jouit à Beuvry.

Le Mis de la Buissière jouit à Aillicourt.

M^e la Douairière de la Buissière.

M^{rs} ses enfants cadets.

M. de Bossus jouit à Beuvry.

Le Baron d'Inge ne jouit pas.

Le Comte de Marles ne jouit pas.

De Werquignieul jouit à Werquignieul.

de Lozinghem jouit à Lozinghem.

De Baraux

Du Maretz de Moienneville jouit à Lestrehem.

De Bauriez-Galamée jouit à Lestrehem.

De Berles jouit à Vaudricourt.

Me de Monicone.

Me de Tenneville Vve.

MM. De Brucquiers.

Du Bus d'Amilly.

De Terlinctun.

D'Estraselle jouit à Beuvry.

D'Amiens-Waudringhem.

D'Amiens de la Fretée.

De Genevières-la-Vachery jouit à Allouannes.

D'Hallenne jouit à Beuvry-Sailly.

De Coupigny de Berlaire jouit à Hersin.

De Marquay.

Le Chevalier de Coupigny de Stinghem.

Les enfants de Me de Stinghem du premier lit.

MM. Du Hautoy.

Le Josne-Grand-Marez.

De Mailliet jouit à Allouanne.

De St-Michel.

De la Mellerie jouit à Allouanne.

Mlle du Périer.

Me de Stringhem Vve jouit à Brenière.

Mlle de Fontaines veuve.

Mlle de Romblay.

Me Foulers.

MM. Du Surgeon.

Des Preyes

Du Val de Berles (le frère capitaine)

Du Bourg jouit à Lozighem.

Mme de Fontenelle et ses enfants, jouit à Aloine-Brenier.

Les enfants de M. Secon du Hamel, jouit à Hinges.

La veuve du Sr de Haute Loge, jouit à Hinges.

Mlle de Chimencourt.

Mlle Galbart.

Mlle des Preyes.

M^e d'Infort.

Mlle du Verbois

MM. Foulers, estudiant.

D'Aussemont.

De Genneviers.

De Gersonville.

D'Awancourt.

Le Chevalier d'Inges.

Le Chevalier d'Assigny.

D'Henin, fils de M. de Bernieul, son père vit encore.

De Foulers de Gombart.

Galbart du Fresnoy.

De Valcourt, cap^{ne} de Carabanier.

D'Hostone.

Le Chevalier de Guisnes à Fouquier-lez-Béthune.

Exemps obmis

M. Bruniez, jouit à Essart. (Je ne le connais pas.)

Mme de Berlaire jouit à Hesdigneuil.

Mme du Romblay, jouit à Wendin.

MM. Le Comte du Pétrieux

Méplo, secrétaire du roi.

Bernard. S^gr de Calloigne-Ricquart.

De Fresnes.

Le père de Merlaude.

AUGMENTER

Mlle de Berlaire jouit à Esdiguenil.

Mme Mailliez jouit à St-Pris-Lozimghem.

M. Méplo, secrétaire du roi.

Baillage de Bapaume

MM. De Barastre jouit à Barastre.

De Beugny jouit à Beugny.

D'Erbais-Faureuil

D'Elbargué.

Mme d'Elbargue Vve sa mère.

Mlle de Bernastre

Mme de Varenne Vve jouit à Gosocourt.

Mme d'Applincourt jouit à Happlincourt.

AUGMENTER

Mlle de Magnicourt sa sœur, demeurant à Happlincourt.

M^rs ses enfants, dont l'aîné est majeur.

M. le Mis d'Havrincourt jouit à Havrincourt.

M. Despruys de Queant jouit à Queant.

Mme de Liencourt jouit à St-Léger.

Mlle de St-Léger, dame de Parisse.

Mlle de Fontaine sa fille cadette.

Mme de Sapigny jouit à Sapigny.

Mme de Vélu veuve (est morte.)

La remplacer par M. de Vélu.(AUGMENTER.)

Le Marquis de Noyelle jouit à Veaux.

M. Tendre.

Mlle de Litterval, veuve de M. de Marsilly.

Exemps obmis

Le S^r de St-Aman jouit à Bertincourt.

Mme de Tilloy jouit à Tilloy.

M. de Pars son frère jouit à Cerisy.

AUGMENTER : M. du Bachelin à Vilers-au-Flos.

AUGMENTER : M. le Mis de Sailly

Le Sr Duphuy, S^gr de Fief.

St-Pol

M. lé Prince d'Horne jouit à Agniez-Grand-Camp.

M^e la Marquise de Molembay jouit à Erin.

AUGMENTER : M. le Cte de Crouy son fils aîné.

M^rs ses enfans cadets.

Le Comte d'Hezecques jouit à Radinghem.

Le Mis de Lugy jouit à Lugy.

Le Mis de Wignacourt jouit à Camblin.

Le Baron d'Œuf jouit à Œuf.

Le Baron de Bours jouit à Bours.

Le Mis de Monchy jouit à Monchy Caïeux.

Le Baron Desgranges jouit à Plancques.

Le Mis d'Heuchin.

La Comtesse douairière d'Hezecque.

MM. De Wavrans jouit à Wavrans.

De Fief.

De Fonteinnes.

De Vandosnes jouit à Vandosnes.

De Canlers jouit à Canlers.

De Tramecourt jouit à Tramecourt.

De Beaurepair son frère.

De Fleury Trembloy jouit à Fleury.

D'Hauteclocque.

D'Ivergny.

De Pressy jouit à Equire.

De Penin jouit à Penin.

D'Héricourt.

Mme d'Humereville.

AUGMENTER de M. d'Humereville son fils.

Ses autres enfants cadets.

MM. de Rollepot jouit à Frévent.

De La Tour, S^{gr} de Monchaux.

De Bucamp jouit à Agincourt.

De Famechon.

De La Rue.

De Noyelle-Torsy.

De Spy jouit à Boiaval.

Deux de ses frères.

M. de Belval jouit à Trois-Veaux.

Mme dé Blingel.

Mme de Fontainnes veuve

Mme Blondel, douairière d'Angre, demeure à Gouy.

AUGMENTER : M^{rs} ses enfants.

MM. de La Meri à Verdouin, avec Mme leur mère.

Mlle Hannotelle v^ve jouit à Cauchy-à-Le-Tour.

M^rs ses enfans.

Mme de Valhuon.

M. de Wignacourt d'Izinghem jouit à Ellencourt.

M. du Tailly jouit à Boiaval.

La Sœur de M. le Mis de Lugy.

Mme de Rhume v^ve.

Mlle de Ruhme et ses sœurs.

M. d'Arquinghem jouit à Dieval.

M^e d'Antin v^ve.

Me de Brouilly jouit à Rebramiette.

M. de Rossignioy jouit à Beurin-le-Château.

Mme de Bellevallée d'Humereuille.

Mlle de Léon jouit à Erin.

Mlle de Lannoy.

M. d'Achy.

Mlle Vandolre.

M. le Chevalier d'Henin.

M. d'Herlin jouit à Dautreville.

AUGMENTER : M. de Baillieul-aux-Cornaille son gendre.

Mlle de Croix, sœur de M. d'Ivergny.

Mlle du Tailly.

M. Hamelle de la Donneville.

Mme Bellangez et son fils au Brusle.

M. de Quinghem, S^gr de Siracourt, par indivis.

AUGMENTER

M. le Comte de Crouy fils aîné.

M. d'Humereuille fils aîné.

Les enfants de Mlle Blondel douairière d'Angre.

M. de Bailleuil-au-Cornaille, gendre de M. d'Herlin.

Mlle Le Secq jouit à Aumerval.

Mme La Douairière du Tailly.

Mme de Bellevallée jouit à Esclimeux.

Mme de Le Soz jouit à Freveul.

M. de Villeman jouit à Lanzeux.

Le Sr de Laronville jouit à Monchy-Caieux.

Mme de Beaufort jouit à Mouchi-Breton.

M. Dumez jouit à Nuncq.

Mme Doulieu jouit à Pas.

M. de Royon jouit à Royon.

Mlle Le Secq jouit à Sartom.

M. de Vaux, fils de Mme de Brouilly.

M. d'Hibergue, Sr de Fontainnes près de Caumon, d^{mt} chez M. de Rollepot.

M. de St-Lauran, S^{gr} au dit lieu et de Fontaine, dm^t à Veaux.

Baillage d'Hesdin

MM. Le Prince de Rache jouit à Boubert-sur-Cange.

   Le Mis de Wamin jouit à Wamin.

   Ses frères et sœurs cadets.

   Le Baron de Flers jouit à Flers.

   De Crequi-Hesmond jouit à Hesmond.

   De Regnauvillle jouit à Rond.

   Du Fresnoy jouit à Etruval.

   De Mezerolle jouit à Auxy-le-Château.

   De Cachellety à Nœux.

   Le Vasseur de Montigny.

   De Villeman jouit à Villeman.

   De Vacquery-le-Bourg jouit à Vacquery.

Mme Duphui-Mondragon.

Mme Duphui-Quesnoy.

Mme de Quattre-Veaux Vve.

M. de Quattre-Veaux jouit à Vaille et à 4-Veaux.

Mlle de Veaux-Enclave.

M^{rs} ses enfans.

MM. De La Bucquaille jouit à Cauron.

D'Ardinghem.

De Bassecourt jouit à Grigny.

De Rumenville jouit à Auchi-les-Moisnes et à Wamin, mais il ne demeure plus et a tout affermé, il a une fille mariez à M. d'Avaux.

M. de Tholomé, nota (il n'est pas comte) à Waille.

Mlle de Tholomé sa mère.

M. du Troncquoy grand bailly.

M. et Mlle de Villers.

M^e la Douairière de Erchem.

Mlle de Limart.

Me Baduy.

M^e de La Bourse.

M. de Beaufay.

Me de Vintolfe.

MM. De Vizerne à St-Georges.

De Lamotte.

De Crequi d'Aubervalle à Humière.

Me Dixmude-Badui aud^t Humière.

M. de La Sochoix.

AUGMENTER

M. Duphuy-Quesnoy advocat dm^t à Hesdin.

Mme de Mezerolle dem^t à Auxi-le-Château.

Mme Galbart jouit à Auxi-les-Moisnes.

M. de Gargan jouit à Rollepot.

Me de Loe jouit à Rollepot.

Baillage de Saint-Omer

MM. Le Cte de La Tour jouit à Bahinghem.

Le Cte de Blandecque jouit à Wizerne.

Mme La Comtesse de St-Venant.

· (Nota) Elle a des filles.

MM. Le Cte de Niurlay.

Le Mis de Berthe jouit à Bilque.

Le Cte de Lumbre.

De Moulle.

De Bicinques.

De Fontaine.

De Sanlis La Mairy jouit à Senlis.

Mme de Werpe, v^{ve}.

Sa fille.

MM. Le Baron de Feumal.

De Mondricourt.

De Glegatte jouit à Wizerne.

Du Hamel frère héritier de M. Baienghem de Croix jouit à St-Martin de Salperwich.

Me de Berlaire veuve et ses enfans jouit à Tornehem.

M. de Berlaire à Tourneau.

M. de Bomcourt.

Mlle de Lauresse v^{ve}.

MM. De Lauresse son fils jouit à Zuttquerque.

De Simencourt-la-Follie.

D'Haurech-Don'Ceur.

De Wall.

Me de Rebecque, Douairière.

Mlle Duchange.

MM. D'Ococche jouit à Tilque.

De Vigry.

Des Lions-Feuchin.

De Lens. .

De La Haye.

De Baubecque jouit à Rquighem.

De La Dienné père.

Son frère.

D'Harchies.

MM. De Laurin des Plancques.

De Lattre de La Terquerye.

Mlle Blamaux.

Les enfants de Me de Genevière v^{ve}.

Me de Beaubecque.

M. Le Maire à St-Folquin.

MM. Du Chocquel jouit à la Coulomby.

De La Fosse.

D'Audenfort.

Mlle de Fienne.

M. de Blaringhem comme possesseur

Mlle Vandolre.

M. de Wauzin.

M. de La Muraille.

Mlle de Van Denbergues.

Mlle de La Cressonnière.

Mlle Liot.

Mlle Laurin.

Mlle du Pery.

Mlle de Vulder.

MM. De Brias à Lœulinghem jouit à Bahinghem.

De La Motte jouit à Vaudringhem.

De Contarmy.

De Bersacq à Vaudringhem.

Les enffans de Mme d'Ostoncaquercamp.

La veuve du Sr Floutiecques à Lombre.

M. d'Auchel à Pouvillion.

Mlle de Poix.

MM. de Guernovalle.

De Berinetz.

De l'Estrade, bailly d'Eperlecque.

De Beaufort-Buscœne, grand bailly.

Gaillard.

La v^{ve} et les héritiers de Guzelinghem.

Mme la douairière de Senlis.

MM. de Mamez à Moringhem.

De Beaufort cadet de M. de Mondricour.

De Vahuon cadet, fils de Mme de Bernatre.

Mlle de Cantecroix.

Le frère de Mlle de Fiesne.

M. de Gadimez.

AUGMENTER

MM. de Lassus jouit à Ste-Croix.

D'Austronne jouit à Aquin et Quesque.

De Beaumont jouit à Andreuvicque.

Du Valvalon jouit à Campagne-les-Boutan.

D'Ausque jouit à Lumbre.

De Broquenouse jouit à Lumbre.

De Mometh jouit à Moringhem.

De La Motte jouit à Nielle.

De Waltendrux jouit à Renty.

De Barericque jouit à Seninghem.

De La Cotte jouit à St-Floquin.

Mlle d'Ausque jouit à Nielle.

M. de Berlair à Tourneau.

Mlle de Noyelle Godiemprée mariez.

Baillage d'Aire

M. le Viscomte de Fruges (mort).

Mlle la Viscomtesse de Fruges.

Ses sœurs au nombre de 7.

Le Chevalier de Fiesnnes.

Le Baron de Berneville jouit à Isbergue.

MM. du Brincq S^{gr} de Nœux.

De Malannoy S^{gr} de Bourée.

De Nielle S^{gr} de Elety jouit à Elety.

MM. D'Audinctun jouit à Ardinghem.

    Le Viscomte d'Erny jouit à Erny St-Julien.

    De Noire-Becourt-Liettre jouit à Liettre.

Mme de Fiefs dame de Westicque.

Mme d'Ienqum, (nota) si ce n'est pas Mme d'Anquin.

Ses deux enfants.

M. d'Acquenbronne jouit à Serny.

Mme la Douairière de Masting jouit à Mamez.

M^rs ses enfants.

MM. de Conbronve à Blingel S^gr de Paroisse jouit à Gissede.

    De Marconne.

    De Matringhem S^gr par indivis jouit à Matringhem.

Les héritiers de M. de Cohem dem^t à Cohem.

MM. De Mazinghem.

    De Waltencheux jouit à Renty.

M^e De Languesin.

Son fils.

MM. De Rebecque à Elety, jouit à Elety.

    De La Nocque à Aire.

    De La Conttée à Raquinghem.

    De Promplart, jouit à Isbergues.

    De Tannay à Aire.

    Le Chevalier de Guistelle, jouit à Serny.

Les héritiers de M. Donveaux à Aire.

Me de Mazinghem, jouit à Mazinghem.

M^mo de Closel.

Mme d'Embise.

M. Gaillard, receveur s'il est fils de M. Gaillard.

M. de Vilers, frère de M. de Mazinghem.

Exempt obmis

Le S^r de Lœringhem, jouit à Auchelle.

M. de Fienne jouit à Matrighem.

> (Nota) Il faut scavoir si ce n'est pas M. de Regnauville, puisqu'il n'est pas mis jouir ailleurs.

M. d'Estrehem jouit à Dohen.

Mme d'Anquin jouit à Anquin.

Mme de Mussem jouit à Ecquset-Mussem.

M. de Vilers jouit à Maringhem.

Mme de Tannay jouit à Mazinghem.

> (Nota) il faut scavoir si elle n'est pas ci-devant sous le nom de Mme de Mazinghem.

MM. De Nielle jouit à Nielle.

De Laprle jouit à Quistède.

De Vinquin jouit à Remilly.

D'Istelin jouit à Raquinghem.

De Criminy.

Lilers

Le Viscomte d'Armuiden jouit à Bomy.

Le Mis de Cottenes jouit à Cottenes.

Le Mis de Lilers jouit à Redoville-Papon.

M. de Corbeaumont jouit à Busnes.

Mme d'Omicourt v^{ve} jouit à Amette.

Les demoiselles ses deux filles majeures.

Mlle de La Motte-Hibert.

M. de Vicq jouit à St-Floris.

M. de Foulers à Lilert.

Mme la M^{ise} Douairière d'Esdignieul.

Exempt obmis

Mlle de La Motte (*non cognosco*) jouit à Ham (scavoir si ce n'est pas Mme de La Motte-Hibert.

Mᵐᵉ d'Auche vᵛᵉ du sʳ de Farne, Sᵍʳ de Versigny.

Queriture

Si les obmis paieront les arriérages ? Quelles tiltres, paroisses ameaux ou facultés ils possèdent pour les taxes ?

Comment et par qui cette taxe doit être faite ?

Si on ne doit pas se faire représenter l'imprimé du tarif pour sur le pied d'icelluy se conformer, faute à ogmenter ou diminuer au marq la livre selon la somme à imposer pour la présente année 1707 ?

Au Tarif-Relief de 1695, folio 8, il est dit que les princes, ducques, mareschaux de France et autres officiers mentionnés en la première classe et les chevaliers et les grands officiers de l'Ordre du St-Esprit paieront leur taxe directement entre les mains du garde du Trésor royal aussi bien que celles des Chevaliers de l'Ordre du St-Esprit. Il s'ensuit que les Comtes, Barons, Marquis, Viscomtes doivent paier en leurs provinces, aussi bien que les gouverneurs, lieutenant de Roy, major, aide-major, capitaine des portes et leurs familles selon la taxe.

Il demeure Arras une feme de Lisle séparé. Les femes séparé de leurs maris de corps ou de biens par authoritée de justice soit de fait et par convention seront taxé en leurs particuliers ; les unes come dame de paroisse, tiltré ou aultrement, à la moitié de ce que leurs marie paient ou payoient. (Ordonnances).

Sur quoy les intendans, commissaires, etc., etc. peuvent ordonner les paiements par provision et faire contraindre.

400ˡ 5ᵐᵒ Classe. — Les Gouverneurs de places frontiers 400ˡ,

300^l 6me Classe. — Les Lieutenants de Roy de Provinces crée en tiltre d'office ; les Gouverneurs de places du dedans du Royome.

250^l 7e Classe. — Les Marquis, Comtes, Viscomtes et Barons.

200^l 8e Classe. — Les Mareschaux de camps des armées du Roy.

150^l 9e Classe. — Les Brigadiers des armées du Roy.

120^l 10e Classe. — Les Colonnelles mestre de camps de cavalerie, infanterie et dragons et autres ayant reng de Colonel ; les Gentilhomes S^{grs} de Paroisse.

100^l 11e Classe. — Les Commissaires.

60^l 13e Classe. — Les Lieutenants de Roy et Majors de place.

40^l 15e Classe. — Les Gentilhomes possédans Fief et Château.

6^l 19e Classe. — Les Capitaines majors d'infanterie, les Gentilshommes n'ayant ni fief ni château.

3^l 20e Classe. — Les Lieutenants, Soub-Lieutenants, Enseignes, Cornettes de cavalerie et dragons.

Total du montant de la taxe pour l'an 1707.

Ville d'Arras.	5840^l
Cittée d'Arras	164^l
Gouvernance d'Arras	4964^l
Baillage de Lens.	2307^l
St-Omer	3817^l
Bethune	2475^l
Aire	2400^l
Bapaume.	2141^l

Hedin.	2520ˡ
Lilers.	1157ˡ
Sᵗ-Pol.	5968ˡ
Porte en total icy	35753ˡ
Dépenses, compris 1100ˡ d'arriérages	31943ˡ
Reste en bonny et m'ont paiez	3809ˡ 1ˢ 11ᵈ

Liste des Personnes qui ont estè convoquées par Lettres de Cachet du Roy du 12 octobre 1709 à Lassemblée générale des Estats d'Artois au cinq de décembre de lad. année.

Clergé

MM. L'Evecque d'Arras.
L'Evecque de St-Omer.
L'abbé de St-Bertin.
L'abbé de St-Eloy.
L'abbé de St-Augustin.
L'abbé d'Auchin.
L'abbé de Blangy.
L'abbé d'Auchy-les-Moines.
L'abbé de Marœul.
L'abbé de Choques.
L'abbé d'Eaucourt.
L'abbé d'Arrouaize.
L'abbé de Ruisseauville.
L'abbé de Cercamps.
L'abbé d'Hénin-Liètart.
L'abbé de Dompmartin.
L'abbé de St-André.
L'abbé de Clairmarais.
L'abbé d'Ham.
L'abbé de St-Jean-au-Mont.
Le Grand prieur de St-Waast.

MM. Du Chapitre d'Arras.
Du Chapitre de St-Omer.
De la Collégialle d'Aire.
Du Chapitre de Béthune.
Du Chapitre de Lens.
Du Chapitre de Lillers.
Du Chapitre de St-Pol.
Du Chapitre de Hesdin.
Du Chapitre de Fauxquimbergue.

Noblesse

MM. De Thiennes de Bilques.
Du Rietz, Comte Willerval.
De Bertoult d'Hauteclocques.
De Bergues d'Hersin.
De Pars d'Esquires.
Du Carieul de Fiefs.
Le Baron Desgranges.
Le Prince d'Isenghein.
De Croix de Flers.
De Lannoy de Caucourt.
Le Comte d'Hezecques.
Le Marquis de Longastre.
De Coupigny de Le Barguc.
Le Comte d'Humbecq Dieval.
De Liaires d'Hisbergues.
Le Comte de Blangerval.
Le Marquis de St-Floris.
De Werquigneul.
Le Comte de Gomicourt.
D'Haurcq de Senlis.

MM. De Tramecourt de Werchin.

De Groezer d'Audinchtun.

Le Marquis de Wamin.

Le Baron de Flers.

Le Josne de la Ferté.

Le Marquis du Forest.

Le Marquis de Lillers.

D'Assigny de Werquin.

De Camblain Castelain.

De Mametz de Nyelles.

De Ghistelles de Sergny.

Le Merchier d'Ulluch.

De Crequis Marconnelle.

De Coupigny Fouquières.

De Bugny.

Le Comte d'Oisy.

De La Tramerie de Draucourt.

Le Baron d'Hinge.

De Cunchy-Floris-Trembloy.

Le Comte de Souastre.

De Cresquis Hesmond.

Le Marquis de Molembais.

De Marnix Vicomte d'Ogimont.

M. Duglas de Suze. (*)

De Maulde, Marquis de La Buissière.

De Salperwicq de Plumoison.

Desplanques de Penin.

Le Comte de Belleforière.

Le Baron de Monchy Cayeux.

Le Marquis d'Havrincourt.

(*) Il devait être d'origine écossaisse et s'être réfugié en France à la suite de Jacques II. — En 1704 les Mayeur et Echevins à Arras refusèrent à l'Intendant d'accorder la bourgeoisie, sans payer les droits d'usage, à un Bon Duglas, ancien L^t-colonel au Régiment de Martel, qui s'était réfugié dans leur ville.

Le 14 octobre 1718, une personne signant : Le Carlier, Comtesse de Duglas écrivait au Comte de Villerval, pour une question d'argent.

MM. Le Marquis de Sailly.

De France, Marquis de Noyelle.

De Beauffort de Moulle.

De Guisne, Comte de Nieurlet.

De Boisleux.

De Tramecourt.

De Gouy.

Du Hamel de Grand Rocourt.

Le Marquis de Carency.

De Lattre d'Ayette.

Venant de Famechon.

Le Comte d'Estrade.

D'Aoust de Sains.

Beauffort de Mondicourt.

De Blingel.

De Sernin d'Héricourt.

Le marquis de Lugy.

Le Comte de Bossu.

Le Baron de Besselaert.

De Fiennes d'Hestrus.

Le Comte de Blandecque.

De Henin-Waurans.

De Landas, Baron de Grincourt.

De Trésigny, Vicomte d'Armuiden.

De Bernemicourt de Saluces.

Le Comte de Lumbre.

De Baquehem de Dronnin.

De Coupigny d'Hem.

De Mailly de Vélus.

De Brias de Royon.

Le Marquis d'Hesdigneul.

Dion de Vandosnes.

Le Comte de Fruges.

Le Marquis de Cottenes a exhibée sa première lettre de cachet et a esté reçu après les preuves ord^{es}.

Gaston de St-Waast, Seig^r de Le Bucquière, a exhibé sa première lettre de cachet et a esté reçu après avoir fait les preuves ord^{es}.

Messieurs les Magistrats

Le magistrat d'Arras.
Le magistrat de la Cité.
Le magistrat de Lens.
Le magistrat de St-Omer.
Le magistrat d'Aire.
Le magistrat de Bapaume.
Le magistrat d'Hesdin.
Le magistrat de St-Pol.
Le magistrat de Béthune.
Le magistrat de Lillers.
Le magistrat de Pernes.

CHAPITRE XII

CHAPITRE XII

Charles-Oudart-Joseph. — Son mariage et ses premiers succès.
Sa disgrâce. — Son séjour en Artois avant et pendant la
Révolution. — Il est décapité dans Arras le 18 mars 1794.

Louis-Joseph de Mailly-Couronnel laissait deux jeunes
enfants :

1° François-Joseph, né le 16 février 1721, mort à Cuinchy,
près de Douay, où il fut enterré en 1729.

Il avait été baptisé à Vélu le lendemain de sa naissance et
avait eu pour parrain François de La Pierre, Comte de
Boussies, Baron de Cuinchy, son « grand oncle » maternel
à cause de D° Adrienne Hélène d'Aoust son épouse.

Sa marraine était Marie-Claire-Josèphe de Mailly-Couronnel, V° de Philippe de Cuinghem, Sgr de Siracourt, tante
paternelle.

2° Charles-Oudart-Joseph qui suit.

Charles-Oudart-Joseph, Chevalier, Marquis de Mailly-Couronnel, Comte de Villerval, Seigneur de Vélu, Bertincourt, Aussimont, l'Eclipte, Mont-en-Ternois (*) etc., etc., Député général et ordinaire du corps de la noblesse des Etats d'Artois, ensuite son député à la Cour.

Il naquit le 15 avril 1722 et fut baptisé, le 17 du même mois, en l'église paroissiale de St-Nicolas-sur-les-Fossés de la ville d'Arras.

Sa mère, Françoise-Gertrude du Rietz mourut le 2 décembre 1722, peu de mois après sa naissance, et son père, le 20 décembre 1728, quand il était encore en bas âge.

L'année suivante, il perdit son frère, élevé sans doute avec lui, au château de Cuinchy, par les parents de sa mère qui était fille de Marie-Michelle d'Aoust, que Charles-Jérôme du Rietz avait épousée en premières noces.

Cette double alliance, de même que des morts prématurées, avait fait recueillir l'orphelin dans la famille de sa grand'mère maternelle où se trouvait encore sa plus proche parenté. L'intérêt qu'on lui porta paraît s'être continué jusqu'à son mariage, dont le contrat fut signé le 17 novembre 1749 au château de St-Léger, qui appartient encore au Mis d'Aoust.

(*) Une cloche, aujourd'hui brisée, qui se trouve encore au château de Vélu, porte l'inscription suivante :

« L'an 1741.

« J'appartiens à très noble Seigneur Charles-Joseph de Mailly-Couronnel, « chevalier, Seigneur de Vélu, de Aussimont, de Leclipte, de Mont.

« Je suis destinée à son château de Vélu. »

(d'un côté :)   (de l'autre :)

Un crucifix   Les armes de la famille.

Ce jour-là comparurent devant les Notaires royaux d'Artois Grossemy et Jouenne, « Haut et Puissant Seigneur Messire « Charles-Oudart-Joseph Demailly-Couronnel, Chevalier « Seigneur de Vélu, Daussimont, Leclipte, Mont-en-Ternois « et autres lieux, fils unique.......... demeurant en son « château de Vélu, assisté de Haut et Puissant seigneur « Marie-Jacques-Eustache Marquis d'Aoust et de Cuinchy, « Seigneur de Roucoux, Lambre et autres lieux, et de Dame « Marie-Reine de La Rozière, Marquise d'Aoust et de Cuinchy, « son épouse, ledit Seigneur Marquis d'Aoust, cousin du « costé maternel audit Seigneur de Mailly-Couronnel, et de « M° Nicolas Aubert de Crespiœul, (*) avocat en Parlement, « demeurant à Arras, son ami et bienveillant d'une part.

« Haute et Puissante Demoiselle Marie-Louise d'Amerval, « Dame d'Assevillers, Béthencourt, Matigny et autres lieux, « fille mineur de deffunt haut et puissant seigneur Messire « Louis-Joseph-Alexandre d'Amerval vivant Chevalier, (**) Sei- « gneur d'Assevillers, Bethencourt, Matigny et autres lieux, « et encore vivant haute et puissante Dame, Madame Louise « Charlotte de Wingfield demeurant ordinairement à Paris, « assistée de la d° Dame de Wingfield Damerval (***) sa mère

---

(*) Nous avons une lettre de lui datée d'Arras, le 21 décembre 1772.
Elle se rapporte à une de ces nombreuses chicanes qui encombraient les papiers de famille au siècle dernier.
Devait-on ou ne devait-on pas une rente à St-Remy de Douay ? On ne la payait plus depuis longtemps ; fallait-il recommencer ?
Au reste l'intervention, outre celle des notaires, de deux hommes de loi qualifiés chacun « d'ami et bienveillant » au contrat de mariage que nous rapportons, montre l'importance qu'on attachait à ce qu'aucune formalité ne pût être négligée.

(**) Nous ne savons quel titre lui donner. Son épitaphe est ainsi conçue : Icy est enterré Messire Louis-Alexandre-Joseph Damerval, Baron d'Asseviller, Seigneur de Bethencourt, Mattigny et autres lieux, Chevalier de l'ordre militaire de St-Louis, capitaine au régiment maistre de camps général des dragons, décédé le 19 octobre 1726, âgé de 42 ans.
Priez Dieu pour luy.
Nous avons parlé de lui au chapitre X en rappelant ses services militaires.
Sur d'autres pièces il est qualifié de *Marquis* Damerval ou d'Amerval.

(***) Les armes d'Amerval étaient d'argent à trois tourteaux de gueules.
Celles de Wingfield-Montaigu étaient d'argent à la bande de gueules chargée de trois vols abaissés du champ, avec une main ouverte au chef.

« demeurant aussy ordinairement à Paris ; de Haut et
« Puissant Seigneur Messire Charles Gabriel, Marquis de
« Folleville, Seigneur de Manencourt, Beaumartin, St-Martin,
« Nurlu, Bouchavannes. (*) La Motte-les-Allains et autres
« lieux, demeurant en son château de Manencourt, et de
« haute et puissante Dame Madame Charlotte Marie de
« Champiens, Marquise de Folleville, son épouse. Ledit
« Seigneur Marquis de Folleville cousin du côté paternel de
« ladite Demoiselle d'Amerval, et de M⁰ Nicolas-François
« Pincepré, conseiller du Roy au baillage de Péronne y
« demeurant, Seigneur de Buire, son ami et bienveillant
« d'autre part. »

Le lendemain 18 novembre, les nouveaux époux furent
unis dans l'église de St-Léger par le curé, M. Moronval. Ceux
qui signèrent l'acte de mariage sont les mêmes qui figurèrent
au contrat, sauf Mesdames d'Aoust et de Folleville, ainsi que
M⁰ Nicolas Aubert de Crespiœul qui fut remplacé par Charles-
Alexandre-Antoine-Joseph de France, comte d'Hesecque (**).
Ce dernier était parent du marié par sa mère, dont la bisaïeule, Marie de France, était fille de Jacques, Seigneur de
Rumaucourt, etc., etc., dont nous avons donné, au chapitre VI, la lettre de convocation aux Etats d'Artois, du temps
des Archiducs.

Une malheureuse question d'intérêt allait bientôt diviser
des familles alors si unies, et faire de Charles-Marie-Isabelle-
Désiré-Guillain de France, comte d'Hesecque, l'ennemi
acharné de celui au mariage duquel figurait son père avec
le double titre de parent et d'ami.

(*) Ce nom rappelle le passe-port et sauf-conduit donné par Antoine de
Bouchavanne à Nicolas du Rietz, prisonnier de guerre d'Antoine Quignon, que
nous avons rapporté au chapitre VI.

(**) Il tenait ce titre de sa mère Isabelle-Marguerite de la Haye, C⁰⁰
d'Hesecque, Buire-au-Bois, etc., etc., qui avait épousé Charles-Alexandre de
France, Baron de Vaulx.

La mère de la mariée, Louise-Charlotte Wingfield, était, comme son nom l'indique, d'origine anglaise. Son père, catholique zélé, avait suivi le roi Jacques II, en France, où il avait épousé, à Toulouse, le 13 janvier 1698, Silvie de la Garrigue (*).

Ce mariage, contracté sans doute dans le but de créer des ressources au malheureux exilé, ne paraît pas avoir été heureux. Le Comte de Wingfield et de Letheringham, Baron d'Aston ou d'Euston en la province de Suffolk, et Comte de Montaigu, en apportant à son épouse une situation des plus élevées dans l'aristocratie anglaise, paraît en avoir espéré, pour soutenir son rang, plus que ne le permettaient les ressources de la fille d'un avocat au Parlement de Toulouse. (**) Il était mort en 1712, séparé de biens d'avec elle depuis 1709, ne laissant de l'antique splendeur de sa maison que des titres nobiliaires qui auraient pu faire siéger ses descendant à la Chambre des Lords s'ils avaient voulu abandonner leur patrie et leur religion. (***)

Louise-Charlotte Wingfield, restée veuve en 1726 avec

(*) Les armes de La Garrigue étaient d'azur au chevron d'argent et au chef d'or.

(**) L'acte de baptême de Louise-Charlotte Wingfield semble indiquer une position des plus précaires.

Le voici, d'après les régistres de l'église de St-Supice de Paris :

« Le cinquiesme jour d'Aoust 1701 a été baptisée Louise-Charlotte, née « le jour précédent, fille de messire Henry Vinfild, Chevalier, et de Silvie « de Guarrigue son épouse, demeurant rue de Seine, à l'hôtel de la Reine « Marguerite. »

« Le parrain Vincent Delevaque, gagne-denier, la marraine Jeanne « Legouardre, veuve de Mathieu Gilbert, vivant bedeau de St-Sulpice. »

Il est probable que la mort de Jacques II, décédé à Saint-Germain en 1701 avait attiré à Paris ce fidèle serviteur. L'année précédente, il était à Toulouse, comme l'indique l'acte de baptême, en date du 13 avril 1700, de sa fille aînée Hélène-Elisabeth, morte jeune et sans alliance.

(***) Nos parents ont été plusieurs fois en rapport avec d'autres membres ou alliés de sa famille restés en Angleterre, notamment au sujet de la Baronnie de Scales et de la pairie qui s'y trouve attachée. Il paraît que leurs droits n'étaient pas suffisants, puisqu'ils n'ont pu les faire valoir en dépit de notre abstention.

plusieurs . enfants en bas âge (*) paraît avoir trouvé dans la famille de son mari et dans son entourage les appuis dont elle avait besoin. C'est ainsi qu'avec le nom d'Amerval se trouve souvent dans les papiers celui de M° Clément de Cardevacque, Chevalier Seigneur de Boucly et autres lieux, demeurant à Péronne. (**)

Cette union des familles qui permit de venir en aide, au commencement du XVIII° siècle, à l'orphelin et à la veuve va malheureusement disparaître. Plus on approche de la Révolution et plus les discordes, avec les procès qui en sont la suite, deviennent nombreux et interminables. Ce travail va nous en donner un exemple frappant.

Au commencement de l'année 1758, mourait Marie-Hélène-Alexandrine-Liewine du Rietz, fille de messire Charles Alexandre du Rietz, Comte de Villerval, Baron de Frévillers, etc., etc. et de dame Marie-Thérèse de France. Elle était l'héritière de sa maison et elle ne laissait pas d'enfants de son mariage, contracté le 18 octobre 1736, avec André-Honoré

(*) Un acte, en date du 23 juin 1727, fait mention de François-Louis son fils, âgé de 22 mois et des Demoiselles ses sœurs.

(**) Elle avait une maison à Péronne, sans doute de peu de valeur comme pied-à-terre, et un château à Assevillers, où elle avait résidé avec son mari et après sa mort.

En 1746 elle habitait rue de Poitiers, paroisse St-Sulpice, et elle devait y demeurer ordinairement lorsqu'elle maria sa fille, en 1749.

Elle mourut à Paris en 1791, dans une maison appartenant à M. le Comte de Chambors, rue des Minimes n° 8, paroisse St-Paul, au Marais.

Dans l'acte passé par elle le 25 juin 1746, avec son beau-frère Louis d'Amerval, Baron d'Aplaincourt, etc., etc. on voit que celui-ci, qui habitait ordinairement au château d'Aplaincourt, baillage de Péronne, était « logé « à Paris, rue Quincampois, au Fort Meulan, paroisse St-Nicolas-des-Champs. »

C'est au château d'Applaincourt que se forma la « Sainte Union » si connue sous le nom de Ligue. Nicolas d'Amerval, époux de la fameuse Gabrielle d'Estrées en fut l'instigateur et mérita ainsi le surnom de « Courrier de la Ligue. »

La guerre qui suivit le traité signé à Péronne, le 13 février 1577, ravit à la famille d'Amerval presque tous les biens qu'elle possédait dans la riche vallée de la Somme.

marquis de Monchy (*). Ce fut, d'après l'ancienne coutume, Charles-Oudart-Joseph, son cousin germain, qui hérita de tous les biens venant des du Rietz comme son plus proche parent du côté paternel. Il fut mis en possession, par arrêt du 29 avril 1758 ; tandis que les de France, dont la marquise de Monchy avait reçu peu de fortune, ne vinrent à sa succession que comme « héritiers mobiliers » par arrêt du 12 août suivant.

De là un mécontentement qui dut couver jusqu'à la fin du règne de Louis XV. Ce monarque, malgré ses faiblesses, savait encore respecter les traditions ; aussi put-il éviter la catastrophe qui devait accabler son successeur.

Les intrigues d'une cour, malheureusement peu exemplaire, ne s'étendaient pas aux personnalités blessantes qui rendirent si impopulaires la pauvre Marie-Antoinette et son entourage.

Cependant les choses n'avaient pas toujours marché sous le règne de Louis XV sans quelques contradictions, avec sa Province d'Artois. Le gouverneur d'Arras, Louis de Montmorency, Prince d'Ysenghien avait envoyé, en 1738, trois Echevins et le Conseiller de Ville aux prisons de La Chatellenie ; mais l'affaire n'était pas bien grave, et elle ne tarda pas à s'arranger. Nos auteurs ont même négligé d'apprendre quelle solution reçut le projet d'acquisition de l'hôtel de Gomicourt, qui formait le fond du différend.

Cela n'empêcha pas Louis XV de donner en 1757, à celui de ses petits-fils qui devait être Charles X, le nom de Cte d'Artois et d'envoyer, à cette occasion, des médailles d'or aux principaux représentants de la Province (**).

(*) Elle était née au mois ne juillet 1718 et avait eu pour parrain Guillaume-Alexandre de France, Marquis de Noyelles, Baron d'Hauteville de Vaux, etc., etc. Sa marraine était Dame Marie-Hélène d'Aoust, Comtesse de Bourzy.

(**) Nous avons une de ces médailles qui est de grand module, portant d'un côté l'effigie de Louis XV et de l'autre la présentation de l'enfant à une figure allégorique, peut-être l'Artois ou la France.

L'arrêt du 13 mars 1762 rencontra encore, en Artois, une vive opposition. Le Conseil provincial alla jusqu'à rendre, le 20 du même mois, un arrêt défendant d'exécuter celui du Parlement, qui « ordonnait de pourvoir sur le champ à l'ensei- « gnement de la jeunesse par la nomination de Professeurs, « au lieu et place des ci-devant soi-disans Jésuites. »

Les représentants du pouvoir royal surent employer la modération envers une assemblée que la tradition rendait encore chère aux Artésiens. Aussi, peu d'années après, en 1778, aux débuts de la guerre d'Amérique, les Etats de la Province donnèrent-ils encore l'exemple du patriotisme en faisant armer une frégate.

Charles-Oudart-Joseph était, comme son père, entré aux Etats d'Artois aussitôt que son âge l'avait permis. Il y fut convoqué à partir du premier décembre 1743, c'est-à-dire dès qu'il eut 21 ans accomplis. Déjà il avait été appelé, par lettres du 6 juin 1741, à concourir, dans l'ordre de la Noblesse à la réformation des coutumes locales de l'Artois, que dirigea M. Severt, Conseiller au Parlement.

En 1769, il était Député général et ordinaire du Corps de la Noblesse. C'est pendant qu'il était chargé de ces fonctions qu'il reçut du Roi Louis XV, en 1771, la haute distinction qu'il devait transmettre à ses descendants. On trouvera ses lettres patentes de Marquis de Mailly-Couronnel, avec toutes les pièces d'usage en pareille circonstance, à la fin de ce chapitre.

Nous avons cru intéressant d'y joindre, à titre de comparaison, une copie de l'érection de la terre de Villerval en Comté du temps des archiducs. Elle fut érigée de nouveau, avec le le même titre, en faveur de Charles-Jérôme du Rietz par Louis XIV, en 1697. Notre bisaïeul, qui hérita de cette terre, comme nous l'avons vu en 1758, ajoutait souvent à ses autres titres, celui de Comte de Willerval.

Nos lettres d'érection en marquisat de Mailly-Couronnel des terres de Barastre (*), l'Eclypte et Bertincourt, commencent, selon l'usage, par rappeler les services de la famille, ses alliances et son origine. Elles citent les pièces et les documents dont nous avons déjà parlé, entr'autres la sentence du 24 avril 1445, reconnue de tout temps suffisante pour dispenser nos auteurs de nouvelles preuves de noblesse. Elles parlent de la nombreuse famille de Charles-Oudart-Joseph de Mailly-Couronnel qu'il destine au service ; de l'aîné de quatre garçons qui est déjà officier au régiment du roi infanterie, et de la place de Député général et ordinaire du Corps de la Noblesse que son père remplit à la satisfaction du souverain. Enfin il y est dit que le Roi « de sa grâce spéciale pleine puissance et « autorité unit et incorpore les terres et Seigneuries de Baras- « tre, l'Eclypte et Bertincourt pour ne composer à l'avenir « qu'une seule terre et seigneurie, créée et érigée, instituée « et élevée en titre, nom, prééminence et dignité de Marquisat « sous le nom de Mailly-Couronnel.... »

Après avoir acquitté à Paris les droits d'usage et obtenu ainsi, sur la présentation d'un reçu de 1800 livres, en date du 29 juin 1771, l'enregistrement de son nouveau titre au « controlle général du marc d'or de Sa

---

(*) Nous avons encore sur cette terre, qui n'appartint entièrement à notre famille qu'après la mort de la Marquise de Monchy, de curieux dénombrements, bien que moins anciens que celui déjà cité en note au chapitre IV.

L'un, en date de 1403, fut servi par Jehan de Fontaine ; l'autre l'année suivante par Jehan Lireguialuis à « noble home Monseigneur Philippe de Barastre « escuier. »

Un autre dénombrement fut servi le 19 octobre 1404 par Robert Quarre « de- « meurant à Barastre à mon grand et honoré Seigneur Alexandre de Recourt « Seigneur de Sarton, Barastre, etc. etc. »

Enfin, en 1577, on voit Claude de Gonnelieu, abbé de l'abbaye et prêtre d'Hon- necourt, prévôté de St-Quentin, diocèse de Cambrai, aumônier de Monseigneur le Duc d'Anjou frère du Roy « bailler » le dénombrement de trois fiefs à « ses « honorés seigneurs Jacques de Héricourt et Adrien de Bacquehem, escuier, « seigneur par indivis de la terre et seigneurie de Barastre en Artois. »

Tous les titres de la terre de Barastre furent remis le 10 novembre 1709 par Antoine d'Aoust à son gendre Charles Jérôme du Rietz.

Majesté » (*) le Mis de Mailly-Couronnel s'adressa au Conseil supérieur d'Artois. Ceconseil, par arrêt du 3 août de la même année, ordonna que les lettres à lui présentées, « seroient « registrées au greffe pour être exécutées selon leur forme et « teneur et jouir par l'impétrant de l'effet d'icelle. »

Non seulement le Conseil supérieur d'Artois les reconnut; mais encore les Etats de la Province qui, l'année suivante, à l'expiration de ses pouvoirs comme Député général et ordi-

---

(*) Une correspondance, datée de Douay le 24 septembre 1709, et signée Doppy, nous fait connaître les droits que Charles Jérôme du Rietz dut payer à cette époque pour l'enregistrement du Comté de Willerval, obtenu par lui de Louis XIV, en 1697, c'est-à-dire depuis plus de 10 ans. Cette date se rapporte à la fameuse mission de d'Hozier, et il nous parait que l'enregistrement dont il s'agit en 1709 doit être un nouvel impôt déguisé sous forme de quelque « Edit « touchant la recherche de la Noblesse » (Voir au chapitre IX).

Voici le « Mémoire des droits duz au suiet de l'enregistrement des lettres « patentes de messire Charles Jérôme Duriets, qui continuent et confirment le « titre de Comté à la terre de Willerval fait au Bureau des finances et dom. de « la généralité de Flandres, Artois et Haynaut à Douay ensuite d'ord^ce du 14 « septembre 1709.

« Scavoir	
« Aux Présidents et Trésoriers de France dud. bureau .	81 fl. 10 p. 0 d.
« Aux Receveurs et Controlleur	12 fl. 4 p. 6 d.
« Au proc^r du Roy	13 fl. 6 p. 8 d.
« Droit de scel	8 fl. 0 p. 0 d.
« Au greffier pour droits d'enregistrement des dites lettres « patentes compris copie de l'ord^ce du dit enregistrement « délivré	26 fl. 13 p. 4 d.
Total	141 fl. 14 p. 6 d.

« Je soussigné pour et au nom du receveur des épices dudit bureau « déclare d'avoir receu de Monsieur Duriets par les mains du Sr Trachez ladite « somme de cent quarante et un florins, 14 patarts, six deniers.

« Fait à Douay le 16 septembre 1709 »

Signé : J. Wanderstricht.

La lettre du sieur Doppy cousin du Comte de Willerval parle encore d'autres frais à ajouter à ceux que nous venons d'indiquer.

« De plus, dit-il, j'ai païé pour les salaires et vacations du procureur commis « pour cette affaire deux florins (Flandres) 16 p. 0 d. »

« Il faudra que vous paiassiez encore au-dessus de tout cecy 9 florins 5 souls « pour l'huissier et autre chose comme vous verrez par le mémoire que je « vous envoiray avec vos lettres. »

M. Doppy ajoute que le baron Dinge a payé 110 florins au même procureur pour le titre de Baron qui est au-dessous de celui de Comte.

Un peu plus loin il s'exprime ainsi : « Il vous en coûte cher à la véritez. Ces « messieurs disent que c'est à présent tout ce qui leur reste de profit ; il ne faut « pas s'estonner s'ils se font paier un peu largement. Ils sont plusieurs prési-« dents dans cette chambre et ont chacun leur part. »

naire, nommèrent « le Marquis de Mailly-Couronnel leur
« député à la Cour. » (*)

Un grand malheur allait le frapper, pendant qu'il repré-
sentait ainsi les Etats de sa Province, et changer en un deuil
profond la brillante situation qui lui était acquise. Marie-
Louise d'Amerval mourut à Paris, le 23 octobre 1773, à l'hôtel
des Députés des Etats d'Artois, rue de Grenelle, laissant
sept enfants, la plupart encore très jeunes. Après un service
célébré en l'église St-Sulpice, son corps fut transporté dans celle
de St-Amand de Vélu.

Le marquis de Mailly-Couronnel, comme la plupart de ses
contemporains passa les années qui précédèrent la révolution
au milieu de procès aussi nombreux qu'interminables. Il avait
bien gagné, en 1760, celui que lui avaient intenté MM. de
France, l'un Baron de Vaux, l'autre capitaine de cuirassiers,
le troisième cornette de cavalerie ; et Mlle de France de
Rudingham au sujet de la succession de la M^{ise} de Monchy ;
mais il devait renaître à la première occasion, sous une forme
plus désagréable encore.

Charles-Oudart-Joseph eut aussi un procès avec le cardinal
Duc d'York, abbé commandataire de l'abbaye d'Auchin. (**)
Il est vrai que plus on avance dans le XVIIIe siècle, plus la
multiplicité des ordonnances et aussi leur contradiction, donnent beau jeu aux amateurs de procédure. Toute cette chicane
qui absorbait le temps et l'argent des familles, aurait encore

---

(*) Extrait des registres des délibérations des assemblées des Etats d'Artois —
Signé Dartus greffier des Etats.

(**) Un autre procès, jugé à Péronne le 18 juillet 1777, ne paraît pas avoir
altéré les bons rapports entre les plaideurs. Le Marquis de' Mailly-Couronnel
y figure comme tuteur de ses enfants mineurs, contre Dame-Marie-Elisabeth
Foucault Vve de Mre Anne Modeste de Liguière, Chevalier, Sr de Vieville, Sau-
court, etc., etc., également tutrice de ses enfants mineurs, dont l'un Marie-
Charles-Modeste est déjà Lieutenant au régiment du Roi en garnison à Stras-
bourg.
Il dut s'y rencontrer avec les fils de celui contre lequel plaidait sa mère ; ce
qui n'empêcha pas de s'établir une intimité dont on voit encore de nombreuses
races dans les correspondances qui nous sont restées.

laissé notre bisaïeul assez tranquille, sans les brusques changements dont il fut le témoin et la victime.

Déjà MM. de France, pour se venger du procès qu'ils perdaient, avaient cherché à lui contester le nom de Mailly que notre branche avait assez négligé jusqu'à l'annexion de l'Artois à la France. Le Parlement avait répondu encore plus victorieusement à cette prétention en refusant de l'admettre, que n'aurait pu le faire l'accident le mieux préparé. (*)

L'érection du Marquisat de Mailly-Couronnel tranchait légalement la question en faveur de celui qui l'avait obtenue. Quant aux Mailly le chef incontesté de la maison, Mis de Mailly-Nesle, avait reçu, sous ce nom, de Charles-Oudart-Joseph après son mariage, et de son fils aîné après qu'il eut hérité de sa mère, les dénombrements d'usage pour les biens apportés par Marie-Louise d'Amerval. (**)

Un changement de règne allait montrer jusqu'où pouvait aller la faveur, même contre les décisions de l'autorité royale. Ce que le feu Roi avait fait, des courtisans osèrent l'attaquer au détriment d'une famille qui venait de montrer tant de dévouement à la France, et qui avait toujours joui d'une si grande

---

(*) Voir à l'avant-propos l'accident arrivé à la voiture du Cte de Mailly-Rubenpré sur la route de Versailles.

(**) Voici ce que nous trouvons au sujet de ces dénombrements :
« La terre et Seigneurie d'Asseviller se consiste au château, lieu seigneurial,
« enclos etc. pourpris, avec un petit boquet y joignant ; 188 journeaux de terre
« labourable ; 5 journeaux de bois ; le moulin à vent dudit Asseviller ; cens
« en deniers, pains, chapons, hommages et autres droits, etc., etc. »
Suit l'historique, commençant « le 10 juillet 1357 à Jean Clary dit Moriaux qui
« a fourni le dénombrement au marquisat de Neelle de la dite terre et seigneu-
« rie. »
Le 8 mai 1462 arrivent les d'Amerval qui se continuent jusqu'à leur extinction dans notre famille, au sujet de laquelle nous trouvons la note ci-dessous :
« Je soussigné avocat au Parlement, greffier en chef du Baillage des ville et
« Marquisat de Neelle, reconnaît savoir reçu de M. Quenescourt, notaire Royal
« en cette ville en l'acquit de Monsieur le Marquis de Mailly-Vélu, la somme
« de deux cent soixante-trois livres pour les causes mentionnées au mémoire
« de l'autre part dont quitte. »
        « à Neelle ce 17 septembre 1778
            Signé : Agrou. »

influence en Artois. Ils agirent auprès du Comte de Maurepas, dont la frivolité est historique, non pour faire retirer les lettres d'érection, ce qui était impossible, mais pour empêcher le Mis de Mailly-Couronnel de porter le premier de ces noms. C'était une disgrâce aussi imméritée, que menaçante pour les autres familles du Royaume. Elle fut profondément ressentie, et les recherches qui ont précédé cet ouvrage ont encore pour origine ce qui nous a été dit en Artois à plus d'un siècle de distance.

Le Mis de Mailly-Couronnel ou de Couronnel tout court, le mot ne change rien à son origine, supporta l'injustice avec une grandeur d'âme que ne purent ébranler les évènements. Il préféra en être encore la victime que de les faire servir à une vengeance d'autant plus facile que le Département du Pas-de-Calais fut un des plus profondément troublés. L'Artois a même fait seul exception en cela avec les autres pays d'Etat et d'aristocratie, où la révolution a toujours trouvé la plus énergique résistance.

Le 20 avril 1789 s'ouvrit l'assemblée pour l'élection des députés aux Etats Généraux. Elle fut précédée d'une messe, célébrée par l'évêque d'Arras, à laquelle assistèrent les trois ordres réunis dans la cathédrale. La famille y était représentée par Christian-Marie-Louis-Oudart, Lieutenant au régiment Royal Etranger cavalerie, qui, suivant l'usage établi aujourd'hui, prenait le titre de Vicomte après son frère aîné, qualifié de comte du vivant même de son père.

La séance était présidée par l'évêque d'Arras, qui indiqua en l'ouvrant son double but.

L'assemblée devait : 1° Etablir des cahiers de doléances ; 2° Nommer des Députés pour les Etats Généraux. Elle fut très orageuse, et un des Echevins d'Arras, M. Dauchez y prédit que « la France allait être livrée à d'affreux déchirements. »

En effet, le 29 avril, une protestation vint montrer la

scission qui existait déjà. Les plus âgés des gentilshommes cherchaient à retenir l'élan qui entraînait les réformateurs et allait changer en révolution des progrès dont l'annonce excitait de si unanimes espérances. Le marquis de Couronnel fut un de ceux qui eurent ainsi l'occasion de prédire des événements que prévoyaient si peu ceux qui les préparaient.

Depuis sa disgrâce, Charles-Oudart-Joseph vivait dans la retraite, attendant, pour lui ou pour les siens, un de ces revirements plus faciles à prévoir que celui dont il avait été victime. Il profitait des loisirs qui lui étaient imposés pour mettre en ordre une fortune que les emplois gratuits avaient fait négliger et même obérer, par suite du travail et de la représentation qu'ils exigeaient.

En 1785, il achetait l'importante terre de Farbus, mise en vente après saisie réelle opérée contre le Sérénissime Prince de Salm Kirbourg, Frédéric troisième du nom, etc., etc., demeurant à Paris en son palais, rue de Bourbon. Ce palais, pour lequel il avait dépensé des sommes énormes, est devenu celui de la Légion d'Honneur.

La terre de Farbus, qui touchait au Comté de Willerval et qui lui fut réunie à la veille de la révolution, comptait parmi ses vassaux des parents de Benoît-Joseph Labre récemment canonisé, dont un petit neveu reçut de nous jusqu'à sa mort une pension comme ancien serviteur de la famille.

Il nous est resté de Charles-Oudart-Joseph de nombreux papiers attestant le soin qu'il apportait à ses affaires. C'est ainsi que nous avons la liste du prix des blés à Douai, de 1769 à 1780. Il est curieux d'y remarquer que la valeur du blé qui, comme redevance n'est pas exactement la même que son prix moyen de l'année, va toujours en diminuant pendant cette période. Ainsi, en 1769, le bon blé est coté à Douai 9 livres 13 sols 9 deniers la rasière pour la St-André, époque des redevances, et en moyenne 11ˡ 5ˢ 10ᵈ. En 1780 il n'est coté à la St-André que 9ˡ 1ˢ 3ᵈ la rasière et 8ˡ 17ˢ 10ᵈ prix moyen avec diminution presque constante chaque année, ainsi qu'on pourra le voir par le tableau qui est en note. (*)

Cette diminution nous paraît venir des progrès de la culture, qui rendaient chaque année le blé plus abondant. Les provinces du nord de la France, beaucoup plus favorisées que celles du centre, par la nature du sol et les moyens de transport, devaient, bien avant elles, abandonner le seigle

(*) Prix des bleds des Sts-Endré en la ville de Douay — BON BLED			Prix des bleds vendus en la ville de Douay — BON BLED				Prix commun		
	livres / sols / deniers				livres	sols	deniers	livres / sols / deniers	
1769 à 9 1? 9 la rasière			Du 30 septembre 1769 à.	11	5	0	11	5	10
			du 24 février 1770 à.....	8	12	6			
			du 7 juillet 1770 à.......	14	0	0			
1770 à 10 10 0 la rasière			du 29 septembre 1770 à.	11	5	0	11	5	0
			du 23 février 1771 à....	11	0	0			
			du 26 juillet 1771 à.....	11	10	0			
1771 à 10 17 0 la rasière			du 28 septembre 1771 à.	13	15	0	12	8	4
			du 29 février 1772 à.....	10	12	6			
			du 4 juillet 1772 à......	12	17	6			
1772 à 11 8 9 la rasière			du 26 septembre 1772 à.	12	0	0	11	19	2
			du 27 février 1773 à.....	11	12	6			
			du 3 juillet 1773 à.......	12	5	0			
1773 à 12 0 0 la rasière			du 25 septembre 1773 à.	12	10	0	11	15	10
			du 26 février 1774 à.....	11	12	6			
			du 2 juillet 1774 à.......	11	5	0			
1774 à 11 2 6 la rasière			du 24 septembre 1774 à.	10	12	6	11	19	2
			du 26 février 1775 à.....	10	2	6			
			du 1 juillet 1775 à......	15	2	6			
177? à 10 10 0 la rasière			du 30 septembre 1775 à.	11	5	0	9	15	0
			du 24 février 1776 à.....	9	12	6			
			du 6 juillet 1776 à.......	8	7	6			
1776 à 8 17 6 la rasière			du 28 septembre 1776 à.	8	15	0	9	5	10
			du 22 février 1777 à.....	8	12	6			
			du 5 juillet 1777 à......	10	10	0			
1777 à 10 18 9 la rasière			du 27 septembre 1777 à.	11	10	0	10	18	4
			du 28 février 1778 à....	10	17	6			
			du 4 juillet 1778 à......	10	7	6			
1778 à 9 1 3 la rasière			du 26 septembre 1778 à.	9	2	6	8	17	6
			du 27 février 1779 à....	8	12	6			
			du 3 juillet 1779 à......	8	0	0			
1779 à 8 8 9 la rasière			du 25 septembre 1779 à.	10	5	0	8	14	6
			du 26 février 1780 à.....	7	17	6			
			du 1 juillet 1780 à......	8	0	0			
1780 à 9 1 3 la rasière			du 25 septembre 1780 à.	7	15	0	8	17	10
			du 24 février 1781 à....	9	10	0			
			du 7 juillet 1781 à......	9	7	6			

pour le blé et arriver ainsi à l'abaissement d'un produit devenu plus commun.

Une autre note, intitulée « mémoire du gibier que j'ay fourni à Monsieur le marquis » donne le prix d'estimation du gibier à la fin de 1788.

Le jour de la fête du Vélu il a été fourni 8 bécassines et 6 lapins estimés 2 livres ; le 8, le 21 et le 28 novembre il a été apporté 9 lapins, 12 bécassines et une bécasse estimés 4 livres 8 solz ce qui fait juste 0 fr. 20 par pièce.

Deux faisans étaient cotés 6 livres. A la même époque une belle carpe venant sans doute de Béthencourt sur la Somme à environ 40 kilomètres de Vélu était payée 2 livres ; un brochet 1^l 4^s ; une anguille 1^l 4^s ; 2 perches, 1^l 2 ; canards sauvages 1^l 8^s (0 fr. 70 la pièce).

Ces prix vont bientôt augmenter d'une façon vertigineuse avec la dépréciation des assignats, qui, moins de 2 ans après leur émission au mois de janvier 1792, perdaient déjà 45 0/0 de leur valeur. (*)

Charles-Oudart-Joseph, qui avait pu espérer que le départ de Maurepas pourrait changer sa situation à la cour, dut perdre toute illusion après la mort de ce dernier en 1781. C'est à partir de l'année suivante qu'on le voit se consacrer au rétablissement d'une fortune qui pouvait, dans des temps plus favorables, lui ramener la faveur ainsi qu'à sa famille. Il semble s'être fait peu d'illusions sur les événements qui se préparaient et s'être appliqué à mettre, non seulement sa fortune, mais encore sa succession en ordre d'après les nouvelles lois. Le 24 mars 1791, il rend à son fils aîné un compte détaillé de l'administration des biens venant de sa mère. Dans ce compte, où il se qualifie de « cy-devant marquis » et qui commence par les mêmes formules qu'avant la révolu-

---

(*) Compte-rendu par Charles-Oudart-Joseph à son fils le Vicomte, le 25 janvier 1792.

tion, il est question de l'impôt foncier qui, à partir du 1ᵉʳ janvier 1791 est d'un cinquième du revenu. Il doit être d'un quart pour l'année 1792.

Voici quelques fragments de lettres conservées à Vélu qui pourront peut-être donner une idée de ce que pensaient sur la révolution les habitants des châteaux d'Artois et leurs correspondants.

La lettre qui nous paraît la plus ancienne, car elles ne sont pas toutes datées, est écrite par la fille de Charles-Oudart-Joseph, Marie-Clotilde-Charlotte, peu de temps avant son mariage avec le Bᵒⁿ de Goër. Cette lettre, qui doit venir de Paris où vivait encore la Mˢᵉ d'Amerval, dit que l'impôt territorial (ou foncier qui devait à lui seul remplacer la dîme et les autres charges pesant sur la nation) souffre « beaucoup de résistance de la part de tous les notables. » Elle ajoute que « le discours du Roi et celui de M. de « Calonne ont été imprimés. Comme ils sont très rares, « elle va les demander pour les faire passer à Vélu. » « C'est vraiment curieux, conclut-elle, tout le monde est « soulevé contre M. de Calonne. »

Nous avons encore de Mᵉ de Goër, peu de temps après son mariage, une lettre datée du 9 novembre 1790 et envoyée probablement du pays de Liège dont son mari était originaire (*). « Je voudrais, écrivait-elle à son frère, que « tu sois dans ce pays-ci et que tu attendes tranquillement « avec nous la fin de cette révolution. Il n'y a rien à faire « actuellement. Les bons citoyens ne peuvent que gémir et se « taire en attendant un moment peut-être plus favorable. « Tout ce qui est ici est dans la bonne voie, on peut penser « tout haut et parler librement ; mais il n'en est pas de « même de nos villes........

« Les mauvais esprits sont sans cesse occupés à y

(*) Elle avait épousé, le 9 février 1790, Philippe-Louis-Marie-Joseph Baron de Goër, enseigne au régiment des Gardes Françaises.

« souffler le trouble et la discorde. Tous nos commettants
« artésiens sont livrés à la faction avec ceux de Cambray
« et une partie de ceux de Lille, aussi le Bon de Noyelles
« est de retour ne pouvant plus y tenir. D'abord il a fait
« le silencieux, puis il a fini par nous conter des choses
« abominables. Quels monstres que ces gens-là...........

« Je ne sais ce que feront nos parents ; notre père
« est toujours dans son auberge. Cette vie paraît lui plaire.
« Je ne pense pas qu'il ait encore fait aucune contribution
« patriotique. Il faudra bien cependant en venir là, mais
« on ne le presse guère. S'il pouvait en résulter quelque
« bien, il n'est pas cependant un seul bon citoyen qui ne
« sacrifiât la moitié de sa fortune, mais à quelles mains nos
« intérêts sont-ils confiés ! »

Ces généreux sentiments n'empêchèrent pas la Baronne
de Goër de voir, peu d'années après, en 1794, son foyer
envahi et d'être « forcée à l'émigration avec ses équipages
et sa maison. »

Voici maintenant ce qu'écrivait après la prise de la
Bastille, une Anglaise retirée alors au couvent de Panthemont,
rue de Bellechasse (*) à Paris.

« Je commence à avoir peur, dit Miss Bath. Tous mes
« compatriotes partent le plus vite qu'ils peuvent ; je crois
« que je décamperai à mon tour. On parle de détruire tous
« les monastères, je ne sais en vérité où cela finira...... On
« n'entend à tout instant que des coups de canons ou de
« fusils. C'est à croire qu'on veut nous faire mourir de peur
« ou nous massacrer. »

Peu de jours après, le 15 août 1789, elle reprenait ainsi :

« Le bruit court dans Paris que M. de Calonne, aussitôt

(*) Ce couvent est devenu une caserne de cavalerie et son église un temple
protestant.

« arrivé, sera bien vite conduit à la *lanterne*, (ce mot
« est fort à la mode).

« Avant-hier, au Palais-Royal, un officier de dragons
« voyant exposé l'uniforme de la garde nationale, s'est
« mis à feindre la surprise, demandant à tout le monde
« ce que cela voulait dire. Puis il s'est écrié, devant la foule
« qu'il avait ameutée : « Celui qui le portera est un fier... »
« Les gens indignés l'ont conduit au 1er district, d'où il
« a été envoyé en prison, à l'abbaye St-Germain.

« On dit que la reine porte du poison sur elle. Serait-ce
« pour se tuer ou pour empoisonner ceux dont elle aurait
« à se venger? »

« Paris paraît fort tranquille en ce moment, il faut
« espérer que cela continuera. »

Une lettre, écrite le lendemain même, vient détruire cette
bonne impression.

« Nous sommes dans une crise terrible, dit Miss Bath. On
« parle de la vengeance aveugle des aristocrates, qui ont
« juré la perte de Paris. On craint le feu pendant la nuit, et
« on prédit que du 20 au 26 de ce mois, il arrivera des
« choses affreuses......... Je n'ai pas la moindre peur; car je
« suis sûre que tout cela n'est qu'un faux bruit.......

« Dites-moi si tout le monde à Nancy porte la cocarde de
« la nation, comme on le fait à Paris. (*) Vous n'y voyez pas
« un homme qui ne l'ait à son chapeau, la couleur en
« est blanc, gros bleu et gros rouge. Ce sont les couleurs les
« plus à la mode..... »

La correspondance reprend le 6 septembre en disant :

« Nous sommes dans des transes continuelles à cause de

(*) Deux des fils du Marquis de Mailly-Couronnel, le Comte et le Chevalier
étaient officiers au régiment du Roi, en garnison à Nancy.

« la guerre civile. On craint la division des districts (*) ;
« l'Assemblée des Etats-généraux ne paraît pas s'accorder.
« Tout cela *va mal* ; je ne sais en vérité où on finira.

« Voilà plus de quinze jours qu'on manque de pain à
« Paris ; pourtant il ne laisse pas d'y avoir beaucoup de blé.
« Il y a quelque chose là-dessous dont on ne *comprend rien*.

« Paris est d'une tristesse mortelle. »

L'auteur de la lettre continue en parlant de divers bruits
répandus sur le duc d'Orléans et finit en disant : « Je vous
« assure qu'on invente les trois quarts des nouvelles qui se
disent. »

Le 9 septembre, la correspondance de Miss Bath, commence
ainsi :

« Parlons un peu des affaires du temps. Il y a toujours
« grande rareté de pain à Paris, je finis par croire qu'on veut
« nous affamer. Je n'ai pas à dire le train qui se fait chez
« tous les boulangers pour avoir du pain. Ils ne veulent pas
« en donner, ou ce qu'ils donnent est si mauvais, qu'il rend
« tout le monde malade.

« Les troupes nationales de Paris sont on ne peut plus
« glorieuses d'elles-mêmes. Je trouve leur uniforme joli :
« l'habit est bleu à revers et parements blancs, avec liseré
« rouge, collet rouge et épaulettes d'or. »

« Le prince de Broglie et un autre gentilhomme dont je ne
« me rappelle pas le nom, ont monté la garde hier soir
« comme simples soldats, sur leur demande. Ils étoient
« au cors-de-garde qui se trouve au bout de la rue de
« Grenelle. (**)

(*) Il s'agit là, sans doute, de la division des provinces en départements et
en districts ou arrondissements, qui eut lieu l'année suivante.

(**) L'auteur de la lettre entre, à ce sujet, dans quelques considérations sur
le père du prince de Broglie, mal vu alors comme anti-libéral, et mal en cour
aussi, paraît-il, à Vienne, où il était accrédité auprès de Joseph II.

Le 10, nouvelle lettre où il est dit :

« Le Roi vient de céder son *Véto* ; quel changement à son
« règne !

« Il vient de s'accomplir aux Etats généraux, un acte de
« la plus grande générosité de la part des dames françaises.
« Elles sont venues offrir tous leurs bijoux à l'Assemblée
« pour payer une partie des dettes de l'Etat, c'est bien beau
« si vous voulez, mais j'y trouve un peu trop d'amour-propre.
« On reconnaît là notre sexe. »

La correspondance est interrompue jusqu'au 18 février
1790, où elle reprend ainsi :

« On dit que les biens des émigrés ont été confisqués par
« cette infernale assemblée.

« Le 21 mars il est question du régiment du Roi qui est
« devenu bien tapageur. »

L'auteur des lettres espère que les fils de Charles-Oudart-
Joseph « ne sont pour rien dans ces querelles ; car cela lui
« ferait beaucoup de peine. » Ils y furent cependant mêlés au
point que le plus jeune fut arrêté le 28 août par les mutins
et emprisonné pendant trois jours jusqu'à ce que l'ordre eût été
rétabli par la victoire sanglante remportée sur eux par M.
de Bouillé.

L'aîné s'y montra si courageux, notamment pour sauver
M. de Noüe qui commandait à Nancy, que, lorsqu'en 1791 on
voulut former un nouveau régiment avec les débris de
celui qui avait été licencié, son ancien colonel, le duc de
Chatelet, lui en offrit le commandement avec le grade de
Lt-Colonel.

Nous reviendrons sur ces évènements en parlant d'André-
Charles-Honoré notre grand'père.

Ils paraissent avoir vivement impressionné Charles-Oudart-

Joseph, qui se mit à laisser Vélu pour Arras dès la fin de 1790. Il y était à demi caché dans l'hôtel du Petit St-Martin, où il engageait son fils le Chevalier à venir le rejoindre avec ses autres frères. « Cette vie d'auberge, écrivait sa fille, Mᵉ de Goër, commence à lui convenir. »

Nous avons cependant une pièce en date du 12 mai 1790, où les « maires, officiers municipaux et principaux habitants « et paroissiens du village de Vélu, considérant les troubles « et les insurrections qui se commettent de toutes parts, » « demandent que la remontrance (ostensoir) où sont gravées « les armes du seigneur de Vélu soit rapportée au châ- « teau, comme c'était l'usage, n'étant plus en sûreté dans le tabernâcle. »

Des fragments de lettres écrites par Miss Bath, montrent combien les évènements marchaient vite à Paris dont l'exemple devait entraîner la Province.

Le 2 août 1790, elle signale encore « beaucoup de troubles « dans la capitale où les sections s'agitent pour les places de « la municipalité. »

Elle prévoit le renversement de Bailly et de La Fayette qui furent en effet forcés de céder à de plus fougueux révo- lutionnaires.

Enfin Miss Bath, qui n'a pu jusqu'alors se décider à quitter Paris, ni même Panthemont, écrit, croyons-nous, peu de jours après le 10 août 1792 : « La semaine dernière on a « décrété la suppression de tous les couvents dans l'espace « d'un mois. Nous espérons avoir un peu plus de temps ; « mais, tôt ou tard, il faudra sortir, et c'est pour cela que je « suis déterminée à me rendre en Angleterre..... Je ne sais « ce que deviendront les autres pensionnaires... Actuellement « venons à l'affreuse nuit de vendredi. On avait battu la « générale et sonné le tocsin ; vers dix heures et demie

« environ, nous avons entendu une canonnade terrible du
« côté des Tuilleries. Jugez de notre frayeur !

« Dans le moment je ne pensais qu'au Roi, et je ne savais
« s'il avait été sauvé. Il avait été, dès 9 heures, à l'Assemblée
« avec toute sa famille; une heure avant que le combat
« commençât. Il y est resté en sûreté jusqu'à présent et
« j'espère bien qu'il y sera toujours. Nous ne savons où on le
« logera; sera-ce au Luxembourg, au Temple ou à l'Evêché?...

En 1791, à Paris, bien que la correspondance trouvée à
Vélu déclare que c'est un « véritable enfer » et témoigne une
vive inquiétude pour le voyage qu'y fait le vicomte Christian
pour rejoindre son régiment, on conserve encore dans les
actes, les formules de l'ancien régime.

La marquise d'Amerval s'était laissée entraîner, en fort
bonne compagnie, comme il résulte d'une lettre de la
duchesse de Villeroy à la C^{sse} de Fontenilles (*), dans une
spéculation malheureuse dont il nous reste encore les coupons
manuscrits. L' « entreprise du lavage des sables aurifères de
« France, » commencée en 1768, avait à sa tête un Mis de L.
qu'assigna avec son titre, le 5 janvier 1791, sa malheureuse
actionnaire. Vu l'époque et le défaut fait par le défendeur,
il n'est guère probable que la M^{ise} d'Amerval, qui mourut
à la fin du mois d'avril, ait rien pu obtenir.

Son testament fait « par-devant les Conseillers du Roi
« Notaires à Paris, » le 20 avril 1791, ne porte encore aucune
trace du style révolutionnaire.

Ce n'est qu'un peu plus tard, en 1793, après le supplice
de Louis XVI, qu'il commence à paraître.

En voici un modèle laissé par Joseph Le Bon : « Tous
« les individus mâles et femelles ci-dessus mentionnés seront

---

(*) Cette lettre signée d'Aumont Duchesse de Villeroy, est datée de Gentilly
le 24 juillet 1771 et adressée à M^r la Comtesse de Fontenilles, à l'Arsenal.

« à la diligence de l'accusateur public traduits sans
« délai au Tribunal révolutionnaire séant en cette com-
« mune... »

Qu'auraient dit les élèves de rhétorique du collège des
oratoriens de Beaune, si leur professeur avait tenu pareil
langage en 1788. Joseph Le Bon, lui-même, aurait-il pu
supposer alors qu'il en arriverait là ?

Il est vrai qu'il faisait encore école dans Arras, notamment
avec l'hôtelier du Petit-St-Martin, qui écrivait, au sujet du
supplice de celui qui avait été si longtemps son hôte : « Nota
« — le guillotiné, depuis quatre ans et demi qu'il est resté
« chez moi, il n'a rien donné à mes domestiques. »

Le contrôle était impossible, et le moyen pratique pour
faire payer ses gens. Après tout, l'argent ainsi employé
ne l'était pas plus mal que s'il fut resté dans les mains où
il était tombé.

Nous avons encore une lettre adressée « au citoyen Oudart
de Couronnel, à l'auberge du Petit-St-Martin de la part du
citoyen André de Couronnel. Elle est datée d'Asseviliers,
le 21 avril 1793, et montre autant d'empressement à se débarrasser des assignats que de réserve sur les autres points.
Le fils, en dehors de ce qui concerne les affaires, n'ose dire
à son père autre chose que « d'adresser sa réponse tout
« uniment par Péronne où il a quelqu'un de plus sûr pour
« retirer ses lettres. »

Les assignats semblent déjà plus compter d'après leur
poids en papier que d'après leur valeur nominale. On les
expédie par paquets sans paraître y apporter le soin que la
plus stricte prudence exigerait pour des sommes de l'importance annoncée sur ces billets.

Dans l'espace d'une année les choses avaient bien changé
en Artois. Au lieu des marques de respect rendues aux
autorités et à la religion, comme nous avons vu le faire à

Vélu en 1790, on en était arrivé en 1791 à s'envoyer des coups
de fusils. A la fin du mois de mai, un coup de fusil dont on
voit encore la trace dans la salle à manger de Vélu, avait
été tiré sur Charles-Oudart-Joseph.

Le mois suivant, deux de ses fils étaient menacés de mort,
et les auteurs de ces menaces disaient partout qu'ils avaient
eu de la chance de ne pas être rencontrés par eux, quand ils
revenaient d'Applincourt à 9 heures du soir.

Cela n'avait pas empêché le fils aîné du Seigneur de Vélu
d'être nommé électeur, c'est-à-dire d'être choisi par l'assemblée primaire pour concourir à l'élection des officiers
publics ; (*) mais sa fermeté ne pouvait retenir son père dans
son château où ses jours avaient été menacés.

C'est dans ces circonstances que Charles-Oudart-Joseph
quitta définitivement Vélu pour se fixer dans Arras, où il
devait au moins être à l'abri d'attentats semblables à celui que
nous venons de raconter. Agé de 74 ans et infirme il se
retira dans une chambre de l'auberge du Petit-St-Martin.
C'est là qu'il passa le 21 avril 1793, un bail qui sauva sans
doute la terre de Pipemont (**). Il porte que : « Pardevant
« les Notaires résidants à Arras soussignés furent présents

(*) On avait alors le suffrage à deux degrés avec cens, même pour ceux qui
devaient faire partie de assemblées primaires.

Il fallait qu'ils fussent « citoyens actifs » c'est-à-dire qu'ils devaient ajouter
aux qualités requises d'être Français, majeurs de 25 ans et domiciliés dans le
canton depuis un an au moins, celles de payer une contribution directe de
3 journées de travail et de n'être point serviteurs à gages.

Pour être élu, il fallait payer une contribution qui différait « suivant
« l'importance de la place. C'est ainsi qu'un citoyen ne peut être élu membre
« du corps législatif s'il ne paye une contribution d'un marc d'argent (50
« livres) et s'il n'a, en outre, une propriété foncière. » (Dictionnaire de la
Constitution 1791). L'auteur ajoute: « Jean-Jacques Rousseau, auquel l'assem-
« blée nationale a élevé une statue, n'aurait pu être député à la prochaine
« législature. »

(**) Elle fut attribuée, par suite de partage de famille, à nos tantes MM** a
Vicomtesse du Tertre et la Baronne de Balsac.

« Charles-Oudart-Joseph Couronnel demeurant en cette ville
« d'Arras représenté par Louis-Dominique Dauchez. »

Rien ne devait le sauver d'une délation pour laquelle veillait
cette ardente soif de jouissances qu'on trouve trop souvent
au fond des agitations politiques.

Le 8 avril 1793, pendant qu'il recevait de trois occupeurs,
le montant de ses fermages, il aurait dit, tout en causant au
coin du feu, que « dans le cas d'invasion de leur territoire
« par l'ennemi il fallait ne lui faire aucun mal et ne lui
« rien dire ; qu'il agirait comme on les traiterait (1) ».

Ce propos, dont les évènements sont venus, en 1814 et 1815
comme en 1870-1871, confirmer la sagesse, surtout pour
un pays ouvert et peuplé comme l'Artois, fut immédiatement
rapporté à l'accusateur public par un fermier de Bertincourt. Armé de cette dénonciation, le Comité de Salut
public s'empressa de faire arrêter Charles-Oudart-Joseph,
qui fut cependant élargi cette première fois.

Il paraît en avoir conçu la plus fausse sécurité et s'être cru
désormais à l'abri de poursuites qui ne devaient pas tarder
à renaître sous une autre forme. Il avait beau être âgé, infirme
et vivant dans la plus profonde retraite, la prudence qu'il croyait observer dans ses paroles, de même que dans ses actions,
ne l'empêcha point d'être arrêté de nouveau le 10 octobre
1793, comme « parent d'émigrés. »

L'accusation était misérable, criminelle même et digne des
plus mauvais jours de la vie d'un peuple ; mais, comme l'ont
dit MM. Paris et Lecesne dans leurs savants ouvrages : « son
« véritable crime c'était sa richesse. »

« On savait qu'il avait en sa possession des sommes con-
« sidérables ; on l'avait interrogé sur le lieu où il les avait
« cachées, mais il s'était toujours refusé à toute explication :
« On avait aussi inutilement questionné à ce sujet le procureur

----

(1) C'était le moment de la prise de Valenciennes, et les coureurs ennemis
arrivaient jusqu'en Artois.

« Courtois, son homme d'affaires, qui avait été dépositaire de
« l'argent convoité. »

Dans l'impossibilité de le garder, M. Courtois l'avait remis
au Mᶦˢ de Mailly-Couronnel qui l'avait alors confié à M. Dauchez, ancien avocat au Conseil d'Artois.

Après l'exécution de son client M. Dauchez fut appelé à la
Chambre du Conseil et placé sous le coup de menaces encore
plus terribles que la question, puisqu'elles ne concernaient pas
que lui seul. Il finit alors par donner connaissance d'une partie
des sommes déposées entre ses mains aux deux commissaires
nommés par Le Bon « à l'effet de faire toutes les recherches
« nécessaires pour le recouvrement des biens, meubles et effets,
« or et argent du guillotiné Couronnel dit Vélu. » Le reste
fut remis par lui, plus tard, aux héritiers de la victime.

Charles-Oudard Joseph monta sur l'échafaud le 28 octidi de
ventôse an II (18 mars 1794) jour marqué pour honorer « Ca-
pillaire » dans le calendrier dit patriotique. Il fut exécuté le
63ᵉ de la journée sur la place du spectacle.

Voici l'emploi qui fut fait de ses riches dépouilles.

Le 14 Germinal, l'an second de la République française une
et indivisible (2 avril 1794), 15 jours après sa mort le Sʳ Dumont
vint réclamer le paiement d'une note ainsi conçue :

« Etat de la nourriture que le citoyen Dumont aubergiste
« au Petit St-Martin, rue des Portes Cochères, a fourni au
« guillotiné Couronnel de Vellu, les mois de pluviôse et ven-
« tôse de la deuxième année de la République française une
« et indivisible. »

Cette note, qui s'arrête au 27 septidi de ventôse, veille de
l'exécution, ne monte pas à moins de 1379 livres pour une
pension de moins de deux mois, payée il est vrai à raison de
20 livres par jour. Le pauvre prisonnier, enfermé depuis la
fin de l'année 1793 à l'abbatiale, (*) qu'il ne devait quitter que

---

(*) M. Paris dit qu'il fut emprisonné à l'Hôtel-Dieu, dont il ne sortit que la
veille de sa mort (27 ventôse) pour aller à la prison des Baudets.
Ce qui nous a fait mettre « l'abbatiale » c'est que nous voyons porté dans le
fameux compte de Dumont « 66 voyages à l'abbatiale » ; ce qui ne s'explique-
rait guère si son pensionnaire n'y avait pas été renfermé.

pour marcher au supplice, ne pouvait faire grande chère. Cependant, on lui attribue, chaque jour, outre le déjeuner et le dîner, trois tasses de café et deux bouteilles de vin. On lui fait payer aussi quelques extras comme trois dîners du prix de trois livres, pour un carton (charretier) qui vint notamment la veille de sa mort lui apporter des nouvelles. Une chambre, qu'il n'occupe plus, lui est comptée 45 livres, sans oublier divers accessoires comme du « tabac à priser pour 3 livres, « deux bouteilles d'eau-de-vie pour 14 livres, quatre cuillers « d'étain et quatre fourchettes de fer, etc., etc., etc. » (*)

Ses dépouilles étaient si considérables qu'elles furent, pour Joseph Le Bon, l'objet de l'arrêté suivant, que nous citons d'après M. Lecesne :

« Soixante-dix-neuf mille cinq cents trente-trois livres dix-« huit sols, cachés en différents endroits ont été découverts « après la mort du guillotiné Vélu dit Couronnel, lequel « laisse à la République environ soixante mille livres de « rente. (**) Tout ce numéraire sera échangé contre des « assignats chez le Receveur du District d'Arras ; et attendu « que l'on est redevable de cette découverte au zèle toujours « actif des sans-culottes de cette commune et à la terreur « salutaire qu'ils savent inspirer aux confidents des gros « aristocrates ; attendu que cette commune est dénuée de « ressources pour subvenir aux besoins d'une multitude de « vieillards pauvres et patriotes estropiés ; il est arrêté que

---

(*) Le 2 (duodi) Ventôse, il est question d'un « pot à l'eau de fayence et une cruche » cotés 3 l. 10 s. Cela semblerait indiquer quelque changement dans la vie du malheureux prisonnier auquel les objets les plus indispensables auraient été refusés ainsi qu'on en trouve de nombreux exemples dans l'histoire de la révolution.

(**) C'était devenu une véritable spéculation, au moins pour Le Bon et ses complices, de faire périr les gens riches.
Un d'eux, le citoyen Caubière, s'écria, quand le Cte de Béthune fut jugé pour la seconde fois : « Il ne faut pas lésiner sur les chandelles, la République gagne « cette soirée, quatre-vingt-dix mille livres de rente. »
Il y avait encore des profits sur le change des assignats.

« la dite somme de 79,533 livres 18 sols restera déposée
« entre les mains du Receveur du District d'Arras, et que,
« sur mandat au dit District, il en sera tiré, chaque Décade,
« jusqu'à ce que les circonstances permettent à la Conven-
« tion nationale de réaliser entièrement ses promesses envers
« les malheureux, la partie nécessaire pour que chaque pau-
« vre hors d'état de travailler par son grand âge ou ses
« infirmités reçoive chaque jour la valeur d'une journée
« de travail, et ses enfants au-dessous de dix ans chacun le
« quart d'une journée.

« La même mesure sera prise proportionnellement par le
« Représentant du peuple dans les communes du Pas-de-
« Calais qui feront connaître les trésors laissés par nos
« ennemis. »

Cette pièce, qui commence par un mensonge, finit par un
appel à la délation ! Son auteur fait sonner bien haut
le chiffre de 79,533 livres 18 sols à distribuer « aux vieillards
pauvres et patriotes estropiés » ; mais il a soin d'a-
vance de changer le tout en assignats, c'est-à-dire d'en
réduire la valeur à environ *500 francs;* encore au *cours forcé*
de l'époque. Qui a joui de la différence, et que sont devenus
les 79,000 livres en espèces sonnantes qui ont dû rester sur le
change ?

Puissent-ils, au moins, avoir servi pour la défense de la
patrie et l'entretien de ces armées dont la gloire couvre
encore les crimes dont notre sujet vient de nous entraîner
à parler.

**Lettres d'Erection en Marquisat des Terres de
Barastre, L'Eclipte et Bertincourt, sous le nom de
Mailly-Couronnel.
De juin 1771.**

Louis par la grâce de Dieu roy de France et de Navarre

à tous présent et avenir Salut. Les titres et dignités sont
une récompense proportionnée aux services, prétieux à ceux
qui les obtiennent, ils sont pour leurs descendants un
nouveau motif de signaler leur zèle et de se consacrer tout
entier au sentiment de reconnoissance. Le Sʳ Charles-Oudart-
Joseph de Mailly-Couronnel qui réunit à des services
personnels ceux de ses ayeux dont la noblesse remonte à
des siècles reculés, désirant obtenir de nous des témoignages
de notre bienveillance nous a très humblement fait exposer
qu'il est fils de Louis-Joseph et de Françoise-Gertrude
Durietz, que son père a été Député vers Nous par le corps
de la Noblesse des Etats de notre Province d'Artois en mil
sept cens treize ; que les services par lui rendus à notre
très cher et très honoré bisayeul Louis XIV de glorieuse
mémoire et à Nous-même, Nous auroient déterminé en
mil sept cent vingt-trois à lui accorder nos lettres de
chevalerie ; que Louis-Floris son ayeul, lequel avait épousé
Marie-Agnès de La Buissière, était fils de Philippe Gouverneur
des villes et château de Tournay, et de Marie de Quellerye
allié aux maisons de Duriez, à celles de La Buissière et de
Quellerie du Corps de la Noblesse des Etats de notre dite
province ; que par le mariage de Charles son trisayeul avec
Jeanne de St-Amand issue d'une maison subsistante dès le
onzième siècle, il est allé aux Ducs de Bouflers, Marquis
d'Estourmel, de Coupigny, et aux Brias-Bristel, ainsi qu'à
l'ancienne maison de Bernicourt par Robert de Mailly ayeul
dudit Charles lequel Robert a eu deux enfants, Clarambault
marié à Anne de Bertoult, et Jean à Marguerite de Baynast ;
que Philippe fils dudit Jean a eu Philippe second au nom
de son mariage avec Suzanne de Pronville lequel fut fait
chevalier en seize cent cinquante-cinq par Philippe, Roy
d'Espagne alors son Souverain qui lui en accorda des Lettres ;
qu'Eléonore, fille dudit Philippe et de Marie de Grenet
épousa Jean-Philippe de Guerbode Chevalier Seigneur
d'Epaing ; que Charles de Mailly père de Clarambault,

premier du nom qui avait épousé Jeanne de Paris, et ayeul de Robert était attaché aux Ducs de Bourgogne pour le service desquels il avait entretenu à ses dépens plusieurs hommes d'armes ; qu'ayant acquis avec Jacqueline de Paschy sa femme la Terre et Seigneurie de Mernes, il fut, par jugement rendu le vingt-quatre avril quatorze cent quarante-cinq en la Chambre des Comptes à Lille, déchargé des droits de nouvel acquet. Ce jugement constate qu'il descend de Hugues de Mailly-Couronnel et de Jeanne Le Viseux, et qu'il portoit les armoiries avec le cri de guerre Mailly, qu'il étoit d'une extraction aussi ancienne tant du côté paternel que maternel. En effet Gérard et Pierre de Mailly père et ayeul dudit Hugues étoient issus des seigneurs de Cogneul venant d'Antoine de Mailly Seigneur de Lorsignol, Cogneul et Bayencourt. Led. Hugues étoit cousin issu de germain de Colard de Cogneul, Capt du château de Belmote-lez-Arras et de Mathieu de Cogneul l'un des descendants d'Antoine de Mailly de Lorsignol. La branche de Mailly-Couronnel, formée dans la personne de Pierre, porte pour armoiries trois maillets de gueules sur un champ d'or. Par ses alliances elle tenait dès quatorze cent quarante-cinq à la plus ancienne noblesse de nos province d'Artois et de Picardie tels que les Rubemprés, Bertangles, de Saint-Amand et Arpin de Lannoy ; qu'Isabelle Le Viseux femme de Hugues de Mailly-Couronnel possédoit de son chef la Terre et Seigneurie de Rateiny (Rantigny)-lez-Clermont en Beauvoisis, et étoit alliée aux Baudrains d'Arquesnes, Quiry, Creseques, Fretel, Wandancourt, Verchin, Jumelles, du Sourch. Dans tous les temps la famille de Mailly-Couronnel a cherché à faire des alliances convenables.

Le Sr Charles-Oudart-Joseph de Mailly-Couronnel a épousé Dame Marie-Louise d'Amerval, issue d'une ancienne maison de Picardie dont il a une nombreuse famille qu'il destine au service ; l'aîné de quatre garçons est actuellement officier dans notre régiment d'infanterie; il est aussi Député général et ordinaire du Corps de la Noblesse des Etats de Notre province d'Artois, place qu'il remplit à notre satisfaction. Désirant donc exciter dans les enfants et descendants cette émulation si louable et si intéressante pour notre service ; il nous a fait supplier d'unir à Barastre les terres de L'Eclypte et de Bertincourt pour le tout ne composer qu'une seule et même terre et être érigée en marquisat sous le nom de Mailly-Couronnel-Barastre. Laquelle terre est considérable par son étendue, son domaine, ses revenus et ses mouvances ; ayant droit de justice viscomtière, de terrage seigneuriale, une bannalité de four rachetée y étant attachée, ainsi que les droits de forage et afforage sur toutes les boissons, de reliefs et autres droits utiles et honorifiques, de directs sur grand nombre de fiefs et même sur plusieurs terres et seigneuries dont quelques-unes érigées en Marquisat ou Baronnie ; que ladite terre et seigneurie de Leclypte et Bertincourt relèvent de nous à cause de notre château de Bapaume, Barastre relève de Beaumetz à nous rapporté à cause de notre château de Bapaume.

Voulant donc reconnoître les services personnels dud[t] Sr Charles-Oudart-Joseph de Mailly-Couronnel et ceux rendus par ses ancêtres, et nous attacher cette famille par des témoignages particuliers et par autres considérations, nous avons de notre grâce spéciale, pleine puissance et autorité royale unis et incorporés, unissons et incorporons les dites terres et seigneuries de Barastre, Léclipte et Bertincourt pour ne composer à l'avenir qu'une seule terre et seigneurie que nous avons créée et érigée, constituée et élevée et par ces présentes signées de notre main, créons et érigeons, instituons et élevons, en titre, nom, prérogatives, prééminences et dignités de Marquisat, sous le nom de Mailly Couronnel de Barastre ; pour par ledit Sr Charles-Oudart-Joseph de Mailly-Couronnel, ses hoirs et successeurs masles, propriétaires de ladite terre et seigneurie, en jouir et user à perpétuité, avec nom, titre et dignité de Marquisat de

Mailly-Couronnel-Barastre, avec tous les rangs, droits, honneurs, prééminences et prérogatives appartenant à cette dignité.

Voulons et nous plaît, qu'ils puissent se dire, nommer et qualifier Marquis de Mailly-Couronnel de Barastre en tous actes tant en jugement que dehors, qu'en cette qualité ils jouissent des honneurs, droits, armes, blasons, autorités, prérogatives, rangs, prééminences en fait de guerre, assemblée d'état de noblesse et autres tout ainsi qu'en jouissent les autres Marquis de notre royaume et de notre province d'Artois encore qu'ils ne soient cy particulièrement énoncés et spécifiés ; que tous les Vassaux tenant noblement ou en roture au Marquisat les reconnoissent pour Marquis, fassent leur foy et hommage, baillent leurs dénombrement aveux et déclarations, sous le nom, titre et qualité de Marquis de Mailly-Couronnel-Barastre ; que les officiers exerçant la justice dudit Marquisat intitulent leurs jugements, sentences et autres actes au nom du dit sieur exposant de ses hoirs et successeurs masles sous le titre de Marquis de Mailly-Couronnel-Barastre ; sans toutefois que ces présentes puissent faire aucun changement aux mouvances des seigneurs particuliers ni aucunement préjudicier à leurs droits et sans que pour raison de la présente Erection le dit sieur Marquis de Mailly-Couronnel-Barastre, ses hoirs ou successeurs masles soient tenus envers nous ni leurs vassaux envers eux à autres et plus grands droits et devoirs que ceux dont ils sont actuellement tenus, et sans qu'il soit pareillement rien innové aux droits et devoirs qui peuvent être pareillement dus à d'autres qu'à nous, sy aucuns y a. Auxquels droits et devoirs nous entendons que ces présentes ne puissent nullement préjudicier à la charge néanmoins de relever de nous à une seule foy et hommage pour le titre de Marquis, et sans que faute d'hoirs ou successeurs masles, les dites terres, seigneuries et Marquisat, circonstances et dépendances, nous puissions ou les rois nos successeurs prétendre être réunis à la couronne, nonobstant tous édits, déclarations, ordonnances et règlements, et sur des intervenus, et notamment l'édit de juillet quinze cent soixante-six, ceux des années quinze cent dix-neuf, quinze cent quatre-vingt-un et quinze cent quatre-vingt-deux et tous autres auxquels nous avons dérogé et dérogeons par ces dites présentes ; et pour ce regard seulement voulant qu'au défaut d'hoirs ou successeurs masles dudit sieur Marquis de Mailly-Couronnel-Barastre, la dite terre et seigneurie de Barastre, retourne en tel et semblable état qu'elle étoit auparavant la dite Erection.

Si donnons en mandement à nos amis et féaux Conseillers les Gens tenant notre Conseil supérieur d'Arras, les Président, Trésoriers de France et Généraux de nos Finances à Lille et autres nos officiers qu'il appartiendra que ces présentes ils ayent à faire régistrer et de leur contenu faire jouir le S^r exposant ses hoirs, successeurs et ayant cause, pleinement, paisiblement et perpétuellement ; cessant et faisant cesser tous troubles et empêchements quelconques et nonobstants tous Edits, Déclarations, Arrèts et Réglemens à ce contraire auxquels et aux dérogatoires des dérogations y contenus. Nous avons dérogé et dérogeons par ces dits présentes sauf toutes fois notre droit entr'autres choses, et l'autruy en tout ; Car tel est notre plaisir. Et afin que ce soit chose ferme et stable à toujours, nous avons fait mettre notre scel à ces dites présentes.

Donné à Versailles, au mois de juin l'an de grâce mil sept cent soixante et onze et de notre règne le cinquante-sixième.

Signé : Louis

De par le Roy

Signé : Monteynard

visâ :

Signé : Maupeou

Régistrées au Greffe de la Cour ; ouï les Gens du Roi pour

être exécutées selon leur forme et teneur et jouir par l'impétrant de l'effet d'icelles conformément à l'arrêt de ce jour.

A Arras, au Conseil Supérieur, le trois août mil sept cent soixante-onze.

Signé : De Velle

(avec paraphe)

J'ai reçu de Monsieur Charles-Oudart-Joseph de Mailly-Couronnel la somme de six mille livres pour le droit de marc d'or de l'Erection en Marquisat des terres de Barastre, L'Eclypte et Bertincourt sous le nom de Mailly-Couronnel-Barastre et XVIII° (1800 livres) pour les six sols pour livres dudit droit.

A Paris le vingt-neuf juin mil sept cent soixante-onze.

Signé : Tronchin

(Et au dos est écrit :)

Enregistrées au controlle général du Marc d'or des ordonnances de Sa Majesté par nous Ecuyer, Conseiller du Roi, Controlleur Général du Marc d'or.

A Paris, le premier juillet mil sept cent soixante-onze.

Signé : Lescure

Collationné par Nous, Ecuier, Conseiller secrétaire du Roi, Maison, Couronne de France et de ses Finances.

Signé : Le Bègue.

Une autre copie porté les visas suivants qui varient un peu de ceux émanés du Registre aux Commissions du Conseil supérieur d'Artois.

Au-dessous du « Visa » de Maupeou, on trouve ces mentions :

« Pour Union des terres de Barastre, Leclypte, Bertincourt, et Erection d'icelles en Marquisat sous le nom de Mailly-Couronnel en faveur de Charles-Oudart-Joseph de Mailly-Couronnel.

Régistrées au Greffe de la Cour : ouï les Gens du Roy pour être exécutées selon leurs formes et teneur et jouir par l'impétrant de l'effet d'icelles conformément à l'arrêt de ce jour.

À Arras, au Conseil supérieur, le trois aoust mil sept cent soixante et onze.

Signé : Sirou.

Régistrées au Greffe de la Cour ; ouï le Procureur du Roy pour, par l'Impétrant ses hoirs et successeurs masles jouir de l'effet d'icelles, conformément à l'arrêt de ce jour suivant leur forme et teneur.

À Arras, en l'Election Provinciale d'Artois, le sept aoust mil sept cent soixante-onze. Témoin le Greffier de l'Election Provinciale d'Artois.

Signé : Delverre

Le Bègue

Enrégistrées au Greffe du bureau des finances et domaines de la généralité de Lille, ensemble la quittance du droit de Marc d'or, fol. 47 du trente-cinquième registre aux provisions ce consentant le Procureur du Roy jouir par le suppliant du contenu en icelles selon leurs forme et teneur conformément à l'Ordonnance de ce jourd'hui sept novembre 1771.

Signé : Frans

par ord.

Collationnée la présente copie à son original représenté et rendu, donné y concorder par les Notaires royaux d'Artois soussignés.

Lefebvre

avec paraphe.

Extrait du Registre aux commissions du Conseil Supérieur d'Artois, pour l'année mil sept cent soixante-onze.

A nos Seigneurs,

Nos Seigneurs de la Cour du Conseil Supérieur d'Artois.

Supplie humblement, Charles-Oudart-Joseph de Mailly-Couronnel, député ordinaire des Etats d'Artois.

Par lettre du Grand Sceau du mois de juin dernier, Sa Majesté pour causes et considérations y contenues a mis et incorporé les terres et seigneuries de Borastre, L'Eclypte et Bertincourt pour ne composer à l'avenir qu'une seule terre et seigneurie qu'il a créée, érigée, instituée et élevée en titres, noms, prérogatives et prééminences, et dignité de Marquisat sous le nom de Mailly-Couronnel de Barastre en faveur du suppliant, hoirs et successeurs masles, propriétaire de la dite terre et seigneurie ; lesquels auroient tous les rangs, droits, honneurs, prééminences et prérogatives appartenantes à cette dignité et pourroient se dire et nommer et qualifier Marquis de Mailly-Couronnel-Barastre, en tout acte tant en jugement que hors, et jouiront des honneurs, armes, blasons et autres droits dont jouissent et doivent jouir les autres Marquis du Royaume et de la Province. Ce que dessus considéré.

Nos Seigneurs,

Il vous plaise ordonner que les lettres ci-jointes seront registrées au Greffe de la Cour, pour être exécutées selon leur forme et teneur, et jouir pleinement par le suppliant ses hoirs ou successeurs masles, propriétaire de lad^te terre et seigneurie de l'effet d'icelle et vous ferez bien.

Signé : Courtois.

avec paraphe.

Soit montré au Procureur général du Roi, vu la présente requeste les Lettres patentes d'Union des Terres de Barastre, L'Eclypte et Bertincourt et d'érection des dites terres en Marquisat. Je requiers qu'avant faire droit, il soit ordonné que par devant Conseiller-Commissaire de la Cour, il sera informé de la commodité ou incommodité que peuvent apporter les dites Union et Erection ; qu'en outre les dites Lettres seront communiquées aux Seigneurs dont les dites terres relèvent et aux Juges, Procureurs fiscaux ou d'office, Vassaux et Justiciables des dites terres et seigneuries, convoqués et assemblés en la manière accoutumée pour donner leur consentement à l'Enregistrement et exécution des dites Lettres ou y dire autrement ce qu'ils aviseront bon être pour le tout fait et à Moi communiqué, être conclu ainsi qu'il appartiendra.

Du dix-sept juillet mil sept cent soixante-onze.

Signé : Enlart de Grand-Val

avec paraphe.

Vu par la Cour la requête présentée par le sieur Charles-Oudart-Joseph de Mailly-Couronnel, député ordinaire des Etats de la Province d'Artois afin d'enregistrement des Lettres d'Union des Terres de Barastre, L'Eclypte et Bertincourt et d'Erection des dites Terres en Marquisat sous le nom de Mailly-Couronnel-Barastre. Les dites lettres données à Versailles au mois de juin dernier signé : Louis. — Plus bas : Par le Roy, Monteynard. — A côté : Visâ, de Maupou.

Et scellées du Grand Sceau en cire verte.

Adressante à la Cour l'arrêt rendu sur la dite requête et sur les conclusions des gens du Roy le dix-huit du mois de juillet dernier, portant qu'avant faire droit il seroit informé par devant commissaire de la Cour, de la commodité ou incommodité que pouvoient apporter les dites Union et Erection. En outre que les dites Lettres seroient communiquées aux Seigneurs dont les dites terres relèvent et aux

Procureurs fiscaux ou d'office, Vassaux, Justiciables des dites Terres Seigneuries, convoqués et assemblés en la manière accoutumée pour donner leur avis et consentement à l'enregistrement et exécution des dites Lettres ou y dire autrement ce qu'ils aviseroient bon être. Vu aussi les actes de consentement donnés pour les dits Seigneurs, Procureurs fiscaux ou d'office, Vassaux et Justiciables des dites Terres et Seigneuries des vingt-six et vingt-huit juillet dernier, l'information faite par devant Commissaire de la Cour le trente du même mois de juillet dernier, en exécution dudit arrêt, conclusions des gens du Roy ; ouï le rapport de Mr François-Louis Duriez, conseiller, tout considéré, la Cour par son jugement et arrêt, ordonne que les dites lettres seront registrées au Greffe pour être exécutées selon leur forme et teneur et jouir par l'impétrant de l'effet d'icelle.

Du trois août mil sept cent soixante-onze.

> *Signé :* Duriez et Briois.
>
> avec paraphe.

Lettres d'Erection de la Terre de Willerval en comté par les Archiducs, du 28 mai 1612.

Albert et Isabel-Clara-Eugénia, Infante d'Espaigne, par la grâce de Dieu, Archiducqs d'Austrice, Ducqs de Bourgoigne, etc. Scavoir vous faisons comme aux Princes souverains desquels procèdent tous estats et degretz de noblesse et S^{ries} qu'appartient et convient d'eslever et décorer d'honneur tiltre et prérogatifs ceulx qui par vertueux et louables actes ils scavent l'avoir mérité et en estre capables ; mesmes pour tant plus les obliger à y persévérer de bien en mieulx et inciter leurs successeurs et autres de suivre leurs exemples à l'advan-

cement de la chose publique, c'est pourquoy et pour le respect
des mérites de feu Dom Hierosnimo Walter Capata, en son
vivant du Conseil de guerre de Sa Majesté et M^{re} d'Hostel,
aussi en considération des longues et aggréables services faits
à nous Infante par Dam^{lle} Marie Walter Capata, sa fille aisné,
nous aurions estez meus de consentir et accorder en faveur
d'elle que l'une des Terres et Seig^{ries} de son futur époux fut
érigé en Tiltre et prérogatifs de Comté et il soit que le contraict
anténuptial estoit ja faict et arresté d'entre lad^{te} dam^{le} et
Messire Jean Dougnyes (*) Chevalier, Sr de Willerval, Ache-
ville et Allennes, s'en doibt ensuivre et solempniser de bref
nous ayant esté dénommé la susd^{te} Terre de Willerval scitué
en notre d^t pays et Comté d'Arthois pour y asseoir led^t Tiltre,
aussy très humble réquisition de leur pouvoir changer ou
transférer à l'advenir sur autres terres et seigneuries tenues
immédiatement de nous, pour ce est-il que nous ces choses
avant dites considérées, et voulans en ce regard
gratifier à lad^e Dam^{le} Marie Walter Capata, mesme en
faveur de son alliance ayant aussi favorable esgard à la
noble et ancienne extraction et autres bonnes qualités qui
concourent en la personne de Messire Jean Dougnyes avons de
notre plaine science, grâce et libéralité, plaine puissance et
auctorité souveraine consenty et permis, consentons et per-
mettons par ces présentes qu'ils puissent et poulront porter le
Tiltre de Comte et Comtesse de la d^{te} terre et S^{rie} de Willerval,
scitué en notre d^t pays et Comté d'Arthois tenue en fief de la

---

(*) Ce devait être le descendant de Bauduin Dougnies, auteur, avec Jean de
Dieval de la Sentence de 1445.

Les neuf dixièmes de la terre de Willerval furent adjugés devant le Conseil
d'Artois, le 15 juillet 1676 aux Seigneur et Dame de Frévillers. C'étaient Jérôme
du Rietz et Gertrude Le Bourgeois. Cette dernière que nous avons vu se
qualifier de Dame de Willerval voulut sans doute, pour avoir droit à ce titre,
acquérir seule le dernier dixième ou demi quint de la terre.

Antoinette Doignies, comtesse de Willerval, probablement fille de Haut et
Puissant Seigneur Messire Jean, que nous voyons figurer ici avait des créanciers
pour le payement desquels il y eut diverses procédures avec les acquéreurs de
Willerval, tant au Conseil d'Artois qu'au Parlement de Paris.

terre et principaulté d'Espinoye, laquelle nous avons à cest
effect érigé et érigeons en Comté pour par eulx leurs hoirs et
successeurs et ayans cause tenir d'oresnavant ferme et hérédi-
tablement à toujours led[t] Tiltre et Comté de nous, nos hoirs et
successeurs Comtes d'Arthois et au surplus en joyr et posséder
en tous droicts, honneurs et dignités, auctorités, prérogatifs
et prééminences, tout ainsy et par la mesme forme que tous
et semblables Comtés ont accoustumé de tenir joyr et user de
tels Comtés et Tiltres d'honneur par tout notre pays, terres et
seig[ries]. Et si avant que led[t] Messire Jean Dougnyes à l'advenir trouvera bon de changer et transférer led[t] Tiltre sur
aultres terres siennes tenue immédiatement de nous, il s'ad-
dressera à nous à ces fins pour luy estre despeschez Lettres
patentes à ce servantes, sans néantmoings pour ce nous payer
nouveau droict à condition que si lad[e] Terre et S[rie], fief Willerval ou autre sur laquelle led[t] Tiltre de Comté aurat esté
mis se vendoit en temps advenir et passoit par ce moyen en
mains et personne étrangère qui ne fust de la famille et
maison Dougnies, en ce cas led[t] Tiltre demeurera estainct et
abboly. Sy mandons par nos féaulx et donnons en mendemens
à nos très chiers et féaulx les gens de notre Conseil d'Etat
Chef Président et gens de noz privez et Grand Conseil, Gouverneur Président et gens de notre Conseil provincial d'Arthois, Chef, Trésorier Général et Commis de nos finances,
Président et gens de nos comptes à Lille et à Tous autres nos
justiciers, Officiers, Vassaulx, Subjects et Serviteurs quy ce
peult ou poulra toucher et regarder présens et advenir et à
chacun d'eulx endroict foy et sy comme à soy appartiendra
qu'ils tiennent, réputent et estiment, nomment, appellent,
escrivent, intitulent, honorent et proclament doresnavant
Messire Jean Dougnyes et Lad[te] Dam[le] Marie Walter Capata
après que le Mariage sera entre eulx solempnié et après eulx
leurs successeurs et ayans cause Comte et Comtesse de Willerval. Mandons en oultre auxd[ts] de nos finances et de nos
comptes qu'ils procédent bien et devement à l'intérinement et

vérification de ceste présente selon leur forme et teneur et ce faict lesd^{ts} de notre conseil, Vassaulx, Justiciers et Officiers et Subjects et à tous autres qui ce regardent et chacun d'eulx facent, souffrent et laissent led^t Messire Jean Dougnyes et lad^e Dam^{le} Marie sa future femme. Ce mariage, comme dict est, s'en estaqt ensuivie, ensemble après eulx leurs d^{ts} hoirs, successeurs ou ayant cause de notre présente grâce, Octroy Coertion et Direction et de tous ce y tenue en ces d^{es} présentes selon la forme et manière et soubz les conditions susd. plainement, paisiblement et perpétuellement joyr et user sans leur y faire mettre ou donner ny souffrir estre faict mis ou donné aulcun destourbier ou empechement en manière que ce soit lesquels sy faicts, mis ou donnez leur auroient estez ou estoient le reparent et mectent ou facent réparer ou mettre incontinent et sans délay. Car tel est nostre plaisir, non obstant quelconques ordonnance, restriction, mandement ou deffense à ce contraires, et affin que ce soit chose ferme et stable à tous jours, nous avons signé ceste de nostre main et à icelle faict mettre nostre grand sccel, saulf en autre chose nostre droict et l'autruy en touttes.

Donné au lieu de Mariemont le XXVIIIe jour du mois de may, l'an de grâce mil six cens et douze.

Signé : Albert.

Isabel.

Et scellé d'un grand scel de cire vermeille pendante à double queue de fil d'or.

Les Notaires Roïaux d'Arthois soussignés ont collationné la présente copie à une copie collationnée et légalizée, exhibée à l'instant rendue et trouvée conforme.

A Arras, ce douze septembre mil sept cent soixante-dix.

Signé : Bellier.

Thomas.

Nous Président et gens tenans le conseil provincial d'Arthois, certifions à tous qu'il appartiendra que M^{cs} Thomas et Bellier qui ont reçu l'acte de collation cy-dessus sont telles qu'ils se qualifient et qu'à leurs signatures foy est adjoutée tant en jugement que hors. En témoin de quoy avons fait signer les présentes par l'un de nos greffiers et y apposer le scel dudit conseil.

A Arras, où le papier marqué, le controlle des actes et les insinuations n'ont lieu, le quinze septembre mil sept cent soixante-dix.

Signé : Sirou

FIN DU CHAPITRE XII.

CHAPITRE XIII

CHAPITRE XIII

Les enfants de Charles-Oudart-Joseph

Les enfants du Marquis de Mailly-Couronnel étaient tous parvenus à l'âge adulte quand arriva la Révolution. Aussi leur existence nous paraît-elle assez ancienne pour en parler, sans craindre d'apprendre ce que tout le monde sait en continuant des récits qui n'ont pas toujours un intérêt directement historique. Leurs correspondances et les papiers qui les concernent ont souvent disparu au milieu de la vie nomade à laquelle les condamnait la perte de leur foyer.

Néanmoins, nous croyons en avoir suffisamment pour donner une idée de la lutte pour la vie imposée à ces malheureux sortant d'exil ou de prison. Si la famille n'a point succombé, comme tant d'autres oubliées aujourd'hui, c'est à leur travail et à leur énergie qu'elle le doit.

— Honneur donc à cette génération si rudement éprouvée ! Honneur à ceux qui nous ont laissé les moyens de continuer l'œuvre de nos pères et de transmettre leurs traditions à ceux qui doivent après nous les remplacer en ce monde.

En les faisant connaître, nous touchons à des événements que l'histoire n'a pu jusqu'aujourd'hui que commencer à éclairer.

Ils nous permettront de montrer que la patrie a toujours été chère à ceux même qu'elle repoussait, et que l'origine de nos discordes vient avant tout de malentendus qu'il eût été facile d'apaiser en réprimant les ambitions qui les exploitaient.

L'exemple donné depuis un siècle, notamment par la Russie, montre que les révolutions les plus complètes comme les plus libérales, peuvent se faire sans verser une goutte de sang, et même sans proscrire un seul citoyen.

De son mariage avec Marie-Louise d'Amerval, Charles-Oudart-Joseph avait laissé :

1° André-Charles-Honoré qui suit ;

2° Charlotte-Josephe, née le 16 mai 1752.

Elle reçut de son père, le 5 juin 1778, une dot de 11.367 livres 2 sols, comme novice au couvent de la Visitation de Ste-Marie d'Amiens, pour compenser sa renonciation à d'autres droits, notamment à une rente de 1100 livres en faveur de sa sœur Louise-Charlotte. (*)

Charlotte-Josephe prononça ses vœux le 5 février 1781, et fut emprisonnée dans Arras en même temps que son père

---

(*) Cette rente était due par Louis-Joseph de Calonne, Ecuyer, Sgr de Calonne, Ricouart, etc., etc., pour un capital estimé 22.000 livres.

qu'elle avait voulu rejoindre. Il n'y avait plus rien à prendre après la confiscation de tous les biens du malheureux condamné, et c'est ce qui sauva sa fille. En attendant qu'elle payât de sa vie le choix qu'elle avait fait des prisons d'Arras, dont on ne sortait que pour aller à l'échafaud, contre celles d'Amiens, plus encombrées que dangereuses, ou s'épuisait la liste des victimes à dépouiller. On n'en était pas encore arrivé à supprimer les bouches inutiles (*), quand la chute de Robespierre entraîna celle de Le Bon et de sa bande.

Dès que les temps devinrent plus tranquilles, Charlotte-Josephe s'empressa de reprendre la vie religieuse et de rétablir dans Amiens, avec ses premières ressources, l'ordre de la Visitation. Un compte daté d'Arras le 25 messidor an 7 (13 juillet 1799), nous apprend que l'homme d'affaires de la famille, François-Xavier Vahé, avait depuis le 25 décembre 1796 disposé pour elle d'une somme de 4032 livres en diverses fractions plus d'une fois remises à sœur Isbergue.

Un arrêté émanant de l'administration centrale du Dépôt du Pas-de-Calais, le 24 fructidor an 3 (11 septembre 1795), nous apprend que Charlotte-Josephe fut avec ses frères André,

---

(*) Ce triste prétexte a suffi à Nantes, et même ailleurs, pour devenir un arrêt de mort. La cruauté de ceux qui abusaient du pouvoir n'avait plus de limites.

En voici un exemple, venant de ces chères provinces que l'affaiblissement produit par nos discordes a tant contribué à laisser arracher à la patrie :

C'est la proclamation lancée le 24 janvier 1794, par les conventionnels Baudot et Lacoste, à Colmar, où les juges qui leur servaient d'acolytes étaient, paraît-il, vêtus comme des croque-morts.

« Considérant, disent-ils, que les lieux de détention, maisons d'arrêt, sont » partout encombrés ; que les scélérats qui sont incarcérés ourdissent de » nouvelles trames ;

» Considérant que si, pour les jugements, il fallait être astreints aux formes » juridiques prescrites par les lois, ils seraient impossibles ;

» Décident que le tribunal ne sera assujetti à d'autres formes que de faire » paraître le prévenu et de l'entendre. Si la preuve du délit est écrite le juge- » ment sera rendu et exécuté dans les 24 heures ; à défaut de preuve écrite, » deux témoins suffiront. »

A Lyon, Fouchet et Collot d'Herbois avaient inventé les « mitraillades », appelant cela : « envoyer les rebelles sous la foudre.......... »

Christian et Charles « envoyée en possession définitive de
» quatre parts des biens délaissés par Charles-Oudart-Joseph,
» condamné. » La sentence rendue contre lui, continue l'arrêt,
comme pour excuser un acte si contraire aux mœurs admi-
nistratives d'alors, « prouve qu'on ne peut pas refuser à ses
» enfants la restitution de ses biens, puisqu'ils n'ont pas à
» craindre qu'il se trouve parmi les exceptions consignées
» dans la loi du 21 prairial dernier » (9 juin 1795).
Cependant, il est réservé deux parts : l'une revenant à
« Charles-Louis-François, employé à Mate avant la Révolution ; » l'autre à « Marie-Charlotte-Clotilde, qui avait
» épousé avant la révolution un Liégois avec lequel elle est
» retirée dans un pays ami. Elles devront rester sous
» séquestre jusqu'à ce qu'il puisse être statué sur leur
» situation d'émigrés » (*).

Le 25 prairial an 4 (13 juin 1796), un nouvel arrêté du
département autorisait les enfants de « feu Couronnel dit
Vélu » à retirer des mains du receveur d'Arras ce qui restait
d'argenterie. Ils y trouvèrent encore 30 plats, 48 assiettes et
diverses pièces qu'ils s'empressèrent de réclamer dès le
surlendemain pour se les partager, sans naturellement faire
d'exception pour les absents.

Ces épaves furent encore estimées 310 marcs (**) et demi,
environ 1000 francs, par un orfèvre d'Amiens (***), qui les
divisa par lots attribués à chacun le 4 septembre suivant.

(*) On avait dû amnistier ceux qui étaient en prison au moment du 9
thermidor, parmi lesquels se trouvaient les hommes les plus distingués et
les meilleurs généraux de la République, échappés au bourreau qui venait de
frapper André Chénier et Lavoisier !
Une exception avait été faite pour ceux plus nombreux encore qui s'étaient
soustraits au supplice en fuyant à l'étranger. Ils restaient proscrits sous la
dénomination d'émigrés

(**) Nous avons estimé le marc 31 livres, 12 sous, 3 deniers, tel qu'il a été
fixé par l'arrêt de 1703.

(***) Il s'appelait Gauthier et habitait rue des Orfèvres.

Un « Bon au porteur » resté dans de vieux comptes, semble indiquer une nouvelle restitution qui, si elle eût été faite autrement qu'en *assignats,* avait une importante valeur. Nos parents ne purent en faire aucun usage ; il est vrai que le billet porte la date du 20 fructidor an 5 (6 septembre 1797), et que les assignats avaient perdu leur cours forcé depuis le 19 février 1796. (*)

La vente après confiscation du château de Vélu, (**) les

(*) BON AU PORTEUR

Le Receveur des Domaines nationaux au bureau d'Arras, recevra pour comptant le présent Bon au Porteur de la somme de *cinquante-huit mille six cent soixante-dix-huit livres six centimes* valeur assignat, conformément à l'arrêté du Département du 16 fructidor dernier et à la loi du 21 prairial an 3 aussi dernier et aux dispositions de celle du 6ᵉ jour complémentaire.

Délivré par moi, Receveur général du département du Pas-de-Calais, soussigné.

Arras, le 20 fructidor, an 5.   Signé : DARBEL

Receveur générel du département du Pas-de-Calais

(**) Un vieux compte émanant du notaire Déprez, rappelle des ventes faites à si bas prix qu'elles pourraient n'être que des restitutions moyennant l'indemnité équivalente à la somme payée par les acquéreurs au tribunal révolutionnaire.

La première date du 14 nivôse an IX (3 janvier 1801). Elle concerne une vente de 6 boisselées au territoire de Beaumetz faite par Charles-Louis-Joseph Laguiller et sa femme qui en restent fermiers.

La 2ᵉ du 25 ventôse (15 mars suivant), est d'une mencaudée sur le terroir de Le Bucquiere, dont Charles-Oudart Cuvilier reste également fermier.

La 3ᵉ concerne 5 mencaudées au terroir de Vélu que Pierre-Philippe Blondel et sa femme vendent 750 francs le 28 germinal (17 avril).

La 4ᵉ du 8 floréal (27 avril) concerne 11 mencaudées de terres labourables sur Barastre vendues 600 francs par Louis Gouduneaud et sa femme.

La 5ᵉ en date du 16 floréal (5 mai) faite par le même Gouduneaud est de 5 boisselées formant la moitié d'une remise au terroir de Barastre pour le prix de 30 francs.

Tous ces vendeurs restèrent fermiers des biens qu'ils avaient cédés.

La vente la plus importante fut faite par Antoine Guislain-Magnior et sa femme. Elle comporte :

1° 19 mencaudées cédées à Charles Couronnel moyennant 10,145 francs, ce qui nous fait supposer, d'après ce que payèrent au même les autres co-héritiers, que le château de Vélu devait y être compris.

2° Cent mencaudées vendues par lots de 25 aux trois frères André, Christian et François, ainsi qu'à leur sœur Mme de Goër, moyennant 1,713 francs pour chacun.

Cette vente, dont le total monte à près de 17,000 francs, porte la date du 18 prairial (6 juin 1801).

C'est la dernière de ce genre dont il soit fait mention, avec une autre attribuée sans autre indication au sieur Noureux. Nos parents étaient d'ailleurs si gênés que, malgré la modicité des prix, ils restaient débiteurs du notaire Déprez, dont le mémoire indique clairement le désir de recevoir quelqu'argent.

rachats opérés pour rendre à la famille quelques débris de propriétés en Artois, et enfin les restitutions faites par d'honnêtes gens montrent le peu d'importance de ce qui avait pu rester sous séquestre. Un arrêté condamnant nos parents « à verser dans la huitaine, ès-mains du receveur de « l'Enregistrement de Bapaume, une somme de 10.467 francs « 55 centimes » allait bientôt réduire à peu près à néant toutes les restitutions de l'Etat. Cet arrêté en date du 24 pluviôse an 7 (12 février 1798), visait le dépôt fait le 12 mars 1790, à l'ancien seigneur de Vélu par « le maire, les officiers « municipaux et les principaux habitants et paroissiens du « village de Vélu. » Nous en avons parlé au chapitre XII en citant les termes de respect qui accompagnaient cette marque de confiance. Il était incontestable que les vases sacrés, sauf l'ostensoir, avaient été volés dans l'église de Vélu en juin 1791 ; que ceux qui étaient restés en dépôt avaient été saisis après le supplice du Marquis de Mailly-Couronnel et compris dans le numéraire si prestement changé en assignats; cependant une note au Directeur de l'Enregistrement en date du 6 octobre 1798, rendit exécutoire l'arrêt du 12 février.

C'est à la fidélité de certains dépositaires dont nous ne pouvons malheureusement citer qu'un seul, qu'il faut attibuer un commencement de retour de fortune que devaient puissamment aider l'ordre et le travail. Un inventaire du Cen Lebersalle, huissier priseur et vendeur de meubles, n'estime pas à moins de 5,800 livres « différens meubles et « effets appartenant aux enfants de feu Couronnel de Vélu » qu'il a trouvés en la maison de la Cne Grenet de Dion (*) » size en la commune d'Arras. »

(*) C'est ainsi qu'on appelait alors celle que nous voyons figurer au contrat de mariage de Louise-Charlotte de Mailly-Couronnel, le 7 août 1786, sous le nom de Dame Marie-Jeanne-Marguerite-Joseph-Philippine Grenet épouse de Messire Louis-Joseph Constant de Dion, ancien capitaine au régiment de la marine infanterie, chevalier de l'Ordre Royal et militaire de St-Louis.

Nous avons vu au chapitre VII Philippe deuxième du nom et dernier de la branche de Mernes épouser Marie de Grenet dont il eut une fille Eléonore de Mailly-Couronnel qui fut son unique héritière.

La sœur de Philippe, Marie-Madeleine, s'était mariée avec Jean de Pousques. Vicomte de Nieuport dont la mère était une Grenet.

Pour arriver à pareille somme le 26 fructidor an 4 (12 septembre 1796), l'année même de la banqueroute des assignats, il fallait que la valeur du dépôt fût bien considérable. On n'en forma pas moins de 136 lots, dont les objets de première nécessité obtinrent les honneurs ; les oreillers et les couvertures servant à égaliser les parts. Deux lits de plumes, un oreiller et un traversin furent cotés 60 livres, le même prix qu'une commode à 5 tiroirs garnie de cuivres dorés.

Six pièces de tapisserie de haute lice venant du salon de Vélu n'atteignirent même pas 300 livres à l'estimation, et celui qui les reçut s'empressa de les vendre pour faire face à des besoins plus urgents.

Les glaces étaient seules restées chères en comparaison avec les prix d'aujourd'hui. La plus grande, qui avait 54 pouces de hauteur (1 m. 60) sur 40 de largeur (1 m. 20), dimensions remarquables pour l'époque, fut encore cotée 400 livres.

Charlotte-Josephe mourut le 18 février 1828, au couvent de la Visitation d'Amiens (*) dont elle était supérieure, et où elle était connue sous le nom de Sœur Marie Xavier. Bien qu'elle fut entrée à la Visitation en 1778, elle n'avait pris l'habit religieux que le 5 février 1781 et fait sa profession que le 6 février de l'année suivante. Elle avait servi de mère à la plus jeune de ses nièces restée orpheline en 1822.

3° Marie-Charlotte-Clotilde, née à Vélu le 3 juin 1758 et baptisée (**) le 10 juillet suivant.

Elle épousa le 9 février 1790 Philippe-Louis-Marie-Joseph, baron de Goër de Herve et du Saint Empire, alors enseigne

---

(*) Il était alors situé rue de Bourbon.

(**) Elle eut pour parrain Messire Philippe-Charles Bernard de Briois (appelé Vigor en religion) qui était abbé de St-Vaast d'Arras, et pour marraine Marie-Jeanne-Marguerite Le Gras, épouse de Charles-François Chevalier Marquis de Folleville, Seigneur de Manencourt.

au régiment des Gardes Françaises. Nous avons vu, à la fin du chapitre VII, comment ce mariage, célébré avec grande cérémonie dans Arras, à l'abbaye du Vivier, devait la rendre héritière de notre branche aînée. (*)

Le baron de Goër, dont la famille avait coutume, ainsi que les plus distinguées du pays de Liège, de prendre du service dans les armées du roi de France, s'en retira quand elles cessèrent d'obéir au souverain auquel il avait juré fidélité.

Nous allons voir ses trois beaux-frères imiter bientôt son exemple, par suite des bouleversements qui introduisirent avec la politique l'indiscipline dans l'armée.

Des lettres de la baronne de Goër témoignent de sa sollicitude au milieu d'événements qui devaient forcer les deux plus jeunes à se réfugier dans la famille de son mari.(**)

Marie-Charlotte-Clotilde mourut à Huy le 7 février 1839, après avoir vu son mari (***) représenter pendant plus de trente années un pays victime de catastrophes qui changèrent trois fois de son vivant son gouvernement et sa nationalité.

C'est à son petit-fils Eugène-Joseph-Philippe qu'appartient

(*) Les armes de la famille de Goër, qui est une branche de celle de Hornes, sont d'or au lion de gueules couronné de seize perles.

(**) Un charmant ouvrage intitulé : « Une société cynégétique en Condros » montre la vie qu'on y menait. Son auteur, M. Albin Body, a collationné les archives de ces joyeux et sympathiques veneurs, qui avaient leurs statuts et même leur ordre de chevalerie. Son dernier représentant fut sœur Marie-Isabelle-Ferdinande-Laure, fille de la baronne de Goër, morte il y a peu d'années, veuve du général Antoine-Frédéric Brade.

(***) Il fit partie sous l'Empire du Conseil général du département de l'Ourthe, qu'il fut chargé d'administrer en 1814 pendant l'invasion.

Plus tard il fit partie des deux chambres des Etats-Généraux, jusqu'au moment où une nouvelle révolution vint encore changer le sort du Pays de Liège.

Son fils, Ignace-François-Xavier, fut aussi victime des événements politiques et dut abandonner presque à la même époque une carrière brillamment commencée dans la marine.

aujourd'hui .le chateau de Vélu, racheté après avoir été saccagé et vendu en détail pendant la Révolution. (*)

4° **Christian-Marie-Louis-Oudart, né le 27 juillet 1761 (**) baptisé à Vélu le 4 août par Jean-Marie Loquety, abbé régulier de l'abbaye de Ruisseauville. (***)**

L'année qui suivit sa naissance, il fut lui-même parrain avec sa sœur Marie-Charlotte-Clotilde, le 17 novembre 1762, de son frère Charles né la veille à Vélu.

Christian-Marie-Louis-Oudart avait hérité très jeune, à la fin de l'année 1764, d'une certaine fortune (****) lui venant de

---

(*) Il a épousé en 1865, à Bruxelles, Hélène-Adèle Drolenvaux, d'une ancienne famille du Pays de Liège. De récentes publications sur les guerres d'Afrique ont fait connaître son père, le jeune et brillant général, dont la révolution, qui chassa la famille d'Orléans, devait trop tôt briser l'épée.

(**) Le marquis de Mailly-Couronnel avait eu encore une fille Louise-Charlotte, née le 29 décembre 1759. Elle mourut peu après avoir épousé, le 7 avril 1786, Louis-François-Philémon Hubert, écuyer, Sgr de Mons-en-Barœul, Humières, Veaux-lez-Balencourt, etc., etc., fils de noble homme Antoine-Joseph Hubert, etc., etc., lieutenant de Nosseigneurs les maréchaux de France, et de Dame Agnès-Marie-Louise de Bertould, dame d'Hingelte.

Louise-Charlotte, qui s'était mariée contre le gré de son père, fut assistée à son contrat passé le 7 août 1786, de ses deux frères Christian et Charles, ainsi que de sa sœur Marie-Louise-Clotilde ; cette dernière ajoutait à son nom celui de Willerval et sa cadette celui de Barastre.

La sœur du futur, Dame Louise-Isabelle-Léocade Joseph Hubert, épouse de Messire Henri-Charles Onuphre de Belvalet, marquis d'Humerœul, assistait également son frère avec ses père et mère.

(***) Son parrain fut Christian-Maximilien-Charles, Comte de Thiennes de St-Maur, Seigneur de Lugy, etc., etc. ; et sa marraine Marie-Suzanne Disque, Dame Désandrouins, de Blacourt, etc., etc., décédée à Boulogne, le 8 décembre 1764, l'instituant son héritier.

(****) Par un testament olographe en date du 3 septembre 1763, Dame Marie Suzanne Disque Desandrouins instituait pour légataire son filleul.

Nous trouvons au sujet de cette succession la trace de divers remplois faits au profit du mineur, notamment la constitution d'une rente de 600 livres au capital de 12,000 livres sur le Comte de Trasignies.

sa marraine. Il n'en fut pas moins destiné comme son frère aîné, à la carrière des armes. Ainsi le voulait la tradition qui, en interdisant aux jeunes nobles les jouissances de l'oisiveté, quels que fussent leurs moyens d'existence, maintenait l'éclat de leurs familles par la nécessité de concourir à la défense de la patrie.

Un mémoire pour un « gentilhomme qui entre pensionnaire à l'Académie du Roy » montre le train qu'on menait dans cette école militaire d'où est dérivée celle de St-Cyr.

Voici son programme du temps où elle était tenue par messieurs de Lompré :

Premièrement :

Pour un gentilhomme, par an............	1.300 livres
Pour un gouverneur, par an............	600
Pour un valet de chambre..............	400
Pour un laquais......................	200
Pour les entrées une fois payé..........	200
Au maître d'armes, pour le premier fleuret et chaussons une fois payé...............	14
Au maître, pour un étuy de mathématiques, une fois payé........................	33
Au maître des exercices de guerre, une fois payé...............................	13
Total.................	2.760

Les exercices du matin étaient :

Monter à cheval ; courir la bague et les testes.

Les exercices de l'après-midi étaient :

Faire des armes ; voltiger ; les mathématiques ; les exercices de guerre et danser.

Dans un compte annexé au programme, les frais concernant

le jeune militaire sont cotés 3.000 livres. On y voit figurer une dépense de 255 livres pour les « menus plaisirs du maître « à 50 sols les mercredys et autant le dimanche. » (*)

Christian-Marie-Louis-Oudart, qui est désigné sous le titre de vicomte, ne paraît ne pas avoir été dans d'autre régiment que le Royal-Etranger cavalerie. C'était, paraît-il, un fort bel officier, à qui son père aurait voulu donner la place de son aîné pour épouser l'héritière de la branche de Nesle et recueillir ainsi le Majorat qu'elle ne pouvait apporter qu'à un mari de son nom. (**)

En 1789, ce fut lui qui représenta la famille à l'Assemblée pour l'élection des députés aux Etats-Généraux, ouverte le 20 avril dans la ville d'Arras. Il était alors en garnison à Dôle, d'où il fut envoyé commander un détachement à Autun. C'est de là qu'il écrivait, le 3 octobre 1790, probablement au plus jeune de ses frères, qui était officier au régiment du Roi avec leur aîné :

« Deux officiers de Mestre de camp (***) de ta connaissance, » qui ont eu le bonheur d'échapper de Nancy, ont passé par » Autun. Il nous ont appris que tu étais en prison et la » manière dont tu as été arrêté (****). Je conçois aisément que » tous les officiers de ton régiment ne veulent plus servir. Du

---

(*) Son blanchissage est estimé 60 livres, l'entretien de ses perruques 18 livres, sa lance 33, et enfin ses habit et pourpoint pour monter à cheval, plus le vêtement de son laquais, 400 livres.

(**) Voir à l'avant-propos et au chapitre XIV.

(***) Ils appartenaient au régiment de cavalerie de ce nom qui s'était révolté avec le régiment suisse de Château-Vieux et celui du Roi infanterie.

(****) Il avait été chargé d'une mission importante auprès de M. de Bouillé, qui avait su maintenir ses troupes dans le devoir et qui allait étouffer l'insurrection.
Pour mieux lui permettre de sortir de la ville, dont les issues étaient soigneusement gardées par les mutins, on avait imaginé de le déguiser en femme. Il n'en fut pas moins reconnu, malgré son jeune âge et la finesse de ses traits qui avaient inspiré ce dangereux travestissement.

» moment que l'on n'estime plus ceux que l'on commande,
» c'est se mépriser soi-même que se mettre à leur tête. Il est
» impossible de voir dans un autre siècle une troupe se
» conduisant aussi mal au point d'en arriver à l'assassinat... »

Le régiment de cavalerie Royal-Etranger est heureusement meilleur et le jeune officier se déclare « on ne peut plus » content du détachement qu'il commande depuis deux » mois. » Il craint d'être rappelé à Dôle et de ne pouvoir aller dans sa famille voir sa sœur et son nouveau beau-frère.

« Mes idées sinistres sur l'avenir, dit-il en terminant, ne » font qu'augmenter et je crains un résultat très tragique...... » Autun est fort tranquille, aussi passe-t-il pour très » aristocrate. »

Des lettres datées de Carignan les 14 et 15 février 1791 continuent à donner de tristes renseignements sur la situation. Elles ne sont pas signées, mais elles paraissent avoir eu pour auteur le plus jeune frère du vicomte qui commandait dans cette place depuis le mois de décembre 1790. Voici ce que rapporte la première :

« Les gardes sont rétablies, M. de Frimont (*) est parti ce » matin. La petite armée se dissout depuis hier (**). Il ne » nous restera que 50 hussards et un détachement d'infan- » terie. Le détachement d'Auvergne est bien mauvais. Ils se » sont fait donner encore 900 livres depuis leur arrivée ici. » Quelle exécrable troupe ! »

La lettre finit en disant : « Il faut bien se promener pour » dissiper ses ennuis. »

Une autre datée du lendemain vient continuer le récit de la façon suivante : « Il ne reste plus ici que 200 d'Auvergne.

(*) Ce fut lui qui, en 1821, rétablit sur son trône le roi de Naples Ferdinand.

(**) Cela semble déjà indiquer les préparatifs d'un départ projeté pour le Roi et sa famille.

» Les hussards de Saxe ont été remplacés par 50 d'Esterhazy
» commandés par M. de Bouillé.

» Je viens de recevoir une nouvelle qui m'afflige, le régi-
» ment où je vais part de Toulon aujourd'hui pour Nîmes. (*)
» Je tremble qu'il n'y soit séduit. Notre colonel a fait
» l'impossible pour parer ce coup ; mais, comme il me mande :
» *Le ministre n'est pas le protecteur des personnes qui ne*
» *sont pas apôtres de la Révolution.*

» Vous savez l'assassinat du courrier de Paris pour les
» Provinces. »

Une autre lettre, datée de Mouzon (**) le 21 décembre 1790,
et signée Dargence, montre l'hésitation des officiers, même
réformés, (***) comme ceux du régiment du roi, à quitter le
service militaire.

« Voulez-vous servir dans le nouveau régiment, écrit-il à
» un ancien camarade ? Tous ces messieurs ici, sans exception,
» demandent de l'emploi. Je m'imagine que vous ferez comme
» comme eux, on est toujours à temps de quitter. »

Le projet de réorganisation dont il est ici parlé ne put
aboutir par suite des événements (****) ; ce qui était possible
la veille ne l'était plus le lendemain, surtout pour ceux qui
voulaient rester en dehors du mouvement révolutionnaire.

Le vicomte Christian paraît avoir été fort attaché à son
régiment avec lequel il tint longtemps garnison dans l'Est.

(*) Si cette lettre est, comme il paraît, du chevalier Charles-Louis-François,
il ne fut pas donné suite à ce changement, car il ne quitta le régiment du Roi
que pour aller, avec la plupart de ses camarades, à l'armée de Condé.

(**) Ardennes.

(***) Il est mentionné dans le registre tenu par notre grand-père sur son
ancien régiment comme « Chef de bataillon ayant quitté avec retraite à la
« cassation en 1790. »

(****) Lettre du 17 juin 1791 que nous citerons plus loin.

En 1786 il était à Belfort et en 1788 à Dôle, d'où il fut envoyé en détachement à Autun. C'est de là, qu'il prit un congé au terme duquel sa sœur témoigne la plus vive inquiétude dans une lettre écrite le 7 février 1791 à son plus jeune frère : « Le vicomte est retourné à sa garnison, dit-elle, » il a fait un petit séjour à Paris qui m'a bien tourmentée, » parce que c'est véritablement un enfer.

» L'abbé (*) a fait un assez long séjour à Vélu, je lui ai » conseillé d'y rester et de vous y attendre. »

Au mois de juillet 1791, le vicomte était encore à son régiment où son père lui expédia un Billet National (assignat) de 200 livres. (**)

C'est d'Arras au mois de décembre qu'il partit pour l'armée de Condé où il amena un détachement de son régiment qu'il avait été chercher dans l'Est. Ce genre d'émigration, qui prouvait l'attachement des soldats pour certains de leurs officiers, n'était pas rare à cette époque. L'armée de Condé ne cessa jamais d'être une armée française, et les émigrés de la fin du siècle dernier ne se mirent jamais en corps à la solde de l'étranger, comme cent ans plus tôt les réfugiés de l'Edit de Nantes.

Ce qui se passa au fort Penthièvre à Quiberon, en 1795, nous semble un exemple frappant des sentiments qui animèrent la nation et l'armée pendant la Révolution. La garnison de ce fort, après avoir fraternisé avec les royalistes, se tourna contre eux pendant l'action et détermina leur désastre. De même la plupart des soldats qui avaient suivi leurs officiers à l'armée de Condé finirent par se débander faute de succès décisifs et de solde régulière. Ils aimèrent mieux retourner dans leur pays pour rentrer souvent dans ses

---

(*) Frère cadet du vicomte dont nous parlerons plus loin.

(**) La différence du change fait déjà l'objet d'une observation concernant le quartier-maître auquel la somme est envoyée pour le jeune officier.

armées victorieuses que de rester avec un état-major dont les troupes diminuaient tous les jours.

Une gravure assez rare, que nous avons vue, représente un fait qui confirme pleinement cette opinion. Elle représente Louis XVIII tombé par mégarde, sur les bords du Rhin, dans un poste républicain et acclamé par lui au lieu d'être retenu prisonnier. La vie même de Desaix, de Napoléon Ier et d'autres généraux de nos grandes guerres présente de semblables anomalies.

Le vicomte Christian n'était plus sur la liste des émigrés le 11 septembre 1795, comme on a pu le voir au commencement de ce chapitre. Il ne reprit pas néanmoins de service militaire ; les esprits n'étaient point encore assez calmés pour qu'il le put dès cette époque ; et plus tard, le gage donné par Napoléon 1er aux anciens révolutionnaires par l'exécution du malheureux duc d'Enghien, devait éloigner de ses armées beaucoup d'anciens royalistes.

Christian-Marie-Louis-Oudart mourut Chevalier de Saint-Louis (*) après le retour des Bourbons.

6° Charles, né à Vélu le 16 novembre 1762.

Il fut destiné dès sa jeunesse à l'état ecclésiastique, et nous le voyons figurer en 1786 au contrat de mariage de sa sœur, comme « Sous-Diacre du Diocèse de Cambrai, demeurant à » Paris, au Grand séminaire St-Sulpice. »

La Révolution allait bientôt le chasser du pieux asile où il se préparait au sacerdoce par de fortes études. Il était déjà prieur de Sorbonne, et ses supérieurs avaient tenu à le garder en retardant son ordination, afin de mieux poursuivre ses travaux.

(*) 26 mai 1816.

Au commencement de 1791 il était à Vélu, où sa sœur l'engageait à rester pour y attendre ses frères dont le régiment venait d'être licencié. Il voulut, au mois de juin, retourner à Paris, et son voyage tomba juste au moment du départ de Louis XVI. « On nous arrêtait dans tous les villages, » écrivait-il le 30 juin, cependant on nous a laissé aller à » Paris. »

La suite de sa lettre montre la divergence d'opinions qui régnait dans les familles au sujet de la conduite à tenir pendant la Révolution. « J'étais bien aise, dit-il, de quitter » Vélu où devaient se tenir, le 24, les assemblées électorales.(*)

» Notre aîné (**) voulait absolument être électeur. Je lui » représentai vainement qu'il s'exposait à recevoir des humi- » liations ; rien n'a pu le détourner. Il a été effectivement » nommé ; mais la nuit suivante, des gens de Bertincourt qui » avaient traversé sa nomination, vinrent couper 50 arbres » sur le chemin du bois et enlever l'écorce d'une quinzaine de « marronniers. (***) »

Le vieux soldat voulait tenir ferme et le succès lui donnait raison ; l'homme d'église voulait qu'on se résignât. Chacun était dans son rôle et ce fut malheureusement l'avis de l'abbé qui l'emporta à Vélu comme presque partout ailleurs.

Notre arrière-grand'père, dont les jours avaient été menacés (****), finit par quitter Vélu, à la suite de tant de violences, ce qui obligea son fils à l'abandonner aussi. Il ne le fit pas sans avoir remercié ses électeurs, en leur faisant, avant son départ, distribuer 32 pots de bicone (bière du pays).

(*) Voir au chapitre XII la note où il est question de suffrage à deux degrés, qui se pratiquait alors.

(**) André-Charles-Honoré notre grand'père.

(***) Il paraît que c'était des arbres rares « nourrissons tendrement aimés », est-il dit dans une autre lettre.

(****) Voir au chapitre XII ce qui est rapporté sur le coup de fusil qui fut tiré sur lui.

L'abbé, après avoir cité parmi les plus exaltés les fils du fermier de Barastre, finit par traiter toutes ces menaces (*) « dont il serait trop long, dit-il, de donner les détails », de « boutades de paysans », qui « l'avaient laissé fort calme » jusqu'à l'arrivée des siens à Vélu.

Au commencement de 1792, il était encore à Paris, où il raconte dans une lettre, en date du 2 février, qu'il alla faire une visite à Panthemont. Dans ce couvent, où naguère les gens du monde avaient tant de peine à trouver une place pour se retirer, il ne rencontra que la Présidente de Beaufort.

L'abbé Charles reprit à Vélu, dès qu'il put y rentrer, la vie qu'il avait déjà menée après que la Révolution l'eut chassé de St-Sulpice. Par suite de scrupules, où entrait peut-être, comme pour certains membres du clergé d'alors, la désapprobation du Concordat, il ne voulut jamais, en recevant le sacerdoce, aller plus loin qu'où il en était resté au Séminaire. Le peu qui lui avait été rendu fut absorbé de son vivant par les aumônes et la reconstruction de l'église de Vélu (**), pour laquelle il alla jusqu'à prendre ses matériaux dans le vieux château de la famille.

7° Charles-Louis-François, né à Vélu le 4 octobre 1767, et baptisé le lendemain.

Il eut pour parrain son frère Charles et pour marraine sa sœur Louise-Charlotte. Sa vie est un exemple de vicissitudes qu'entraîna la Révolution.

Il fut d'abord Chevalier de Malte et ce n'était pas alors chose facile que d'être admis à le devenir. Il fallait beaucoup de

---

(*) Voir également au chapitre XII.

(**) 1805.

preuves de noblesse appuyées de beaucoup de démarches pour les vérifier et de beaucoup d'argent pour les payer avec les frais de chancellerie imposés au récipiendaire. Nous en trouvons la preuve dans les papiers du Marquis de Mailly-Couronnel qui fit recevoir successivement trois de ses fils. (*)

Charles-Louis-François remplaçait dans l'ordre de Malte ses deux frères aînés morts successivement en bas âge. Il fut « reçu de minorité au rang des chevaliers de Justice (**) par le Grand-Maître Frère Emmanuel de Rohan, en vertu d'un bref du Pape Pie VI, donné à Rome le 20 juillet 1776, et registré à Malte le 10 août suivant par le Frère François Guedes » (***)

(*) Le plus âgé, Charles-Alexandre, né le 30 décembre 1755, fut reçu de minorité par Son Altesse Eminentissime Monseigneur le Grand Maître Frère Emmanuel Pinto sur un bref du Pape Benoît XIV. Ce bref « donné à Rome à » Ste-Marie Majeure sous l'anneau du Pescheur le 10 novembre 1756 » fut » registré à Malte le 10 décembre, scellé en cire noire de l'effigie de sa dite » Altesse Eminentissime, et signé : Bajul' Aquilæ F. Franç' Guedes » Viccancillu'. »

Charles-Alexandre mourut le 4 mai 1757 et son frère Louis-Charles-Joseph, né à Vélu le 19 novembre 1763, fut désigné pour le remplacer.

Il fallut un nouveau bref donné à Rome par Clément XIII, le 12 novembre 1765, et registré à Malte par le même frère Francois Guedes le 8 décembre, pour le faire recevoir de minorité par le Grand-Maître Pinto.

Louis-Charles-Joseph mourut le 5 novembre 1766 et eut encore pour lui succéder son plus jeune frère.

(**) Il fallait seize quartiers de noblesse du côté paternel et huit du côté maternel pour être reçu chevalier de *Justice*.

Les chevaliers de *grâce* étaient dispensés de ces preuves, mais il fallait avoir rendu des services pour les compenser. L'histoire de notre marine en fournit plusieurs exemples, notamment celui du chevalier Paul dont les exploits contre les Barbaresques mériteraient d'être plus connus.

(***) Voici l'analyse de ce bref telle qu'elle a été conservée dans nos papiers :

Bref de Minorité 1776

Remis le Bref le 17 août 1777.

« Bref de Notre Saint Père le Pape Pie VI donné à Rome à Sainte-Marie « Majeure sous l'anneau du Pescheur le 20 juillet 1776, en vertu duquel Son « Altesse Séminentissime Monseigneur le Grand Maître Frère Emmanuel de « Rohan, reçoit de minorité au rang des chevaliers de Justice de l'ordre de Saint-« Jean de Jérusalem en la vénérable langue et grand prieuré de France, noble « Charles-Louis-François de Mailly-Couronnel, fils de Charles-Oudart-Joseph de « Mailly-Couronnel, chevalier, seigneur de Vélu, etc., etc., et de Dame Marie-

(Voir la fin de cette note page 403)

Pour obtenir ces brefs il avait fallu des recherches généalogiques importantes surtout au point de vue des quartiers qui,
même sous l'ancien régime, n'étaient pas toujours en
ordre. (*)

Ainsi s'établit entre Malte et Paris une longue correspondance, renouvelée chaque fois qu'il s'agissait de recevoir un
nouveau chevalier. (**)

« Louise d'Amerval, Dame d'Asvillé, son épouse, avec terme de deux ans pour
« le paiement de son passage, Son Eminence s'étant réservée la faculté de
« proroger le paiement du dit passage pour une autre année ; le dit Bref
« registré en la Chancellerie de Malte le 10 aoust 1776, scellé en cire noire de
« l'effigie de sa dite Altesse Séminentissime et signé : Bajuls' aquilæ Fr. Franc'
« Guedes Vicecanclus, (Bajulus Aquilæ Frater Franciscus Guedes vicecan-
« cellarius), le Bailly d'Aquilée Frère François Guedes, vice-chancelier. »

(*) En France on ne tenait guère compte, en fait de quartiers, que de ceux
en ligne droite du côté paternel.

(**) Voici à ce sujet une lettre écrite de Paris par M. Lacroix, généalogiste
de l'Ordre de Malte, à M. Crepel qui devait remplir dans l'île même des
fonctions analogues.

             « 19 septembre 1773.

» J'ay l'honneur de vous adresser la suplique cy-jointe pour M. le Marquis
» de Mailly-Couronnel branche cadète de la Maison de Mailly.

» La suplique vous apprendra l'histoire de chaque quartier ; vous verrez
» qu'il y en a deux qui ont besoin de dispense, ce sont deux bisayeules
» materneles. Je vous observeray, Monsieur, que l'on a fait l'impossible pour
» découvrir les titres de filiation centènaire de la 2ᵉ Bⁱⁱ Mⁱⁱ sans avoir découvert
» ny contracts, ni actes de célébration de mariage. — Louis Boitel 2ᵉ Tⁱ Mⁱ a
» été reçu secrétaire du Roy du Grand collège en 1694 et est mort revêtu, —
» ainsy il s'en faut donc de 21 ans que le centenaire ne soit complet. Jean de
» Garrigues étoit le 4ᵉ Trisayeul et fut avocat au Parlement de Toulouze, l'on n'a
» à son égard qu'une procuration de 1698 par laquellle il donne pouvoir à sa
» femme de consentir au mariage de sa fille qui est Silvie de Garrigues, 2ᵉ
» Bⁱⁱ Mⁱᵉ.

» Je vous prie instamment de consulter cette affaire avec quelques bonnes
» testes pour savoir si l'on suivra le dessein ou non et s'il y a quelques moyens
» de réussir sans raporter d'autres titres.

» Dans le cas où l'on décidera en faveur, vous aurez la bonté de faire
» commissionner le Bref de minorité à Rome et après son enregistrement me
» l'envoyer. Et de même pour le Bref de dispense de noblesse des deux
» Bisayeules.

» Vous tirerez sur moi lettre de change comme à l'ordinaire.

» La Généalogie angloise du nom de Wingfield qui est une très ancienne
» noblesse et que l'on a en forme sera prouvée à l'usage d'Angleterre.

» Je vous seray obligé de me répondre le plus tôt qu'il vous sera possible
» afin que je puisse faire écrire une lettre de recommandation par quelque
» ministre comme M. le duc d'Aiguillon, alors j'enverray le Mémorial.

» C'est avec le plus grand plaisir du monde que j'ay l'honneur, etc., etc.

             « Signé : La Croix. »

(Voir la fin de cette note page 404)

Le 12 novembre 1773, le commandeur Crepel répondait de Malte à M. Lacroix, généalogiste de l'Ordre à Paris, en disant : « La Maison de Mailly est d'une ancienneté et d'une » illustration qui mérite toutes sortes d'égards et s'il n'eut été » question que de la dispense de noblesse, je me serais chargé » de la demander et de l'obtenir....... » Il reprend plus loin : « Puisqu'il est facile à la famille d'obtenir une lettre de M. » le duc d'Aiguillon (*), il faut faire cette tentative ; mais il » est à propos d'y joindre l'arbre généalogique et le titre » primordial qui, dans un cas pareil, doit faire mention de » tous les quartiers......... »

La lettre se termine en parlant des frais toujours considérables en pareille occassion. « Si M. le Marquis de Mailly- » Couronnel ne craint pas la dépense d'un bref, dit en *post-* » *scriptum* M. Crepel, il peut toujours commissionner celui de

---

Il y avait de graves difficultés pour les huit quartiers exigés du côté maternel, dont sept étaient bons et le huitième seulement de condition.

Il paraît que le frère de la Bisayeule, Suzanne Boistel, épouse de Philippe d'Amerval, avait emporté les titres de la famille dans les îles où il était mort sans qu'on ait eu de ses nouvelles. Il y avait aussi des difficultés pour Silvie de Garrigues, mère de la M⁰⁰ d'Amerval, mais elles étaient considérablement amoindries par la découverte d'un jugement rendu en 1713 à Alby.

La preuve testimoniale, dont nous parlerons plus loin, donne les armes des Boistel qui étaient : d'azur à trois coqs d'argent crêtés, becqués et barbés de gueules.

D'après la même preuve les armes de Garrigues étaient d'argent à trois glands de sinople.

Il y aurait donc à modifier ce que nous avons dit d'après les papiers de famille au chapitre XII en rapportant qu'elles étaient d'azur au chevron d'argent et au chef d'or.

Il en est de même pour les armes des Wingfield qu'on dit d'argent à la bande de gueules chargée de trois vols abaissés d'argent accompagnée de 2 cottices de sable et un franc-quartier d'argent chargé d'une main gauche apaumée de gueules. (Cette description est plus complète que celle que nous avons donnée au chapitre XII.)

Le grand'père de la Marquise de Mailly-Couronnel est aussi qualifié de comte de Montaigu, seigneur d'*Arton* au lieu d'*Aston* ou d'*Euston* comme nous l'avions dit.

(*) C'était Armand Vignerod Duplessis-Richelieu qui fut ministre jusqu'à la mort de Louis XV.

Il était très lié avec la branche de Nesle, qui préparait alors avec la nôtre l'alliance dont nous avons déjà parlé et dont il est encore question dans les papiers de notre grand-père.

» minorité, il ne faut pour cela qu'envoyer l'extrait de
» baptême de l'enfant à M. Orengo, secrétaire de l'Ambassade
» de Malte à Rome, avec ordre de le faire expédier et de me
» l'envoyer à Malte. »

C'est ce qui avait été fait pour les deux aînés, et qui le fut
encore pour le plus jeune. Seulement le Grand Maître
Ximenès, qui venait de succéder à Pinto, avait refusé en
1773 d'accorder « dispense de légitimité du quartier de
» Garrigues (*) » pour ce troisième récipiendaire.

Il fallut attendre un « changement de Majistère (**) »
qui, mettant un Français (***) à la tête de l'Ordre, permit de
« faire une troisième et heureuse tentative (****). » « Le Grand
» Maître présent, écrit de Malte le commandeur Crepel le
» 30 septembre 1776, (*****) connaît la Maison de Mailly et

(*) Voir la note déjà mise à ce sujet.

(**) Changement de Grand Maître.

(***) C'était Emmanuel de Rohan qui venait de succéder à Ximenès mort le
9 novembre 1775.

(****) Une lettre datée du 10 juillet 1776 et signée de M. Orengo, secrétaire de
l'Ambssade de Malte à Rome, dont il est parlé dans la lettre de M. Crepel du
12 novembre 1773, annonce déjà le bref de Pie VI signé seulement dix jours plus
tard, le 20 juillet.

Il écrit à M. Lacroix qu'il l'enverra à Malte « par les premières dépêches de
» cette secreterrerie » et il « se prévaut en attendant sur lui d'une lettre de
» change à huit jours de vue » montant à 247 livres 11 sols 6 deniers pour les
frais de bref.

Une lettre du même, écrite de Rome le 25 septembre de la même année, dit
qu'il « se borne à envoyer la Bulle magistrale du Noble de Mailly-Couronnel
» qu'il a reçue par les dernières dépêches de Malte de la commission de
» M. Lacroix du 11 juin. » Il termine en le priant de lui « continuer l'honneur
» de ses ordres. »

(*****) Cette lettre est une réponse à celle qui lui avait été adressée de Vélu
le 18 juin 1776.

Le Marquis de Mailly-Couronnel y parlait du commandeur Crespel et de son
neveu qu'il avait vu au mois de mai 1774. (Une note nous apprend qu'il était
descendu à Paris, rue Jacob, à l'hôtel de Modène qui existe encore aujourd'hui).
Le Marquis annonce qu'il a « enfin trouvé tous les titres nécessaires pour
» prouver la filiation des Garrigues et des Gardelle. »

Silvie de Garrigues était fille d'Anne Gardelle.

» ne croit pas devoir lui refuser cette grâce. J'ai commissionné
» le bref sur le champ et je vous en donne part ; je voulais
» commissionner aussi celui de minorité, mais je l'ai trouvé
» enregistré dès le mois passé, sans avoir pu savoir qui avait
» été chargé de cette commission. (*) »

Toutes les difficultés n'étaient cependant point vaincues, ni
les formalités épuisées. Il fallait que deux dignitaires de
l'Ordre de Malte, les commandeurs de Cardevac d'Havrincourt (**) et Tarteron de Montiers (***) se « transportassent
» en la terre de Vélu chez le Sʳ Curé du dit lieu. »

Le procès-verbal dressé à ce sujet rapporte qu'ils arrivèrent
le 19 octobre 1778 sur les neuf heures du matin et trouvèrent
là le seigneur marquis de Mailly-Couronnel qui leur présenta
une commission émanée du Vénérable Chapitre et donnée
dans les tours du Temple à Paris le 12 juin dernier. Elle
était signée et scellée du commandeur Desmarais, chancelier
de l'Ordre. « Le seigneur marquis nous a demandé, disent-ils,
» de vouloir bien la mettre à exécution, et ayant reçu la dite
» commission avec respect nous en avons pris lecture faisant
» observer que nous y étions dénommés pour commissaires ;
» ce qu'entendu nous avons accordé au dit seigneur sa
» réquisition, qu'il a signée et ensuite s'est retiré. »

(*) Le Bref donné par Pie VI en faveur de Charles-Louis-François fut, en
effet, comme nous l'avons vu plus haut, « registré à Malte le 10 août 1776. »
Une nouvelle lettre en date du 30 décembre annonce « l'expédition du Bref
» de noble de Mailly-Couronnel » pour laquelle il est réclamé la somme de
232 livres.

(**) Frère Charles-Gabriel-Dominique Cardevac d'Havrincourt, chevalier
Protès de l'Ordre de St-Jean-de-Jérusalem, commandeur de la commanderie
d'Oisemont, Lieutenant de la compagnie Ecossaise des Gardes-du-Corps de Sa
Majesté et brigadier de ses armées, demeurant ordinairement à Paris, rue
St-Dominique, paroisse St-Sulpice. (Oisemont est un bourg de l'arrondissement
d'Amiens.)
(On appelait « Ecossaise » la première compagnie des Gardes-du-Corps
parce qu'elle fut à son institution, sous Charles VII, composée d'Ecossais.)

(***) Frère Antoine-Jérôme Tarteron de Montiers, aussy chevalier Profès du
dit Ordre, commandeur de la commanderie de Chanu, demeurant ordinairement au château de Proisy, près Guise.

Les commissaires se rendirent alors dans une chambre particulière de la maison du Sr Curé où faute d'un tiers de leur ordre, il prêtèrent sur la croix de leur habit le serment « de bien et fidèlement procéder suivant les us et coutumes » de notre sacrée religion. » Puis ils choisirent « M^e » Bertrand Lacroix, notaire apostolique, demeurant ordinai- » rement à Paris, rue Phelipot, paroisse St-Nicolas-des- » Champs, de présent au dit lieu de Vélu pour secrétaire, au » défaut du chancelier de ce vénérable Grand Prieuré. (*) »

Après lui avoir fait prêter le serment ordinaire ils se mirent à procéder à la preuve testimoniale.

Elle se faisait par l'audition de quatre témoins, moitié du côté paternel et moitié de l'autre. (**)

Quand ils y eurent « fidèlement vaqué » ils firent avertir le « père du présenté » qui « à l'instant est comparu. » « Il » nous a requis, disent les commissaires, de vouloir bien » procéder à la preuve littérale par l'examen des titres qui » prouvent la légitimité, filiation et noblesse du présenté. Le » lui ayant accordé, il nous a remis ès-mains les mémoriaux » au bas de l'un desquels est le décret de la Vénérable

---

(*) Le Grand Prieur de France était alors Frère Charles-Antoine-François-Guislain de la Tour St-Quentin, Bailly Grand-Croix de l'Ordre de St-Jean-de-Jérusalem, commandeur de Bordeaux, ancien général des galères du même Ordre, lieutenant de Son Altesse Royale Monseigneur le duc d'Angoulème.

Ce fut lui qui présida, dans les tours du Temple à Paris, le 12 juin 1778, le chapitre des « Commandeurs, Chevaliers et Frères, congrégés et assemblés » où il fut donné commission aux deux commandeurs de rechercher les preuves de Charles-Louis-François.

(**) Ces témoins qui devaient appartenir à la religion catholique constataient l'âge du présenté et son baptême ; puis la religion de ses parents, celle de ses ancêtres et la manière dont il était élevé. Ensuite ils affirmaient que sa famille ne « retenait aucun des biens de l'Ordre », ajoutant qu'on y « était » incapable de retenir le bien de qui que ce soit. »

Puis ils attestaient la noblesse de nom et d'armes du présenté, répondant de ses qualités physiques et disant s'il était « assez fort et robuste pour rendre » service un jour à notre religion. »

Enfin les témoins du côté paternel donnaient sur cette lignée tous les renseignements qu'ils pouvaient avoir, ayant soin d'indiquer ceux des parents qu'ils avaient connus personnellement. Il en était de même des deux autres pour le côté maternel.

» Langue de France à Malte le 6 juin 1777 (*) et celui du
» Vénérable Grand Prieuré de France du 12 juin 1778. Nous
» avons reçu le dit mémorial pour bon et valable *nemine*
» *discrepante* (**) avec les titres y énoncés qu'il nous a jurés
» et certifiés véritables, etc., etc. »

Après que le Marquis de Mailly-Couronnel eut signé sa réquisition et se fut retiré, les commissaires se « mirent à tra-
» vailler à la preuve littérale » commençant par vérifier les
actes de baptême et les contrats de mariage. Ensuite ils
arrivèrent à l'érection en marquisat et aux lettres de
chevalerie; puis aux dénombrements, aux convocations pour les
Etats et à d'autres lettres plus particulières, comme celle écrite
de Versailles par le duc de Choiseul le 30 novembre 1765. (***)

Même vérification ayant été faite pour tous les quartiers,
tant paternels que maternels, les commissaires se rendirent à
l'église paroissiale de Vélu, dédiée à St-Amand, où ils prirent
« l'eau-bénite et adorèrent le St-Sacrement. »

(*) Une lettre datée de Malte, le 15 juillet suivant et signée : « L'avocat
Joseph Lauron » annonce à Mᵉ Bertrand Lacroix l'expédition du Mémorial des
titres de noble Charles-Louis-François de Mailly-Couronnel.
On y trouve une mention portant qu'elle ne fut reçue que le 8 décembre 1777
et que le 11 un « droit de langue » de 12 livres 12 sols fut porté à l'acquit du
Comʳ Crepel.

(**) Personne ne contredisant.

(***) Quand ils eurent compulsé ces diverses pièces ils passèrent au « bref
» original, sur papier en langue latine donné par Pie VI, » puis ils vérifièrent
« la quittance originale sur parchemin timbré, passée le 7 août 1778 devant
» Mᵉ Bronod et son confrère, notaires au Châtelet de Paris et donnée par
» religieux Seigneur, Frère Jacques Le Bascle d'Argenteuil, bailly d'Argenteuil,
» chevalier Grand Croix de l'Ordre St-Jean-de-Jérusalem en la vénérable langue
» et Grand Prieuré de France, commandeur de la commanderie de St-Mauris,
» Procureur et Receveur général du vénérable commun trésor du dit Ordre au
» Grand Prieuré de France et mestre de camp de cavalerie, à noble Charles-
» Louis-François, etc., etc., etc. » Cette quittance existe encore dans un recueil de
correspondances de famille conservé à Vélu. Elle était « de 6200 livres, pour
» valeur de 333 pistoles d'or d'Espagne, et un tiers pour les droits de passage de
» minorité et dispense d'âge afin d'être reçu chevalier de Justice en la
» Vénérable Langue et Grand Prieuré de France. »
Les commissaires ont ensuite examiné « l'arbre généalogique peint sur veslin
» représentant les huit quartiers tant paternels que maternels du Présenté,
» avec leurs blasons, métaux et émaux. »

Là, ils remarquèrent « une épitaphe en marbre noir placée » dans le chœur du côté de l'Evangile. (*) »

Après en avoir relevé l'inscription ils firent avertir le seigneur marquis, pour qu'il vînt les trouver au presbytère, et recevoir tous les titres et actes authentiques produits par lui dont ils demandèrent décharge. Quand il se fut retiré, ils rédigèrent leurs conclusions, rappelant l'origine de la famille, « florissante dans la province d'Artois dès 1445, » ses alliances et les services rendus par elle. « Sur ce nous » estimons, dirent-ils, que les présentes preuves peuvent et » doivent être reçues pour bonnes et valables, soumettant » néanmoins notre sentiment à celuy de Son Altesse » Eminentissime, de Messieurs de la vénérable Langue de » France à Malte et à celuy du vénérable chapitre ou Assem- » blée Provinciale........... »

Au bas : « Bertrand Lacroix, notaire apostolique, secrétaire » en cette partie, certifie avoir fidèlement écrit et fait écrire » le présent procès-verbal ainsi qu'il a été dicté et nommé » par Messieurs les Commissaires accompagnés par lui se » portant où besoin a été. En foy de quoy il a signé...... (**) »

Charles-Louis-François, bien que reçu chevalier de Malte dès l'âge de 11 ans, n'en continua pas moins à se préparer en France à la vie militaire. Le 28 juillet 1782, bien que n'ayant

---

(*) La copie de cette épitaphe, de même que l'arbre généalogique sur vélin et la lettre du duc de Choiseul, manquent seuls à nos papiers. L'épitaphe en marbre noir concernait-elle plusieurs familles, plusieurs personnes, ou bien était-ce celle de Marie-Louise d'Amerval, pieusement rétablie par le pro- priétaire de Vélu, qui en avait retrouvé la copie? Nous savons seulement qu'elle commençait par « cy-devant gyst » et qu'elle fut considérée comme suffisante pour la « Preuve locale ».

(**) Ce procès-verbal, bien que fait à Vélu le 19 octobre 1778, ne devait arriver à Malte que dans le courant de juillet de l'année suivante, ce qui donne une idée de la lenteur des chancelleries de l'Ordre. Une lettre écrite de l'île le 31 juillet 1779 et signée « du Bellay » apprend que son auteur a « reçu » il y a environ trois semaines le procès-verbal des preuves de noble de » Mailly-Couronnel; » qu'il n'a « pas hésité à se charger des frais que » nécessite cette réception et qu'il compte pouvoir adresser sous peu de jours » la délibération de la Vénérable Langue. »

que treize ans et dix mois, il partait de Vélu pour Caen avec son frère aîné déjà capitaine et entrait comme officier sous ses ordres au régiment du Roi Infanterie. (*)

Le 4 mars 1787, à l'âge de dix-neuf ans, il quittait la France pour se rendre à Malte et faire ses « caravanes. » C'est ainsi qu'on appelait les courses en mer que les jeunes chevaliers étaient tenus de faire pour protéger les vaisseaux et même les côtes des pays chrétiens contre les pirates qui ont, jusqu'à la conquête de l'Algérie, infesté la mer Méditerranée. Il y avait deux départs qu'on appelait galères de la St-Jean ou de Noël, pour lesquels il était d'usage de désigner, d'après le rang d'ancienneté à Malte, ceux qui voulaient obtenir leur « bref de bonification. » Pour ne pas rester trop longtemps dans l'île, dont le séjour était peu goûté, il fallait donc y arriver de bonne heure.

Le chevalier ne devait cependant quitter la France que le 22 avril. Son journal de voyage commencé le 29 mars, à son départ de Paris, contient une description assez complète des contrées qu'il a parcourues à la veille de la Révolution. Le jeune Artésien parle en connaisseur non seulement des sites, mais encore de la culture : c'est ainsi qu'il trouve généralement le pays riche. De Sens à Châlons-sur-Saône, les coteaux sont couverts de moissons et d'arbres fruitiers. Du côté d'Autun, la campagne est plus accidentée, mais on y voit de nombreux troupeaux qui assurent l'aisance des habitants. De Châlons-sur-Saône, où il prend la « diligence d'eau » jusqu'à Lyon, il admire la fertilité des bords de la Saône.

Les environs de Lyon lui semblent « incomparables » avec les maisons de campagne les bois et les jardins qui s'y trouvent. Il y va visiter l'habitation de M. Poivre, qui, après avoir importé la culture des épices dans les îles appartenant à la France, avait réuni dans ses jardins des plantes dont beaucoup ont fini par s'acclimater.

(*) Leurs lettres disent qu'ils arrivèrent à Caen le 1er août.

Il admire les monuments de Lyon dont la plupart allaient disparaître, et reprend son voyage en suivant les bords du Rhône. Ce qui le frappe de ce côté de la France, c'est la beauté et l'étendue des vignobles qu'il rencontre jusqu'à Avignon où il prend un voiturin pour aller à Marseille par Aix. Dans cette ville, il rencontre le chevalier de Sade qui doit faire avec lui le voyage de Malte et qui le conduit chez son oncle le Prévôt de St-Victor.

Leur voyage de Marseille à Malte dura dix-sept jours, du 22 avril au 9 mai 1787. Le chevalier arrivait au chef-lieu de son Ordre muni de lettres de recommandations, ainsi que d'un « fusil » avec deux pistolets du calibre du Roy », suivant le conseil du commandeur d'Havrincourt.

Il avait de plus la liste des collègues français qu'il devait trouver à Malte (*) où chaque langue avait son auberge ou

---

(*) C'étaient :
MM. De Pasis.
Dudoucet.
Morlac.
De Sade (qu'il avait rencontré)
De Montigny.
Dolomieu.
Châteauneuf.
Rabasteins.
Sobiras.
Ducastelet.
Suffren.
Bardonnange.
Du Puget.
Rocquefeuille.
Nisas-Caron.
St-Félix.
Fontenille.
Mallard.
Forbin.
Moncal.
Lascaris.
Vaulset des Adrets.
Borsa.
Bérulle.
Castelnau.
Monfaret.
Cornet.
La Panouse.
La Tour du Pin.
Bellissen.
Fay.
Lauras.
Petranau.
Coteauvert.
Rigaud.
Ligondès.

MM. De Fargues.
Bertrand.
Costar.
Cabrilliau.
St-Simon.
De Nel.
D'Allonville.
De St-Poix.
Domonville.
St-Sulpice.
Huron.
Villedon.
Du Chatel.
Des Mazis.
La Bourdonnaye.
La Moussaye.
Dupin.
Lantivy.
Maupou.
Sircourt.
Daumonville.
De Lanoue.
Dampierre.
Laurencin.
De Gillaucourt.
Premaux.
D'Hénin.
Gondrecourt.
Massard.
Nieuport.
Bordon.
Rocabrune.
D'Andelare.
L'abbé Lavoix.
L'abbé de Holphuran.
L'abbé Breuvard.

palais, dans lequel il était d'usage de prendre ses repas en commun. Cependant on pouvait vivre ailleurs et même au palais du Grand-Maître si on en « estoit favorisé. »

Nous avons une note qui montre l'usage de l'auberge comme tombé alors en désuétude et remplacée par une pension mensuelle de 120 livres à la charge du Grand-Maître. Cependant une lettre en date du 15 août 1793 rapporte que le Bailly de Calan tenait encore à 86 ans l'auberge de France dépensant par mois 50 louis sur ses deniers (*). Il est vrai qu'alors les Français qui ne recevaient plus rien de chez eux en étaient réduits à vivre avec les 48 sols par jour qui leur étaient alloués. « La moitié, dit l'abbé de Breuvard, qui » était alors aumônier à Malte, suffit juste pour payer le loyer » et le domestique. Il faut avec le reste vivre en faisant » maigre et mauvaise chère, et prendre patience. »

Au reste la vie à Malte, que ne varient plus guère des expéditions devenues trop coûteuses avec les armements modernes, paraît avoir été assez maussade et réduite aux proportions de celle qu'on pourrait mener dans une garnison lointaine. « On y végète comme de votre temps sans songer » au lendemain », dit une correspondance adressée au chevalier, « c'est une peine de moins pour le présent, mais » qui ne préviennent pas celles qui nous attendent dans » l'avenir ? »

C'était, à la fin du siècle dernier, une condition regardée comme fort dure que celle du séjour de cinq ans au chef-lieu de l'Ordre pour obtenir une commanderie. Cependant il fallait s'y résigner ou tourner la difficulté par un « Bref de grâce » émané du Grand-maître, sous peine de n'avoir que

---

(*) C'est le chiffre fixé dans nos papiers, qui mentionnent aussi les dépenses suivantes pour des fonctions plus importantes : c'est ainsi que « tenir galère » coûtait 50 mille livres et Le « généralat 200 mille. » Cependant, sous l'avant-dernier Grand-Maître du temps duquel nous parlons, ce n'était un secret pour personne à Malte « que la Religion en était aux expédients et ne » vivoit que d'emprunts. »

les charges de l'Ordre en restant simple chevalier ou de le quitter avant d'avoir fait ses vœux. Ils devaient être prononcés à Malte dès l'âge de 25 ans, mais on obtenait assez facilement des « brefs de prolongation » qui reculaient jusqu'à 30 ans et même au-delà les limites fixées par la règle. C'est ce qui explique comment, même avant la prise de Malte et l'abandon qu'elle imposa de toutes les traditions, on voyait déjà des chevaliers engagés dans le mariage, et on vit après la plupart des jeunes membres de l'ordre reprendre la vie laïque.

Charles-Louis-François, arrivé à Malte le 9 mai 1787, reçut le 11 septembre un ordre ainsi conçu :

« J'ai l'honneur de vous donner part que aiant été forcé de » caravanes sur les vaisseaux, Son Altesse Eminentissime » vous ordonne de vous préparer à partir.

« Signé : F. Boyer, Mᵉ Ecuyer. »

Il ne devait revenir à Malte que pour peu de jours, après avoir passé près de neuf mois sur mer en caravanes. Le 5 juin 1788 il quittait de nouveau l'île sur un brick français Jacques-Louis, capitaine Nicolas, nolisé par la comtesse de Ludolf, belle-fille du ministre de Naples à Constantinople. (*)

Le chevalier à qui son père aimait qu'il rendît compte de tout, a rédigé des notes assez complètes sur son existence à Malte. Il y était traité d' « officier au régiment du Roy » et il habitait la Cité Vieille. (**) Son mobilier, qu'il avait acheté dans

---

(*) Il n'en payait pas moins son passage au capitaine 192 livres pour arriver onze jours après, le 16 juin, à Naples.

(**) C'était cependant un des chevaliers les plus riches, ayant une pension de 1200 livres quand celle du grand nombre arrivait tout au plus à 1000.

Il est vrai qu'il y avait des emplois pouvant pour quelques-uns compenser ce qui manquait à leurs ressources personnelles. Ainsi on recherchait fort « les faucons du Roy », ce qui donnait 3000 livres sans autre charge que d'en payer 300 à un fauconnier venu de France.

Le loyer de la chambre du chevalier était de 15 livres par mois.

Pour sa réception il avait dû faire une dépense de 180 livres et pour son uniforme déposer en arrivant 400 livres.

l'île, sauf la literie qui venait de Marseille, était des plus simples puisqu'il se composait, outre le lit et les rideaux, de quatre chaises, d'une table, deux flambeaux et une paire de mouchettes d'acier.

Avant ses caravanes, le chevalier avait déjà trouvé moyen de quitter Malte pour aller en Sicile dont il visita les parties les plus voisines. Ses notes parlent des magnifiques collections de minéraux et de médailles qui lui furent montrées, notamment à Catane chez le Prince Piscaris, dont les jardins, établis sur des laves vomies par l'Etna en 1665, étaient justement renommés dans l'île. Les ruines d'Agrigente, rarement visitées alors, furent aussi l'objet de ses remarques. Il y rencontra un Français (*) avec lequel il fit la traversée pour retourner à Malte, dans une barque si petite qu'ils ne purent prendre aucun repos pendant les vingt-quatre heures qu'ils durent y passer.

Partis du port d'Alicata le 4 septembre, ils arrivèrent le 5 en vue de Gozzo, la plus élevée des trois îles formant le petit groupe qui appartenait jadis aux chevaliers. Leur frêle embarcation ne put en gagner le port et il fallut s'arrêter à Cumino, îlot aride qui doit son nom au Cumin qu'on y trouve seul en abondance. Ce fut à grand peine qu'ils durent aussitôt reprendre la mer pour éviter la quarantaine établie contre la peste qui désolait les côtes du Levant. Le vaisseau le « Caton » qui venait de conduire à Constantinople l'Ambassadeur de France M. de St-Priest n'en était pas exempt dans le port de Marsa, et le chevalier, s'il avait été retenu, risquait de voir prolonger son séjour à Malte jusqu'au départ de nouvelles caravanes après avoir manqué celles dont il devait faire partie.

Un journal rédigé par lui et par son compagnon de voyage

(*) Il l'appelle M. de Nou, mais nous pensons qu'il s'agit de M. de Noüe, d'une famille bien connue, avec laquelle la nôtre a même des liens de parenté.

commence par comparer la situation des Maltais et celle des Siciliens. « Elle forme, disent-ils, un heureux contraste en
» faveur des premiers qui semblent à mille lieues de distance
» de leurs plus proches voisins, tant sous le rapport de la
» culture que de la propreté. C'est la terre la plus ingrate et
» la plus aride qui produit le mieux, grâce aux infatigables
» Maltais qui ont su se créer une aisance dont manquent
» absolument les malheureux Siciliens sur une terre des plus
» fertiles. » (*)

Puis ils arrivent au Grand Maître, dont la suite, la cour et
tout ce qui « l'environne annoncent l'éclat et la maison d'un
» Prince; il est même plus absolu et jouit de plus d'autorité
» que la plupart des souverains. On peut cependant douter
» de son bonheur en dépit de tous les titres et de toutes les
» marques de respect qui lui sont prodiguées.

» Généralement entouré, disent-ils, de vieillards tristes et
» ambitieux, il est assiégé d'honneurs auxquels il peut à peine
» se soustraire, tandis que sa cour est en proie à des intrigues
» d'autant plus implacables que les joies et même les soucis de
» la famille ne viennent point les distraire. Il erre pour ainsi
» dire sans cesse autour de son tombeau, sachant qu'on le
» voit toujours s'y acheminer trop lentement, et que mille
» frères comptent les moments où il dérobe à leur ambition
» une place à laquelle ils ont droit d'aspirer à leur tour. »

Le Grand Maître ne semble pas plus heureux « dans son
» cabinet du côté des affaires politiques. Les cours, en
» échange des honneurs sans conséquence qu'elles accordent
» à son pavillon, l'obligent sans cesse à des explications et
» même à des satisfactions sur la liberté de son port. Il n'est
» même pas tranquille sur son propre terrain, ayant été plus
» d'une fois exposé dans Malte à des soulèvements et à des

(*) Les qualités de cette race se retrouvent aujourd'hui en Algérie où on compte peut-être autant de Maltais que de Français d'origine.

» conspirations. Enfin il a chez lui autant d'intrigues que de
» bastions et de pièces d'artillerie. »

On voit par ces lignes que la révolte apaisée par le Bailly de
Rohan la dernière année du court magistère de Ximenès,
n'était pas oubliée en 1787, à douze ans de distance. Nos
auteurs ajoutent que le clergé de l'île avait alors formé « le
» projet d'assassiner le Grand-Maître dans l'église avec ses
» chevaliers. Ce coup ayant manqué, les factieux se rejetèrent
» sur les forts dont deux leur furent livrés, notamment le
» fort St-Elme. S'ils ne firent pas grand dégât c'est qu'ils ne
» savaient heureusement ni charger ni affuter.

» Enfin cette expédition a servi de prétexte au Grand
» Maître pour avoir un régiment (*) à lui outre sa garde ordi-
» naire, ce qui est un pas de plus vers cette souveraineté indé-
» pendante à laquelle marchent généralement tous ceux qui
» arrivent au pouvoir. »

Si « de droit le Grand Maître de Malte était resté le
» premier entre égaux n'ayant qu'une voix de plus au grand
» Conseil, de fait il réservait toutes les affaires importantes
» pour un Conseil particulier où il était le maître absolu.
» Comme distributeur des grâces de l'Ordre, il avait encore
» un moyen de régner au grand Conseil, c'était de créer
» autant de Bailly de Grâce qu'il avoit besoin de voix pour
» l'emporter sur le parti contraire. »

Ces notes finissent en parlant de l'Eglise de St-Jean qui est
aussi simple extérieurement qu'elle est ornée à l'intérieur et
digne du patron de l'Ordre (**)

(*) Ce régiment, dont les dépôts étaient établis à Lyon, Marseille et Avignon,
était organisé à l'instar de ceux de France et commandé par des officiers
français, tous, il est vrai, chevaliers de Malte. Le Grand Maître de Rohan
pouvait appuyer sur lui une autorité qui, tout en conservant les formes de
l'égalité, était graduellement arrivée à l'absolutisme.

(**) Elle doit presque toute sa richesse au Grand Maître Cotoner qui fit venir
à Malte, pour l'embellir, les artistes les plus renommés de l'Italie.

Avant son départ pour les caravanes le chevalier eut l'occasion d'assister à la grande fête célébrée au mois de septembre en commémoration de la levée du siège de Malte par les Turcs en 1665. « La veille de cet anniversaire, dit-il,
» tous les membres de l'Ordre présents sont assemblés dans
» l'église en grand appareil. L'office commence par un service
» mortuaire où on lit tous les noms des braves chevaliers qui
» périrent pour la défense de la religion. Ensuite on fait leur
» panégyrique en rapportant les circonstances les plus
» importantes du siège.

» Le lendemain, à une messe solennelle où toutes les
» troupes sont sous les armes, le Grand Maître est salué par
» l'étendard de la religion que porte un chevalier de la Langue
» d'Auvergne. Puis cet étendard est placé à côté de lui sous
» le dais, où sont apportés par un page l'épée et le poignard
» que donna Philippe II à La Valette après le siège. La
» cérémonie se termine par une longue procession pendant
» laquelle les forts saluent tour à tour de leurs batteries. »

Charles-Louis-François, qui s'était fait tonsurer à Malte au mois d'août 1787 partit pour Naples presqu'aussitôt après son retour des caravanes le 5 juin 1788. Il alla, dès son arrivée, rendre visite au chargé d'affaires de France, M. Sacaut, et le lendemain au ministre de Malte M. le Bailly Franconi.

Le journal de son voyage parle à peine de Pompéïes dont on venait seulement de découvrir quelques maisons. Le 28 juin il s'embarquait sur la bombarde *La Marie*, ayant à bord M. de Roques, capitaine au régiment de Bouillon infanterie, et major au régiment du Roy, à Naples avec trois autres passagers. Le 9 juillet ils relâchaient à Piombino (*) pour y prendre de l'eau et des vivres, et ils débarquaient à Nice le 17 à dix heures du soir.

(*) Cette ville appartenait alors au Roi de Naples.

Le Chevalier continua sa route (*) en voiturin jusqu'à Lyon avec le Chevalier de la Myre-Mory, et il arriva auprès de son père à Vélu le 2 août 1788. (**)

Il ne paraît guère avoir conservé de relations à Malte. Sa correspondance avec l'abbé de Breuvart, que nous avons déjà citée, est la seule qui paraisse avoir été un peu suivie ayant pour origine l'avance qui lui permit de quitter l'île sans retard pour retourner en France.

Dans une lettre datée du 15 août 1793, l'abbé de Breuvart annonce au Chevalier qu'il a, depuis le 2 août 1788, le bref « nécessaire à l'émission de ses vœux. » Il lui fait ensuite ses confidences sur la détresse de l'Ordre en disant : « La « Religion manque même de fonds pour acheter le bled dont « elle a besoin. »

« Elle fait cependant construire un nouveau fort à la pointe « Dragut. »

Le 15 septembre, après un mois de séjour à Vélu, le Chevalier partit pour se divertir au Camp de St-Omer et son père lui donna 48 livres à cette occasion. Après il alla rejoindre le régiment du Roi qui était à Nancy depuis le mois de juillet 1783 (***).

(*) Le 21 il était à Toulon où il visitait le vaisseau « Le Commerce de Marseille », alors en construction dans le bassin de M. Grognard et qui devait être de 120 canons. Il alla voir aussi la corvette des élèves de la marine.

(**) Les frais de voyage sur la bombarde avaient été de 144 livres et ceux de nourriture pendant 19 jours de 76 livres (4 livres par jour). Les deux dîners pris sur la route entre Nice et Toulon coûtèrent 4 l. 17 s. et 4 l. 6 s. ; le coucher à Vidauban 4 livres 18. Le voiturin qui fit la route en deux jours avait pris 78 livres. De Marseille à Lyon le voiturin avait coûté 6 louis (120 livres). En somme le voyage de Marseille à Vélu était coté 200 livres.

(***) Il ne mit que quatre jours pour faire ce voyage avec deux compagnons, le Chevalier de Beaufort et M. de Tramecourt, alternant avec ce dernier pour aller à cheval ou en cabriolet. Ses notes portent qu'il y avait quarante relais à faire et qu'il passa par Denain pour aller coucher au Quesnoy, le 26 septembre ; puis à Mézières et à Verdun les deux jours suivants, et enfin le 29 à Nancy.

Les dépenses de ce voyage sont cotées 84 livres ; 70 l. pour la poste à 1 l. 15 s. par relais et 14 livres pour les auberges (3 livres 10 sols par jour).

Il allait bientôt y courir de graves dangers, par la révolte du régiment et par le déguisement qu'on lui fit prendre pour communiquer avec le général de Bouillé. Nous aurons l'occasion de revenir sur le régiment du Roi en résumant les notes de notre grand-père.

Une lettre datée de Mouzon le 29 décembre 1790, parle d'un détachement que le chevalier conduisait à Montmédy et qu'on faisait détourner sur Stenay (*). « Rendez-vous à Stenay, « lui écrivait M. d'Argence, un des anciens capitaines de son « régiment, et de là je ferai partir les deux compagnies à leur « destination à moins que vous n'ayez un ordre positif de M. « de Bouillé pour faire différemment.

« Mon ordre porte que trois compagnies resteront à Stenay, « qu'il y en aura une à Varenne et l'autre à Ste-Menehould. « Il faut bien pour que cela s'exécute que chacun soit à sa « compagnie à moins d'un ordre positif comme je vous le « marque. (**)

« Rendez-vous à Stenay où j'aurai le plaisir de vous « embrasser. »

Tous ces mouvements sont bien les préliminaires du rassemblement de troupes qui devait accompagner le voyage si tristement terminé à Varenne du Roi et de sa famille en 1791. (***) L'armée de Bouillé devait donner la main à celle que Condé rassemblait sur le Rhin et tenter en faveur du rétablissement du pouvoir royal un coup qu'aurait peut-être encore fait avorter l'indécision de Louis XVI.

Là se termine la carrière militaire du chevalier avant la révolution. Quoique bien jeune, n'ayant encore que 23 ans,

---

(*) Sa sœur, la baronne de Goër, lui écrivait encore le 20 décembre à Nancy, comme officier réformé.

(**) Un ordre, daté de Metz le 27 décembre, prescrivait un mouvement sur Clermont-en-Argonne.

(***) Des publications récentes, notamment celle de M. Victor Fournel, viennent confirmer pleinement cette opinion.

il commandait déjà la place de Carignan avec le grade de chef de bataillon. Ce commandement le mettait journellement en rapport avec l'armée autrichienne chargée de réprimer l'insurrection du Brabant. Il y connut particulièrement le fils du feld-maréchal d'Aspre, (*) colonel du régiment de Loudon, alors campé près de Givet, qu'il devait retrouver, en 1813, dans l'état-major du général Nugent. Ces anciennes relations ne lui furent pas inutiles pour l'accomplissement de la mission périlleuse qu'il venait d'accepter après l'évacuation de Trieste.

Bien qu'il se soit d'abord montré moins attristé des événements que ses frères, et qu'il nous ait conservé une formule de serment (**) rimé par lui, le chevalier ne tarda pas à quitter le service. L'armée de Condé l'attirait comme la plupart de ses camarades qui se trouvaient dans l'Est. Il pouvait y être près de sa sœur, la baronne de Goër, retirée dans le Pays de Liège où opéraient les troupes commandées par le duc de

---

(*) Le petit neveu de Charles-Louis-François, le général de Pinodan devait être son aide de camp lorsqu'en 1848 commença la guerre d'Italie.

(**) Serment :

« A la nouvelle loi je veux être fidèle.
Je renonce dans l'àmo au régime ancien.
Comme article de foi, je crois la loi nouvelle.
Je crois celle qu'on blàme opposée à tout bien.
Dieu vous donne la paix, messieurs les démocrates,
Noblesse désolée, au diable allez-vous en,
Qu'il confonde à jamais tous les aristocrates.

Messieurs de l'Assemblée ont seuls tout le bon sens. »

La vie du maréchal d'Avout ou Davoust, comme il l'écrivit après la révolution, est un exemple des passions auxquelles il est ici fait allusion.

Bien qu'ayant adhéré à la Révolution dès son origine, au point d'aller représenter à la Fédération de 1790 le Régiment de Champagne-cavalerie, où il servait comme sous-lieutenant à Hesdin ; bien qu'il ait dû donner sa démission après avoir été enfermé dans la citadelle d'Arras par ordre du ministre de la guerre pour avoir pris la défense de cavaliers chassés du régiment pour manifestations révolutionnaires, Davout n'en fut pas moins exclu de l'armée comme ci-devant noble par décret de la Convention du mois de juillet 1793. Il ne tarda même pas à être arrêté et mis en prison avec sa mère, auprès de laquelle il s'était réfugié dans l'Yonne, son pays natal.

Il fallut pour le sauver avec bien d'autres qui firent tant d'honneur à nos armées, même sous la première République, que le mouvement du 9 Thermidor vînt renverser ses tyrans.

Bourbon. Une lettre datée de Malte le 15 août 1793 lui est adressée chez elle à l'hôtel de Forest, près le Pont-des-Jésuites, à Liège, route d'Allemagne.

Quatre ans plus tard il obtenait la levée du séquestre, maintenu en 1795 sur la part qui lui était réservée dans les minces débris de la succession de son père. L'arrêté qui le « réintègre « dans la possession et jouissance d'icelle » émane, comme celui qui concernait ses frères de « l'administration centrale « du Département du Pas-de-Calais » (*).

Depuis son retour en France jusqu'à son mariage en 1808, la vie du chevalier fut celle de presque tous les émigrés. Si en 1802 on lui avait reconnu le grade de chef de bataillon il n'en restait pas moins sans emploi, l'exécution du duc d'Enghien étant venu l'arrêter comme bien d'autres au moment où il se rapprochait du nouveau régime.

Il partageait donc son temps entre Vélu, où il menait une existence des plus modestes, et Paris, où ses séjours ne pouvaient être de longue durée. On voit même qu'il eut en 1806, avec son frère l'abbé, l'intention d'aller se fixer en Portugal.

C'est à son mariage qu'il prit le titre de comte, son frère aîné Christian n'ayant pas voulu quitter celui de vicomte. Le 2 mars 1808, il épousa Mlle de Mornay (**) déjà attachée à la reine Hortense dont le mari était alors roi de Hollande. La comtesse de Mailly-Couronnel allait devenir la gouvernante de l'enfant dont sa souveraine attendait la naissance et qui fut l'empereur Napoléon III (***).

(*) Il est daté du 27 messidor an V de la République (15 juillet 1797).

(**) Françoise Amable Aloïse Boissonnière de Mornay, dont les armes étaient à deux croissants de gueules avec merlette de même sur fasce de sinople, appartenait à une famille fixée depuis plusieurs générations aux colonies, et qui avait eu à Saint-Domingue des plantations très considérables. Sa fortune avait été engloutie, comme celle de tous les Français de l'île, par la révolte des nègres.

(***) Charles-Louis Napoléon né le 20 avril 1808.

Elle avait gardé au château de Vélu des correspondances et des souvenirs concernant son ancien élève qui désira les avoir après sa mort.

L'époux de la gouvernante du futur Empereur des Français ne devait plus rester inactif ; le 18 mai, il rejoignait Napoléon comme officier d'ordonnance, à son quartier près Mayence. En 1809 il était désigné, comme officier à la suite, pour servir d'aide-de-camp au maréchal duc de Valmy et faisait toute la campagne assistant à la bataille de Wagram. En 1813 il était envoyé avec le grade de lieutenant-colonel dans la Croatie militaire et chargé d'en surveiller les ressources (*). Cette province venait d'être cédée pour six années seulement à la France par suite du traité de Schœnbrun conclu en 1809 après la bataille de Wagram. (**) Napoléon en connaissait les ressources pour la marine par rapport à ses forêts et pour la guerre à cause de l'esprit militaire de sa population. C'est pourquoi il avait choisi pour l'administrer un ancien militaire auquel il confiait en même temps les fonctions civiles de conservateur des forêts.

Le choix était bon, comme le prouvent les travaux du comte de Mailly-Couronnel, sur un pays qui devait lui être presque inconnu avant sa nomination, de même que ses efforts pour le conserver à la France au milieu des circonstances les plus critiques.

Ses notes font connaître les populations militaires, perdues aux confins de la Turquie, avec lesquelles il devait vivre : « Les Croates, dit-il, ont reçu des terres à charge de service « militaire pour eux et leurs descendants. Quand une famille

---

(*) Le 4 mars 1813 il quittait Paris en poste dans sa calèche ; le 9 il arrivait à Chambéry, le 11 à Turin, le 13 à Milan, le 16 à Venise, le 19 à Trieste et le 21 à Leybach. Il y restait jusqu'au 30 et arrivait le 31 dans la nuit à Carlstadt qui devait être sa résidence.

(**) Par suite de ce traité les six premiers régiments croates furent cédés à la France avec le Frioul autrichien, Trieste, la Carniole, le cercle de Villach, la Dalmatie, en un mot tout le pays situé à droite de la Save.

« s'accroît elle reçoit les terres de familles moins nombreuses,
« qui ne peuvent les cultiver.

« Les familles possèdent collectivement et ne peuvent ven-
« dre les terres qui doivent les faire subsister. Elles peuvent
« se composer de plusieurs ménages et former un ensemble
« qui dépasse souvent soixante personnes.

« Le chef de famille est désigné par son âge ou par l'élec-
« tion de ceux qui la composent. Dans le cas d'incapacité de
« sa part on nomme un administrateur qui est obligé chaque
« année de rendre ses comptes. Les chefs de famille ne peu-
« vent être ni changés, ni punis si ce n'est par suite de fautes
« graves sanctionnées par un jugement. » Ce sont eux qui
pourvoient aux besoins de tous, faisant cultiver les terres et
habiller les soldats qu'ils doivent fournir à leur compagnie. (*)
Ils sont aidés par leur femme ou à son défaut par une autre
femme élue maîtresse de la maison.

Au bout de l'année le partage des produits est fait et chaque
individu, enrôlé ou non, absent ou présent, homme ou femme,
reçoit une part égale. Le chef de famille et la maîtresse de la
maison en ont deux. (**)

Les enfants sont admis à l'école dès l'âge de deux ans ; puis
envoyés au collège de Carlstadt afin d'y perfectionner leurs
études. Les jeunes Croates y suivent des cours de mathématiques, de fortification, de dessin militaire et même de latin,
de français, d'allemand et de turc.

(*) Les Croates se marient dès l'âge de 16 à 18 ans, et restent quatre années
avec leurs femmes ; puis ils vont aux armées où l'empereur les demande et l'usage
est qu'ils reviennent après trois ans d'absence.

(**) La Croatie produit du blé, du maïs, du vin, du chanvre, etc. etc. ; ce sont
les femmes qui sont chargées de cultiver ce qui est nécessaire à la famille.
On dépose dans des magasins les subsistances de l'année. Ces magasins sont
fermés de trois clefs dont un officier, un sergent-major et un soldat sont dépositaires. Les distributions sont faites tous les mois sous la direction d'un officier
appelé « d'économie ». On appelle les autres de « guerre » ; ils ne reçoivent de
solde, de même que les soldats croates, que lorsqu'ils sont employés hors de
leurs frontières.

Le régiment remplace toute autre division territoriale. Pour lui créer des ressources on a établi des droits sur les vins, la chasse, la pêche, le tabac, les barrières et la glandée. (*)

Pour y maintenir le bon ordre on envoie, chaque semaine, au commandant de l'Etat-major un capitaine et deux officiers afin d'y régler avec les juges les affaires civiles.

Il y a toujours des hommes désignés pour monter la garde et faire l'exercice ; ceux qui ne sont pas de service pendant la semaine ne peuvent y manquer le dimanche après l'office divin. Au mois de novembre de chaque année, on appelle deux ou trois fois les officiers et les sous-officiers à l'Etat-major pour s'instruire de ce qu'ils doivent apprendre aux recrues pendant l'hiver. A la fin de février ils sont appelés derechef pour repasser tous les règlements d'exercices, de théorie et d'instruction, etc., etc. Au mois d'août les compagnies sont exercées pendant vingt jours sauf l'artillerie qui a déjà été à Pétrinia au commencement de mai. Les prêtres du pays et une partie des Franciscains sont considérés comme aumôniers des régiments.

Les régiments croates ne se composaient pas, comme les autres, de militaires d'une seule arme ; on y comptait en moyenne 1100 hommes d'artillerie, 275 tirailleurs et des fusiliers qu'on divisait en trois corps pour marcher à la guerre.

Le partage des terres accordait huit arpents par fantassin et vingt par hussard.

Les régiments fournissaient chaque semaine pour le service de la frontière ou cordon en face les Turcs 505 hommes y compris les cadres plus 30 pour la garde d'honneur du com-

---

(*) Chaque famille avait le droit de mettre quinze porcs dans les forêts du régiment ; forêts presque toujours magnifiques.

La ville de Carlstadt était le centre d'un grand commerce de grains, de tabac et de sel dirigé vers le littoral.

mandant général. On relevait les postes chaque dimanche au matin. (*)

Les Turcs avaient tenté d'établir dans la Bosnie, en face des régiments croates, une organisation analogue sous des chefs appelés capitaines. Celui qui commandait à Ostrochaez crut pouvoir profiter de l'affaiblissement produit par l'envoi de presque tous les jeunes soldats à la grande armée de Russie pour attaquer les Croates et venger, s'il était possible, le désastre infligé par Marmont, en 1809, à pareille invasion. Il savait les régiments privés de leurs colonels et leurs contingents presque réduits aux chefs de famille. Il comptait en outre sur la division que la guerre n'avait fait qu'augmenter entre les Croates de religion grecque, partisans de la Russie, et ceux de religion catholique dont les sympathies étaient pour l'Autriche encore alliée de la France.

C'est dans ces conditions que, le 1er mai 1813, les Turcs attaquèrent sur plusieurs points le cordon de la Croatie militaire. Une proclamation lancée en Bosnie appelait sous les drapeaux quatre hommes sur cinq dans les familles, et le pillage avec l'incendie signalèrent le commencement des hostilités.

Le village de Sadilovach était brûlé avec l'église et toutes les

---

(*) Les six régiments cédés par l'Autriche étaient :

1° Celui de Gospich ; — 2° d'Ottochaz ; — 3° d'Ogulin ; — 4° de Szluin ; — 5° de Glina ; — 6° de Petrinia.

C'est en 1734 que le territoire militaire fut séparé du territoire provincial. On en partagea la population par régiments équipés comme les troupes de la Hongrie et soumis à une discipline sévère.

La nouvelle organisation souleva une révolte causée par les Allemands qui s'emparèrent des meilleures terres sous prétexte de réprimer le brigandage et d'organiser le pays ; mais le clergé parvint à calmer les esprits et à établir des écoles qui eurent grand succès.

En 1740, sous l'administration du maréchal de camp de Neuperg eut lieu une nouvelle révolte qui fit émigrer une partie des Croates en Turquie. Elle fut apaisée par une nouvelle organisation qui réunit autant que possible les habitants dans des villages et décida que les Croates seraient employés dans les guerres étrangères. C'est avec eux que le baron de Trent forma un corps considérable qui est resté célèbre sous le nom de Pandours.

En 1708 les régiments croates reçurent de l'artillerie de campagne et en 1774 leur cavalerie fut armée de lances.

maisons à deux lieues de distance. L'ennemi s'emparait par surprise du fort de Zettin commandé par un capitaine qui périt en le défendant ; sa femme et sa fille demeuraient prisonnières avec ce qui restait de la garnison.

C'est au milieu de ces circonstances que le comte de Mailly-Couronnel, arrivé depuis quelques jours seulement à Carlstadt, vint trouver à Klokoth, le général Jealin. Il avait avec lui quelques gardes à cheval, anciens militaires et presque tous sous-officiers qu'il joignit au faible détachement du régiment de hussards, alors en formation à Carlstadt, dont le général avait pu se faire accompagner.

La route était remplie de femmes et d'enfants qui fuyaient leurs maisons incendiées, conduisant leurs bestiaux et emportant, comme mobilier le plus précieux, un moulin à faire moudre le maïs et un chaudron pour en faire cuire la farine.

Pour rejoindre le général il avait fallu traverser pendant la nuit la forêt qui est au pied du Pétro-Vagora d'où on pouvait voir les feux de bivouac des Turcs et entendre les hurlements qu'ils poussaient en signe de victoire. Du château de Klokoth, où il avait établi son quartier, on apercevait le fort de Zettin.

A 5 heures du matin la petite troupe de forestiers avait trouvé le général presque seul, expédiant des ordres pour faire avancer ce qui restait disponible des régiments croates et à midi il avait presque une armée. Il fit alors charger sa cavalerie, qui tua trente ou quarante Turcs et il vint prendre position dans la plaine de Maliolivatz.

Ne voyant plus l'ennemi qui s'était caché dans le bois, il envoya un officier et trois cents hommes pour sommer la place de Zettin ; mais les Turcs refusèrent toute communication avec les aide-de-camp du général. Ils finirent par accepter de recevoir un chef croate qui fut seul admis dans le fort et qu'ils chargèrent, pour toute réponse, de dire à son général que les Turcs se croyaient des droits sur tout le pays qu'ils avaient brûlé. Ainsi, ce qu'ils avaient fait ne le regardait pas parce qu'ils étaient chez eux. Le Grand seigneur n'étant pour rien dans leur démarche, ils étaient libres de ne rendre le fort que s'ils y étaient contraints par les armes. « Le général Devins, « ajoutèrent-ils, a pris notre territoire ; nous l'avons repris. « Le général Marmont s'est rendu maître de Zettin que nous « comptons mieux garder. »

Les Turcs avaient aussi attaqué le cordon du régiment d'Ogulin auquel ils venaient de prendre un canon. Le colonel, ou plutôt le major qui en tenait la place, voulait aller le reprendre bien qu'inférieur en nombre, avec les hommes dont il pouvait disposer, quand l'évêque de Plaski, Moïse de Miokovich, vint le prier de suspendre sa marche. Montant alors à cheval, il prend avec lui deux prêtres et se rend au milieu des Turcs. Il leur parle ainsi qu'à leur capitaine et tout rentre dans l'ordre.

Voici sa lettre au capitaine turc d'Ostrochacz :

« Monsieur le capitaine très noble, mon cher aimable voisin,
« Comme je suis fâché du malheur arrivé et tramé par des
« têtes inquiètes et turbulentes que tu dois désapprouver !

« Cela m'est d'autant plus douloureux que je n'ai pu venir
« hier au Cordon m'aboucher avec toi, ayant été obligé de par-
« ler à mon général et d'écrire à votre Grand Visir une lettre
« qui lui fait connaître l'homme infidèle et forcené qui s'est
« permis de troubler deux grands empereurs, de fouler la foi et
« d'outrager son saint. (*) Songe bien, mon cher et aimable
« capitaine, au malheur et à l'effusion de sang qui résulteraient
« de cet embrasement.

« Songe aux braves Turcs, petits et grands, qui auraient à
« jamais perdu pour Dieu et Mahomet leurs aimables têtes, leurs
« enfants et leurs biens, si je n'avais supplié à genoux, les lar-
« mes aux yeux, mon illustre prince qu'il ne fasse pas marcher
« contre vous sa grande armée ; qu'il ne vous détruise entière-

---

(*) Nous supposons que c'est le prophète Elie dont le nom est rappelé plus loin.

« ment comme vous avez tenté pour la troisième fois de détruire
« les sujets tranquilles de mon grand empereur Napoléon.

« Crois-moi, capitaine, mon saint Elie offensé par vos incen-
« diaires, vous mettra à l'étroit ; votre saint Mahomet même
« vous frappera, vous égorgera et vous détruira si puissamment
« que vous n'entendrez plus le nom, ni ne retrouverez la trace
« de votre belle ville de Travenik, si vous n'abandonnez au ter-
« me de deux jours Zettin, si vous ne restituez tout ce qui a
« été emporté par vos brigands et ne rendez justice au repos
« troublé des deux empereurs. Saint Mahomet même ne souf-
« fre pas les brigands et les gens de rien.

« Rappelle à tes Turcs les grandes douleurs infligées par les
« puissantes mains du célèbre général Marmont il y a deux ans.

« Il faut que tu saches bien, mon cher capitaine, que mon
« grand empereur Napoléon a plusieurs Marmont, que chaque
« général possède l'esprit et la puissance de celui-ci.

« Porte-toi bien avec tes Turcs qui sont braves et détruits
« les forcenés si tu veux vivre tranquille avec les biens qui te
« sont accordés par le bon Dieu.... »

Cette lettre, qui prouve quel était alors le prestige de nos
armées, eut un plein succès, le fort fut remis aux Croates et
le capitaine turc, accompagné de sa garde à cheval, vint offrir
aux Français le café qu'ils prirent au pied d'un beau chêne, à
moitié chemin de son château de Kladuk et du fort de Zettin.
C'est en s'excusant qu'il offrit encore au général des chevaux
turcs qui furent acceptés. (*) Ainsi les autorités françaises sortirent avec les honneurs de la guerre d'une position des plus
critiques et purent conserver pour quelques mois encore à la
patrie ses provinces les plus lointaines.

Les Turcs dirigèrent contre la Serbie les armements consi-

(*) Les chevaux de la Bosnie étaient beaucoup plus estimés que ceux de la
Croatie.

dérables préparés contre nous, et par une campagne heureuse firent retomber sous leur joug ses belliqueuses populations.

Le comte de Mailly-Couronnel profita du calme qui suivit cette première alerte pour visiter le pays dont il était chargé de reconnaître les ressources. Il fut surtout frappé de la beauté de ses forêts, et il a laissé à ce sujet divers mémoires qui n'ont plus d'intérêt aujourd'hui.

Le 15 août 1313, à un bal donné pour la fête de Napoléon I, il eut l'occasion de remarquer le changement d'attitude aussi complet que subit manifesté par la nombreuse assemblée qui s'y trouvait. Bientôt un jeune Italien vint lui apprendre qu'on faisait courir le bruit de la concentration d'une armée de 40,000 Autrichiens près d'Agram. On ajoutait que les régiments de la Croatie autrichienne étaient déjà sur le pied de guerre pour former son avant-garde.

Ces nouvelles que répandaient à l'envie des agents chargés de provoquer un mouvement insurrectionnel, n'étaient que trop vraies. Le 17 août, lendemain du jour où expirait l'armistice conclu en Allemagne, deux colonnes autrichiennes passèrent la Save pour entrer dans les provinces cédées à la France.

Le comte, parti avant le jour de Szamabor, point le plus important occupé par nous près de la Save, faillit être arrêté sur la route par un détachement de hussards en reconnaissance. Il dut presser les chevaux pour leur échapper et arriver au plus vite à Carlstadt auprès du général afin de l'informer de tout ce qu'il avait vu et appris dans la nuit.

Les mauvaises nouvelles lui arrivaient coup sur coup, même de la ville. Les habitants insurgés menaçaient les soldats croates qui faisaient défection peu à peu, abandonnant leur colonel qui fut jeté dans la rivière pour avoir voulu en faire barricader le pont.

Que pouvait une poignée de Français, presque tous fonctionnaires, pour conserver des Provinces qui n'avaient pas encore eu le temps de s'attacher à la France ? Les populations, excitées par les malheurs de la campagne de Russie, dont des proclamations maladroites rejetaient le poids sur nos auxiliaires dont les Croates faisaient partie, s'empressaient de passer à l'ennemi même avant son arrivée.

Il n'était donc plus question de défendre Carlstadt quand Charles-Louis-François put arriver auprès du général. Le sous-préfet, M. de Contades, y était encore s'entendant avec lui pour sauver ce qu'il y avait de plus précieux. Des mesures analogues s'imposaient au comte de Mailly-Couronnel pour la mission qui lui était confiée et pour le personnel qui en faisait partie. Il resta donc dans la ville après son évacuation par le général, parti pendant la nuit avec tous ceux que leur nationalité ou leurs preuves de dévouement à la France pouvaient compromettre. Pendant que ce dernier dirigeait sa retraite sur Fiume, il avisait aux moyens de faire rentrer son personnel dispersé pour les besoins du service et d'obtenir des saufs-conduits pour ceux qui ne pourraient être avertis à temps.

Vingt-quatre heures après la débâcle et une heure avant l'entrée des Autrichiens dans Carlstadt, il partait en plein jour dans sa voiture, salué par les habitants, et prenait la route Caroline. Cette route, si encombrée la veille, était presque déserte jusqu'à Fiume où il arriva dans l'après-midi. La ville de Fiume venait aussi d'être évacuée par le général qui en était parti à la pointe du jour avec ceux qui pouvaient le suivre.

L'encombrement l'obligea de passer la journée à Fiume, où il put s'entretenir avec diverses personnes qu'il avait connues. « Toutes, dit-il, étaient persuadées que c'en était fait chez » eux de notre influence. »

Le passe-port qu'on lui avait promis n'arrivant pas, il fut obligé de continuer sa marche, ce qui lui permit de rejoindre la petite colonne en retraite à Pippa. Les quelques Croates qui avaient suivi les Français refusaient d'aller plus loin et le général était forcé de licencier toute cette troupe pour aller chercher un refuge à Trieste.

Les routes n'étaient pas sûres et M. de Contades venait d'être attaqué dans sa voiture, non loin de Fiume, par des paysans insurgés qui l'avaient laissé pour mort. « J'étais parti » le dernier des Français de Carlstadt, dit le comte de Mailly-» Couronnel dans ses mémoires, et j'arrivai le premier à » Trieste. » Le général y fut assez mal reçu par le gouverneur qui s'efforçait de faire bonne contenance, donnant tous les jours des dîners où il rassemblait les personnes les plus influentes de la ville, s'efforçant de les rassurer et de les ramener par ses discours. Le duc d'Otrente, sans oser blâmer ouvertement le général Jealin d'une retraite que le petit nombre de ceux qui l'avaient suivi démontrait comme inévitable, lui reprochait de n'avoir pas pris les mesures suffisantes pour éviter de répandre l'alarme.

— Heureusement la nouvelle de la victoire de Dresde vint alors rassurer les partisans de la France. Le gouverneur en profita pour faire une grande revue de la garde nationale de Trieste à laquelle on avait joint cinq ou six cents Istriens en costume national.

Après la revue eut lieu un très grand dîner où tout le monde parut plein de confiance. Le duc d'Otrente n'en était pas moins très inquiet, sachant que le général autrichien Hiller opérait avec 40,000 hommes et qu'il avait pour lui la population. Peu de jours après ce semblant de fête, l'arrivée successive des employés des douanes des bords de la Save et de la mer Adriatique fit bien connaître que les généraux qui commandaient en Dalmatie ne pourraient même pas en défendre les principales places (*) avec les faibles garnisons italiennes qu'on leur avait laissées.

Bientôt la nouvelle de nos revers à Grosberen et à Culm

(*) C'étaient Zara, Raguse et Cottars.

vint ramener la crainte et l'incertitude dans les esprits ; mais le duc d'Otrente, qui avait* blâmé peut-être avec excès la retraite de Carlstadt, faisait partout répandre le bruit qu'il ne quitterait la ville qu'à la dernière extrémité. Pour préparer la défense il avait fait cantonner les soldats des douanes dans les villages voisins.

Le 3 septembre l'ennemi se présenta, mais les soldats de la douane formant une ligne de tirailleurs le continrent avec une intelligence et un courage remarquables jusqu'au 8. Il devint alors trop nombreux et il fut impossible de conserver la ligne de défense. Le gouverneur ayant vu, ce jour-là, passer un vaisseau anglais en face du port fit rassembler chez lui les autorités de la ville. Il recommanda aux chefs de la garde nationale de borner leur service à maintenir la tranquilité sans se compromettre avec l'ennemi, ajoutant que sa retraite ne serait pas longue et qu'il reviendrait bientôt avec des forces supérieures.

Les autorités l'ayant prié de laisser dans la ville un Français de confiance, il leur proposa pour remplir cette délicate mission le comte de Mailly-Couronnel. « J'acceptai, » dit-il, à la condition d'être reconnu d'une manière » ostensible. »

Le duc d'Otrente, après avoir donné l'ordre à la petite armée des douanes d'éclairer la route, sortit de Trieste à quatre heures du soir. Il prit la direction d'Optschina suivi de tout ce qu'il y avait de Français dans la ville, laissant le fort occupé par un bataillon sous les ordres du brave colonel Rabier.

Le comte de Mailly-Couronnel restait seul, abandonné même par ses secrétaires, dans une ville livrée à toutes les incertitudes, étant cernée sur terre et sur mer par les Autrichiens unis aux Anglais. Pour compliquer la situation, le général Pino, à la tête d'une division italienne, accourait au secours de la citadelle.

« Je passai le reste de la journée, dit le comte, à me mettre
» en rapport avec les personnes les plus influentes. Je faisais
» compliment au colonel de la garde nationale sur sa belle
» tenue militaire, le bon ordre qu'il maintenait dans la ville
» et la protection qu'il donnait au transport des vivres qu'on
» réunissait dans la citadelle. De fortes patrouilles, dont les
» chefs me faisaient à tout instant leur rapport, assuraient le
» repos des habitants. Cependant chacun paraissait préoccupé
» d'un danger prochain. Je commençais à prendre un peu de
» repos lorsque, vers quatre heures du matin, j'entendis passer
» sous mes fenêtres un détachement de cent hussards environ
» accompagné de trois compagnies d'infanterie. Il était com-
» mandé par un major hongrois qui faisait jeter dans la rue un
» grand nombre de proclamations. »

C'était le commandant Vaginda, qui, après avoir mis sa
troupe en bataille, se vit bientôt entouré de toutes les autorités
de la ville, s'empressant de lui offrir à déjeuner, dans un café
voisin, avec tous ses officiers. Alors un détachement, sorti
du fort, pour ramasser des vivres pendant la nuit, aperçut en
rentrant cette troupe et fit sur elle une décharge qui mit hors
de combat trente ou quarante hommes. Cela rendit furieux
le commandant Vaginda qui, arrachant la croix de la
Légion d'honneur dont le colonel de la garde nationale
était décoré, se mit à crier à la trahison, menaçant de
revenir le lendemain mettre le feu à la ville pour se venger. Il
donna sur le champ l'ordre du départ, et fit sabrer la foule par
ses hussards, qui tuèrent le capitaine du port dans le corps de
garde où il s'était réfugié.

A sept heures du matin les Autrichiens avaient quitté la ville
qu'ils laissaient dans une profonde consternation. Les
autorités et toutes les personnes importantes se rassem-
blèrent à l'hôtel de ville, oubliant les morts et les blessés.
On consultait de toute part le gouverneur provisoire qui
commença par les faire relever ; puis il fut résolu d'informer

le plus promptement possible de ce qui venait d'arriver le
général autrichien que l'on croyait très près de la ville.

« On pensa que cette mission m'appartenait, dit le comte, et
» je fus obligé d'entreprendre de traverser les avant-postes
» ennemis pour aller jusqu'au quartier général. Il était aussi
» délicat que difficile d'y intéresser aux inquiétudes des habi-
» tants de Trieste, en faisant accepter un rapport favorable
» sur les événements.

» A ma grande surprise, je parcourus la route pendant deux
» heures sans rencontrer personne. La première vedette, qui
» était un hussard dont le sabre était encore teint du sang des
» victimes de la ville, me laissa passer, me prenant sans
» doute pour un officier allemand. Le quartier général était à
» Lippa, où je trouvai le général Nugent qui descendait de
» cheval. Il était Irlandais d'origine et me reçut de la façon la
» plus affable, paraissant très affecté du malheur arrivé au
» colonel de la garde nationale. Je me charge, dit-il, de
» rassurer les habitants de Trieste, car il m'est impossible
» de vous laisser retourner dans la ville ; mes instructions
» portent que je dois vous diriger sur Agram où l'on réunit
» tous les Français.

» Toutes mes instances furent inutiles. Je fus cependant
» retenu à dîner, et je pus voir, dans l'Etat-major, le comman-
» dant Vaginda qui me parut fort tourmenté des égards qu'on
» me témoignait. Aussitôt après le dîner, le général me fit
» donner un passe-port pour Agram, me permettant, après bien
» des hésitations, de séjourner trois jours à Fiume où il me fit
» accompagner par un de ses jeunes aide-de-camp, irlandais
» comme lui.

» La journée du lendemain fut tranquille, quoique je
» pusse voir un grand nombre de paysans qui venaient
» s'armer avec des fusils que les Anglais avaient débarqués
» à leur intention. J'appris alors que le général Pino avait
» dégagé Trieste, et forcé le général Nugent à se retirer en
» Istrie.

» Sur les collines qui dominent Fiume une colonne fran-
» çaise, flanquée de mille tirailleurs, tenait à distance, au milieu
» des vignes, des rochers et des bois les paysans insurgés.
» Elle établit même ses avant-postes dans le faubourg de la
» ville, dont Vaginda avait barricadé le pont ; cependant la
» nuit se passa sans autre incident que l'échange de quelques
» coups de fusil.

» Au point du jour, toute la population riche de Fiume s'em-
» barquait pour l'île de Véglia emportant les objets les plus
» précieux. »

» Le gros vaisseau anglais, qui avait débarqué les fusils, se
» faisait remorquer à force de rames pour s'éloigner de la terre.

» L'insurrection avait pris, pendant ce temps, un tel
» développement que la colonne française ne put tenir devant
» des ennemis, devenus si nombreux, et dut se retirer. A
» partir de ce moment nous n'éprouvâmes plus, de ce côté,
» que des revers. L'heureux Vaginda, à peine rentré dans la
» ville, ordonna que tous les Français qui pouvaient y être
» restés se présentassent à midi à l'hôtel de ville, sous peine
» d'être fusillés le soir. Il eut avec moi, à ce sujet, une vive
» altercation, me disant entre autres choses : « Vous autres
» barons français, vous avez endormi depuis longtemps notre
» empereur avec de belles paroles. »

» Je lui répondis que nous n'avions pas à faire de politique,
» et qu'aussitôt mes affaires terminées, je me conformerais à
» ce qui avait été convenu avec le général Nugent. Il me
» laissa partir, et je crus prudent, vu l'embuscade qui avait
» été précédemment tendue à M. de Contades, de me mettre
» en route le plus tôt et le plus secrètement possible. Je
» dînai donc avec mon hôte, aussi ostensiblement que les
» circonstances le permettaient et je saisis le moment où le
» commandant était pareillement occupé pour sortir de la
» ville. J'étais à pied, ayant envoyé d'avance ma voiture
» m'attendre aux portes de Fiume.

» La route Marie-Louise était devenue solitaire, toute

» l'insurrection s'étant portée sur celle de Trieste; néanmoins,
» après avoir gravi la montagne qui domine la ville, je
» m'empressai, à la vue de trois ou quatre hussards courant au
» galop dans ma direction, de faire partir mes chevaux à toute
» vitesse. Je fis douze lieues sans m'arrêter, pour me mettre à
» l'abri des cruautés dont venaient d'être victimes les
» malheureux que j'avais vu emmener tout nus prisonniers à
» ma sortie de Fiume.

» J'arrivai, le 21 septembre, à Agram. Le temps était
» magnifique, et la seule distraction des Français qui s'y
» trouvaient retenus était de se promener sur la route que
» j'avais dû prendre. Ils y étaient en grand nombre, et leur
» surprise fut d'autant plus grande en me voyant, que le bruit
» de ma mort avait été répandu : on disait que j'avais été
» massacré par des paysans.

» Je fus présenté au Prince-Evêque, qui traitait fort bien
» les Français, et qui me promit de faire tous ses efforts pour
» que nous soyons bientôt renvoyés en France.

» Pendant notre séjour dans Agram, qui dura jusqu'au 25
» octobre, nous n'apprenions que de mauvaises nouvelles de
» nos armées. Au moment du départ, le Prince-Evêque me fit
» remettre ma calèche de poste, dont un colonel avait trouvé
» bon de s'emparer. Personne ne fut insulté à notre passage
» à Carlstadt; cependant il était aisé de s'apercevoir qu'on
» nous voyait quitter le pays avec plaisir. Notre route se fit
» très paisiblement jusqu'à Fiume, où nous arrivâmes le 1er
» novembre. Il faisait froid, et la neige tombait déjà dans les
» montagnes; notre marche ressemblait à celle de ces tristes
» convois qui suivent les armées vaincues.

» Pour comble de peine, l'ordre avait été donné à Fiume de
» nous transporter par mer en Italie. Il nous fut facile de
» remarquer, au peu d'égards qu'on nous témoigna, combien
» l'esprit de la population était changé. L'influence anglaise
» avait remplacé la nôtre, et un de ceux qui nous avaient été
» le plus fidèles, revêtu de l'uniforme de consul anglais, me

» disait : « Avec les Français il n'y a que de l'eau à boire ;
» nous aurions été ruinés s'ils étaient restés plus longtemps
» dans le pays ; j'espère que nous ne les reverrons jamais. »

» Il ajouta que les troupes italiennes ne montraient plus la
» même ardeur, et que le général Pino, après avoir manœuvré
» pour défendre l'Illyrie, s'était laissé envahir par le décou-
» ragement qui gagnait partout dans nos rangs. Il avait quitté
» subitement l'armée, et était allé à Milan attendre le résultat
» de la campagne.

Un tel récit ne m'étonnait plus ! « Si tout reste en suspens,
» me dit-il à ma dernière visite, c'est qu'en Allemagne doit se
» décider le sort de l'Italie.

» On disait partout que l'Empereur, environné par trois
» grandes armées, n'avait que 200,000 hommes à opposer aux
» alliés; on ajoutait que, pour ne pas être cerné, il avait dû
» abandonner la position de Dresde afin de manœuvrer autour
» de Magdebourg sur les bords de la Saale, qui lui présen-
» taient plus de sécurité. L'opinion bien arrêtée de mon
» interlocuteur, était que la puissance de Napoléon arrivait à
» son ferme et que la série des revers allait commencer pour
» lui. Il était incertain sur le parti que prendrait Murat qu'on
» savait se plaindre amèrement de l'empereur, disant qu'il en
» était abreuvé de dégoûts. Les chefs des carbonari de l'Italie
» lui demandaient de proclamer son indépendance ; mais,
» d'un autre côté, les alliés craignant qu'ils ne prit le parti
» des révolutionnaires, le pressaient de se déclarer. Cette
» dernière conversation confirma mes inquiétudes. »

» Je n'avais pas prévu que je serais embarqué à peu près de
» force. Il fallut vendre mes chevaux, plutôt que de les aban-
» donner et accepter une traite qui devait être absolument
» refusée. Il est vrai qu'un d'eux m'avait déjà été volé par un
» Croate, qui le prit pour passer à l'ennemi. Dans la journée
» du 7 novembre, nous fûmes entassés, sans savoir où on nous
» conduisait, sur quatre felouques, qui mirent à la voile le 8 avec

» une brise très légère. Au milieu de la nuit, on rencontra la
» flotte qui portait la division du général Nugent. Elle nous barra
» le passage et il fallut retourner à Trieste en suivant les côtes
» d'Istrie. Nous arrivâmes le 12 novembre, après quatre jours
» de mer, espérant pouvoir débarquer ; mais l'amiral anglais,
» qui commandait le port, ne voulut pas nous laisser approcher,
» et reçut fort mal l'officier autrichien qui nous accompagnait :
» Rendez-vous à Grado, lui dit-il, et partez de suite. »

» Ayant appris que le général autrichien, chargé de
» commander la place, était un chevalier de Malte que j'avais
» connu pendant mes caravanes, je me rendis chez lui.
« Nous sommes tout à fait, me dit-il, sous l'influence
» anglaise, ce qui me paraît peu digne de notre gouvernement ;
» mais partez vite, l'amiral ne veut même pas que vous
» passiez la nuit dans le port.

» Cela était si vrai, qu'à mon retour les felouques étaient
» parties, menacées par les Anglais d'être coulées ; et il me
» fallut rejoindre mon bord, à une lieue de distance, à force de
» rames. Grado, où l'amiral espérait nous perdre, est un poste
» fortifié dans les bas-fonds et entouré de terres incultes. Il
» était encore gardé par un bataillon français, sans doute
» oublié, et qui ne communiquait plus avec l'armée dont il
» était sans nouvelles. On nous y reçut avec une grande
» cordialité, et le 16 novembre on nous fit remonter la petite
» rivière qui baigne Aquilée où nous débarquâmes défini-
» tivement.

» Le 17 nous couchâmes à Campolongo, et le 18 à Udine ;
» passant auprès de Gradisca, dont la garnison, mise en état de
» défense, ne nous permit pas d'entrer.

» Après avoir traversé le Tagliamento, nous rencontrâmes
» encore les Autrichiens qui nous obligèrent à prendre la
» route de Trente en faisant un long détour par des chemins
» si difficiles qu'il fallait se faire traîner par des bœufs. Les
» populations, dont nous traversâmes si lentement le pays, ne

» nous étaient pas favorables, et cependant elles n'aimaient
» pas les Autrichiens.

» Enfin, nous arrivâmes au lac de Garde, où nous fûmes
» embarqués pour être remis aux avant-postes français. Je me
» rendis à Vérone, où le vice-roi d'Italie avait porté son
» quartier général. Dès ma première visite, je le trouvai plein
» de défiance et de soupçons sur la conduite de Murat qui
» était alors à Mantoue avec 40,000 hommes. Le Prince
» Eugène venait de lui envoyer, pour connaître ses intentions,
» son aide-de-camp, M. de Tascher, frère de la marquise
» d'Havrincourt.

» Ce dernier me rapporta que le roi de Naples s'était mis
» à pleurer, disant que sa situation politique était des plus
» embarrassantes. « Je me trouve placé, dit-il, entre mon
» peuple qui, avec mon armée, abhorre toute idée de
» continuer l'alliance française, et l'empereur Napoléon, qui
» me laisse sans direction, m'abreuvant de dégoûts. Les
» souverains alliés exigent de moi que j'accède sans délai et
» complètement à la coalition ; je suis donc obligé de me
» joindre à eux. »

Le comte de Mailly-Couronnel resta deux jours auprès du
vice-roi, qui le chargea, en le quittant, de rassurer l'Impératrice
Joséphine. « Quelque pénible et embarrassante que puisse
» être ma situation, lui dit-il, vous pouvez répondre à ma
» mère que je resterai toujours fidèle, n'écoutant aucune
» proposition capable de me faire manquer à mon devoir. »

Pendant que le Prince Eugène envoyait à sa mère ces
nobles assurances, le roi Murat lançait une proclamation (*)
dont le contraste nous engage, à citer en note, le texte
que nous trouvons dans nos papiers.

(*) Soldats !

» Aussi longtemps que j'ai pu croire que l'empereur Napoléon combattait pour
» la paix et le bonheur de la France, je suis resté à ses côtés, mais aujourd'hui il
» ne m'est plus permis de conserver aucune illusion : l'empereur ne veut que la
» guerre. »

Voir la fin de cette note page 440.

Arrivé à Paris, le 2 décembre 1813, le comte s'empressa
d'aller porter à l'Impératrice Joséphine des nouvelles de son
fils. « Au récit que je lui fis, dit-il, des offres adressées par les
» Puissances alliées au vice-roi d'Italie, et de sa ferme
» résolution de rester, quoi qu'il arrive, fidèle à son devoir, elle
» se sentit attendrie jusqu'aux larmes. Son émotion était
» d'autant plus grande qu'elle partageait les inquiétudes de
» ceux qui, au courant des affaires, savaient que Napoléon
» s'obstinait à repousser toutes les conditions qui lui étaient
» offertes. Il n'écoutait plus les conseils de Talleyrand, parce
» qu'ils le poussaient fortement à la paix.

L'empereur, persuadé qu'il pourrait toujours à son gré
détacher l'Autriche de la coalition, allait commencer la
campagne de France. « Ce qui prouve qu'il n'était pas tout
» à fait dans l'erreur sur ce point, disent nos papiers, c'est
» qu'il est inexplicable que les alliés, après avoir gagné la
» bataille de La Rothière, se soient séparés au lieu de marcher
» ensemble sur Paris. Cela aurait pu avancer de deux mois les
» évènements de mars 1814 ; mais les cabinets, qui ne
» penchaient pas en faveur de la régence conférée par
» Napoléon à Marie-Louise, prolongeaient, probablement à
» regret, la guerre pour arriver à d'autres résultats.

« La suite des évènements ne m'a laissé aucun doute, conti-

» Je trahirais les intérêts de mon ancienne patrie, ceux de mes Etats et les
» vôtres, si je ne séparais pas sur-le-champ mes armées des siennes pour les join-
» dre à celles des puissances alliées, dont les intentions magnanimes sont de réta-
» blir la dignité des trônes (1) et l'indépendance des nations.

» Je sais qu'on cherche à égarer le patriotisme des Français qui sont dans
» mon armée, par de faux sentiments d'honneur et de fidélité ; comme s'il y avait
» de l'honneur et de la fidélité à assujettir le monde à la folle ambition de
» Napoléon.

» Soldats,

» Il n'y a plus que deux bannières en Europe. Sur l'une, vous lisez : « Religion,
» morale, modération, lois, paix et bonheur » ; et sur l'autre : « Persécution,
» artifice, violence, tyrannie, guerre et deuil dans toutes les familles. »

« Choisissez ! »

(1) Murat avait changé, lors de la tourmente révolutionnaire, son nom pour se
faire appeler *Marat* ; et Bernadotte, qui combattait la France avec le titre de
Prince royal de Suède, portait écrit sur son bras : « Mort aux roys. » !!!

« nue notre auteur, sur l'intention de l'empereur d'Autriche
« de conserver la régence à l'archiduchesse Marie-Louise. J'en
« trouve la preuve dans la réponse faite à M. des Cars, aide-
« de-camp de M. le comte d'Artois, envoyé de Nancy auprès
« de l'empereur de Russie, qui lui fit savoir qu'il ne pouvait
« pas encore être reçu d'une manière ostensible. L'empereur
« de Russie, à son entrée dans Paris, était lui-même incertain
« et ce fut chez M. de Talleyrand, peut-être sans la participa-
« tion de l'empereur d'Autriche, que le rétablissement des
« Bourbons fut définitivement arrêté.

« Quelque temps après, faisant mon service de garde auprès
« du Roi, je pus remarquer l'espèce de trouble et d'embarras
« qui régnait chez les Princes toutes les fois que l'on annon-
« çait l'Empereur d'Autriche, et la satisfaction empressée que
« causait l'arrivée de l'Empereur de Russie. »

Le comte de Mailly-Couronnel termine ses mémoires aux
évènements de 1814, disant que l'entrée des alliés à Paris
amena, parmi les fonctionnaires, une débâcle semblable à celle
qu'il avait vue l'année précédente.

Napoléon avait aussi cherché à rassurer les esprits, en mon-
trant sur les boulevards, les nombreux prisonniers qu'il faisait
aux alliés. De même que le gouverneur de Trieste, ses
courtisans s'étaient évertués à donner des fêtes, dont ils faisaient les honneurs aux jeunes aides-de-camp envoyés en mission à Paris.

Charles-Louis-François était désigné, par son mariage avec
la descendante d'une des principales familles de St-Domingue,
pour une mission dans cette île, après que la paix avec l'Angleterre eut rétabli nos communications maritimes. Il y fut envoyé, au mois de novembre 1814, pour traiter avec les nègres
toujours révoltés ; mais les désastres de 1815 vinrent arrêter
des négociations qui devaient, sinon rendre à la France cette
belle colonie, du moins améliorer sensiblement le sort des familles qui en avaient été chassées.

Le comte de Mailly-Couronnel, après avoir été fait chevalier de St-Louis (*) sous la Restauration, et avoir successivement commandé, comme Lieutenant-de-Roi, les places de Montreuil et de Landrecies, mourut le 26 août 1839 à Vélu, sans laisser d'enfants.

Sa femme y mourut également, dix années plus tard, le 16 janvier 1849.

(*) Il fut reçu le 27 janvier 1816 par son vieil ami, M. Doudan.

FIN DU CHAPITRE XIII

CHAPITRE XIV

CHAPITRE XIV

André Charles Honoré et ses descendants

André Charles Honoré, fils aîné de Charles Oudart Joseph, naquit le 23 janvier 1751 et fut baptisé deux jours après dans l'église St-Nicolas-sur-les-Fossés d'Arras. Il eut pour parrain messire André Honoré de Monchy, marquis de ce nom, seigneur de Willerval, Barastre, Frévillers, etc. etc., et pour marraine Madame Louise Charlotte de Wingfield, veuve de Messire Louis Joseph Alexandre d'Amerval, marquis de ce nom, seigneur d'Assevillers, Béthencourt, Matigny, etc., etc.

Le 25 août 1766, âgé d'un peu plus de 15 ans, il entra au régiment du Roi Infanterie. Les lettres d'érection en marquisat obtenues par son père, le mentionnent, en 1771, de la façon suivante : « L'aîné de quatre garçons est actuellement « officier dans notre Régiment Infanterie. » Elles ajoutent que ses frères sont « tous destinés au service » et que Sa

Majesté « désire exciter dans les enfants et descendants une « émulation si louable et si intéressante. »

Ils devaient, sauf l'abbé, entrer tous au service militaire, et l'aîné présenta son plus jeune frère, le chevalier, à son régiment en 1782. Le marquis de Mailly-Couronnel n'avait pas songé à envoyer à Malte les deux plus âgés de ses fils afin d'assurer la continuation de la famille ; car si les chevaliers qui faisaient profession pouvaient espérer des honneurs et des bénéfices, le célibat leur était imposé.

Le régiment du Roi était un des mieux composés de l'armée ; c'était un de ceux où entraient généralement les jeunes gens les plus riches. Pour « y estre bien au service du Roy » il fallait une pension de 2400 livres en plus des appointements (*), tandis qu'ailleurs il suffisait de 800 livres dans 'infanterie et de 1200 dans la cavalerie.

Le militaire n'était pas riche dans les armées du Roy ; le sous-lieutenant en pied ne touchait pas plus de 700 livres par an, dont il fallait déduire au moins une centaine pour diverses dépenses obligatoires au service ; le capitaine en pied avait 2.000 livres dont il fallait encore déduire 200 pour pareils motifs.

Après avoir quitté Caen, où il avait été en observation sur les côtes de Normandie, pendant la guerre d'Amérique, le régiment du Roi était allé, au mois de juillet 1783, tenir garnison à Nancy. Il y était depuis près de sept ans, lorsqu'au mois de janvier 1790 il fut question de l'envoyer ailleurs.

C'était, avec les gardes françaises, le régiment le plus nombreux de l'armée ayant quatre bataillons avec un effectif de mille hommes chacun. Les officiers faisaient beaucoup de dépenses à Nancy où ils donnaient des fêtes magnifiques (**) ;

(*) Les jeunes officiers, qui n'étaient point « en pied » n'avaient pas d'appointements, et il fallait porter leur pension à 3,000 livres.

(**) Parmi les dépenses obligatoires, outre celles du service, on comptait pour un simple lieutenant 200 livres de frais de bal et de spectacle, ainsi qu'un abonnement de 6 livres par mois au perruquier, poudre et pommade comprises.

aussi l'annonce de leur départ fut-elle le signal de nombreuses protestations.

« Ce superbe régiment était, depuis le commencement de « la révolution, écrit André Charles Honoré, l'objet de « séductions de toutes espèces qui allaient en opérer la disso- « lution. » L'exemple des gardes françaises, dont les sous-officiers venaient d'être récompensés de leur insubordination par La Fayette, en leur donnant la place des officiers qu'ils avaient chassés, était bien tentant. Aussi ne tarda-t-il pas à se former, dans la garnison de Nancy, des clubs qui demeu-rèrent d'abord secrets. Celui des « Amis de la paix » et de la « Constitution » était surtout fréquenté par le régiment du Roi.

La fête des gardes nationales des quatre Départements qui formaient l'ancienne Lorraine fut le signal des premières manifestations tumultueuses. Elles durèrent trois jours à partir du 25 avril. Un bataillon du régiment du Roi, trois cents Suisses de celui de Lullin de Château-Vieux avec leur drapeau et un escadron du régiment de Maistre-de-Camp cavalerie, voulurent y prendre part, malgré leurs officiers qui affectèrent de ne pas se montrer dans la ville.

Quand il s'agit de reconnaître pour lieutenant-colonel le chevalier de Charas La Laurencie (*), le régiment du Roi s'y refusa bien qu'il y eut rempli les fonctions major depuis 1784. Les drapeaux ne furent point portés chez lui, comme c'était l'usage, et il n'y eut plus dès lors que confusion et désordre.

A la fin du mois de mai, on accusa les officiers de sou-doyer des bretteurs pour insulter les patriotes, tant militaires que civils, et un soldat renommé par ses duels heureux fut dénoncé comme étant leur instrument. Ses camarades, dont il était la terreur, après s'être emparés de lui, se mirent à pous-ser de telles clameurs contre les officiers qu'ils lui désignaient

---

(*) Il resta cependant jusqu'à la « cassation » du régiment.

pour complices, qu'il fallut pour leur sûreté les faire partir. (*)
Il y eut à cette occasion une bagarre si terrible que les deux
moitiés du régiment, compagnies d'élite et de fusiliers ou
basses compagnies, faillirent en venir aux mains.

Le 1er août le capitaine de Montluc (**) se vit refuser le service par un grenadier qu'il avait déjà menacé comme meneur.
Quand il voulut l'empêcher de sortir du corps de garde, ses
camarades l'entourèrent pour le protéger. Des observations
faites par le major de Charas de Névicq (***) au sujet de la
Société des « Amis de la Paix et de la Constitution » furent
accueillies par une réponse qui ne « témoignait d'autre regret
« que celui de n'avoir pas encore vu le régiment du Roi
« donner l'exemple d'y adhérer tout entier. »

Le capitaine de Vendomois ayant voulu prendre la défense
de quatorze soldats fidèles, menacés devant un cabaret, en fut
réduit à céder à l'orage et à prendre un congé.

Une question d'argent décida la révolte. L'Assemblée Nationale avait décrété la suppression du fonds de réserve ou
masse qui appartenait en particulier à chaque régiment.
C'était faire naître l'espoir d'un partage, et provoquer à l'indiscipline des troupes qui n'en avaient pris que trop l'habitude. La
garnison de Metz donna l'exemple, et celle de Nancy s'empressa de le suivre dès qu'elle put le connaître.

Le 9 août, en rentrant de l'exercice, les quatre bataillons du
régiment du Roi mirent deux sentinelles à la grille de la
caserne Ste-Catherine, avec consigne de ne laisser sortir personne. Puis deux soldats par compagnie quittèrent les rangs
pour demander que l'Etat-major se rendit à la salle d'instruc-

---

(*) C'étaient Messieurs de Chariste Bela et de Cheffontaine frères, qui restèrent dans les cadres jusqu'à sa cassation, avec M. de Bissy, qui se fit inscrire à la
suite de l'armée.

(**) C'était un des plus jeunes capitaines.

(***) Il devait être parent du nouveau lieutenant-colonel, le chevalier de
Charas La Laurencie, et quitta, comme lui, le régiment à la cassation.

tion, afin d'écouter ce qu'ils appelaient les récriminations du régiment. Les soldats voulurent qu'on leur rendit des comptes depuis 1767 ; mais le trésorier affirma que son plus ancien registre remontait seulement à 1776.

A huit heures du soir, les officiers étaient encore gardés par leurs soldats, qui ne leur permirent qu'à minuit de s'en aller avec promesse formelle de revenir, le lendemain matin à huit heures, pour la reddition des comptes. Le 10 août, les officiers délivrèrent provisoirement aux soldats 150,000 livres qu'ils se partagèrent, attribuant à chacun d'eux 75 livres presqu'aussitôt dissipées en orgies. Devenu insatiable, le régiment du Roi prétendit qu'il devait encore revenir cinq cents livres à chacun de ses hommes. L'appât d'un gain si facile échauffa rapidement les têtes, et le lendemain fantassins et cavaliers s'insurgeaient à l'envi.

Pendant la nuit du 9 au 10, on avait distribué des cartouches au régiment suisse de Château-Vieux, dont les soldats s'attroupèrent à neuf heures du matin sur la terrasse de la Pépinière. Dans la soirée, 2 grenadiers allèrent demander des à-comptes à leurs officiers, qui, pour toute réponse, punirent sévèrement deux de leurs camarades envoyés pour prendre conseil au régiment du Roi. Les Suisses, qui ne demandaient qu'à suivre son exemple, commencèrent aussi à se révolter, encouragés par les meneurs. « Leurs camarades étaient victimes, « disait-on hautement, de l'injustice des officiers qui « refusaient une reddition de comptes que le décret du 6 « août engageait à leur demander. » La foule en vint à menacer les officiers suisses, que leurs collègues des régiments français vinrent rejoindre pour les dégager.

Le lendemain, les Suisses étaient en pleine insurrection ; délivrant les prisonniers, qui allèrent fraterniser avec le régiment du Roi dont un grenadier les coiffa de son bonnet. Après avoir copieusement arrosé leur réhabilitation, accompagnés de la populace, ils forcèrent pendant la nuit l'hôtel du

Major suisse de Salis, qui, heureusement, leur échappa avec sa famille.

Le 12 août, à cinq heures du matin, on battit la générale et ordre fut donné aux trois régiments de la garnison de prendre les armes, pour assister à la proclamation du nouveau décret de l'Assemblée Nationale. C'était celui du 6 août, qui avait déjà soulevé la tempête et sur lequel le commandant de la province, M. de Noüe, avait exprimé énergiquement son opinion. Son absence en fut d'autant plus remarquée, et une députation, à laquelle se mêlèrent des cavaliers du régiment de Mestre-de-Camp, se chargea d'aller le chercher.

On ne vit plus dès lors, à Nancy, que scènes d'indiscipline jusqu'au 31 août, jour où M. de Bouillé vint enfin rétablir la paix avec les troupes qu'il avait su maintenir dans le devoir.

Le régiment du Roi, après avoir donné le premier le mauvais exemple, finit par être celui qui commit le moins d'excès. Il avait à sa tête M. de Balivierre, chargé de commander pour le titulaire, qui était un lieutenant-général, le duc Duchâtelet, toujours absent à cause de ses fonctions soit comme ambassadeur en Angleterre, soit comme membre de l'Assemblée Nationale. C'était le plus ancien capitaine d'un régiment où on ne connaissait d'autres grades que ceux de lieutenant, de capitaine et de colonel. Il avait pour le seconder MM. de Charas de Névicq, de Fourgniac de St-Méard, et André Charles Honoré qui, du vivant de son père, prenait le nom de comte de Couronnel. Il était le plus jeune des capitaines qui exerçaient un commandement supérieur, et il allait avoir vingt-quatre ans de services dans le régiment.

Ces officiers, bien connus des soldats, conservèrent jusqu'à la fin une influence que soutenaient des concessions aussi honorables que le permettaient les circonstances. Ils consentirent donc à la continuation de l'examen des comptes, exigeant qu'il n'y eut, pour y assister, qu'un seul homme par compagnie ; et ils firent rendre au régiment la garde de sa caisse, que le commandant de la Province avait confiée aux soins de la maréchaussée.

Le 29 août, alors que l'escorte sortie de Nancy avec le général de Malseigne rentra dans la ville en criant « à la trahison, » les officiers du régiment du Roi accoururent pour protéger M. de Noüe dont l'hôtel venait d'être forcé. Ayant à leur tête André Charles Honoré, ils firent tous leurs efforts pour le dégager, allant jusqu'à charger la foule l'épée à la main malgré leur petite troupe. Il fallut céder au nombre, après que tous eussent été plus ou moins blessés, et laisser le commandant de la Province emmené prisonnier dans les casernes, où il allait être revêtu du sarreau de toile des condamnés.

Enfin, le 31 août, arrive M. de Bouillé. Il adresse une proclamation au régiment du Roi, qui, déjà hésitant la veille, se décide à capituler. Il délivre M. de Noüe, qui vient à son tour rendre la liberté à M. de Malseigne, emprisonné le jour précédent.

Reprenant aussitôt ses vieilles traditions militaires, le régiment du Roi traverse la ville en battant la charge et rentre dans son quartier en aussi bon ordre que s'il arrivait de la parade. Les deux autres régiments, après une vaine tentative de résistance, se laissent entraîner par son exemple et rentrent à sa suite dans leurs quartiers respectifs.

Ainsi finit l' « affaire de Nancy », qui fut, disent nos papiers « une des crises les plus violentes de la révolution ». Les Suisses, que leurs excès mettaient hors de pair avec leurs camarades, allaient être transformés, par ceux qu'aveuglaient les passions politiques, en martyrs de la liberté. Les vingt-huit suppliciés, choisis parmi les plus coupables, furent, à Paris, dès le 20 septembre, l'objet de démonstrations accompagnées d'un service expiatoire aux Champs de Mars. Les vingt-deux prisonniers faits en combattant les troupes régulières, ainsi que quarante-un de leurs camarades envoyés avec eux aux galères,

furent rendus triomphalement à la liberté dès le 7 décembre
suivant. Le bonnet de forçat, qu'ils portaient en sortant du
bagne, a même été l'origine de celui qui est resté célèbre, dans
nos annales révolutionnaires, sous le nom de bonnet rouge ou
de bonnet de la liberté !

Les deux régiments français, celui du Roi Infanterie et de
Mestre-de-Camp Cavalerie, furent licenciés sans qu'on leur
fit tant d'honneur. Un décret, approuvé par l'Assemblée
Nationale le 7 décembre 1790, mit fin à leur existence. Quant
aux officiers, la plupart quittèrent peu après le service militaire dans les circonstances rapportées au chapitre précédent ;
les autres se firent incorporer dans d'autres régiments, ou
furent « inscrits à la suite de l'armée » comme presque
tous les plus jeunes lieutenants.

Le 15 septembre 1790, juste quinze jours après la capitulation de son régiment, André Charles Honoré quittait Nancy,
brisé de fatigue et souffrant peut-être encore des blessures
reçues en voulant secourir M. de Noüe. « Ce que nous avons
« appris fait dresser les cheveux et verser des larmes, lui
« écrivait sa sœur. Je suis charmée de vous savoir débarrassé
« de tous ces assassins, qui, sans doute, iront augmenter le
« nombre des brigands dont la capitale et les provinces sont
« déjà infestées. »

Une lettre écrite le 19 juin 1791, nous apprend que le duc
du Chatelet, colonel titulaire du Régiment du Roi depuis
1767, lui avait précédemment fait offrir d'être lieutenant-
colonel.

« Je n'ai pas voulu vous le mander, dit-il, parce que, si j'y
« trouvais mon avantage, je n'y trouvais pas d'honneur. J'ai
« pu me tromper ; mais la suite fera voir si j'ai bien jugé,
« quoiqu'on ne puisse guère rien prononcer de stable dans
« les Révolutions. »

Retiré du service militaire avec la croix de St-Louis, gagnée
avant les tristes évènements qui brisaient sa carrière, il ne

voulut pas rester inactif à Vélu, où il était allé rejoindre
son père. Une lettre écrite par son frère l'abbé, le 30 juin
1791, a déjà fait connaître qu'il s'y fit nommer électeur et que
sa famille apprécia peu un succès, pourtant assez remarquable
aux temps où on était arrivé. Le courant était encore à chercher, dans un trône qui s'effondrait, l'appui nécessaire pour
résister aux factieux. On leur abandonnait l'influence sur le
peuple, au lieu de chercher à en triompher avec la force
que donnait aux vieilles familles une tradition presque toujours respectable.

Mal soutenu par les siens, dans une propriété dont les
nouvelles lois ne lui assuraient plus l'héritage, André Charles
Honoré quitta Vélu pour aller s'occuper des biens qui lui
venaient de sa mère. Il en avait hérité depuis 1773 ; mais les
longues années, passées par lui au régiment, les lui avaient
fait laisser sous l'administration de son père. A ce sujet, ce
dernier lui rendit des comptes, qui, bien que rédigés dans
Arras, en 1791, portent encore toutes les formules de l'ancien
régime, sauf les signatures où la mention « cy-devant » est
accolée aux titres de marquis et de comte.

Ce qui nous reste de la correspondance, échangée entre le
père et le fils pendant les années qui suivirent jusqu'à leur
incarcération, porte uniquement sur les affaires, que compli-
quait sans cesse la déprédation des assignats. Des lettres
si dépourvues d'intérêt en cachaient-elles d'autres plus
intimes, ou étaient-elles ainsi rédigées par prudence ? Celle
que nous avons déjà citée au chapitre XII, et qui porte la
date du 24 avril 1793, semble indiquer clairement cette dernière intention, du moins pour la correspondance livrée à la
poste.

Resté en France, malgré les supplications de sa sœur,
André-Charles-Honoré se cachait plus ou moins aux environs
de Péronne, dans les anciennes seigneuries qui lui venaient
de sa mère. L'attachement des populations à la famille

d'Amerval, lui permettait de changer de résidence sous divers déguisements et d'exercer ostensiblement les métiers auxquels ils se rapportaient (*)

Il fut enfin arrêté et conduit à la prison d'Amiens. C'est là qu'il fit la connaissance de Claire Blanche de Chassepot de Pissy, qu'on y avait enfermée avec sa mère et sa sœur. Il se sentit ému devant cette belle jeune fille, menacée du sort que réservaient presque toujours les tribunaux révolutionnaires à ceux qui leur arrivaient de ces tristes lieux appelés trop justement « les antichambres de la mort ». Le vieux soldat, que les préférences paternelles avaient naguère éloigné du mariage, se prit à y songer de nouveau.

Deux mois après la chute de Robespierre, il épousait celle qu'il avait distinguée dans sa prison, oubliant la promesse faite à son père de garder le célibat plutôt que de renoncer à l'héritière de la Branche aînée de sa maison.(**)

Son contrat de mariage, daté du 14 fructidor IIe année républicaine (31 août 1794), porte bien le cachet de l'époque où il a été rédigé. Le notaire Jean-François Vallet, bien que « résidant en la commune d'Amiens », paraît avoir été dans l'obligation de remplacer un second collègue introuvable par l'assistance des deux témoins Baptiste Dault et Jean Benaut, qualifiés de cultivateurs en la commune de Pissy. Le futur époux est appelé « Couronnel » tout court, et désigné comme « citoyen de la commune de Béthencourt, canton de Nesle,

<hr>

(*) Il était le plus souvent déguisé en colporteur.

<hr>

(**) « Mon père a tout promis, » dit-il dans une lettre adressée à son frère, le Comte, le 16 avril 1808, au sujet de son mariage, « puis au bout de six mois, il a « déclaré que cela ne le regardait plus. C'était à la branche de Nesle à tout « faire, y étant plus intéressée que lui ; il était décidé à jouir de son bien toute « sa vie, me mariant un jour à son gré et choisissant sa belle-fille. »
« Son fils cadet, Christian, officier de cavalerie, suffisait pour maintenir l'hé-« rédité du majorat. »
« Je suis arrivé du régiment pour constater l'évanouissement de mes espé-« rances, et mon père n'a jamais pu réaliser les siennes... »

district de Péronne », n'ayant « qu'une habitation de 50
« livres de loyer et pas encore de cotte d'habitation. » La
mère de la future épouse, qui assiste sa fille, s'appelle
« Claire-Aimée Bourdin, veuve de Jean François Chassepot,
« cultivatrice de la commune de Pissy, canton de Bovel, district
« d'Amiens. »(*)

Enfin, il est dit que le contrat est passé en présence « d'Anne
« Françoise Chassepot, de François Timoléon Chassepot,
« ses frère et sœur, de Marie Chassepot, citoyenne majeure,
« tante paternelle, demeurant en la commune de Pissy,
« d'Elisabeth-Louise-Françoise Bourdin, sa tante maternelle,
« demeurant en la commune de Nampty et de Jean-Baptiste
« Couture, défenseur officieux demeurant en la commune
« d'Amiens, amy. »

Les années qui suivirent son mariage furent employées, par
André Charles Honoré, à recueillir avec ses frères et
sœurs, ce qu'on pouvait retrouver de la belle fortune confisquée
après le supplice de leur père. Il reste, à ce sujet, de nombreux
comptes, qui n'ont d'autre intérêt que la persévérance de leurs
auteurs à lutter contre une ruine à peu près consommée.

Un d'eux, montre l'accueil favorable fait par les habitants
de la commune de Willerval aux réclamations des héritiers
de leurs anciens seigneurs, par rapport à l'évaluation de
quelques parcelles de bois. « Nous sommes déterminés, disent-
« ils, dans une délibération prise le 18 Brumaire an V

(*) Quelle différence entre cette qualification et celle que nous voyons dans
d'autres titres où il est dit que Claire Blanche de Chassepot était fille de haut
» et puissant seigneur Jean-François de Chassepot de Beaumont de Pissy, ancien
» officier au régiment de Noailles cavalerie et d'Aimée-Claire de Bourdin, fille
» de haut et puissant seigneur messire Pierre-Aimé chevalier, comte de
» Bourdin, colonel et directeur en chef du corps royal de l'artillerie au dépar-
» tement de La Fère, gouverneur pour le Roy, de Vitry-le-François, seigneur
» des terres et baronnie de Chapelaine en Champagne, de Monsures en Picardie,
» etc., etc., chevalier de l'Ordre royal et militaire de St-Louis, etc., etc. ?
Les armes de Chassepot de Pissy sont d'azur à la fasce ondée d'or accompagnée de trois roses du même, posées deux et un.
Devise — *Semper vigil*

« (8 novembre 1796), à regarder les intérêts des dits héritiers
« comme communs avec les nôtres, de façon que leur bois
« ne paye pas plus d'impôt que les autres terres. »

Le nouveau ménage vivait modestement soit dans Amiens
soit dans le château de Pissy qui en est proche. A la ville, on
voit qu'il habitait rue Neuve, où furent adressées diverses
lettres, notamment une note de roulage qui porte encore cette
vieille formule : « A la garde de Dieu, sous la conduite de...
« est envoyé.... »

En 1805, André Charles Honoré était déjà fixé à Monsures (*)

(*) Cette terre, qui appartient encore à l'aîné de la famille, était arrivée aux
Bourdin par suite du mariage d'Angélique Tiercelin de Brosses, dame de
Monsures, Caply, Maricourt, Hédancourt, Bois-l'Abbé, etc., etc., qui avait
épousé le 19 juin 1680 Antoine-Aimé, chevalier comte de Bourdin, lieutenant
pour le Roi, de Vitry-le-François, fils puîné de Nicolas de Bourdin, chevalier
marquis de Villaine, baron de Chapelaine, etc., etc., et de Théophile-Anne de
Neuflize de Cauchon d'Anglure.

Les Tiercelin de Brosses en avaient hérité par le mariage de Jehanne de
Gourlay, dame de Monsures, Sarcus, Omécourt, Marines, etc., etc., qui avait
épousé Adrien Tiercelin, chevalier, seigneur de Brosses, chevalier de l'Ordre
du Roi, chambellan de Henri II, gouverneur du Dauphiné, sénéchal, de Pon-
thieu, etc., etc.

Les Gourlay tenaient Monsures du mariage de Jehanne de Monsures, dame
dudit lieu qui avait épousé Guy Gourle ou Gourlay dit Guyot, seigneur de
Pendé, Bosc-Guillaume, Omécourt, etc., etc., vers 1404.

Le plus ancien seigneur qu'on connaisse à Monsures est Osmond Ier, seigneur
de Conty, Monsures, Lannoy, Menesvillers, Tilloy, etc. etc., qui vivait en 1144. Le
petit-fils d'Osmond, Jean, seigneur de Monsures, Menesvillers, etc., etc., quitta
le nom de Conty pour celui de Monsures dont la terre lui appartenait en sa
qualité d'aîné ; cependant Conty, resté à son cadet Foulque, seigneur de
Lannoy, devait devenir plus tard une principauté de la maison de Bourbon
tandis que Monsures continuait à n'être qu'une simple seigneurie.

Une branche cadette de la maison de Monsures, issue de Josse de Monsures,
qui avait marié sa fille à Guy Gourle, conserva le quint ou cinquième de la
seigneurie jusqu'au XVIIIe siècle (Voir, pour ces détails, l'intéressant mémoire
de M. Léopold Hodent, couronné par la société des antiquaires de Picardie.)

Les armes de Conty étaient de gueules au lion d'or à la queue fourchue
(avant 1170). Celles adoptées par les Monsures étaient de sable à la croix
d'argent chargée de cinq fermaux (fermoirs) de gueules ; supports deux
sauvages ; cimier : un sauvage naissant ; comme devise : « J'y seray de
Monsures. »

(Les fermaux ou fermoirs signifiaient l'attachement inébranlable) (1170-1402).

Les armes de Gourle ou Gourlay étaient d'argent à la croix ancrée de sable
(1402-1488).

Celles des Tiercelin de Brosses étaient d'argent à trois tierces d'azur (bandes
divisant l'écu) tiercées en sautoir accompagnées de quatre merlettes de sable
(1488-1680.)

Bourdin. — Armes d'azur à trois têtes de cerf d'or ; supports : deux dragons;
cimier : un dragon naissant (1680-1769)

qui lui venait de sa femme par Claire-Aimé de Bourdin sa
mère. Il y trouvait un château inachevé bâti aux pieds
des ruines, justement renommées, d'une forteresse féodale.
C'est là que le vieux militaire devait passer les dernières
années de sa vie, enchaîné loin de nos armées si longtemps
victorieuses, par les révolutions qui avaient brisé sa carrière.

Il mourut à Monsures le 21 juin 1818, âgé de 68 ans. Peu
d'années après sa femme mourut à Amiens, le 19 mars 1822,
à l'âge de 51 ans.

De leur mariage ils laissaient : 1° Claire-Blanche-Charlotte,
née à Amiens le 22 juillet 1796, qui épousa Alexandre
Maximilien, vicomte du Tertre, maréchal-de-camp, commandeur de la Légion d'honneur, chevalier de St-Louis, etc., etc.,
ancien député du Pas-de-Calais. Ils ont laissé quatre filles :
la première mariée au comte de La Bourdonnaye-Blossac ;
la seconde à M. de Contes de Bucamp, d'une ancienne famille
d'Artois avec laquelle la nôtre avait déjà eu des alliances ;
la troisième au marquis de Lestrange ; la quatrième à M.
de Contenson, officier de marine tué devant Sébastopol.

2° Louise-Blanche-Antoinette, née le 12 novembre 1797,
à Amiens ; mariée le 22 novembre 1822 à Marie-Auguste
baron de Balsac, préfet de Versailles, conseiller d'Etat,
commandeur de la Légion d'honneur, député de la Moselle
et de l'Aveyron qui mourut sans postérité.

3° Aimé-Charles-Raoul, né à Pissy, près Amiens, le 5
février 1799. Gentilhomme de la Chambre du Roi Charles X, chevalier du Lys, etc., etc., mort à Paris le 22
février 1842. Il avait épousé, le 21 avril 1828, Marguerite-
Pauline-Emmanuelle de Montmorency-Laval, fille de Anne-
Pierre-Adrien de Montmorency, prince, duc de Laval, pair
de France, ambassadeur, etc., etc., et de Bonne-Charlotte-
Adélaïde-Renée de Montmorency-Luxembourg, qui mourut
le 16 décembre 1861.

De leur union sont issus :

1º Adrien-André-Louis, à qui son grand-père a légué par testament du 18 janvier 1836 (*) la grandesse de 1ʳᵉ classe des princes de Tserclaes-Tilly qu'il tenait de son cousin, le prince de Montmorency-Robecq. (**)

2º Emma-Charlotte-Cécile, mariée le 29 mars 1855 à Georges-Auguste de Rarécourt de La Vallée, marquis de Pimodan, général de l'armée pontificale, blessé mortellement à la bataille de Castelfidardo en 1860. Elle en a eu deux fils : 1º Gabriel-Raoul-Claude-Marie-Austria ; 2º Claude-Emmanuel-Henry marié le 27 janvier 1885, à Georgina-Davida-Adélaïde-Françoise-Marie de Mercy-Argenteau.

3º André-Dominique-Alphonse, marié le 20 février 1867 à Marie-Eugénie-Louise de Béthune, fille de Léon-Maximilien-Joseph comte de Béthune et de Mathilde-Marie de Montgomery.

De leur union sont issus : 1º Marguerite-Augustine-Marie. 2º Hélène-Marie-Charlotte ; 3º Raoul-Joseph ; 4º Charlotte-Marie-Maximilienne.

(*) Après avoir renouvelé ses dispositions en faveur de sa fille aînée pour la Grandesse qui lui avait été accordée par le Roi Ferdinand VII, pendant son ambassade auprès de lui, sous le titre de duc de San Fernando Luiz, il s'exprime ainsi :

« Je donne et lègue à mon petit-fils Adrien la Grandesse d'Espagne de 1ʳᵉ « classe des princes de Tserclaes-Tilly, dont le prince de Montmorency-Robecq « m'a fait don en vertu d'un acte ci-joint. Les autres documents relatifs à « cette Grandesse se trouveront dans mes papiers et d'autres à Madrid à « la Chambre de Castille. »

(**) « J'ai droit, dit-il dans un testament daté de Paris, le 3 janvier 1805, à « la Grandesse d'Espagne de 1ʳᵉ classe attachée à la maison éteinte de « Tserclaes-Tilly. J'ai supplié Sa Majesté catholique de vouloir bien revêtir de « cette dignité mon cousin Adrien de Montmorency dans le cas où, lors de « mon décès, mon dit cousin n'en serait pas encore revêtu. »

« Je lui donne et lègue la dite Grandesse avec tous les titres et papiers « nécessaires pour l'obtenir. »

C'est à la suite de ses dispositions, qu'Anne-Pierre-Adrien prit le titre de prince, qu'il conserva jusqu'à sa mort, soit seul, soit conjointement avec celui de duc.

(Les originaux des pièces que nous venons de citer furent déposés à Paris, chez Mᵉ Thiac et enregistrés au tribunal de la Seine, le 9 juin 1837, folio 166, verso case 2.)

Ce travail, comme l'invoque sa dédicace, ne devait être originairement qu'une œuvre de famille ; un de ces « livres de raison, » si nécessaires encore aujourd'hui, en présence des changements de foyer qui accompagnent presque chaque génération. Les documents que nous avons retrouvés, dans le cours de nos recherches, nous ont paru mériter de sortir du secret d'archives particulières.

C'est pourquoi nous les avons communiqués, notamment aux Sociétés archéologiques du Pas-de-Calais et de la Hte-Vienne. Les encouragements qu'elles ont bien voulu nous donner nous ont fait réunir en brochure des feuilles d'abord isolément imprimées.

Puissent ces papiers, qui se continuent presque sans interruption depuis le commencement du XIVᵉ siècle, contribuer à faire connaître ce qu'était la vie de nos pères: Puissions-nous, en suivant chacune des générations qui nous ont précédés d'après leurs propres documents, avoir fait un travail non-seulement de bonne foi, mais encore intéressant au point de vue de l'histoire.

Fin

ERRATA

Nous avons retrouvé une nouvelle copie sur parchemin de la sentence de 1445. Elle est du 16 juin 1583 et signée Torillon sur le reploy.

Sur une copie moins bonne portant la date du 24 juin de la même année, bien que par une faute d'impression on la fasse remonter à 1483, nous avons lu Foullon, mais nous croyons que c'est par erreur.

Au chapitre II, nous avons omis de mentionner que Charles Couronnel était lieutenant du gouverneur d'Arras en 1453.

Au chapitre V, nous avons vu que Marie, fille de Pierre Couronnel, avait hérité de ses biens. C'est ainsi que les seigneuries de Loiselet, Hersin, etc., etc., et l'hôtel du Rouge-Chevalier allèrent à la maison de Melun par le mariage de sa fille Marguerite.

Cet hôtel était situé rue St-Jean-en-Ronville, au coin de celle des Arbalétriers. Il avait été acheté, en 1451, de Jean Viston (lombard), et il fut habité par les Couronnel jusqu'à l'alliance que nous venons de citer.

Clarembault, deuxième du nom dont il est parlé au chapitre V, avait habité rue des Balances.

Dans un renvoi concernant Anne Couronnel, fille de Robert, nous avons parlé du magnifique tombeau élevé à Ste-Gudulle, de Bruxelles, en l'honneur de sa petite fille Marie, par son époux don Ermicio O'Mallun. Nous avons retrouvé un acte de vente provenant de la fille de ces derniers, dont voici l'extrait :

« Je Anne Marie d'O'Malun, fille de feu Messir Dermitio
» d'O'Malun, baron de Glan (*) O'Malun, chevalier de l'ordre
» de Calatrave et de dame Marie Hanedouche, cy-devant
» alliée avec feu messir Jacques de Quarre, seigneur de la
» Haye, etc., etc., et présentement compagne de messir
» Léouard Vandernoot, chevalier seigneur de Kresekem, etc.,
» etc., déclar par cette pour le grand repos et décharge de ma
» conscience, après meur déliberatyons et consulte tant de
» personnes ecclésiasticq et seculaires et de prud'homie et
» pour le témoignage de vente......

Suit un état des pierreries remises à la même Dame quand elle était baronne de Quarre. On y trouve la liste complète des parures que pouvait posséder une grande dame à la fin du dix-septième siècle.

C'étaient : « Une rose et un nœud d'amour avec un bouton
» où il y a eu dix gros diamants, vingt moiens et trente-quatre
» petits, de quoi l'on a ôté de la rose six gros diamans dont elle
» a une croix et du nœud d'amour pour un coulant de la
» sus-dite croix.

(*) Au chapitre VII il est question d'une commission de capitaine pour remplacer feu Mathieu de Gland « qui commandait en son vivant une « compaignie de deux cents testes, gens de pied Wallons soubz le regiment du « comte de Frezin. »

» Item, une croix de St-Jaques garnie de cinquante-sept » diamants petits et grands, de quoi l'on a ôté quatre gros » diamans pour faire des pendants d'oreille à la dite Dame » et six gros et deux plus petits pour faire une boucle de » ceinture et six plus petits pour faire une petite croix, et les » autres qui manquent elle en a disposé.

» Item une bague avec un gros diaman taillé en table » entouré de dix autres en argent.

» Item encore une autre avec un diaman en table entouré » de six autres plus petits mis en or.

» Item un collier à cinquante-trois diamans y compris la » petite croix.

» Item une paire de pendants d'oreille à la mode d'Espagne » avec deux em^s^ (émeraudes) et deux diamans.

» Item deux nœuds chacun de trente-deux diamans.

» Item une paire de pendants d'oreille en or avec des » émeraudes et douze penderloques.

» Item une bague avec un grand diaman taillé et six » petits.

» Item une paire de bracelets de perles, rubis et diamans, » et un saint suaire au milieu.

» Item une rose avec sept gros diamans et quarante-cinq » petits.

» Item une rose avec une couronne de turquoises et » diamans avec une petite bague d'une turquoise et six petits » diamans.

Au chapitre VII nous avons parlé d'une abbesse de la Trinité de Caen près du Lys, près Melun, sans pouvoir la rattacher à aucun auteur ; nous croyons qu'elle descendait de Jean Couronnel et de Marguerite de Baynast ayant vu dans une généalogie qu'une de leurs filles y était mentionnée comme « fille dévote. »

Au chapitre VIII il est question d'un brevet de capitaine signé de l'archiduc Albert. Il paraît que pour le contre seing il aurait fallu mettre le nom de Verreycken au lieu de Yerrezen.

PIÈCES JUSTIFICATIVES

Pour faire suite aux anciennes sentences de noblesse dont nous avons parlé, nous croyons devoir citer une « attestation » beaucoup plus récente concernant Sébastien Hannedouche qui avait épousé Anne Couronnel fille de Robert.

Cette attestation bien que datant du XVIIe siècle, n'a pas encore le caractère fiscal qui accompagne des preuves de l'Hozier.

Attestation en faveur de Sébastien Hannedouche, donnée à Paris, en 1626.

« A tous ceux qui ces présentes lettres verront Louis Sé-
» guier, chevalier, baron de St-Busson, seigneur du Ruaut et
» de St-Firmin, etc., etc., conseiller du Roy nostre Sire, gentil-
» homme ordinaire de sa Chambre et garde de la Prévosté
» de Paris. Salut.

» Scavoir, faisons que aujourd'huy sont comparu en leur
» personne par-devant Mathurin Perier et Le Bon-Cothereau
» nottaires garde-notaire du Roy nostre dit Seigneur en son
» Ch^lel (Châtelet) de Paris, soubs^es (soussignés) ; Antoine de
» La Roche, gendarme soub la charge de Monsr le comte
» de Saligni âgé de 45 ans ou environ demeurant rue St-
» Honoré, paroisse St-Germain de l'Auxerroit prosche le
» chasteau du Louvre et Jean Brande, escuyer de la compaignie
» des Chevaux légers de Sa Majesté soub la charge du
» Sr de Contenant, demeurant au faubourg St-Honoré, pro-
» che la Grande Escurie du Roy. Lesquels ont _dict, déclaré,
» certifié et affirmé pour vérité en leurs contiences qu'il ont
» bonne cognoissance longtemps y at de Jan Hannedouche,
» escuyer, seigneur de Hadencourt, âgé de 50 ans ou environ .
» et qu'il porte les anciennes et nobles armoiries et timbres
» que ses ancestre de temps immémorial et tous arrest
» publique et privez ont porté. Qui sont un escusson de si-
» nople en sable dans lequel il y at une bende d'or a croix
» croisettées, fichées, recroixsettées avec un heaulme (*) ou
» timbre, au-dessus duquel il y a un demy austruche (**)
» Ce que lesdit comparant et attestant scavent pour leur estre
» apparu par plusieurs attestations anciennes ou auctentique
» que un de ses ancestres nommez Andrien Hannedouche,
» vivant escuyer cap^ne de cuirassiers pour le service de feu
» Roy François premier de ce nom, que Dieu absolve, pour
» s'estre battu en duel contre le s^r de Brielcourt s'est ab-
» senté de France et retiré aux Pays-Bas où il s'est marié
» noblement et de sa lignée come est apparu des dits attes-
» tants aussy par tiltres anciens et auctentiques est issu M^re
» Sébastien Hannedouche, chevalier, seigneur de Hunctun

(*) C'était un casque surmontant les armoiries.

(**) Voici la description des armes de Hannedouche telle qu'elle nous a
été conservée : de sinople à la bande chargée de trois croix, au pied fiché
de sable.

» aux dicts Pays-Bas. Lequel s^r de Hunctun ou son enfant
» et descendant, les dits comparants certifient venir directe-
» ment de la dite famille de Hannedouche de France et estre
» certain de tout ce que dessus pour avoir particulière no-
» tice et cognoissance des d^{ies} armoiries pour avoir icelles
» veues en divers lieux et places publiques, de France es
» églises et chapelles, en des épitaphes et sépultures anciennes
» des dits ancestres du dit seigneur de Hadancourt avec
» leurs timbres ouvertures et couleurs selon qu'elles sont
» spécifiées cy-dessus ; encore avoir entendu de plusieurs
» personnes nobles et anciennes de France et dudit Pays-
» Bas, estre véritable tout ce que dist est cy-dessus.

» A ce, fust présent le dit s^r de Hadencourt de présent
» à Paries, logé rue St-Victor, paroisse St-Nicolas du Char-
» donnet, lequel a pareillement juré et affirmé le contenu
» cy-dessus estre véritable, et en a requis et demandé le pré-
» sent acte aux dits notaires qui lui ont octroyé en parchemin
» pour luy servir et valoir en temps et lieu ce que de
» raison.

» En tesmoing de ce, nous à la relation des dits notaires
» avons fait mettre le scel de la dicte Prévosté de Paris à
» ces présentes qui faictes et passées furent en estudes des
» dits notaires l'an 1626 le 4e jour d'aoust après midy.

» Les dicts s^{rs} Brande et Hannedouche ont signé la minute
» du présent acte et quant au dit s^r de La Roche a faict
» sa signature ou marque ordinaire en la dicte minute qui
« est demeurée vers ledit Cottereau, notaire

et plus bas estoit signé : Perier
Cottereau

et entre les deux le scel aux causes en cire brune.

EXTRAITS DES ARCHIVES DE LA VILLE D'ARRAS

Lettres patentes du Roy, par lesquelles il accorde le titre de chevalier à Messire Louis-Joseph de Mailly-Couronnel Seigneur de Vélu, etc., etc.

Louis, par la grâce de Dieu, Roy de France et de Navarre, à tous présens et à venir salut.

Notre cher et bien-aimé Louis-Joseph Couronnel, esc{er} sg{r} d'Aussimont, Vélu-en-Artois, etc., etc., nous a très humblement fait remontrer qu'il est issu en ligne directe et masculine de Charles Couronnel, esc{r}, sg{r} de Rantigny qui avait épousé Jacqueline de Passy, lequel par sentence du baillage de Lille du 24 avril 1445 aurait été déchargé du droit de nouvel acquet comme étant issu et extrait d'une noble génération tant du côté paternel que maternel qu'il paraît par cette sentence qu'il descendoit en ligne directe et masculine des seigneurs de Cogneuil qui portoient pour armes d'or à trois maillets de gueulle à une bande de sable et pour cri : Mailly, que dudit Charles est issu Clarembault-Couronnel esc{r}, sg{r} de Rantigny et de Mernes, époux de Jeanne de Paris, père et mère de Robert, sg{r} de Rantigny, Mernes et Bally, époux de Jeanne de Bernicourt dont entre autres est issu Clarambault, deuxième du nom, esc{r}, sg{r} de Bally, Beaucoup (*) qui épousa Jeanne de St-Amand, fille de Vespasien esc{r} dont Philippe Couronnel, esc{r}, seigneur de Vélu, Lt gouverneur des villes et château de Tournay, époux de Marie de Quellerie, père de Louis-

---

(*) Ailleurs nous trouvons Beaucamp et nous supposons que Beaucoup est une erreur de copiste.

Floris Couronnel, qui épousa Agnès de Labuissière (*) sœur du
marquis de Lugy dont est issu le s^r exposant qui actuellement a entrée aux Etats d'Artois ainsy que ses ayeux de
temps immémorial où aucun noble n'est reçu qu'il ne fasse
auparavant preuve de noblesse qu'à Malthe, (**) que ses
dits prédécesseurs ont exercé de très belles charges et
convenables à des gentilshommes et qu'ils se sont toujours
soutenus par des alliances considérables et voulant donner
au dit s^r exposant des marques de notre bienveillance et
l'estime que nous avons pour sa personne.

A ces causes et autres considérations, à ce nous mouvant
de notre grâce spéciale et pleine puissance et auctorité royale
nous avons par ces présentes, signé de notre main, fait et
créé, faisons et créons chevalier, le dit s^r Louis Joseph
Couronnel ensemble ses enfants et postérité mâle nés et à
naistre en légitime mariage pour dudit titre de chevalier,
droits, honneurs, privilèges, prérogatives et prééminences
y appartenant jouir et user plainement, paisiblement et à
toujours, tant en fait de guerre, armées et assemblées
qu'en jugement et hors jugement et partout ailleurs où
besoin sera ainsy qu'en jouissent les autres chevaliers
dans l'étendue de notre royaume pais terre et seigneuries
de nostre obéissance.

Si donnons en mandement à nos amis et feaux cons^{rs}
les gens tenans notre conseil provincial d'Artois et nos
esleus et autres, nos officiers et justiciers qu'il appartiendra
par ces présentes, ils fassent registrer de tout le contenu
en icelles jouir et user ledit s^r Couronnel et ses enfans
mâles nés et à naître en légitime mariage pleinement,

(*) Généralement nous voyons ce nom écrit en deux mots ; mais nous
avons voulu respecter la copie.

(**) Au chapitre XIII on a pu voir toutes les formalités requises pour ces
preuves.

paisiblement et perpétuellement cessant et faisant cesser troubles et empeschements, nonobstant toutes choses à ce contraires, car tel est notre plaisir et afin que ce soit chose ferme et stable à toujours nous avons fait mettre notre scel à ces présentes.

Données à Meudon, au mois de juillet, l'an de grâce 1723 et de notre règne le huitième.

Signé : Louis.

Et sur le reply :

Par le Roy
Signé : Phelypeaux

A costé visa :
Fleurian

pour lettres de chevalerie à Louis Joseph Couronnel et scellée de Sa Majesté en cire verte.

Lettres accordant à Louis-Joseph de Mailly-Couronnel la permission de décorer ses armoiries d'une couronne de comte.

Louis, etc., etc., etc. (la formule est la même que pour la lettre précédente).... A ces causes, voulant donner aud^t s^r Couronnel de nouvelles marques de notre estime......... nous plaist que ledit s^r et ses enfants descendants nez et à naistre en légitime mariage jouissent et qu'ils soient ioisible de porter une couronne de comte sur l'écusson des armoiries de leur famille et qu'ils jouissent des mêmes honneurs, avantages et libertés dont jouissent les autres nobles de notre Province d'Artois auxquels nous avons, ou les rois nos prédécesseurs, accordé de semblables permissions.....

Données à Versailles, au mois de décembre, l'an de grâce 1723 et de nostre règne le 9⁰

Signé : Louis.

Et sur le reply
   Par le Roy

Phelypeaux

   A costé :
  Visa : Fleurian.

Pour permission de porter une couronne de comte à Louis-Joseph Couronnel et scellées du grand sceau de Sa Majesté en cire verte pendant en las de soye rouge et verte.

Nous devons à l'obligeance de M. Guesnon, dont les travaux historiques sont connus, la copie de ces lettres dont nous avons cité des extraits au chapitre IV, croyant le texte complet entièrement perdu.

Lettres patentes obtenues de Maximilien d'Autriche et de Marie de Bourgogne par Martin de Paris en faveur de son petit-fils Robert Couronnel.

Maximilien et Marie, par la grâce de Dieu, archiducz d'Ostrice, ducz de Bourgogne, de Lothier, de Brabant, de Limbourg, de Luxembourg et de Gheldres, contes de Flandres, de Bourgogne, palatins de Haynnau, de Hollande, de Zélande, de Namur, de Zutphen, marquis du Saint-Empire, seigneurs de Frise, de Salms et de Malines, à notre gouverneur de Lille ou son lieutenant, salut.

Receu avons l'humble supplication de Martin de Paris, bourgeois de nostre ville d'Arras, ad présent, demeurant en nostre ville d'Anvers, taion maternel (aïeul maternel) de Gérard du Castel (*) prochain parent de par père de Robinet-Couronnel eagié de chincq à six ans, filz de feu maistre Clarembault-Couronnel, contenant que le dict feu maistre Clarembault environ à quattre ans fust, ordonné, prié et requis par les maïeur, eschevins, bourgeois, et communaulté de nostre ville d'Arras de venir en ambassade avecq et en la compaignie des plus notables bourgeois et marchans de la dicte ville en bon nombre, envoiez devers nous duchesse lors estant en nostre ville de Gand et eulx partiz de nostre dicte ville d'Arras soubz la conduicte de vingt lances des gens du Roy, que comme l'on disoit leur estre baillez pour seureté de les conduire jusques au Pont-à-Wendin, furent entre nostre dicte ville de Lens et le dict Pont-à-Wendin arrêtez par les dictz gens de guerre, et contrainctz de retourner en la cité lez (près) nostre dicte ville d'Arras où la grande compagnie des ditcz gens du roy estoit, de laquelle cité ils furent menez devers le roy estant en nostre ville d'Hesdin, où ils n'eurent gueres esté quand ledict maistre Clarembault en chief et les aultres jusques au nombre de dix-sept furent à diverses fois amenéz sur ung hourd (**) (échafaud) et inhumainement décapitez. Et combien que les biens du dict maistre Clarembault qu'il a en nostre obéissance, asscavoir deux maisons et censse en nostre chastellenie de Lille succedez audict mendredans (moindre d'ans, mineur) son filz, ne soit par raison impétrable, soubz umbre de ce que le dict mineur est en parti

---

(*) Cette intervention comme « prochain parent » vient confirmer l'alliance indiquée au chapitre I de Gérard on Guérard bisaïeu de Clarembault avec Pontia du Chastel, dame de Loiselet lez faubourg d'Arras.

(**) Nous avons mis au chapitre IV le mot hourq (bateau plat) que nous avions dans notre texte ; mais hourd (échafaud) que nous trouvons ici, nous paraît être plus exact.

contraire (*) avecq sa demoiselle mère vesve dudit feu laquelle pour le desplaisir et grand dœul qu'elle a mené de la mort de son mary et qu'elle ne s'est vollu (donnée) au gré des cappitaines et gens du roy quelque constrainte ou menace qu'ilz lui ayent faict (**) a esté tost aprez le trespas d'icelluy son mary, congié et bannye de nostre ville d'Arras et ordonnée aller demourer oultre (***) les rivières de Somme et d'Oise. Et à ceste cause, s'est tenue et hœnté (demeuree) en la cité de Paris, s'y nonobstant aucuns par importunité de requestes et sans donner à entendre le cas tel qu'il est se disoient avoir obtenu don des dictz biens ; mais le mandement estant au sceau par l'advertissement d'aucuns noz conseilliers quy cognoissoient le cas et la fortune d'icelluy, maistre Clarembault fut refusé et non scellé, et depuis ung nommé Philippes de Crespon, demourant en nostre ville de Bruxelles, frère utérin du dict maistre Clarembault (****) soubz umbre de vouloir sauver au dict menredans (mineur) ses dictz biens a obtenu noz lettres patentes pour estre commis au gouvernement, récept et administra-

---

(*) Sur les terres de Louis XI avec lequel les Archiducs étaient en guerre.

(**) Nous avons vu au chapitre IV que Jeanne de Paris « jura viduité entre « les mains de l'évèque d'Arras » aimant mieux perdre ses biens et aller en exil que de consentir à épouser quelqu'un de ceux qui venaient de traiter si cruellement son pays et son mari.

Ce genre d'alliance forcée rappelle encore du temps de Louis XI les mariages contractés en Angleterre sous les auspices de Guillaume le Conquérant.

Pareille tradition devait être reprise à la fin du siècle dernier, où on vit des jeunes filles forcées de choisir entre l'échafaud ou une alliance souvent honteuse.

(***) Au chapitre III et IV, nous avions mis « entre » d'après une copie que nous croyons moins exacte que le texte que nous avons aujourd'hui.

L'hôtel de Jeanne de Paris, veuve de Clarembauit, était l'hôtel du Rouge-Chevalier, rue St-Jean-en-Ronville. Son fils Robert y habitait encore en 1538.

(****) Philippe de Crespon ou de Creppon, fils de Richard dit Cardenet, serait donc issu d'un premier mariage de Jacquemine de Pacy, épouse de Charles Couronnel et ainsi demi-frère de Clarembault au lieu d'avoir été frère utérin de Robert, son fils, comme né d'une première alliance contractée par Jeanne de Paris.

tion d'iceulx et comme les dictz supplians sont advertys son dict mandement est chargé de les garder et conserver au prouffict dudict mineur et ce, à titre (à ce titre) s'est ingéré et ingère de recepvoir tout ce qu'il pœult prendre et happer des dictz biens, dont jamais l'on ne polra rien recouvrer de luy parce qu'il est insolvent et non resseant (*) (résident) que du moings ce ne soit à très grandes difficultés et doubtant iceulx supplians que tant luy que aultres, par importunité de poursuites, ne s'efforcent de vouloir recepvoir les biens, censses, rentes et revenus, quy est plus polroit estre au très grand grief, préjudice et dommaige dudict mineur, nous requérans sur ce leur estre pourvu de remède convenable.

Pour ce est-il que nous, ces choses considérées et meismement que le dict maistre Clarembault est mort pour nostre querelle et au contemp de ce qu'il venoit en embassade devers nous ducesse, vous mandons et commettons par ces présentes que à la requeste des dictz suppliants lesquelz nous avons auctorisez et auctorisons pour faire et intenter toutes poursuites tout en demandant que en défendant au droict et prouffict d'icelluy mendredans vous prenez et mectez ou faicts prendre et mectre en nostre main à la conservance du droict d'icelluy mendredans tous et quelz concques, biens, fiefz héritages et aultres immœubles estans en nostre dict gouvernement ou es enclavemens, appartenant audict feu maistre Clarembault au jour de son trépas, et comettez au gouvernement des dictz biens telles personnes solvent (solvable) et resseans que les dictz suplians vous nommeront, tant pour le gouvernement de la justice, si aucune en y a, (**) que pour la récepte des biens, en faisant ou faisant faire exprès commandemens de par nous

---

(*) Il était archer de corps des Archiducs et n'avait ainsi d'autre domicile que sa compagnie.

(**) Le seigneur rendait alors la justice dans ses terres.

aux rentiers, censiers et tenans des dictz biens que ce qu'ilz doibvent ou debveront de leurs dictes rentes et censses, ilz le paient aus dictz supplians ou leurs commis, et non à aultres sur paine de le paier seconde fois, et audic^t Philippes (*) frère utérin et tous aultres que trouverez avoir eu et receu aucunes desdictes rentes et cens ou revenus, que tout ce ils rendent et restituent ausdictz supplians ou leurs commis et se cessent et déportent de plus recepvoir aulcune chose. Les parties présentes et appellées par devant vous garans... (il manque environ trois mots)... desquelles elles ont receu et s'efforcent de vouloir recepvoir aucunes des dictes rentes, censes ou revenuz faites à icelles oyes bon (écoutez favorablement) et brief droict, raison et accomplissemens de justice, car ainsy nous plaist-il non obstant quelconques lettres subreptices, impétrées, ou à impétrer à ce contraires.

Donné en nostre ville de Malines, le second jour d'apvril, l'an de grâce mil CCCC quatre vingtz (**) avant Pasques.

Par Monseigneur le Duc à la relation du Conseil.

Signé : J. de Bene.

Et scellé d'un grand sel de cire rouge à demi rompu sur simple queue.

———

(*) C'est probablement cette phrase qui a induit en erreur les auteurs des extraits dont nous avions fait usage avant d'avoir cette pièce.

(**) Notre texte porte cette date ; mais nous croyons que c'est une erreur de copie et qu'il faut mettre 1481.

LETTRE DU CHEVALIER DE LAVAL

Une lettre du Chevalier de Laval, datée de Malte le 17 décembre 1718 vient ajouter quelques détails à ce que nous avons été à même de dire au chapitre XIII et surtout en confimer l'exectitude.

Voici ce qu'on y trouve sur la situation de l'ordre célèbre, auquel appartenait, dans le commencement du siècle dernier, le fils cadet de Pierre de Montmorency-Laval et de Françoise de Salignac de Lamothe Fénelon :

« ....M. le Chlr d'Orléans a été reçu icy avec
» distinction et comme général des galères de France (*).
» Chacun s'est empressé à luy rendre des honneurs et i'ay eu
» la satisfaction de voir que les choses se sont passées à la
» sienne et à celle de la religion (**) ; i'ay mesme lieu
» d'espérer que S. A. R. en sera contente aussy...... »

» Ce ieune général vit icy avec grandeur ; son proiet est d'y
» demeurer un an pendant lequel il fera deux caravanes sur
» les galères, aprés quoy il employera une autre année à faire
» le voyage d'Italie. »

(*) Il s'agit là du fils du Duc d'Orléans, alors Régent de France, auquel le Grand-Maître Raymond Perellos de Roccafull était obligé de faire bon accueil, bien qu'il appartint à la « Langue d'Aragon » et que son Souverain (Philippe V) fût alors, non seulement en guerre avec la France, mais encore dans les plus mauvais termes personnels avec le prince qui la gouvernait.

(**) C'est ainsi que les chevaliers de Malte appelaient l'ensemble de leur ordre.

Ce que dit au commencement du XVIII° siècle le Chevalier de Laval est entièrement conforme à ce que nous avons vu écrire par le Chevalier de Mailly-Couronnel en 1787.

Ils auraient pu dire tous deux que : « les cours en échange » des honneurs sans conséquence qu'elles accordent au Grand » Maître de Malte ne le laissent même pas tranquille sur son » propre terrain. »

La lettre de 1718 en donne la preuve, au sujet de la guerre déclarée entre la France et l'Espagne, à laquelle les événements mêlaient malgré lui le Grand Maître Raymond Perellos de Roccafull.

» L'entreprise de Sicile va bien doucement, écrivait le » chevalier de Laval. Depuis la conqueste de Messine, les » Espagnols sont devant Melasse (Melazzo) au nombre de » dix-huit m. hommes, il y a aussy devant cette place quinze » m. allemans qui en retardent le siège. Ces deux armées » sont bien retranchées et attendent l'une et l'autre des » secours considérables ; celle qui en recevra la première » aura indubitablement un grand avantage sur l'autre, et si » c'est celle de l'empereur, voilà selon les apparences une » guerre pour longtemps dans le royaume de Sicile.

« Quoique nous n'ayons plus icy d'escadres de vaisseaux « d'Espagne ny de galères de Sicile, il nous reste toujours « quelques bâtiments particuliers quy ne font pas moins « de peine à la Religion. Elle est dans un continuel » embarras, ne pouvant contenter tout le monde et se » voyant privée d'une infinité de provisions dont elle ne peut » absolument se passer, qu'elle ne peut tirer que de la » Sicile où les différents généraux la traitent selon leurs » prétentions et les avis vrais ou faux qu'ils reçoivent d'icy.

» La santé du G. M. (Grand Maître) est toujours chan- » celante et fait craindre de le perdre à tous ceux qui comme » moi s'intéressent à sa conservation.

» Je ne puis vous donner aucune nouvelle de France que
» vous n'ayés apprise par le Cap^ne Belleville ; je ne doute pas
» que vous n'en ayés fait part à M. le Marquis de Bonnac (*),
» ainsy je ne lui écriray que quand il nous sera venu quelque
» nouveau bâtiment de France si j'en trouve l'occasion...... »

(*) J. L. d'Usson Mr de Bonac était alors ambassadeur de France à Constantinople. Il s'est particulièrement distingué en faisant rétablir le St-Sépulcre de Jérusalem, et en fixant, comme médiateur, les limites entre la Russie et la Porte, par le traité du 24 juin 1724 Ces deux puissances s'y partageaient les dépouilles de la Perse, à qui elles allaient enlever ses Provinces voisines du Caucase.

TABLE DES CHAPITRES

Voir aux pages 255 et 256 la liste des 70 gentilhommes d'Artois d'une *Noblesse épurée*, convoqués aux Etats de 1681.

Voir aux pages 296, 297, la liste des députés ordinaires des Etats d'Artois depuis 1660.

Voir aux pages 308, 309, 310, 311, 312, 313, 314, 315, 316, 317, 318, 319, 320, 321, 322, 323, 324, 325, 326, 327, 328, 329 les listes relatives à la capitation, dressées par baillage en 1707.

Ceux qui sont cotés comme ne jouissant pas, doivent payer l'impôt au baillage où ils sont inscrits.

Au queritur, pages 329 et 330, est marqué, d'après les titres et les grades, le tarif de la capitation, dont les militaires n'étaient même pas exemptés.

On voit aussi aux pages 330 et 331, le total des taxes pour l'année 1707.

Aux pages 331, 332, 333, 334, 335, est portée la liste des personnes convoquées à l'Assemblée générale des Etats d'Artois par lettres de cachet du 12 octobre 1709.

Voir à la page 411 la liste des jeunes chevaliers de la « Langue de France » collègues de Charles-Louis-François à Malte, 1787.

PIÈCES JUSTIFICATIVES

A LA FIN DE L'OUVRAGE

———

TABLE ALPHABÉTIQUE

DES PERSONNES ET DES LIEUX

A

PERSONNES

LIEUX

B

PERSONNES

LIEUX

C

PERSONNES

LIEUX

D

PERSONNES

F

PERSONNES

LIEUX

G

PERSONNES

LIEUX

M

PERSONNES

—×—

N

PERSONNES

LIEUX

— ◆ —

O

PERSONNES

---o---

P

PERSONNES

LIEUX

S

T

U

PERSONNES

LIEUX

V

PERSONNES

LIEUX

W

PERSONNES

LIEUX

X

Y

PERSONNES

LIEUX

Z

PERSONNES

LIEUX

IMPRIMERIE A. HERBIN, LIMOGES